분권형 대통령제

황 태 연

제왕적 대통령의 권력 나누기
분권형 대통령제

초판	1쇄 인쇄 2025년 4월 16일
	1쇄 발행 2025년 4월 17일
지은이	황태연
펴낸이	김영훈
펴낸곳	생각굽기
출판등록	2018년 11월 30일 제 2018-000070호
주 소	(07993) 서울 양천구 목동로 230 103동 201호
전 화	02-2653-5387
팩 스	02-6455-5787
이메일	kbyh33@naver.com

ⓒ 2025, 황태연

* 책값은 뒤표지에 있습니다.
* 잘못된 책은 바꾸어 드립니다.
* 이 책의 내용은 저작권법의 보호를 받는 저작물이므로 무단 전제 및 복제를 금합니다.
* 이 책의 본문은 ㈜한글과컴퓨터의 '함초롬' 서체를 사용하였습니다.

ISBN 979-11-989095-2-7

분권형 대통령제

지은이 황태연黃台淵은 서울대학교 외교학과를 졸업하고, 같은 학과 대학원에서 「헤겔에 있어서의 전쟁의 개념」으로 석사학위를 받고, 1991년 독일 프랑크푸르트 괴테대학교에서 『지배와 노동(Herrschaft und Arbeit)』으로 박사학위를 받았다. 그는 1994년 동국대학교 정치외교학과 교수로 초빙되어 30년 동안 동서양 정치철학과 정치사상을 연구하며 가르쳤다. 그러다 2022년 3월부로 명예교수가 되었다. 그는 지금도 동국대학교 학부와 대학원에서 강의를 계속하며 집필에 매진하고 있다.

그는 근 반세기 동안 동서고금의 정치철학과 제諸학문을 폭넓게 탐구하면서 공자철학과 한국·중국근대사에 관한 광범하고 철저한 연구를 바탕으로 공자철학의 서천西遷을 통한 서구 계몽주의의 흥기와 서양 근대국가 및 근대화에 관한 연구에 헌신해 왔다. 그는 반세기 동안 총 87권의 책(저서 75 + 번역 12)을 썼다.

Profile

황태연 黃台淵

한국정치철학 및 한국정치사·한국정치사상사 분야로는 『지역패권의 나라』(1997), 『사상체질과 리더십』(2003), 『중도개혁주의 정치철학』(2008), 『조선시대 공공성의 구조변동』(공저, 2016), 『대한민국 국호의 유래와 민국의 의미』(2016), 『갑오왜란과 아관망명』(2017), 『백성의 나라 대한제국』(2017), 『갑진왜란과 국민전쟁』(2017), 『한국 근대화의 정치사상』(2018), 『일제종족주의』(공저, 2019·2023), 『중도적 진보, 행복국가로 가는 길』(2021·2023), 『사상체질, 사람과 세계가 보인다』(2021·2023), 『대한민국 국호와 태극기의 유래』(2023), 『한국 금속활자의 실크로드』(2022), 『책의 나라 조선의 출판혁명(상·하)』(2023), 『창조적 중도개혁주의』(증보개정판 2024) 등을 공간했다.

서양정치 분야에서는 Herrschaft und Arbeit im neueren technischen Wandel(최근 기술변동 속에서의 지배와 노동, Frankfurt/Paris/New York: 1992), 『환경정치학』(1992), 『포스트사회론과 비판이론』(공저,

1992), 『지배와 이성』(1994), 『분권형 대통령제 연구』(공저, 2003), 『계몽의 기획』(2004), 『서양 근대정치사상사』(공저, 2007) 등 여러 저서를 출간했다. 이어서 『놀이하는 인간』(2023), 『도덕의 일반이론(상·하)』(2023), 『도덕의 일반이론(상·하)』(2024), 『서양 경험론과 정치철학(1-3)』(2024), 『공감적 해석학과 공감장의 이론』(2024), 『정의국가에서 인의국가로(상·하)』(2025)를 공간했다. 2025년 3월 이후로는 『서양 합리론과 정치철학(1-6)』과 『예술과 자연의 미학』의 공간을 앞두고 있다.

동서정치철학 또는 공자철학 연구서로는 『실증주역(상·하)』(2008), 『공자와 세계(1-5)』(2011), 『감정과 공감의 해석학(1-2)』(2014·2015), 『패치워크문명의 이론』(2016), 『공자의 인식론과 역학』(2018), 『공자철학과 서구 계몽주의의 기원(1-2)』(2019), 『근대 영국의 공자숭배와 모럴리스트들(상·하)』(2023), 『근대 프랑스의 공자열광과 계몽철학』(2023), 『근대 독일과 스위스의 유교적 계몽주의』(2023), 『공자와 미국의 건국(상·하)』(2023), 『유교적 근대의 일반이론(상·하)』(2023) 등이 있다. 그리고 거의 동시에 『공자의 자유·평등철학과 사상초유의 민주공화국』(2021)에 이어 『공자의 충격과 서구 자유·평등사회의 탄생(1-3)』(2022)과 『극동의 격몽과 서구 관용국가의 탄생』(2022), 『유교제국의 충격과 서구 근대국가의 탄생(1-3)』(2022) 등이 연달아 공간되었다. 공자관련 저서는 15부작 전29권이다. 해외로 번역된 책으로는 중국공산당 기관지 인민일보 출판사가 『공자와 세계』 제2권의 대중판 『공자, 잠든 유럽을 깨우다』(2015)를 중역中譯·출판한 『孔夫子與歐洲思想啟蒙』(2020)이 있다.

현재 저자는 6권 규모의 새로운 한국현대사를 쓰기 위해 현대사 연구에 매진하고 있다. 유튜브 "황태연아카데미아"를 통해 2018년부터 위 저서들과 관련된 대학원 강의를 시청할 수 있다.   - 편집부

Hwang Tai-Youn

머리글

    필자가 프랑스·오스트리아·핀란드식의 분권형 대통령제를 연구하기 시작한 것은 20세기 말부터다. 1998년 국민의 정부 초기에 필자는 집권당 국민회의의 국회의원 연찬회에서 DJP연합 당시에 김종필 자민련 총재가 요구한 내각제 개헌안을 대통령제와 융화시키는 타협책으로 '분권형 대통령제(semi-presidential government system)' 개헌을 제안했었다. (그 당시에는 바른 명칭이 없어서 '이원집정부제'라는 용어를 사용했다.) 그러나 필자의 이 제안은 자민련 측이 뜻밖에도 노발대발하는 통에 공연한 정치 분란만 일으키고 끝났다.

    그러나 필자는 이에 굴하지 않고 제왕적 대통령제의 폐해를 없애려는 집요한 관심에서 연구를 거듭하여 2001년 김대중 대통령의 임기 말에 청와대에 분권형 대통령제의 장점과 한국적 적합성에 관해 보고하여 대통령의 동조를 얻어냈다. 김대중 대통령은 언론을 통해서도 이 분권형 대통령 제도의 탁월성을 인정하는 공개 논평을 하고 다음 정권에서 이 방향의 개헌을 바라는 소망도 표명했다.

그 후 필자와 당시 민주당 원내대표는 2002년 말 대통령 선거운동 기간에 노무현 민주당 대통령 후보에게 거듭 요청하여 '4년 중임 분권형 대통령제'를 대선공약으로 내걸게 했다. 그러나 노 대통령은 당선 후 자신의 이 대선공약을 등졌고, 이로 인해 분권형 대통령제 개헌은 좌절되었다. 그리하여 그도 끝내는 제왕적 대통령제에 희생되고 말았다. 이어지는 이명박·박근혜 대통령은 '4년 중임 분권형 대통령제' 개헌에 전혀 관심을 보이지 않았고, 둘 다 제왕적 대통령제의 희생양이 되고 말았다.

그러나 이 시기에도 필자는 분권형 대통령제에 관한 학술 저서(2003)도 내고 학회지에 학술논문(2005)도 썼다. 그리고 국회 차원에서는 이주영李柱榮 의원(새누리당)을 위시한 여야 국회의원 20명(당시 여당 새누리당 14명, 야당 6명)도 2008년 7월 '미래한국헌법연구회'(대표 의원 이주영)를 창립하여 분권형 대통령제 연구를 계속했다. '미래한국헌법연구회'는 지방 순회 세미나도 하고 프랑스·미국·독일의 헌법학자들을 초청해서 국회 세미나도 개최했다. 그러나 정치권과 언론 선상에서 개헌 논의는 불이 붙지 않았다.

개헌 논의에 다시 불이 붙은 것은 문재인 대통령 때였다. 하지만 문 대통령의 개헌안은 '4년 중임 분권형 대통령제'와 무관한, 차라리 엉뚱하고 위험한 개헌안이었다. (뒤에 상론한다.) 문 대통령의 이 개헌안은 시민사회와 야당의 동조를 전혀 얻지 못했고, 결국 좌초되고 말았다.

이후에 개헌 논의가 다시 시작된 것은 2022년 대선 때다. 이재명 민주당 대통령 후보가 4년 중임제와 총리 국회 추천제 개헌을 대선공약으로 내건 것이다. 이 개헌안은 4년 중임 분권형 대통령제 개헌과 본질적으로 동일한 개헌안이다. 그러나 이재명 후보가 낙선함으로써 분권형 대통령제 개헌은 다시 수면 아래로 잠기고 말았다.

윤석열은 후보 시절 분권형 대통령제를 공약하라는 말에 대해 냉담했다. 그리고 그도 현행 헌법의 제왕적 과잉 권력이 부추기는 친위쿠데타의 유혹을 이기지 못하고 희생되고 말았다. 이로 말미암아 12·3 친위쿠데타식 내란 때문에 분권형 대통령제 개헌 논의는 현안이 되어 돌아왔다. 이 개헌이 어떻게 실현될지 알 수 없다. 그러나 제21대 대통령은 이 개헌을 수행해야 할 역사적 사명을 짊어지게 되었다.

우리나라의 현행 '5년 단임 대통령제'는 장충체육관에서 간선 된 전두환 대통령 군부 독재자와 싸워 박정희 유신체제 이래 4·5공화국 헌법의 대통령 간선제를 때려 부수고 대통령직선제를 쟁취한 5·18민주항쟁과 6월민주항쟁의 위대한 역사적 전과戰果를 담고 있다. 1988년 대통령직선제 개헌으로 우리 국민들은 16년 만에 다시 실권 대통령을 자기 손으로 직접 뽑을 수 있게 되었다. 이로써 제6공화국이 개막되었다.

그러나 이른바 6공화국 헌법은 이승만 이래 '제왕적 대통령제'의 비민주적 요소도 아울러 안고 있었다. 대통령이 미국 대통령처럼 국가수반과 행정수반을 겸직하여 외정권과 내정권을 한 손에 겸병·독점하고 더 나아가 (미국식 대통령제와 달리) 선전포고·계엄·긴급명령·긴급조치권·위수령발동권·선전포고권 등 각종 비상대권을 틀어쥐는 제왕적 권력 집중은 독재와 친위쿠데타(내란)를 유혹하는 지극히 위험한 비민주적 요소들이다.(참고로, 미국의 경우 비상대권은 의회에만 있고 대통령은 비상대권이 전무하다.)

한국 대통령은 내정권과 외정권을 한 손에 틀어쥔 대통령의 제왕적 권력과 권위가 너무 막강해서 대통령 옆에만 서 있어도 옆에 서 있는 사람에게로 넘쳐흘러 친인척·측근 비리를 늘 불러들이고 마음만 먹으로 긴급조치·긴급명령·계엄령·위수령·선전포고권 등 여러 가지 비상대권을 언제든 발동할 수 있는 무소불위의 '제왕적 권력자'다. 이와 동시에 한국 대통령은 내정과 외정을 둘 다 맡고 있기 때문에 역설적으로 만사를 책임지고 욕먹을 수밖에 없었고, 결국 아무런 국가원수다운 존엄이나 권위도 없는 '동네북'으로 전락하는 정치비극을 되풀이해 왔다. 외정과 내정을 다 잘하는 '슈퍼맨 대통령'은 나오기 어렵기 때문이다. '독재자' 아니면 '동네북'으로 전락하는 '실패한 대통령'의 속출은 한국의 제왕적 대통령제에 '빌트인'되어 있었던 것이다.

그리하여 한국 대통령은 헌법상의 이런 과잉 권력·과잉 책임 때문에 당선과 동시에 '실패한 대통령'이고, 또한 전체 유권자의 겨우 약 30% 찬표를 얻고 권좌에 오르기 때문에 더욱 당선과 동시에 나머지 70% 국민의 비판과 냉대에 시달리는 '실패한 대통령'이다. 더구나 단임제 대통령은 취임과 동시에 레임덕이다. 장기 집권을 막으려고 도입된 단임제는 국민의 민주 의식이 성장한 오늘날 장기 집권을 저지하는 의미와 기능을 상실하고, 40년 가까운 운영 경험 속에서 대통령을 항상적 레임덕 상태로 몰아넣는 장애 요소로 둔갑한 것이다.

미국 대통령도 초당적 외교·안보의 외정을 맡는 국가수반(=국가원수)과 당파적 내정을 맡는 행정수반을 겸병한다. 하지만 미국은 연방제 국가이기 때문에 내정권의 80~90%가 각 주州 정부에 귀속되어 있다. 따라서 미국 연방 대통령의 권한은 사실상 외정권에 불과한 것이다. 그러므로 미국 헌정은 권력을 나눈 '그 나름'의 분권형 대통령제인 셈이다. 그럼에도 동거정부를 허용하는 완전한 '분권형 대통령제(le système semi-presidentiel)'가 아니라서 대선 때마다 반복되는 승자독식·패자전실敗者 숲失과 빈발하는 여소야대與小野大 상황에서는 순전히 당파싸움으로 야기된 예산안 불승인의 '셧다운'(연방 행정업무의 중단·정지, 연방정부 건물의 단전·단수·단난방), 르윈스키 사건 정쟁, 국회에 대한 무장 침입·파괴·살상 등과 같은 정치 환란이 일상이 되었다.

한편, 외교·국방·안보와 같은 국정을 초당적으로 수행해야 하는 국가원수로서의 미국 대통령은 초당적이어야 하는 반면, 당파적일 수밖에 없는 내정을 수행해야 하는 행정수반으로서의 대통령은 매우 당파적일 수밖에 없다. 이와 같이 국가원수의 초당적 지위와 행정수반의 당파적 지위 간의 모순 때문에 미국 대통령의 권위는 훼손되기 일쑤여서 늘 파탄 위험에 직면해 있다.

국가수반으로서의 권력과 행정수반으로서의 권력을 한 손에 독점한 미국식 대통령제도에다 각종 비상대권을 틀어쥔 한국 대통령은 그야말로 '제왕적' 대통령이고, 권력과 위험 측면에서 미국 대통령을 몇 곱절 능가한다. 이 때문에 국가수반과 행정수반의 권력을 나눠 위험한 제왕적 권력을 추방하기 위해 분권형 대통령제 개헌이 1998년 이래 20~30년 동안 정치권에서 줄곧 논의되어 왔던 것이다. 그러나 권력을 나누는 이런 방향의 개헌을 바라는 국민적 소망은 대선 승자로서 또는 최고 권력자로서 권력욕에 도취된 대통령들 때문에 좌절되어 왔다. 그러나 이번에는 정권 중반에 대통령이 바로 그 권력욕 때문에 감옥에 갔기 때문에, 제왕적 권력으로부터 방해를 받지 않고 이런 방향의 개헌을 자유로이 논하고 추진할 수 있는 역사적 논장論場과 정치적 자유공간이 열리게 되었다.

서유럽에서는 오래전부터 국가수반과 행정수반의 겸직이 초래할 제왕적 독재 및 국가원수의 권위 파탄 위험 때문에 줄곧 미국식 대통령제를 폄하·기피해 왔다. 그리하여 100만 명 이상의 인구를 가진 22개 유럽 주요 국가에서 미국식 대통령제를 택한 나라는 찾아볼 수 없다. 22개국 중 프랑스·오스트리아·이탈리아·핀란드·포르투갈·아일랜드·그리스·폴란드·헝가리·체코·슬로바키아·루마니아·불가리아 등 13개 공화국의 헌정체제는 '분권형 대통령제'이고, 노르웨이·스웨덴·영국·덴마크·네덜란드·

벨기에·스페인 등 7개 입헌군주국은 내각제다. 나머지 2개국 가운데 스위스는 지역 대표성을 갖는 7명의 대통령이 1년씩 돌아가면서 7년 임기 집정부의 수반을 맡는 7인 대통령의 집정부제(directorial system)이고. 이 대통령은 임기 내에 의회의 불신임을 받지 않는다. 내각제로 잘못 알려진 독일의 정부형태는 스위스의 집정부제로부터 일부 요소를 일부 받아들여 4년 임기 내에 재상宰相(Kanzler)과 장관의 불신임을 (사실상) 배제하는 재상제(Kanzlersystem)다. 이런 이유에서 독일의 재상은 'prime minister'가 아니라 언제나 'chancellor'로만 영역하는 것이다.

서유럽에서 내각제는 군주국에만 있고 공화국에는 없다. 내각제에서는 10분의 1의 의석수로도 장관과 총리에 대해 불신임안을 제기해 책임을 수시로 물을 수 있어 늘 정국이 불안정하다. 이 때문에 내각제는 '국왕'이라는 범접할 수 없는 부동不動의 전통적 권위 중심이 없다면 국민 불안과 정정政情의 불안정을 감당할 수 없는 제도다. 그래서 모든 서유럽 공화국이 일절 내각제를 채택하지 않은 것이다.

따라서 아무리 사나운 언론도 비판하지 못하는 존엄한 군주가 없는 민주공화국인 우리나라에서 내각제 개헌 주장은 제2공화국의 실패를 반복하자는 말, 나아가 대통령직선제의 민주화 전과를 부정하는 말로서 어리석고 불합리한 반反역사적 주장이다. 사실 헌정 체제의 기본 지식이 전무한 정치인들만이 민주공화국에서 이런 내각제 개헌 주장을 해왔다. 그렇다고 현행 제왕적 대통령제 권력구조를 그대로 두고 대통령 임기만 늘려주는 4년 중임제 개헌을 주장하는 것은 제왕적 대통령을 더 제왕적으로 만들기 때문에 매우 위험한 일이다. 또 비非연방제·단일 체제 국가에 미국식 대통령제를 이식하려는 것도 심각한 판단 착오다.

이제 제왕적 대통령과 '헤어질 결심'을 단단히 하고 이 제왕적 대통령제를 넘어 분권형 대통령제로 나아가 권력을 나누어야 할 때다. 세계적 정치상식, 우리의 역사적 경험과 지정학적 안보 상황 등을 두루 고려할 때, 외교·안보에 나라의 흥망이 걸린 우리나라에 적합한 제도는 분권형 대통령제다. 이 분권형 대통령제는 외치를 전업으로 담당하는 국가수반과 내치를 전업으로 담당하는 행정수반을 나누고 국가수반을 국민이 직선하여 전 국민에게 책임지도록 하고, 행정수반은 국회에서 뽑고 국회에 책임지도록 하는 헌정 제도다.

분권형 대통령제는 초당적이어야 할 외교·안보 분야에서의 대통령제 요소와 지역·계층 갈등에 휩싸인 당파적 내정에서의 내각제 요소(의회 다수파가 국정 책임을 지는 원칙)를 결합한다. 이 제도의 이점은 (1) 제왕적 권력 독점의 원천적 해소, (2) 내정에서의 고도의 내각제적 책임정치 효과, (3) 동거정부(사실상의 대연정)에 의한 여소야대와 국정 마비 현상의 제도적 추방, (4) 당파적 내정에서 해방된 국가원수의 초당적 권위의 안전성 유지와 전문적 외교·안보 능력의 강화 등이다. 이제는 이런 분권형 대통령 제도(semi-presidential system)를 '이원집정부제'라는 잘못된 이름으로 호명하여 민심을 어시럽히는 일이 없어야 할 것이다. 한국의 얄팍한 60~70년대 헌법학자들이 퍼트린 '이원집정부제'라는 말은 뢰벤슈타인의 낡고 그릇된 'dual executive' 개념으로부터 부적절하게 독역獨譯된 "zweigeteilte Exekutive"라는 표현을 영어 원문 대조 없이 중역重譯했을 뿐만 아니라 오역誤譯한 것이다.

최고 권력을 안팎으로 나누면 분란이 생길 것이라는 분권형 대통령제와 관련된 우려는 인류 역사상 가장 오래된 분업 제도를 떠올리면 기우에 불과한 것이다. 인류는 수백만 년 동안 바깥양반은 바깥일을 하고 안사람은 집안일을 해왔다. 그리고 해는 낮을 밝히고, 달은 밤을 밝히는 것이 천도天道다. 인류의 안팎 분업 제도와 일월日月 운행의 천도를 숙고해보면 대통령이 외치를 맡고 총리가 내치를 맡는 것은 인류의 오랜 분업제도와 천도에 딱 들어맞는 것이다.

또 서로 다른 정당에 속한 대통령과 총리가 하나의 정부를 구성하는 '동거정부'는 분권형 대통령제의 문제점이 아니라 오히려 큰 장점으로 밝혀졌다. 핀란드·오스트리아 등 주요 분권형 대통령제 국가들은 대부분의 헌정 기간을 동거정부로 지내왔다. 프랑스도 국제적 소문과 반대로 첫 동거정부에 대한 우려를 불식하면서 도합 세 차례 동거정부가 순항했고, 지금은 75% 이상의 국민들이 동거정부를 '정상적' 정부, 심지어 '이상理想的' 정부로 선호한다. '동거정부'는 우리나라와 미국의 대통령제 국가가 시달려온 여소야대 현상을 제도적 강제에 의해 '사실상의 대연정' 또는 '거국내각'으로 전환시키는 효과를 발휘하기 때문이다. 이 장점 때문에 1879년 우드로 윌슨 전前 미국대통령조차도 여소야대 때 동거정부를 가능케 하는 "cabinet government" 성립의 길을 뚫기 위해 미국 헌법의 원포인트 개헌을 강력히 주장한 바 있다.

종종 '대통령 4년 중임제 개헌론'과 '내각제 개헌론'은 서로 맞선다. 그러나 전자는 제왕적 대통령의 임기를 연장해 주기 때문에 '위험하고', 후자는 공화국에 번지수가 맞지 않는 제도이기 때문에 '불합리하다'. 위험하고 불합리한 점에서 본질적으로 상이한 이 두 개헌안은 비타협적으로 서로를 배척하는 상극의 개헌안이다. 하지만 '4년 중임 분권형 대통령제'는 이 두 개헌안의 장점을 결합하는 최선의 중도 타협책이다. 그러므로 정치적 타협을 위해서도 '4년 중임 분권형 대통령제'가 바로 이 시대의 개헌 문제에 대한 우리의 답인 것이다.

아무쪼록 많은 독자가 이 책을 읽고 제왕적 대통령제의 폐단과 분권형 대통령제의 합리적·정치적 장점에 대한 탄탄한 지식을 갖추기를 바란다. 이 책은 개헌이 이루어진 뒤에도 분권형 대통령제의 올바른 운영과 순항을 위해서도 필요하다. 이 책에는 분권형 대통령제를 채택한 서양 국가의 경험들이 많이 실려 있기 때문이다. 그리고 ① 부마항쟁 및 5·18정신의 전문 보충, ② 결선투표제, ③ 수도首都 문제, ④ 정·부통령제, ⑤ 헌법재판소 확대 개편 등 기타 개헌 논제들을 많이 담고 있어 포괄적 개헌논의에도 도움을 줄 것이다.

2025년 3월 어느 날
송도에서
죽림竹林 황태연 지識

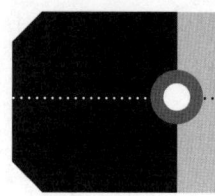

제왕적 대통령의 권력 나누기
분권형 대통령제

머리글 · 7

들어가기/ 제왕적 대통령제의 폐해와 위험성 · 19
- 미국과 한국 대통령제의 반복적 자기파괴 · 22
- 대통령 단임제의 폐해 · 25
- 미국 대통령의 내치·외치 겸병과 한국과의 차이 · 27
- 윌슨 미국대통령의 분권형 대통령제 주장 · 31
- 승자독식과 패자전실의 제로섬게임 · 32
- 미국 대통령제 헌법의 우연한 순항 · 33
- 미국 대통령제의 이식과 변질: 제왕적 대통령제 · 35
- 부동의 구심으로서 국가원수의 필요성 · 41

제1절/ 분권형 대통령제의 개념과 서유럽의 경험 · 49
  1.1. '분권형 대통령제' 용어의 탄생 · 51
  1.2. 서유럽 분권형 대통령제의 정의와 개념 · 55
  1.3. 분권형 대통령제의 역사와 분포현황 · 60
  1.4. 공화국의 분권형 대통령제와 군주국의 내각제 · 72
  1.5. 분권형 대통령제의 가변성과 다양성 · 74

제2절/ 분권형 대통령제의 한국적 적합성과 개헌안 · 99
  2.1. '4년 중임 분권형 대통령제 개헌' 방안 · 101
  2.2. 분권 없는 '4년 중임제 개헌'과 책임총리제 문제 · 113
    (1) 분권 없는 '대통령 4년 중임제 개헌'의 최악성 · 113

C·O·N·T·E·N·T·S 차례

　　(2) 책임총리제의 위헌성과 기만성 · 114
　2.3. 기타 개헌논제들에 대한 검토와 평가 · 116
　　(1) 부마항쟁·5·18정신의 헌법전문 삽입 · 117
　　(2) 결선투표제 도입 · 117
　　(3) 수도首都 문제와 양경제兩京制 도입 · 118
　　(4) 토지공개념? 그 위험성과 불필요성 · 124
　　(5) 정·부통령제 도입 · 130
　　(6) 양원제? · 130
　　(7) 헌법적 의무 조항의 개념적 선명화 · 132
　　(8) 헌법재판소의 확대개편 · 133
　　(9) 대통령당선자 지위에 대한 규정 신설 · 143
　　(10) '자유민주적 기본 질서' 용어 바로잡기 · 144
　　(11) 국회의원 국민소환제 도입 · 145

제3절/ 대한민국헌법과 유럽 분권형 대통령제 헌법 · 149
　3.1. 대한민국헌법(국문 + 영역문) · 151
　3.2. 프랑스헌법(국역문 + 영역문) · 196
　3.3. 오스트리아헌법(독어원문 + 국역문) · 250
　3.4. 핀란드헌법(국역문 + 영역문) · 323
　3.5. 이탈리아헌법(국역문 + 영역문) · 379

참고문헌 · 432

제왕적 대통령의
권력 나누기
······
분권형 대통령제

0

들어가기
············●············

제왕적 대통령제의
폐해와 위험성

미국과 한국 대통령제의 반복적 자기파괴
대통령 단임제의 폐해
미국 대통령의 내치·외치 겸병과 한국과의 차이
윌슨 미국대통령의 분권형 대통령제 주장
승자독식과 패자전실의 제로섬게임
미국 대통령제 헌법의 우연한 순항
미국 대통령제의 이식과 변질: 제왕적 대통령제
부동의 구심으로서 국가원수의 필요성

들어가기

제왕적 대통령제의
폐해와 위험성

　미국식 대통령제는 미국에서도 많은 문제를 일으키고 있고, 미국 바깥으로 이식되어서는 '제왕적 대통령제'로 변질되어 엄청난 폐해를 야기해왔다. 한국의 현행 대통령제도 미국식 대통령제를 바탕으로 변질된 제왕적 대통령제로서 적대적 대결정치·국정마비·권력교착 상태를 일상화해서 한국의 국가경쟁력을 심각하게 저해하는 치명적 요인 가운데 하나가 되었다. 제왕직 권력 집중, 이승만 대통령의 양아들 이강석에서 오늘에 이르는 대통령 가족·친인척·측근 비리 등 권력형 부정부패, 극한 정쟁과 지역대결주의, '동네북'으로 전락한 국가원수의 권위 파탄과 국가 구심求心 부재, 조기 레임덕, '식물대통령' 등 각종 폐단은 '제왕적 대통령제'에서 직접 비롯되었다. 심지어 제왕적 총재, 제왕적 후보, 1인 지배 정당, 리더십의 고령화 현상, 당정 분리 원칙의 잠식 조짐조차도 제왕적 대통령제로부터 비롯된 것이다. 그리하여 정치가 국민을 걱정 없이 만들어주어야 하는 것이 아니라 국민이 정치를 걱정하는 시대가 되었다.

정치발전과 효율적 국정운영을 가로막고 국가경쟁력을 저해하는 이 부적절한 정부형태로부터 한국과 동남아·남미제국이 하루속히 벗어나지 못한다면, 4차 산업혁명을 추진하고 급격한 사회변동에 대처하려는 각국의 국가 프로젝트는 실패할 확률이 높고, 정의를 명분으로 삼는 적대적 투쟁으로부터 해방된 '인의仁義국가'로의 이행도 가로막힐 것이다. 4차 산업혁명 시기에 국가의 권력구조를 개혁하기 위한 헌법개정은 우회할 수 없는 절박한 시대적 과업이 되었다.

본서의 목적은 제왕적 대통령제의 대안으로 많이 거론되는 서유럽의 분권형 대통령제의 개념과 실제를 규명하고 이를 바탕으로 한국 헌법의 개헌 방안을 찾는 것이다. 이를 위해서는 먼저 제왕적 대통령제의 본질과 폐해를 이해하고 '서유럽 분권형 대통령제'를 정확하게 파악하는 것이[1] 요청된다.

■ **미국 대통령제와 한국 제왕적 대통령제의 반복적 자기파괴**

여소야대 상황에서 국정을 마비시키고 무한 정쟁의 블랙홀에 빠뜨려 온 현행 대통령제는 연방제 국가 미국의 대통령제가 연방제가 아닌 단일정부제 국가(unitary system) 대한민국에서 제왕적 대통령제로 변형·변질된 것이다. 한국의 현행 대통령제에는 (미국 대통령제에서 볼 수 없고 유럽 분권형 대통령제에서만 허용되는) 대통령의 각종 비상대권, 국무총리제, 국회의원의 장관 겸직 허용 등 이질적 요소들이 가미되어 있다. 그러나 미국 대통령제와 한국 대통령제는 대통령이 국가수반과 정부수반을

---

1) '서유럽 분권형 대통령제'에 대한 논의에는 필자의 다음 논문을 활용한다. 특별한 경우가 아니면 일일이 각주를 달지 않는다. 황태연, 「유럽 분권형 대통령제에 관한 고찰」, 『한국정치학회보』 39권 2호(2005).

겸직하고 외치 권한과 내치 권한을 한 손아귀에 겸병하는 권력구조를 공통점으로 지니고 있다. 한국 대통령제는 이 공통점에 저런 이질적 요소들을 더 가지고 있는 것이다. 남미와 동남아에서 흔히 볼 수 있는 미국식 대통령제의 이런 제왕적 변형태는 미국식 대통령제의 제도적 결함과 이질적 불순물의 결합으로 인해 지금까지 치명적 폐해와 정치적 위험을 노정해 왔다.

7년 단임제와 대통령 간선제를 골자로 한 제5공화국 헌법은 박정희의 유신헌법에서 국회 의석의 3분의 1을 차지한 유정회 의석을 걷어내고 대통령의 무제한 연임제를 7년 단임제로 바꾼 헌법, 즉 '변형된 유신헌법'이었다. 한국의 현행 단임 대통령제는 이 제5공화국 헌법을 모태로 한다. 이 제5공화국 헌법은 신新군부의 12·12군사반란과 5·17내란의 폭압과 공포 분위기 속에서 만들어진 반민주 독재헌법이었다. 현행 제6공화국 헌법은 이 제5공화국 헌법을 바탕으로 간선제를 직선제로 바꾸고 대통령 단임제를 유지한 채 7년 임기를 5년으로 단축한 '투 포인트 개헌' 헌법이다. 이것은 1987년 6월항쟁으로 공세에 들어간 민주 세력과 수세에 몰린 신군부 간의 대치 국면에서 이루어진 타협과 절충의 소산이었다.

이 제6공화국 헌법은 대통령직선제로 민주화된 측면도 있지만, 동시에 대통령이 국가수반(국가원수)과 정부수반(행정수반)을 겸함으로써 야기되는 권력 집중이라는 미국식 대통령제의 본래적 결함에 더해 대통령 비상대권(분권형 대통령의 요소), 국회 동의로 임명되는 국무총리제(분권형 대통령의 요소), 단임제 등의 문제를 안고 있다. 장기 집권 방지와 대통령직선제 실현이라는 최소 목표에 초점을 맞춘 소극적 개헌 과정에서 느닷없는 정치적 타협으로 탄생한 한국의 현행 헌법은 최소 목표가 실현된 지금 상황에서 이미 낡은 것이 되었을 뿐만 아니라, 계속적 민주화 과정에서 적대적 대립 투쟁을 야기하는 심각한 정치·사회적 폐해와 치명적 결함을 노정함으로써 지극히 위험한 제도로 판명되었다. 이제는 권력의 집중과 독식, 이에 기인하는 친위쿠데타의 유혹과 독재 위험을 청산하고 제왕적 권력을 나눠 적대적 대립 투쟁을 배제하고 지역주의와 지역 대결을 완화할 수 있는, 수미일관 민주적인 헌정제도를 도입해야 할 때다.

한국 대통령제에서 제일 먼저 유의해야 할 제도적 결함은 미국 대통령제와 공통된 것으로서 대통령이 국가수반(국가원수)직과 행정수반직을 혼자 겸직함으로써 외정권과 내정권, 비상시의 권력과 평시의 권한을 둘 다 겸병한다는 것이다. 해님이 달님의 일까지 하거나 바깥양반이 안사람의 가사 결정·운영권까지 빼앗아 겸병하는 것으로 비유될 수 있는 미국식 대통령제의 이 제도적 결함은 본질적으로 상이한 두 권한의 제도적 충돌, 즉 대통령의 (초당파적이어야 할) 국가수반직과 (당파적일 수밖에 없는) 정부수반직 간의 지위 충돌이다.

한국 대통령과 미국 대통령은 특정 정파의 대표이면서도 제도상 국가원수로도 행동해야 한다. 국가원수의 초당적 지존 측면과 당파적 정적政敵 측면은 양립할 수 없는 것이다. 국민 전체의 초당적 대통령이면서 동시에 특정 계급·특정 지역·특정 인종의 이익을 대변하는 당파적 정적 대통령으로서 동시에 기능할 수 없기 때문이다.[2] 심각한 지위 충돌을 초래하는 이 제도적 모순은 야당지지 국민들의 눈에 대통령이 매일 매시간 국가원수로서의 초당적·중립적 정당성을 잃은 당파적 적장敵將으로 공격을 받아 존엄성을 완전히 상실하거나 역으로 당파적 적대행위를 초당적 국가원수의 행위로 덮어씌우는 독재적 권력남용으로 나타난다. 보통 미국 대통령은 가령 유권자 가운데 30~40% 이상의 선거 불참자를 고려할

---

2) 참조: 후앙 린즈, 「대통령제와 내각제: 과연 다른 것인가?」, 83쪽. 린쯔·발렌주엘라(신명순·조정관 역), 『내각제와 대통령제』(서울: 나남, 1995). Juan J. Linz and Arturo Valenzuela (ed.), *The Failure of Presidential Democracy: Comparative Perspectives* (1994)의 국역본.

때 50%의 득표율로 당선되더라도 애당초 30~35% 유권자의 지지만을 받고 취임할 뿐이다. 한마디로, 현재 대통령은 65~70% 이상 압도적 다수의 국민들에게 정치적 적장일 뿐이다. 그리하여 미국과 한국의 국가원수는 압도적 다수의 국민에게 자발적 존경과 경의(respect and deference)에 기초한 존엄성(dignity)을 결한 적수일 뿐이다.[3] 반면, 당파를 초월하는 군주나 분권형 대통령은 초연한 중립적 정당성 덕택에 국민의 자발적 경의에 기초한 존엄성을 간직한다.

또한 대통령제에서는 이러한 제도적 결함에도 불구하고 지지자들은 반대자들과 달리 대통령의 '국가원수' 직책 때문에 대통령이 실제로 가진 것보다 더 많은 권력을 가지고 있다고 느끼며 과잉 요구를 하기 쉽다.[4] 미국 대통령이 이렇듯 당파적 지지자들의 당연한 요구에 호응하다가 국가원수로서의 권위가 빈번히 파탄 나는 것은 국가수반과 정부수반의 겸직이라는 두 이질적 권력의 모순적 겸병이 초래하는 역설적 자기파괴다.

나아가 미국 대통령과 달리 내치권과 외치권의 독점 외에 어마어마한 각종 비상대권(긴급명령권, 긴급조치권, 계엄령 발동권, 위수령 발동권 등)과 군통수권을 틀어진 한국 대통령은 늘 독재와 친위쿠데타의 유혹을 받는다. 이 때문에 대통령을 지지하지 않는 압도적 다수의 국민들은 대통령이라는 존재를 독재와 친위쿠데타적 내란의 위협과 위험으로 느낀다.

■ 대통령 단임제의 폐해

한국의 현행 단임 대통령제에서 두 번째로 유의해야 문제점은 대통령 단임제다. 원래 장기 집권을 막기 위해 도입된 중임제한 규정은 총리의

---

3) 참조: 린쯔, 「대통령제와 내각제: 과연 다른 것인가?」, 85쪽.
4) 참조: 린쯔, 「대통령제와 내각제: 과연 다른 것인가?」, 85-86쪽.

다선多選·다임多任을 무제한 허용하는 내각제와 비교하면 야심 찬 대통령들에게 커다란 장애물이다. 설사 야심 찬 대통령이 아니라도 정책수행 시간이 제한되어 있다는 점을 의식한다는 것 자체가 대통령이 단임제 때문에 멀리 내다볼 수 없어서 국정 수행을 제대로 할 수 없게 한다. 가령 정책 단절에 대한 우려와 후임자에 대한 불신은 시작한 국무를 짧은 임기 내에 '결판내고 싶은' 강박관념을 부추겨 정책기획의 오류, 과속, 예산 낭비, 반대의견의 적대적 배척 등을 초래한다.[5] 단임제에서는 이런 부정적 현상이 극화된다.

게다가 5년 단임제는 집권 중반을 넘는 시기부터 대통령 권력의 심각한 누수를 야기해 대통령의 실질 임기를 2~3년으로 축소시키고 정권 후반기를 장기 레임덕에 빠뜨리는 폐해가 있다. 심지어 대통령의 레임덕이 취임과 동시에 시작된다는 말이 나올 정도다. 1993년 초 김영삼 전 대통령의 취임 기자회견장에서 어느 기자가 대통령에게 '후계자'를 묻던 해프닝이나 지난 1998년 초에 유행하던 "5년만 참자", 또는 "5년 뒤에 보자"고 하던 유행어는 다 단임 대통령의 '취임과 동시에 시작되는 레임덕'을 잘 보여주는 것이다.

또한 단임제는 임기를 넘어가는 장기 프로젝트와 관련해 대통령책임제를 '대통령무책임제'로 전도시킨다. 단임제에서 대통령은 임기를 넘는 장기적 국가프로젝트를 기획·추진하거나 제대로 돌볼 동기를 상실한다. 단임제 대통령은 선거를 통해 직접 자신의 치적을 평가받을 기회가 없기 때문이다. 장기 국책사업의 대표적 실패 사례로는 TGV열차를 창고에 수년째 쳐 박아두고 녹슬게 했던 경부고속철 사업을 들 수 있다. 여기서는 국가 예산만이 아니라 장기 프로젝트 분야의 국가경쟁력 자체가 망가지는 것이다.

---

5) 참조: 린쯔, 「대통령제와 내각제: 과연 다른 것인가?」, 67-68쪽.

■ 미국 대통령의 내치·외치 겸병과 한국과의 차이

　행정수반직과 국가수반직, 내치권과 외치권을 독점한 연방국가 미국의 대통령제가 한국 같은 단일정부제 국가에 이식되면 바로 독단·독식·독재체제로 둔갑하기 일쑤다. 원래 미국식 대통령제는 광대무변의 영토와 거대한 인구에 다양한 문화를 가진, 따라서 불가피하게 지역적·문화적 원심력이 강한 연방제 국가에서 중앙정부의 구심력을 보장하여 원심력을 중화시키기 위해 발생했고, 미국이라는 나라의 예외적 정당 관계에서만 '요행히' 잘 작동해 왔다. 미국식 대통령제는 국가수반직과 정부수반직을 대통령 1인에게 집중시켜 독점케 한다. 따라서 미국 대통령은 일단 연방정부 차원에서 대외적 국가권력을 한 손에 움켜쥔 초강력 권력자로 현상한다. 이로 인해 미국 대통령은 국력을 배경으로 한 '세계 지배자'라는 과장된 외양과 함께 막강한 권력자로 비쳐진다. 미국 대통령의 이러한 막강한 외양과 실권은 시간이 갈수록 강화되면서 지역들의 자립화·분권화 경향이 드센 '연방제 국가'에서 나라의 구심력을 강화해 국민통합에 크게 기여해 왔다.

　그러나 미국 대통령의 권력은 실질적 연방제와 삼권분립에 기초한 의회의 강력한 견제로 인해 크게 제약된 조건부적 형태로 운용된다. 일단 미국 연방제의 틀 속에서는 대부분(80~90%)의 내정이 주로 주州정부 차원에서 이루어지기 때문에 연방 차원에서 대통령의 내정 업무는 전국적 가이드라인 제시와 보완적(subsidiary) 업무로 제한된다. 따라서 미국에서는 가령 정당법 제정조차도 연방정부의 일이 아니고 주정부의 일이기 때문에 당원 중심 정당에서 지지자 중심 정당까지 주마다 다른 수많은 정당법이 존재한다. 게다가 미국 대통령에게는 군통수권자로서의 지위에서 도출되는 약간의 권한 외에 - 유럽의 분권형 대통령제에서는 종종 발견되는 – 대통령의 선전포고권, 계엄령, 긴급명령, 긴급처분 등 비상대권이 없다.[6] 나아가 미국 대통령은 장관과 행정부서 기관장을 임명하려면 모두 상원의 인사청문회를 거친 후 상원의 동의를 얻어야 한다. (미국 헌법 2 Art. Sect. 2) 따라서 '미국 대통령제'는 미국 나름의 '분권형 대통령제(semi-presidency)'인 셈이다.

그럼에도 불구하고 한때 미국 대통령은 2차 세계대전에서 한국전쟁을 거쳐 월남전까지 이어지는 계속적 전시 비상상황에서 의회로부터 위임받은 군통수권과 비상대권이 장기화되면서 대외정책과 막대한 군사예산 및 특수정보와 국가기밀을 바탕으로 의회의 통제를 우회하는 막강한 권력을 집중시킨 바 있다. 이 때문에 슐레진저(Arther M. Schlesinger)는 1970년대 월남전 기간 동안 의회를 '퇴위'시키고 대통령을 "세계의 강대한 권력자 중에서 가장 절대적인 군주"로 등극시킨 현상을 '제왕적 대통령제(imperial presidency)' 현상이라고 비판한 바 있다.[7] 미국 대통령의 이 제왕화帝王化 경향은 '정치문제(political questions)'에서 대통령의 초법적 재량행위를 인정하는 통치행위론을 바탕으로 한때 의회의 견제권과 법치주의를 형해화形骸化시킬 정도로 심각한 양상을 띠기도 했다. 1980년대 이란-콘트라사건에서 '정치문제'도 사법판단의 대상이 됨으로써 대통령의 초법적 재량행위가 사라졌지만, '정치문제론' 또는 통치행위론은 1980년대의 이 이란-콘트라사건 관련 특별검사법 입법 전까지 법리적으로 지배 이론이었다.

미국식 대통령제는 그 순수한 미국적 형태에서도 치명적 결점을 안고 있다. 첫째는 정국이 흔히 여소야대與小野大가 되면 대통령과 의회 간의

---

6) 참조: Jürgen Hartmann und Udo Kempf, *Staatsoberhäupter in westlichen Demokratien* (Opladen: Springer, 1989), 231-232쪽.
7) Arthur M. Schlesinger, The Imperial Presidency (Boston: Mariner Books, 1973), ix쪽.

적대적 갈등과 권력교착 현상으로 인한 국정마비의 위험이 상존한다는 것이다.[8] 미국식 대통령제에서는 국가수반과 정부수반을 대통령 1인에게 통합함으로써 내정과 외정을 총괄하는 대통령의 권력독점을 제도적으로 보장하고 엄격한 삼권분립을 통해 이를 견제해서 권력간 균형을 맞추도록 되어 있다. 그러나 빈번한 여소야대 상황으로 인해 말이 '견제와 균형'이지, 실은 의회와 야당의 이 헌법상의 의무는 종종 매우 치열한 적대적 여야갈등과 항구적 정쟁으로 현상한다.

미국 정국은 1953년 아이젠하워 대통령 때부터 2002년까지 50년 동안 무려 34년이 여소야대 상황이었다.[9] 이런 상황에서 미국의 거대야당은 이른바 헌법상의 '견제' 의무에 따라 과반 의석을 바탕으로 격렬한 정치공세를 펼칠 수밖에 없다. 여소야대 국회는 재적과반수의 찬성으로 대통령을 물먹이는 법률도 만들 수 있고 장관과 기관장 내정자를 거부할 수 있고 장관 해임을 의결할 수 있고 대통령과 장관을 탄핵할 수 있다. 여소야대 상황에서 거야巨野는 대선 패배를 설욕하려는 집단적 무의식 속에서 자연스럽게 권력남용의 유혹에 빠져든다. 이런 까닭에 장관들은 어쩔 수 없이 적대적 의회의 상임위 명령에 복종하지 않을 수 없고, 대통령은 자기 지시가 아니라 의회상임위에 복종하는 장관들 앞에서 완전 무력화된다. 이로 인해 대선에 패배했지만 과반 의석을 장악한 거야는 설욕의 쾌감 속에서 종종 여당의 국정운영을 마비시키곤 했다.

이 여야 간의 적대적 정치투쟁으로 인해 미국은 연방정부가 대개 겨울에 며칠 또는 길면 한 달 넘게 단난방·단수·단전 당해 문을 닫고 관리들의 봉급을 주지 못하는 '셧다운(Shutdown)' 사태가 비일비재했다. '연방정

---

8) 참조: Arend Lijphart, "Introduction", 15쪽. Arend Lijphart(ed.), *Parliamentary versus Presidential Government* (New York: Oxford University Press, 1992).
9) 이것은 4년임기 대통령 선거와 2년임기 하원의원 선거(이른바 '중간선거') 간의 시점 불일치로 인해 제도적으로 야기된다. 유권자들은 대통령선거에 승리한 정당을 견제하려는 심리에서 야당을 지지하는 경향이 더 강하기 때문이다.

부 셧다운'이란 미국 의회가 예산안 통과를 거부해 미국 연방정부가 운영을 중단하는 일을 말한다. 회계연도가 10월 1일부터 시작하는 미국 정부예산은 상하원 통과 이후 대통령 서명으로 확보된다. 이 과정이 막히면 연방정부는 셧다운된다. 셧다운에는 예산이 전혀 없어 벌어지는 전면 폐쇄와, 특정 부서의 예산이 없어 벌어지는 부분 폐쇄가 있다. 셧다운은 예외 없이 여소야대 시에 의회의 야당과 대통령 사이의 적대적 갈등·투쟁으로 인해 발생한다. 셧다운 시에도 국방·교통안전·우체국 등 핵심부서는 예산이 없어도 공무원들에게 강제 근무명령을 내릴 수 있지만, 나머지 부서는 불가피하게 강제 무급휴가(furlough) 명령을 내리고 관급사업 예산투입도 중단한다. 정부가 직접 고용한 200만 명의 관리와 인력, 그리고 연방관청과 협력하는 민간업자들이 연방정부 셧다운 때 입는 관민官民의 손해는 막대하며 대내외적으로 미국 정부에 대한 신뢰도를 크게 추락시킨다. 관리들은 셧다운 기간의 급여를 셧다운 종료 후에라도 받지만, 정부와 거래하는 계약회사들은 그런 보장도 없이 부도를 맞기 일쑤다.

이 셧다운 상황은 정부의 1년 '지출 계획'과 '예산'을 별도로 처리하는 미국의 관례 때문에도 악화되었다. 관례에 따라 행정부는 "이런 일에 대한 1,000만 달러 지출 예산안"을 허락받고 나서 실제 1,000만 달러 지출을 집행할 때 또 한 번 허락을 받아야 한다. 또 사안마다 이러한 싸움을 쪼개서 하다 보니 종합예산안을 수립해 모든 걸 한 번에 처리하는 것은 매우 드문 일이고, 분쟁이 해결할 때까지 일단 당장 쓸 돈만 통과시키는 '지속결의안(Continuing Resolution)'이라고 하는 단기성 예산통과가 미국에서는 일상화되어 있다. 단기성 예산이 바닥날 때가 되면 여야는 또 싸운다.[10]

---

10) 다행히도 한국에서는 미국과 달리 셧다운이 없다. 한국 헌법은 예산안이 합의되지 않더라도 원래 들어가야 할 예산을 전년도에 준하게 집행할 수 있는 조항을 규정하고 있기 때문이다(대한민국 헌법 제54조 3항). "새로운 회계연도가 개시될 때까지 예산안

역대 미국 연방정부 셧다운은 1981년부터 지금까지 레이건 정부 8회, 카터 5회, 트럼프 3회, 클린턴 2회, 포드 1회, 부시 1회, 오바마 1회 등 무려 21회나 발생했다. 가장 긴 셧다운은 트럼프 시절 2018년 12월 22일부터 2019년 1월 25일까지 34일간이었다. 가장 짧은 셧다운은 트럼프 시절 2018년 2월 9일 중 9시간이었다. 그리고 10회는 대개 5일에서 21일 동안 지속되었다. 그밖에 10회는 1~2일에서 3일간 지속되었다.

미국의 여소야대 의회에서는 거대 야당이 모든 상임위를 장악하고 책임을 지는 아무런 제도적 장치 없이 임의로 입법할 수 있다. 그러나 이 법률의 시행에 대한 책임은 입법과정에서 의견을 개진할 기회가 전혀 없었던 대통령이 지게 된다. 이로 인해 미국 대통령은 거부권을 남발하지만 그래도 의회의 무책임한 입법을 견제할 수 없다. 오히려 거부권 남발로 대통령과 의회의 적대관계는 갈수록 더욱 악화되기만 한다.

■ 윌슨 미국대통령의 분권형 대통령제 주장

여소야대 상황에서 야기되는 이런 국정마비 때문에 미국의 28대 대통령 우드로 윌슨(Woodrow Wilson, 1913-1921)은 교수 시절에 쓴 논문 「미국에서의 내각제 정부(Cabinet Government in the United States)」(1879)에서 여소야대 상황의 불분명한 '정치적 책임' 문제를 미국 대통령제의 심각한 결함으로 규정하고 내각제 요소를 일부 도입하는 개헌을 할 것을 제안했었다.[11] 윌슨 교수가 제안한 이 '대통령제에서의 내각제 정부'란

이 의결되지 못한 때에는 정부는 국회에서 예산안이 의결될 때까지 다음의 목적을 위한 경비는 전년도 예산에 준하여 집행할 수 있다." 말하자면, "1. 헌법이나 법률에 의하여 설치된 기관 또는 시설의 유지·운영. 2. 법률상 지출의무의 이행. 3. 이미 예산으로 승인된 사업의 계속."

11) 참조: Woodrow Wilson, "Cabinet Government in the United States"(first published in International Review, August. 1879), 151-152쪽.

오늘날 '분권형 대통령제'라 불리는 제도다.[12]

월슨은 미국 헌법 섹션 6의 1조의 두 번째 항목을 4자만 고쳐 의원이 내각의 장관이 될 수 있도록 만든다면,[13] 책임 있는 내각제식 정부(cabinet government)의 구성이 가능하고, 이런 상황에서 대통령은 여소야대 상황에서 거야巨野 의원들로 구성되는 동거내각을 조각組閣하면 의회와의 적대를 피해 "커다란 권력을 행사할" 수 있을 것이라고 주장했다. 의회 상임위의 적대적 입법과정은 "대통령 자신이 직간접적으로 통제할 방법이 없지만", 동거내각에서는 이것이 비록 야당의원들로 구성된 "적대적 기구"일지라도 "자신이 내각심의에 참여할 수 있고 이러는 과정에서 영향력을 발휘할 수 있기"[14] 때문이라고 월슨은 생각했다. 이 제도에서는 대통령이 의회 다수 야당의 대표급 의원들인 각료들과 직접 얼굴을 마주하고 토론할 기회가 제도적으로 보장된다는 말이다.

■ 승자독식과 패자전실의 제로섬게임

한국과 미국의 대통령제에 내재된 또 하나의 치명적 결함은 대통령 선거가 극단적 제로섬게임(zero-sum game)으로 치러진다는 것이다. 결과는 승자독식(winner-take-all)과 패자전실敗者全失(loser-lose-all)이다.[15]

미국 대통령 선거에서 한쪽이 얻는 만큼 다른 쪽이 잃을 뿐만 아니라

---

12) 이러한 해석은 참조: Lijphart, "Introduction", 9쪽.
13) Woodrow Wilson, "Committee or Cabinet Government?"(first published in the Overland Monthly, January 1884), 73쪽. Arend Lijphart (ed.), *Parliamentary versus Presidential Government* (New York: Oxford Univbersity Press, 1992).
14) Wilson, "Cabinet Government in the United States", 151쪽.
15) 참조: Juan J. Linz, "The Perils of Presidentialism", 123쪽. Arend Lijphart (ed.), *Parliamentary versus Presidential Government* (New York: Oxford Univbersity Press, 1992); 린쯔, 「대통령제와 내각제: 과연 다른 것인가?」, 61쪽.

승자가 0.01%만 이겨도 권력을 100% 독식하는 지나친 희열의 승자독식과 0.01%라는 머리카락 크기의 격차로 패한 패자도 100%를 다 잃는 지나치게 가혹한 패자전실 현상은 관행이 되었다. 따라서 한 후보와 한 정당만 승리할 수 있을 뿐이고 선거에 참가한 다른 쪽 정당들은 모두 몽땅 다 잃는 것이다. 그리하여 "대통령 선거에서 패배한 후보는 선거 후 어떤 관직도 받지 못하고 자신의 전 자산을 도박판에 날려버린 것과 같은 상황에 처하게 된다."[16]

더구나 한 끗 차이로만 이겨도 대통령의 수중에 전 권력이 집중된다. 이 때문에 승리한 후보나 대통령에게는 연립·공동정부 또는 기타 권력공유 장치를 구성할 동기나 야당과 협상을 벌일 유인誘因이 전무全無한 것이다.

승자독식 규칙은 특히 애당초 다양한 집단들로 이질화된 국민 안에 훨씬 더 심각한 분열과 적대적 양극화를 갈수록 증폭시킨다. 가령 2002년 대통령 선거에서 한나라당 후보의 패배로 인해 이회창 지지자들은 대선 후 수개월간 매스컴을 보지 않았고 심지어 상당수의 중장년 영남인들은 아예 몸져누웠다는 말이 들렸다. 제도적 결함으로 인해 한 나라 동족 간에 이후에도 매번 대선 때마다 이런 극심한 대선 후유증을 치러왔다. 2022년 윤석열 후보가 대통령에 당선된 뒤에 더불어민주당 지지자들은 아예 신문과 TV를 보지 않았다. 이리하여 미국식 대통령제 정치에서 포용은 사라지고 적대와 배척만 남게 되는 것이다.[17]

■ 미국 대통령제 헌법의 우연한 순항

---

16) 린쯔, 「대통령제와 내각제: 과연 다른 것인가?」, 61쪽.
17) 참조: Lijphart, "Introduction", 19-20쪽.

'여소야대 상황에서의 대통령과 의회 간의 적대적 투쟁', '승자독식·패자전실의 극한적 제로섬게임', '국가수반직과 정부수반직의 파괴적 지위충돌' 등 이 모든 제도적 결함이 합쳐지면, 한국과 미국 대통령제에서는 여야 간의 적대적 격돌과 국정마비가 '제도적 필연'이 된다. 이런 중첩된 제도적 결함에도 불구하고 미국의 민주정치가 한국에서와 달리 아슬아슬하게나마 순항해 온 까닭은 미국 대통령의 비상대권의 결여와 미국 정치 지형의 특이한 우연성에 있다.

남북을 분단하는 뿌리 깊은 미국 지역주의가 공화당과 민주당의 사이를 가로지르는 것이 아니라 각 당의 3부 능선을 가로지르기 때문에 양당은 이념적 통일성이 약하고 당기율이 아주 느슨하다. 미국민주당에는 남부 출신 의원들이 상당수이고 이들은 다른 지역 민주당 의원들에 비해 보수적이다. 민주당의 이 보수적 남부의원들은 총기·낙태·건강보험·복지 등 중요사안마다 대부분 공화당과 이른바 '보수연합(conservative coalition)'을 이루어 이 사안들에 대한 표결 때마다 공화당의 다수파 의원들과 동일 보조를 취한다. 이 때문에 민주당 내에서 당기율은 거의 구속력이 약하거나 없다.[18] 따라서 양당 의원총회에서 애당초 2/3의 지지를 얻지 못한 사안들에서는 자유투표(cross-voting)가 일반화되어 있다. 이것은 공화당의 경우에도 유사하다.

이런 까닭에 대통령의 행정부는 여소야대 상황에서도 수시로 셧다운과 같은 국정마비를 겪으면서 헌정 중단까지 가지 않고 어느 정도 순항할 수 있었다. 여소야대 상황에서 공화당 대통령과 민주당 대통령의 처지를 비교하면 공화당 대통령이 상대적으로 더 유리하다. 민주당 대통령은 북부 출신 공화당의원들 가운데 진보 의원의 수적 비중이 비교적 약소

---

18) 참조: Hartmann und Kempf, *Staatsoberhäupter in westlichen Demokratien*, 225쪽.

해서 자유 표결 관행에도 불구하고 어려움을 더 겪을 수밖에 없기 때문이다. 말하자면 미국 민주주의는 미국 대통령제 헌법 '덕택'에 순항해온 것이 아니라 이 대통령제 헌법의 치명적 결함에도 '불구하고' 민주당의 3분의1 선, 공화당의 4분의 1선을 가르는 이러한 특이한 지역적 정치분단 현상 '덕택'에 요행으로 순항해 온 것이다.

이런 의미에서 미국 정치학자 칼 뢰벤슈타인(Karl Loewenstein)은 다음과 같이 갈파했다. "미국의 정부형태는 인류 역사에서 어떤 민족보다도 섭리에 의해 축복받은 미국민의 거의 독특한 국민적 경험의 산물이다. 미국 공화국의 기적은 미국헌법 덕택이 아니라 헌법에도 불구하고 일어난 것이다."[19]

■ 미국 대통령제의 이식과 변질: 제왕적 대통령제

일반적으로 내각제는 소국小國에 적합한 반면, 대통령제는 연방제를 갖춘 대국大國에 적합하다고 얘기된다.[20] 그러나 그렇지 않아도 치명적인 제도적 결함을 지닌 미국 대통령제가 영토가 좁고 인구가 적은 비非연방제적·중앙집권제 소국에 '이식'된다면, 연방제, 실질적 삼권분립, '견제와 균형', 대통령의 인사리스트에 대한 상원의 청문·동의, 취약한 정당기율, 자유표결 등 미국 특유의 견제·완충장치들은 다 사라지고 자유표결을 용납하지 않는 엄격한 당기율을 가진 집권당의 총재직, 비상대권, 긴급입법권 등이 추가되어 대통령의 권력은 제왕적으로 더욱 강력해지게 된다.

그리하여 슐레진저가 전시戰時 미국대통령의 일시적 월권 현상을 비

---

19) Karl Loewenstein, *Political Power and the Governmental Process* (Chicago: The University of Chicago Press, 1957), 116쪽.
20) 참조: Klaus von Beyme, *America as a Model: the Impact of American Democracy in the World* (New York: Palgrave Macmillan, 1987), 59-60쪽.

판하기 위해 사용한 "제왕적 대통령제(imperial presidency)"라는 폄훼적 개념은 단일정부제 소국에 이식되어 '변형된' 한국 대통령제와 같은 미국식 대통령제에서 항구적 제도가 된다. "유럽 입헌주의의 경우에 독립적 민선 대통령이라는 미국적 외래물을 부적합하게 의원내각제와 접붙이면 그것은 죽음의 키스였다"는 뢰벤슈타인의 엉뚱한 분권형 대통령제 비판은[21] 한국과 중남미·동남아 국가들의 제왕적 대통령제에 적중하는 말이다. 프랑스·이탈리아·오스트리아·핀란드 등지에서 분권형 대통령제는 반세기 이상 유력한 민주제도로 잘 작동해 왔기 때문이다. 제왕적 대통령제는 분권형 대통령의 비상대권과 국회해산권이 미국 대통령제의 결함(태통령의 내정권과 외정권의 겸병)와 결합될 발생하는 것이다. 이런 제대로 교정된 정확한 의미에서 독일 하이델베르크대학의 정치학자 클라우스 폰 바이메(Klaus von Beyme, 1934-2021)는 "남미에서 미국 대통령제와 분권형 대통령제의 위험한 결합형이 아주 자주 나타난다"고 갈파했다.[22]

제왕적 대통령제는 정당 간 적대적 권력투쟁을 더욱 살벌하게 만들고 그러다 여소야대 상황에 직면하면 정치적 교착상태와 국정마비에 빠져 친위쿠데타, 정계개편, 야당의원 빼 오기 등 반칙과 헌정 중단을 반복하다 권위주의 체제로 변질되어 갔다. 이러는 가운데 야당은 대통령의 제왕적 권력 집중에 맞서 살아남기 위해 '정쟁의 블랙홀'에 빠져들어 언어폭력, 물리적 폭력, 장외투쟁, 단식투쟁 등 비캬의회주의적 투쟁도 마다하지 않는 극한투쟁을 일상화할 수밖에 없다. 중앙집권적 '소국'에 이식되

---

21) Loewenstein, *Political Power and the Governmental Process*, 115쪽.
22) 참조: Beyme, *America as a Model*, 56쪽. 그런데 허영·김철수·권영성 등 한국의 '저명한' 헌법학자들은 그간 분권형 대통령제를 제대로 연구하지 않은 채 척척박사인 양 하는 의태擬態로 이 헌정제도에 대한 뢰벤슈타인의 저 그릇된 주마간산식走馬看山식 논평을 그대로 반복했다. 그러나 이런 짓은 '지식사기꾼' 같은 '엉터리학자'나 하는 짓이다.

어 변형된 미국식 대통령제는 이와 같이 '개발에 말편자'처럼 소국의 대통령을 너무 막강한 '제왕'으로 만들어 여러 나라의 민주발전과 국정효율을 동시에 위협한다. 그리하여 남미와 아시아에서 제왕적 대통령제는 지금까지 '거의' 예외 없이 절대권력에 따른 절대 부패 현상인 권력형 부정부패의 늪에 빠져 이른바 '신新대통령제'라 불린 권위주의 체제로 전락했다.

이런 의미에서 이미 1957년 뢰벤슈타인은 "낯선 환경에 이식된 미국 대통령제는 제대로 뿌리를 내린 적이 없다"고[23] 결론지은 바 있다. 1987년 독일 정치학자 클라우스 폰 바이메도 다음과 같이 확인하고 있다.

- 미국 모델은 라틴아메리카에서 대통령제가 실패한 결과 거듭거듭 국제적 이미지에 타격을 입었으며, 이런 경험 때문에 미국 대통령제는 독재로 타락하기 쉽다는 풍문이 확산되었고, 아무튼 지금까지 미국 바깥에서 대통령제 채택의 성공사례가 전혀 없었다.[24]

페루, 콜롬비아, 파라과이, 우루과이, 베네수엘라, 파나마, 칠레, 인도네시아, 필리핀, 이승만 대통령에서 오늘에 이르는 시기의 한국 등은 중앙집권적 소국에서 제왕적 대통령제가 실패한 대표적 사례들이다. 이런 나라들은 대개 연방제 국가도 아닐뿐더러 거의 예외 없이 미국식 대통령제에서 일탈해서 대통령이 비상대권(과 때로 국회해산권)을 쥐고 있고 인사청문회 제도도 거의 발달하지 않았다. 제왕적 대통령의 실패는 형식적으로 미국의 연방제를 복사했지만 주州의 실질적 자율성을 인정하지 않는 영토 대국 멕시코·아르헨티나·브라질에서도 예외일 수 없었다. 이런 까닭

---

23) Loewenstein, *Political Power and the Governmental Process*, 115쪽.
24) Beyme, *America as a Model*, 8-9쪽.

에 오늘날 미국식 대통령제는 인기와 매력을 완전히 상실했다. 그리하여 최근 동구와 소련의 탈脫사회주의적 국가 개조 과정에서도 모델이 된 것은 미국식 대통령제가 아니라 프랑스의 분권형 대통령제였던 것이다.[25)]

미국식 대통령제의 제왕적 변형태의 자기 파괴적 권력 집중 현상 때문에 한국에서도 '이강석 문제'로 시끄러웠던 이승만 대통령 이래 3인의 군사 독재자를 거쳐 김영삼·김대중·노무현 같은 민주투사 출신 대통령들과 이명박·박근혜에 이르기까지 대통령 아들과 친인척, 그리고 측근들의 국정농단과 권력형 부정부패는 그치지 않았다. 제왕적 권력 집중 상황에서는 대통령의 가족, 친인척, 측근이라는 위치는 제도적 자동성 속에서 부지불식간에 최고위층의 막강한 '벼슬아치'로 둔갑하기 때문이다. 대통령의 제왕적 과잉 권력은 이 제도적 자동성으로 관계자들의 의지와 무관하게 대통령의 배우자·부자(모자)·친인척·측근들에게로 저절로 이전되어 이들이 흡사 막강한 '가신家臣'과 같은 지위로 격상·변질되는 것이다. 이강석에서 김현철·김홍일·김홍업·김홍걸·노건평·권양숙·이상득·최순실·김건희 등에 이르는 '대통령 아들·형·부인 문제'도 다 주변 인물들에게로 넘쳐흐르는 이 제왕적 대통령의 자기 파괴적 '과잉' 권력으로 야기된 것이다. 지지자들이 적어도 권력형 부정부패와 친인척 비리로부터는 자유로울 것으로 확신했던 민주투사 출신 세 대통령조차도 민주 투쟁 속에서 다져진 인격과 덕성으로도 제도적 결함을 이기지 못하고 오히려 '제도의 희생자'로 전락했다. 30년 민주투사들의 인격과 정치 역량으로도 헌정 체제의 제도적 폐해를 막기에는 역부족인 것이다.

그리하여 제왕적 대통령제에서는 군부 대통령이든 민주 대통령이든 가리지 않고 집권 기간에 권력형 비리와 부정부패가 집중 파헤쳐져 이른

---

25) 참조: Jürgen Hartmann, *Westliche Regierungssysteme* (Opladen: Springer, 2000), 157쪽.

바 '식물대통령' 현상이 주기적으로 반복되어 왔고 심지어 박근혜의 경우에는 국정농단으로, 윤석열은 계엄 빙자 내란으로 탄핵 사태까지 몰고 왔다. 대통령의 정적들과 언론은 대통령 친인척과 측근들의 권력형 부정부패를 기화로 대통령의 도덕적 권위를 간단히 무너뜨려 버리기 때문이다. 제왕적 대통령제의 자기 파괴적 과잉 권력으로 인한 국가원수의 이러한 주기적 무력화는 국가안보에 치명적인 것이다. 이런 의미에서 단일정부제적·중앙집권적 소국에 이식된 미국식 대통령제의 제왕적 변형태는 남북이 대치해 있는 한국 같은 분단국가의 긴박한 안보 수요를 충족시키기에 가장 부적절한 제도다.

한국 정치는 미국처럼 줄곧 여소야대에 시달려 왔다. 권위주의 시대에 정부는 여소야대 상황을 친위쿠데타(유신), 집권당 창당(공화당과 민정당), 3당 합당 등 인위적 정계 개편이나 '의원 빼 오기'와 심지어 '의원 꾸어주기'로 돌파했고, 심지어 윤석열은 여소야대 상황에서 거듭 통과되는 김건희 특검법안을 피하기 위해 불법 비상계엄령을 이용한 친위쿠데타까지 시도했다. 이로 인해 한국의 정당정치는 늘 불안정했다. 1993년 이래 민주화가 이루어지면서부터는 이러한 인위적 정계 개편의 길이 막히자, 여소야대는 곧 반년간 총리 인준 거부, 무차별 정치공세, 색깔 시비, 국력 탕진 대북정책 관련 무한 정쟁, 타협 없는 격돌 정치 등 국정마비로 직통했나.

소국으로 이식되어 제왕적으로 왜곡된 미국식 대통령제에서는 대통령 권력이 더 막강해지는 만큼 여당에 압살당하지 않으려는 야당의 '발악 투쟁'으로 인해 사사건건 격돌하고 소수당의 생떼, 극한 대치, 장외투쟁, 국회 폭력, 정국 파행, 국회 공전이 일상화된다. 이런 경직되고 파란만장한 적대적 정당 관계에서는 자유 표결의 가능성도 거의 없는 까닭에 여야가 타협에 이르는 다른 출구도 없다. 이로 인한 일상적 정국 혼란, 국정마비,

적대적 국론분열, 국민적 정치 혐오는 대외 신인도를 떨어뜨리는 요인 가운데 하나이다.

나아가 '제왕적' 대통령이 특정 지역의 특정 세력에서 나오게 되면, 국민통합은 새 대통령의 집권과 동시에 완전히 산산조각이 나고 만다. 단기간에 권력, 부, 명예가 특정 지역의 특정 세력·특정 고교 출신들에게로 쏠려 지역 분열과 이념 분열에 의해 더욱 가열되는 세력 간 대결 투쟁이 격화되기 때문이다. 그리하여 제로섬게임과 '승자독식'의 대통령 선거는 사활을 건 지역 간 대결로 치러지고, 선거가 끝난 후에도 지역 대결은 계속된다. 이로 인해 정당들은 전국 정당과 일찍이 결별하고 모두 '지역당'으로 전락했다.

한국의 적대적 정당 투쟁과 이로 인한 국민 분열 등 사분오열 현상은 선거구마다 최다득표자 1명을 국회의원으로 뽑는 소선거구제와 '제왕적 대통령제'에서 비롯된 것이다. 대통령 선거와 마찬가지로 승자독식과 패자전실의 결과를 초래하는 선거제도와 결합된 제왕적 대통령제는 세력 간 권력분점을 배제하고 승자와 패자 간의 권력 격차를 '100 대 0'으로 확대해 놓기 때문이다. 궁극적으로 승자독식과 패자전실에 귀인歸因하는 험악한 적대적 정당 갈등과 정국 마비는 소선구제와 대통령제를 동시에 채택한 미국·프랑스·한국에서만 나타나는 현상이다. 영국·독일·일본에서 선거는 소선구제를 택했더라도 대통령 선거가 없기 때문에 조용하게 진행된다. 대통령도 없고 비례대표 대선거구제를 택한 노르웨이와 스웨덴의 선거와 정치도 아주 조용한 편이다. 프랑스처럼 분권형 대통령제를 택하고 노르웨이와 스웨덴처럼 비례대표 대선거구제를 택한 핀란드의 선거는 더 조용하게 치러지고 정치도 더 조용하다. 지역 대결과 중첩되어 가열되는 적대적 정치투쟁은 소선거구 제도의 폐지와 함께 이 제왕적 대통령제의 혁파 없이 결코 퇴치될 수 없다.

■ 부동의 구심으로서 국가원수의 필요성

　대통령이 국가수반과 정부수반을 겸함으로써 정부수반의 당파성이 국가수반의 초당적 지위를 망가뜨려 버리는 미국식 대통령제와 그 변형태인 제왕적 대통령제의 결함은 어떤 경우에도 도덕적으로 훼손되거나 모욕당하지 않고 '부동의 국가 구심점'으로 기능하는 '존엄한 국가원수'의 부재라는 고질병을 앓는다. 대통령은 권력이 막강한 만큼 책임도 무한책임에 가까울 정도로 막대하다.

　대통령의 절대권력은 한낱 절대 부패로 끝나는 것이 아니라 자기파괴로 귀착된다. 행정부 관료들의 미흡한 정책집행, 일선 검사의 수사실수, 주가 하락과 아파트분양가 상승, 심지어 장관 부인들의 치맛바람 등 일상의 사소한 당파적 정쟁거리도 모조리 정부수반인 대통령 책임으로 돌려진다. 이로 인해 사사건건 대통령을 욕하고 들볶는 정쟁의 정치문화 속에서 행정수반을 겸한 국가수반도 '동네북'으로 전락, 그 권위가 철저히 구겨지고 망가진다. 하이에나처럼 정쟁거리를 찾는 야당 정치인이든, 기삿거리를 찾는 기자든, 아는 체하려는 지식인이든 경제정책에 불만을 품은 재력가든 소득이 준 택시 기사든 길 가다 넘어진 행인이든 다 대통령을 욕한다. 대통령은 '정부수반'으로서 정부 시책 때문에 손해를 본 모든 당파와 집단들로부터 이런 욕설을 들을 수밖에 없으나, 이런 욕을 듣다 보면 대통령의 다른 역할인 '국가원수'의 존엄한 지위가 훼손되어 마치 무정부상태에서와 같은 국가 중심의 소멸로 인해 국민의 정치 불안과 정치적 정신 공황 상태가 증폭되는 것이다. 흔들림 없고 변함없는 국가 중심으로서의 '존엄한' 국가원수의 부재가 바로 제왕적 대통령제가 안고 있는 뜻밖의 자기 파괴적 취약성인 것이다.

　대통령제를 채택한 소국이 민주화되어 모든 저항집단과 압력단체들, 그리고 제諸세력의 비판의 자유가 무한정 확대될수록 제왕적 국가 원수의 이런 자기파괴적 몰락 위험과 역설적 취약성은 더욱 심화된다. 국가원수는 가령 아일랜드 헌법이 명시하고 있듯이 "만인 위의 어른 (precedence over all other persons)"임에도 매일 쉴 새 없이 모욕당해 그 지존성至尊性이 매일매일 훼손되는 것이다. 이런 까닭에 나라에 합당한 '권위 중심'이 없는 정신 공황과 무질서가 확산되어 지존성이 망가진 국가원수로는 제지할 수 없는 불법·폭력시위와 정치사회적 행패가 일상화된다. 한국의 가끔 보이는 거친 언어폭력·막말 시위도 알고 보면 '민주화된 소국'인 대한민국의 자기 파괴적 대통령제와 무관치 않은 것이다.

이런 시위와 행패를 보면서 다른 일각에서는 초법적 강압 수단으로라도 이런 '행패'를 분쇄해야 한다고 열 올리는 권위주의적 노스탤지어와 독재적 유혹도 번져간다. 윤석열은 바로 이런 유혹에 굴복해 계엄령발동권을 불법 악용해 친위쿠데타적 내란을 저질러 완전한 자기파괴를 자행하고 말았던 것이다. 어떤 과격정당도 어떤 망나니 언론인도 범접犯接할 수 없는 입헌군주제 국가의 군주가 누리는 전래된 전통적 권위와 지존성이나 정부수반과 분리된 초당적 국가원수의 역할만을 수행하는 분권형 대통령의 초당적 지존성과 비교하면, 제왕적 대통령제의 대통령은 정부수반의 겸직으로 인한 당파적 자기 비하 때문에 뜻밖에 역설적으로 너무 취약한 것이다. 한국의 제왕적 대통령제에서 국가원수로서 대통령의 존엄성이 파괴·무시되는 현상은 2024년 2월 정년을 앞둔 대학교수가 모든 근속 교수에게 수여되는 대통령 표창의 수령을 '윤석열의 명의로 수여된다'는 이유로 거절한 것에서 여실히 드러난다.

나라의 지존으로서의 국가원수는 그 존엄성이 훼손되지 않아야만 정치적 위기 상황에서의 권위적·위력적 중재자, 국가 최고의 정치고문 등 중차대한 역할에서부터 최고가치의 권위적 분배 행위를 통한 군부·학자,

문화예술인의 체제 통합, 상징적 국민통합 기능, 사소한 의전적 국가대표 기능에 이르기까지 다양한 역할을 해낼 수 있다.[26] 국가원수의 지존성이 훼손되지 않는 나라에서만 내각의 항구적 정정 불안 및 국회의 일상적 파동과 복잡다단한 지역·계층·이념 갈등 등이 중화되어 국가의 안정감이 보장될 수 있는 것이다. 최근까지도 국가원수의 이러한 지존 역할과 기능에 대한 관심과 연구는 소홀히 되어 왔었으나 실은 현실 정치에서 본질적으로 중요한 것이다.[27] 한마디로, 한국과 같이 고도로 민주화된 소국에서 미국식 대통령제의 제왕적 변형태는 국민을 이끌고 통합할 국가원수의 지존성을 파탄시키고 나라의 권위 중심을 흔들어 무질서와 불안정을 갈수록 증폭시키는 위태로운 제도인 것이다.

결론적으로, 한국의 단임 제왕적 대통령제는 자기 파괴적 권력 집중과 조기 레임덕, 정당 간의 험악한 발악적 극한투쟁, 지역 대결, 국민 분열, 장기적 안목의 국정 수행의 불가능성, 국정마비, 권력형 부정부패, 식물대통령, 국가원수의 지존성 파괴와 국가 중심의 소실, 국가 불안정과 무질서 등으로 국력을 결정적으로 저하시키는 비효율적·소모적 정부형태인 것이다. 제왕적 총재와 제왕적 후보의 1인 지배 정당 현상도 이러한 제왕적 대통령제에서 파생된 문제다.

제왕적 대통령제가 제거되지 않는 한, 정당의 1인 지배체제를 청산하기 위해 정당개혁 차원에서 도입된, 당대표와 대통령(후보)을 분리하는 '당정분리黨政分離' 원칙조차도 제왕적 대통령의 당무 간섭과 공천 간여로 간단히 무력화되는 경향이 있다. 한국의 모든 정당들은 당 개혁을 통해 당정 분리 원칙을 도입한 후에도 제왕적 대통령과 이에 상응한 제왕적 대통령 후보의 절대적 영향력 아래 장악되어 있다. 또 "특권과 반칙 없는

---

26)　참조: Linz, "The Perils of Presidentialism", 130-133쪽.
27)　참조: 린쯔, 「대통령제와 내각제: 과연 다른 것인가?」, 129-130쪽; Hartmann und Kempf, *Staatsoberhäupter in westlichen Demokratien*, 7-9쪽.

사회"를 외치며 당선된 노무현 16대 대통령 당선자의 대선 직후 첫 번째 영향력 행사는 2002년 12월 22일 민주당 대표와의 조찬 회동에서 대표 퇴진을 요구하는 '반칙' 행위였고, 그 이후에도 이상수 민주당 사무총장 등의 입에서 종종 "당선자 의중"을 운위하는 망언들이 쏟아져 나왔다. 이명박·박근혜·문재인·윤석열 대통령도 당무 개입과 대표 경선·공천 개입 등을 통해 당을 장악했다. 윤석열은 대통령 당선자 시절부터 국민의힘의 국회의원 보궐선거 공천에 개입하고, 대통령 취임 후에는 마음에 들지 않는 당대표를 갖은 수법으로 쫓아냈다. 이런 사례들은 제왕적 대통령제 청산 없이는 사실상 당정 분리도 무용지물이라는 것을 함의한다.

유럽의 분권형 대통령제는 제왕적 대통령제와 내각제의 문제점을 극복하기 위해 고안된 정부제도다. 한국에서 선호되는 '4년 중임 분권형 대통령제 개헌'을 위해서는 먼저 유럽 분권형 대통령제의 분포 현황과 실제 경험에 대해 자세히 알아야 할 것이다. 유럽 국가들은 비좁은 영토에 인구 8,000만 명 이하의 중소국가들이고, 동시에 영국·네덜란드·덴마크·스웨덴·벨기에·노르웨이·스페인 등 일부 국가는 오랜 군주국이다. 서유럽의 중소 군주국들은 내각제를 발전시켜 온 한편, 독일과 스위스를 제외한 모든 서유럽 공화국은 국가수반과 정부수반을 분리시켜 대통령 권력을 반감시킨 독특한 분권형 대통령제를 발전시켰다.

미국식 대통령제는 내각제 확립 이전의 후기 절대군주제를 모방해[28] 고안된 제도다. 국회와 분리된 독립적 대통령이 국가수반과 정부수반의 권한을 한 손아귀에 장악·겸병하는 미국식 대통령제는 유럽에서 전통적으로 늘 공포·멸시·기피의 대상이었다.[29] 이것은 권력 집중과 군주제로의 복귀에 대한 두려움과, 알렉시스 토크빌(Alexis de Tocqueville)이 『미국

---

28) 참조: Klaus von Beyme, *Die parlamentarische Demokratie: Entstehung und Funktionsweise 1789-1999* (Opladen: Springer, 1999), 316쪽.
29) Beyme, *America as a Model*, 47-49, 54-55쪽.

에서의 민주주의에 관하여(*De la démocratie en Amérique*)』(1835)에서 비판한 이래 유럽에 확산된 미국 대통령제의 부정부패·엽관제 등에 대한 부정확한 소문과 편견 때문이기도 했다. 더구나 파시즘·나치즘·팔랑히즘(Falangism; 프랑코주의) 등 극우 독재와 중남미·아시아의 제왕적 대통령제(신대통령제)를 경험한 후부터는 유럽에서 미국 대통령제는 더욱 일반적으로 기피되어 왔다.

무릇 국가는 대내적으로 국민을 통합·안정시키고 대외적으로는 국민을 대표하는 부동不動의 존엄한 권위 중심인 국가원수가 필요하다. 오늘날 혈통에 기반을 둔 '전통주의적 국가원수'의 대표적 유형인 '군주'는 실질적 권력을 상실했을지라도 전래된 권위와 가치의 중심체로서 범접할 수 없는 부동의 절대적 지위를 점한다. '군림하나 통치하지 않는' 상징적 군주의 지존성至尊性으로 장착된 군주국은 이 때문에 정부가 자주 교체되고 정국이 복잡다단하더라도 나라가 흔들리거나 불안정한 느낌이 들지 않는다. 군주의 지존 지위가 정당 간 험악한 공방과 발악적 투쟁을 초월한 초당적 지위에서 범접할 수 없는 확고한 국가의 정신적 권위 중심으로서 기능해 주기 때문이다. 따라서 이런 나라들은 모든 당파들이 의회에서 내각과 개별 장관에 대해 당파적 책임을 엄격히 추궁하는 고도의 책임정치인 내각제를 발전시킬 수 있었고, 또 군주를 전제하는 한 이 내각제 외에 달리 국가를 민주화할 길이 없었다.

반면, 군주제를 폐지한 공화국들은 흔들림 없는 전통적 권위를 가진 군주를 대신할 부동의 존엄한 국가원수를 민주적 형태로 창출하는 일을 별도로 수행해야 한다. 그런데 제왕적 대통령제에서는 대통령이 흔히 독재자로 변질되거나 민주화가 진행되면 자기 파괴적 과잉 권력으로 인해 오히려 역설적으로 국가원수의 권위와 지존 지위가 더욱 망가져 나라의 중심이 더 많이 흔들린다. 따라서 유럽의 작은 공화국들은 국가수반과 정부수반을 기능적으로 분리해서 국가원수로 하여금 불가피하게 당파적이고 자질구레한 내정에서 해방되어 외교·안보·비상국정만을 맡도록 하여 "최고 권력은 분권시키되 국가원수의 지위는 초당적 권위의 보장을 통해 더욱 튼튼히 한" 분권형 대통령제를 발전시켜 왔다. 이 정부형태는 외교·안보·국방·비상 국정에는 대통령제를, 평시 내정에는 내각제를 적용해 국가원수와 정부수반을 분리시킨 제도다.

제왕적 대통령의
권력 나누기

분권형 대통령제

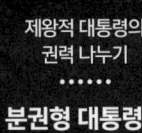

제1절

분권형 대통령제의 개념과 서유럽의 경험

1.1. '분권형 대통령제' 용어의 탄생
1.2. 서유럽 분권형 대통령제의 정의와 개념
1.3. 분권형 대통령제의 역사와 분포현황
1.4. 공화국의 분권형 대통령제와 군주국의 내각제
1.5. 분권형 대통령제의 가변성과 다양성

제1절

분권형 대통령제의 개념과
서유럽의 경험

1.1. '분권형 대통령제' 용어의 탄생

프랑스 정치학자 모리스 뒤베르제(Maurice Duverger)가 일반적으로 통용시킨[30] 'le système semi-presidentiel'(영역: 'semi-presidential government') 용어를[31] 필자는 2005년 발표한 논문에서[32] '분권형 대통령제'로 국역하여 우리 학계에 처음 도입했다. 20여 년이 흐른 지금 이 새 용어는 '이원집정부제'라는 무식한 용어를 제치고 학계와 정계에 통용어로 정착한 것으로 보인다. 프랑스용어 'le système semi-presidentiel'

---

30) Beyme, *Die parlamentarische Demokratie*, 51쪽.
31) Maurice Duverger, "A New Political System Model: Semi-Presidential Government" (first published in *European Journal of Political Research* 8/2, June 1980). Reprinted in Arend Lijphart (ed.), *Parliamentary versus Presidential Government* (New York: Oxford University Press, 1992).
32) 황태연, 「유럽 분권형 대통령제에 관한 고찰」, 『한국정치학회보』 39권 2호(2005).

은 직역하면 '반半대통령제' 또는 '반통령제半統領制'라고 옮겨야 할 것이나 국가원수로서의 대통령의 지위를 너무 희화화하는 뉘앙스 때문에 대통령 본연의 의미를 살려 필자가 '분권형 대통령제'로 의역했다.

'Le système semi-presidentiel' 또는 'semi-presidential government'는 분권형 대통령제 헌정 체제를 채택한 프랑스·오스트리아·핀란드 등 유럽의 여러 나라의 학계와 미국학계에서,[33] 그리고 독일학계에서도[34] 보편화된 술어다. 그러나 이를 '양두제兩頭制(diarchy)' 또는 '이원정부제(dual executive)'라 부르는 학자들도 있고,[35] '이원지도체제(dual leadership system)'라 부르는 학자도 있다[36]. 나아가 '총리-대통령 체제(premier-presidential system)'라 부르는 학자들도 있다.[37] 용어의 다양성은 학자들의 자유로운 해석을 반영한다.

그러나 미국 정치학자 뢰벤슈타인의 용어 'dual executive'의[38] 부적절한 독역어獨譯語인 'zweigeteilte Exekutive'라는 용어와, 이 독문번역어를 원문 대조 없이 잘못 중역重譯한 한국 헌법학계의 '이원집정부제'라는 용어는 둘 다 아주 그릇된 번역어로서 독일학계와 세계학계에서 학

---

33) 참조: Lijphart (ed.), *Parliamentary versus Presidential Government*; Juan J. Linz and Arturo Valenzuela (ed.), The Failure of Presidential Democracy: Comparative Perspectives (1994). 린쯔·발렌주엘라(신명순·조정관 역), 『내각제와 대통령제』.
34) Beyme, *Die parlamentarische Demokratie*; Hartmann und Kempf, *Staatsoberhäupter in westlichen Demokratien*; Hartmann, *Westliche Regierungssysteme*.
35) 참조: Loewenstein, *Political Power and the Governmental Process*, 7, 90, 95쪽; Andrew Knapp and Vincent Wright, *The Government and Politics of France* (London & New York: Springer, 2001), 101-102쪽.
36) 참조: Jean Blondel, "Dual Leadership in the Contemporary World", 162쪽. Arend Lijphart (ed.), *Parliamentary versus Presidential Government* (New York: Oxford University Press, 1992).
37) 참조: Matthew S. Shugart and John M. Carey, *Presidents und Assemblies* (Cambridge & New York: Cambridge University Press, 1992).
38) Loewenstein, *Political Power and the Governmental Process*, 90, 95쪽.

술용어로 채택된 바 없다. 권영성은 뢰벤슈타인의 영문 원서를 보지 않고 한낱 독역본만 보고 '이원집정부제'라 부르고,[39] 허영도 권영성처럼 뢰벤슈타인의 영어 원본 대조 없이 그릇된 독역본만 보고 '이원집정부제', '이원적 집정부제', '이원정부제'라는 세 가지 명칭으로 표기하고 있다.[40] 김철수는 뢰벤슈타인의 그릇된 영어 원어('dual executive')를 병기하고 '이원정부제'로 번역하고 있다.[41] 뢰벤슈타인의 저 책에만 의존하고 다른 헌법 서적이나 정치학 서적을 보지 않은 권영성·허영·김철수 등 한국의 얄팍한 헌법학자들이 쓰는 이런 용어들은 동시에 분권형 대통령제에 대한 뢰벤슈타인의 속단과 그릇된 이해를 그대로 추종하면서 이 정부제도에 대한 그의 주마간산식 속단과 오해도 그대로 반복한다.

뢰벤슈타인이 1957년에 미국에서 공간한 *Political Power and Governmental Process* (정치권력과 정부과정)의 독역본 *Verfassungslehre*(1975)의 역자는 영어 원문의 'dual executive'를 먼저 'dualististische Exekutive'로[42] 독역하고, 뒤에서는 임의로 'zweigeteilte Exekutive'로 독역하고 있다.[43] 그간 한국 헌법학자들은 이 점을 간과하고 영어 원문 대조 없이 이 'dualististische Exekutive'와 'zweigeteilte Exekutive'를 '이원집정부제'라는 괴이한 용어로 오역한 것이다.

'Legislative'(입법부)와 구분하여 쓰이는 독일어 'Exekutive'는 '집정부'가 아니라 '(행)정부'를 뜻한다. 따라서 권영성과 허영이 이 'Exekutive'를 '집정부'로 옮긴 것은 무식한 오역이다. 참고로, 프랑스혁명 때 잠깐 선보였거나 스위스에 도입된 '집정부'는 독일어로 'Direktorium' 또

---

39) 권영성, 『憲法學槪論』(서울: 법문사, 1998), 531쪽.
40) 참조; 허영, 『憲法理論과 憲法』(서울: 박영사, 2001), 895, 915, 924쪽.
41) 참조; 김철수, 『憲法學槪論』(서울: 박영사, 1998), 854쪽.
42) Karl Loewenstein, *Verfassungslehre* (Tübingen: J.C.B.Mohr, 1975), 87쪽.
43) Loewenstein, *Verfassungslehre*, 90쪽.

는 'Direktorialregierung'이고, 프랑스어로는 'Directoire', 영어로는 'directorial executive'다.

또한 뢰벤슈타인의 'dual executive'의 'dual'이나 한국학자들의 '이원(집)정부'의 '이원二元'이라는 말은 '두' 정부가 아니라 '하나'의 정부 안에 상하관계로 두 수반(국가수반과 행정수반)이 있는 분권형 대통령제의 '분권'을 표현하기에는 부적절하다. 따라서 영문 원어 'dual'도 부적절한 것이고, 독일어 'zweigeteilt'('이분된')로 옮긴 것도 부적절한 번역인 것이고, 한국어 '이원'도 부적절한 것이다.

뢰벤슈타인의 'dual executive'처럼 정부가 2개인 것 같은 오해를 불러일으키고 국민과 의회의 통제받는 '정부'를 독재적 '집정부'로 둔갑시키는 '이원집정부제'라는 중역어重譯語는 한국에서도 흔적 없이 사라지는 것이 옳다. 그러나 이 용어는 지금도 그들의 책과 고시 출신과 후학들의 뇌리에 남아서[44] 이 제도의 정확한 이해를 가로막거나 그르치고 있다. 분권형 대통령제에 대한 김철수·권영성 등 한국 헌법학자들의 비판적 인식과 엉터리 논변은 70년 전 뢰벤슈타인의 그릇된 속단들("권위주의", "독재", "신新대통령제" 운운[45])을 지금도 그대로 되풀이하고 있다.[46] 그리하여 이 정부제도에 대해 말할라치면 법조인·판검사·행정관 등 각종 고시 출신 '안다니'와 '헛똑똑이들'이 '약방의 감초'처럼 나서서 잘난 체하며 뢰벤슈타인에게서 유래하는 저 무식한 소리를 늘어놓아 우리의 헌법 논의를 뒤틀고 망가뜨리기 일쑤다. 실로 통탄해 마지않을 일이다!

대통령 가운데 사법고시 출신 노 씨는 대통령 후보 시절 분권형 대통령제에 대해 뭔가 잘 아는 양 거부감을 보였고, 마찬가지로 사법고시 출신

---

44) 중진학자가 '이원정부제'라는 이 현명치 못한 술어를 답습하는 경우도 있다. 참조: 강원택,『대통령제, 내각제와 이원정부제』(일산: 인간사랑, 2016)
45) Loewenstein, *Verfassungslehre*, 90-115, 430-442쪽.
46) 권영성,『憲法學槪論』, 533쪽; 김철수,『憲法學槪論』, 855-856쪽.

인 윤 씨도 후보 시절 마치 정부제도에 대해 잘 아는 양 '4년 중임 분권형 대통령제 개헌' 제안을 냉담하게 듣지 않으려고 했다.[47] 마찬가지로 사법고시 출신 문 씨도 2018년 3월 조국 민정수석(분권형 대통령제 헌법에 대한 정치학·헌법학 서적이나 논문을 단 한 건도 읽지 않은 형법학 교수 출신)을 통해 ① 헌법 전문에 부마민주항쟁, 5·18민주화운동, 6·10민주항쟁 수록, ② '수도는 법률로 정한다'는 조항 신설, ③ 대통령 4년 중임제, ④ 검사 영장 신청권 삭제, ⑤ 사회권 강화 일반 조항 신설, ⑥ 동일 가치 노동, 동일 수준 임금 명문화, ⑦ 토지공개념 강화 등 7개 항을 담은 (①항을 제외하고) 엉뚱하고 위험한 개헌 방안을 발표함으로써 사실상 국가 개혁의 급선무에 속하는 분권형 대통령제 개헌을 공식적으로 묵살했다. 조국은 2024년 5월 17일 조국혁신당 대표로서도 분권형 대통령제 개헌을 계속 회피하는 동일한 개헌안을 국회에 제안했다.

　분권형 대통령제에 대한 대통령들의 이런 거부·냉대·묵살은 모두 내정권과 외정권을 겸병한 자기 파괴적 과잉 권력을 틀어쥐려는 어리석은 욕심에 기인했다. 그러나 살 알다시피 고시 출신이 아닌 김대중 대통령은 임기 말(2001년)에 필자가 당시 민주당 원내대표를[48] 통해 분권형 대통령제의 장점과 개헌 필요성에 대해 보고했을 때 이에 대해 찬동을 표하고 청와대에서 언론을 통해 이 방향의 개헌을 권고하는 의견을 밝힌 바 있다.

1.2. 서유럽 분권형 대통령제의 정의와 개념

　모리스 뒤베르제는 분권형 대통령제의 개념을 (1) 보통선거권

---

47) 분권형 대통령제에 대한 이들의 거부반응은 필자의 추정이 아니라 필자가 직간접적으로 접해보고 경험한 것이다.
48) 당시 민주당 원내대표는 정균환이다.

(universal suffrage)에 의한 대통령 선출, (2) 대통령의 꽤 상당한(quite considerable) 실권實權 보유, (3) 진퇴가 전적으로 의회의 신임에 좌우되는 – 대통령의 맞은편에 위치한 – 총리와 장관들의 행정부와 행정권의 존재 등 세 가지 요소를 결합한 것으로[49] 정의한다. 그러나 위의 보통선거 요건은 국민직선과 선거인단에 의한 준準국민직선까지 포괄하는 것으로 이해해야 할 것이다. 미국식 선거인단에 의한 대통령 선거는 선거인단이 유권자들로부터 받은 위임내용을 기계적으로 대변하는 한에서 내용적으로 '보통선거'로 볼 수 있기 때문이다.

그러나 이 보통선거 요건은 여러 가지 이유에서 수정되거나 완화될 수밖에 없다. 첫째 이유는 1982년까지의 과거 핀란드처럼 선거인들이 자기들 임의대로 대통령 후보를 선택해 찍을 수 있는 경우에는 선거인단 선거이지만 '준 직선'이 아니라 실은 '간선'이기 때문이다. 게다가 1982년 이후의 핀란드 대통령 선거처럼 국민 직선에서 50% 이상 득표자가 없는 경우에 다시 과거와 동일한 방식의 선거인단이 개입해서 결선투표를 완료하는 선거제도에서는[50] 직선과 간선의 의미가 더욱 뒤섞인다.[51] 또한 핀란드조차도 1919년 첫 대통령은 의회가 간선했고, 1944년과 1974년에도 의회가 대통령을 간선했다.[52] 또한 아일랜드의 경우에 원칙적으로 대통령 선거제도는 국민직선제이지만, 헌법(12조 4항 5목)에 따라 정당 간 사전조율을 통해 대통령 후보가 1인으로 모아지면 선거 없이 대통령을 추대할 수 있다. 지금까지 아일랜드는 11명의 대통령 가운데 5명을 선거 없

---

49) Duverger, "A New Political System Model: Semi-Presidential Government", 142쪽.
50) 참조: Hartmann und Kempf, *Staatsoberhäupter in westlichen Demokratien*, 53쪽.
51) 참조: 지오바니 사토리(Giovanni Sartori), 「대통령제도 아니고 내각제도 아니다」, 225쪽. 린쯔·발렌주엘라(신명순·조정관 역), 『내각제와 대통령제』(서울: 나남, 1995).
52) Hartmann und Kempf, *Staatsoberhäupter in westlichen Demokratien*, 54-55쪽.

이 정당 간 합의로 추대했다.[53] 또한 프랑스조차도 분권형 대통령제를 도입한 5공화국의 첫 대통령은 의회와 지방 대표로 구성된 대의기관 합동회의에서 간선 되었다. 또한 1990년대에 프랑스식의 실권 대통령직을 도입한 헝가리, (1999년 이전) 체코, 슬로바키아 등 동유럽의 여러 나라들은 모두 실권 대통령을 의회 또는 대의기관 합동회의에서 간선하거나 간선과 직선 사이에서 오락가락하고 있다. 마지막으로 이탈리아, 체코 등지의 간선 대통령이 아일랜드의 직선 대통령보다 훨씬 더 강력한 실권을 지녔다는 사실은 '직선'이라는 요건을 무색게 한다. 따라서 뒤베르제가 분권형 대통령제의 첫 개념 요건으로 지목한 '보통선거'는 직선과 간선을 다 포함하는 것으로 유연화되어야 할 것이다. 따라서 직선이든 간선이든 모든 직책의 정통성이 궁극적으로 국민의 보통선거권으로 소급하는 민주적 선출제도가 일반화된 오늘날 분권형 대통령제 정의에서 '보통선거'의 요건은 결정적으로 완화되었거나 무의미해졌다고 할 것이다. 다만 직선 대통령이든 간선 대통령이든 일단 선출되고 나면 의회의 신임 여부와 무관하게 독립적으로 존속한다는 점은 공통된다.

따라서 두 번째와 세 번째 요건인 전全국민적 정통성에 기반을 둔 독립적 실권 대통령으로서의 '국가수반'과 의회의 신임 여부에 종속된 실권 총리로서의 '정부수반'의 분권적 공존만이 분권형 대통령제의 개념적 핵으로 주줄된다. 프랑스에 분권형 대통령제를 도입한 드골이 "미국식 대통령제의 자동적 일부"인 '국가수반과 행정수반의 융합'에 대한 자신의 반대를 강조함으로써 분권형 대통령 개헌을 미국식 대통령제 도입 음모로 보는 항간의 의혹을 불식시킨 것에 주목하면 드골도 국가원수로서의 '실권 국가수반'과 행정부의 '실권 정부수반'의 분권과 공존을 분권형 대

---

53) 참조: Robert Elgie, "Political Leadership: The President and the Taoiseach". John Coakley and Michael Gallagher (ed.) *Politics in the Republic of Ireland* (London & New York: Routledge, 2002).

통령제의 근본원리로 이해했음을 알 수 있다.[54]

그러나 정통성 기반을 달리하는 국가수반으로서의 실권 대통령과 정부수반으로서의 실권 총리의 분권이라는 개념만으로는 분권형 대통령제의 추상적 골격만을 드러낼 수 있을 뿐이고, 이러한 분권의 구체적 내용과 의미는 전혀 드러나지 않는다. 분권의 목적이 특정한 데 있는 만큼 분권 되는 권한의 구체적 내용과 정치적 의미이해도 개념 정의에서 본질적으로 중요한 것이다.

대통령은 국가수반 또는 국가원수로서 온 국민의 이익과 전체적 가치관을 대변하고 집행하는 초당파적 임무와 이에 따른 실권을 갖는다. 이 초당적 임무와 실권은 대체로 존엄한 국가 구심점 역할을 통한 국민통합과 국가안정, 대외적 국가대표, 외교·국방·안보·위기관리와 비상국정, 이에 따른 집행명령권, 정당 간 중재, 국민투표 회부, 법안제출, 긴급입법, 거부권 등 초당적 입법기능, 사법부 인사권, 사면권, 훈포장 수여 등으로 구성된다. 각국의 분권형 대통령들은 이 권한들 가운데 전부 또는 일부를 지니고 또 행사한다.

이에 반해 총리는 늘 특정 당파의 수장首長으로서 계급·인종·민족·지역·세력·계파로 사분오열된 국민들 간의 다각적 갈등 구조 속에서 음양으로 불가피하게 당파적일 수밖에 없는 내정內政 각 부문을 관장한다. 따라서 대통령과 총리 간의 분권에는 국가수반이 당파적 내치 업무에 말려들지 않도록 국가수반의 초당적·전국민적 임무를 분리해 내는 취지가 담겨 있다. 즉, 이 분권은 국가 존망을 가르는 국가수반의 사활적 기능인 국민통합과 국가 안정 및 안보와 위기관리 기능을 손상 없이 보존할 목적을 담고 있는 것이다.

내용 면에서 분권이란 '국민 전체'의 이익과 정서를 항구적으로 대변하

---

54) Beyme, *America as a Model*, 54쪽.

고 관철하는 초당적인 외정·국가 비상업무를 맡는 국가수반과, 일시적으로 국민의 일부를 우대하거나 홀대할 수밖에 없는 당파적인 내정을 맡는 정부수반 사이의 분권인 것이다. 분권형 대통령의 선출이 종종 국민 직선으로 이루어지는 것도 바로 이 초당적 국가원수의 전국민적 지위를 확립할 필요에서 도출되는 것으로서 국가원수에게 정통성 면에서 국민 일부의 어떤 대표자에 의해서도 도전받지 않는 전국민적 권위를 부여해 주기 위한 것이다.[55] 하지만 국민 직선 외에도 전국민적 정통성과 권위를 확보할 수 있는 다른 선출 방법(양원합동회의에 의한 선출, 양원+지방 대표에 의한 선출, 교황 선출과 같은 감금 상태에서의 호선 방식 등)이 얼마든지 있을 수 있기 때문에 상술했듯이 국민 직선은 분권형 대통령제의 정의에서 '필수' 요소로 볼 수 없다.

종합하면, 분권형 대통령제란 전국민적 정통성에 독립적 기반을 둔 초당적 실권 대통령으로서의 '국가수반'이 외치·안보국방·국민통합·비상국정을 책임지고 의회의 신임 여부에 종속된 당파적 실권 총리로서의 '정부수반'이 경제·사회·문화적 내치를 맡아 분권적으로 협력·통치하는 ('이원' 정부제도가 아니라) '협력적' 정부제도다. 우리의 이 새로운 정의에 따르면 분권형 대통령제를 채택한 유럽 국가는 뒤베르제가 분류한 것보다 훨씬 더 늘어나게 된다. 가령 지금까지 습관적으로 의원내각제로 분류되어 온 이탈리아도 양원합동회의에서 교황 선출 방식과 유사한 감금 상태의 강행군 절차로 선출되는 초당적 대통령이 대단한 실권을 가지고 있고 또한 실제로 행사해 온 점에서 분권형 대통령제 국가로 분류되어야 하는 것이다. 이 분권형 대통령은 선출 방식에 관계없이 '존엄한 국가 지존'의 역할로 나라의 중심을 잡고 국민통합과 안정을 기하는 초당적 국가원수로

---

55) 막스 베버는 자신의 직선제 주장과 관련해서 이 점을 유달리 강조했었다. 참조: Max Weber, "Der Reichspräsident"(1919), 501쪽. Max Weber, *Gesammelte Politische Schriften* (Tübingen: J.C.B.Mohr, 1988).

서 입헌군주국의 군주만큼이나 손색이 없는 역할을 한다.

실권 없는 군주가 수백 년, 수천 년을 이어온 왕위 계승의 신비적 전통을 배경으로 범접할 수 없는 지존으로 군림한다면, 분권형 대통령은 전 국민의 이익과 관계된 모든 국사를 실질적으로 관장하는 초당적 정당성과 결부된 실권을 토대로 헌법에 명시된 지존의 국가원수로서 실효적으로 군림한다. 따라서 분권형 대통령은 내각제나 재상제의 초라한 의전용 儀典用 대통령과 본질적으로 다른 것이다. 내각제의 이 '의전용 대통령'은 신비적 배경도 실권도 전혀 없어 명목상의 상징적 지존 지위도 지켜내지 못하는, 따라서 권모와 술수가 판치는 살벌한 정치판에서 장난감같이 느껴진다. 한겨레신문 프랑크푸르트 통신원 시절 필자는 독일 대통령의 한국방문이 예고되던 1990년 어느 날 독일 대통령 관저의 초청으로 리하르트 폰 바이체커(Richart Karl Freiherr von Weizsäcker) 대통령(1984-1994)을 예방하고 나서 정말 크게 실망한 적이 있다. 한국의 공식 방문에 앞서 독일언론에서 "General Chun"이라 불리던 전두환 대통령의 비위를 거스르지 않으려고 애쓰는 폰 바이체커 대통령에게서 풍기는 초라함과 무력함 때문이었다.

1.3. 분권형 대통령제의 역사적 경험과 분포현황

칼 뢰벤슈타인이 분권형 대통령제의 헌정 제도적 성격을 '혼합형 의회주의(hybrid parliamentarism)'로 규정한 선례에 따라 폰 바이메는 대통령제와 의원내각제의 '혼성 형태(Zwittergibilde; Mischform)'로 이해하며[56] 분권형 대통령제의 유형적 독자성을 부인한다. 그것은 의원내각

---

56) Klaus von Beyme, *Die parlamentarischen Regierungssysteme in Europa* (München: R. Piper & Co., 1973), 281쪽. 한국에서는 헌법학자 허영의 '절충형' 개념이 이에 해당한다. 참조: 허영, 『憲法理論과 憲法』, 915쪽.

제의 변형태에 불과하다는 것이다.[57] 그러나 역사적 생성이 어찌 되었든 분권형 대통령제는 제각기 다른 절차로 창출된 민주적 정통성에 기반을 둔 초당적 실권의 국가수반과 당파적 실권의 정부수반의 분업에 제도적 본질을 두고 있는 것으로 파악하는 한에서 제도적으로 국가수반과 정부수반 간의 권력관계가 의회 진출 정당의 수와 의회 선거의 결과에 따라 변동하는 것에 주목해야 하는 것이다. 즉, 상황에 따라 분권형 대통령제는 대통령제와 내각제의 기계적 혼합형으로 그치는 것이 아닌, 말하자면 때로는 대통령제에 좀 더 접근했다가 때로는 내각제에 좀 더 접근하는 식으로 독특한 '단계적 교대'가 일어나는 탄력적·가변적 제도이다.[58] 이런 까닭에 각국의 전통적 정치문화에 따라 대통령제와 유사하게 운영되거나 또는 내각제와 유사하게 운영되기도 하며 때로는 대통령과 총리 간의 '균형'의 관행이 굳어지기도 하는 등 운영상의 다양성이 나타나기도 한다.[59] 그러나 대통령과 총리가 둘 다 실권을 가졌다는 점에서, 또 종종 분권형 대통령은 미국 대통령에게는 없는 비상대권, 비상입법권(법률과 같은 효력을 갖는 긴급명령권, 국민투표회부권, 법률발의권), 의회에 의해 간섭받지 않는 인사권 등 고유권한을 장악하고 있다는 점에서 대통령제에 접근할 때도 (존속 여부가 의회의 신임에 좌우되는 실권 총리의 존재와 대통령의 고유권한으로 인해) 결코 대통령제와 일치하지 않으며, 역으로 내각제에 접근할 때도 (의회와 독립된 실권내통령의 존재로 인해) 결코 내각제와 동일하지 않다. 이런 의미에서 분권형 대통령제는 대통령제와 내각제

---

57) Beyme, *Die parlamentarische Demokratie*, 52쪽.
58) 린쯔, 「대통령제와 내각제: 과연 다른 것인가?」, 145쪽; Lijphart, "Introduction", 8-9쪽; Council for the Consolidation of Democracy, "Constittional Reform in Argentina"[984], 158-161쪽. Reprinted in Arend Lijphart (ed.), *Parliamentary versus Presidential Government* (New York: Oxford University Press, 1992).
59) Duverger, "A New Political System Model: Semi-Presidential Government", 142-149쪽.

또는 혼합형의 제도적 고착성과 경직성에 대비되는 제도적 탄력성·가변성·유연성을 특성으로 하는 제3의 독자적 제도로 간주하는 것이[60] 이 제도의 정확한 이해라 할 것이다.

분권형 대통령제는 1848년 프랑스에서 2월혁명 후 제2공화국 헌법에서 역사상 최초로 선보였고,[61] 1919년에는 독일 바이마르공화국에서 도입했다. 당시 베버는 대통령 우위의 분권형 대통령제를 주장했다.[62] 당시 용례에 따라 그는 분권형 대통령제를 '대통령제 헌법(Präsidualverfassung)'이라 불렀으나, 『경제와 사회』에서는 '국민투표적-대의적 정부(plebiszitär-repräsentative Regierung)'라 부르고 있다.[63] 그는 특히 대통령의 국민 직선을 강력히 주장했다. 정통성에서 주지사와 같이 직선되는 지방정부의 장長들에 의해 도전받는 간선 대통령은 지역 분열 추세를 막을 수 없기 때문이라고 것이다.[64] 1919년 독일 바이마르공화국 헌법의 제헌 과정을 책임졌던 프로이쓰(Hugo Preuss) 교수는 당시 막스 베버의 강한 영향 아래 대통령제와 내각제의 이점을 결합시키려는 취지에서 분권형 대통령제를 채택했다.[65] 독일과 같은 해에 핀란드도 이 정부제도를 도입했으며, 1929년에는 오스트리아, 1931년에는 스페인,[66] 1937년에는 아일랜드도[67] 이 정부제도를 도입했다. 그러나 2

---

60) 가령 Horst Bahro/Ernst Veser 1995, "Das semipräsidentielle System - Bastard oder Regierungsform sui generis?", *Zeitschrift für Parlamentsfrage* (1995, Nr.3), 471-485쪽. Beyme, *Die parlamentarische Demokratie*, 5쪽에서 재인용.
61) Beyme, *America as a Model,* 42쪽.
62) Max Weber, *Deutschlands künftige Staatsform* [1919], 468-470쪽. Max Weber, *Gesammelte Politische Schriften* (Tübingen: J.C.B.Mohr, 1988).
63) Max Weber, *Wirtschaft und Gesellschaft* (Tübingen: J. C. B. Mohr, 1985), 173쪽.
64) 참조: Weber, *Deutschlands künftige Staatsform* [1919], 498-501쪽.
65) 참조: Beyme, *America as a Model*, 46쪽.
66) 린쯔, 「대통령제와 내각제: 과연 다른 것인가?」, 153-157쪽.
67) Michael Gallagher, "The changing constitution", 72쪽. John Coakley and Michael Gallagher (ed.), *Politics in the Republic of Ireland* (London/New York: Routledge, 2002).

차 세계대전 이전의 분권형 대통령제는 핀란드와 아일랜드에서만 성공적으로 운영되었고, 나머지 지역에서는 나폴레옹 3세의 친위쿠데타, 히틀러의 친위쿠데타(독일)와 침공(오스트리아), 스페인내전으로 정부와 의회가 무너지는 비극을 맞으면서 다 단명으로 끝났다.

이런 역사적 배경에서 칼 뢰벤슈타인이 1957년 이 분권형 대통령제를 '이원정부'로 그릇되게 비난하고 속단한[68] 것을 기점으로 한국에서도 이 정부제도의 권위주의적 측면을 왜곡·과장하는가 하면 심지어 히틀러의 집권까지도 이 분권형 대통령제 탓으로 돌리는 권영성·김철수 등의 어리석은 단견들이 한때 유행하기도 했다.[69] 내각제에 경도되어 미국식 대통령제를 비판하는 리쯔·슈가트·카레이 등 일부 학자들은 아직도 이러한 편견에 단단히 사로잡혀 있다.[70]

그러나 무솔리니 파시즘은 이탈리아가 내각제 국가임에도 불구하고 권력을 장악했으며, 1930-40년대 남미 파시즘들은 남미제국의 미국식 대통령제에도 불구하고, 아니 대통령제를 징검다리로 독재 권력을 구축했던 점에 주목해야 할 것이다. 또한 비판가들의 성급한 주장과는 정반대로 실은 독일 국민들의 광적 나치스 지지의 광풍 속에서도 힌덴부르크(Paul von Hindenburg) 대통령은 1930년 3월 총선에서 이미 원내 제1당으로 급부상한 나치당의 당수 히틀러를 피해 세 차례나 다른 인물들(1930년 3월 Brüning, 1932년 5월 Franz von Papen, 1932년 12월 Kurt von Schleicher)을 총리로 임명함으로써 히틀러의 집권을 적어도 2년 9개월 이상 저지한 방파제 역할을 했다. 그러나 전후 독일제헌위원회는 경제공황 상황에서 히틀러를 미친 듯이 지지한 독일 국민을 바이마르공화

---

68) 참조: Loewenstein, *Political Power and the Governmental Process*. 독역본: *Verfassungslehre*, 91-103쪽.
69) 권영성, 『憲法學槪論』, 533쪽; 김철수, 『憲法學槪論』, 855-856쪽.
70) 린쯔, 「대통령제와 내각제: 과연 다른 것인가?」, 137, 149-150쪽; Shugart and Carey, *Presidents und Assemblies*, 56-58쪽.

붕괴의 주범으로 짚는 것이 아니라, 뢰벤슈타인의 그릇된 속단에 따라 힌덴부르크 대통령의 헌법상 우월한 지위와 잦은 긴급권 사용을 히틀러의 집권과 바이마르공화국의 붕괴로 가는 징검다리로 해석하는 오류를 범했다.[71] 당시 정세를 자세히 들여다보면, 히틀러는 이미 1930년 총선에서 원내 제2당 사민당의 의석(143석)을 54석이나 능가하는 197석의 제1당으로 올라섰고 이때부터 1933년까지 독일 국민은 네 번의 총선에서 나치당을 모두 제1당으로 만들어주었다. 또한 히틀러는 1932년 대통령 선거 결선투표에서도 1,342만 표를 얻어 힌덴부르크(1,936여만 표 득표)를 바짝 압박했다. 힌덴부르크는 헌법상의 권한을 최대한 활용하고 사민당의 지원을 받아 히틀러의 집권을 저지코자 했다. 이런 까닭에 그는 국회해산과 조기 총선을 네 번이나 반복했던 것이다. 그러나 나치당의 의석이 총선이 반복될수록 눈사태처럼 급속히 확대되는 광풍 앞에서 그도 결국 좌절하고 말았다.[72] 오스트리아의 분권형 대통령 미클라스(Miklas)도 힌덴부르크처럼 1933년 극좌 정당과 나치당을 불법화하고, 1934년에는 나치스의 반란을 비타협적으로 진압함으로써 나치스의 권력 찬탈을 한동안 저지했다.[73]

 따라서 분권형 대통령제의 제도적 결함 때문에 파시즘이 득세한 것으로 해석하는 과거의 분석들은 다 성급하고 어리석은 속단들이었던 것이다. 나치즘과 파시즘의 집권은 어디까지나 중·동유럽의 신생 민주주의에 파멸적 영향을 끼친 당시의 세계 대공황과 "카리스마적 지도력"에 대한 당시 각국 인민들의 전근대적 "동경심"과 복고적 갈망에 기인한다고 결

---

71) 참조: Hartmann and Kempf, *Staatsoberhäupter in westlichen Demokratien*, 20쪽.
72) 당시 4회의 총선 및 대선결과는 참조: Hartmann and Kempf, *Staatsoberhäupter in westlichen Demokratien*, 46쪽.
73) 참조: Hartmann and Kempf, *Staatsoberhäupter in westlichen Demokratien*, 159-161쪽.

론짓는 것이 오늘날 바른 역사 인식이기 때문이다.[74]

이 점은 전전戰前에 분권형 대통령제를 도입한 핀란드와 아일랜드만이 아니라 전후에 이 제도를 도입한 이탈리아(1948), 프랑스(1958), 포르투갈, 그리스(1975) 등은 벌써 민주주의 모범국가로 발전했고, 특히 프랑스 제5공화국 헌법은 제3·4공화국보다 더 단명할지 모른다는 뢰벤슈타인의 성급한 속단과[75] 반대로 60~70년 넘어 100년을 바라보는 시간 동안 잘 운영되어 왔다는 사실에 의해서도 다시 확인된다. 프랑수아 미테랑은 1964년 『영구쿠데타(Le Coup d'Etat Permanent)』라는 책자를 써서 드골의 분권형 대통령제 헌법을 맹비난했었다. 그러나 미테랑조차도 1981년 집권 이후 드골보다도 더 드골주의적인 방식으로 대통령직을 수행한 경험을 바탕으로[76] "이 제도는 내가 만들지 않았는데 나에게 잘 들어맞는다"고 실토했다.[77] 프랑스 헌법은 좌우 진영을 뛰어넘어 모든 정파로부터 칭송을 받기에 이른 것이다.

프랑스의 분권형 대통령제는 매우 다양한 의석 상황과 정치적 시험을 통과해 마침내 정부제도의 장기 검증된 새로운 표준 유형으로 정착한 것이다.[78] 게다가 내각제를 채택한 공화제 국가들에서 심화된 의원내각제의 위기는 프랑스 헌법의 매력을 더욱 높여 주었고,[79] 최근에는 이 제도에 더욱 강력한 관심이 집중되면서 지속적 평가절상이 벌어졌다. 이와 함께 프랑스의 분권형 대통령제는 1990년대 민주화 과정에 들어선 동유럽

---

74) Beyme, *Die parlamentarische Demokratie*, 54쪽.
75) Loewendtein, *Verfassungslehre*, 103쪽.
76) 참조: Beyme, *America as a Model*, 57쪽.
77) Knapp and Wright, *The Government and Politics of France*, 59쪽.
78) 참조: Hartmann, *Westliche Regierungssysteme*, 24-25쪽.
79) 참조: Beyme, *Die parlamentarische Demokratie*, 51-52쪽.

에서 각광을 받으며 널리 퍼져나갔고,[80] 스리랑카,[81] 파키스탄 등 아시아 지역에서까지도 모습을 드러내기 시작했으며, 아르헨티나 등 남미에서도 심도 있게 검토되고 도입이 결정되기도 했다. 가령 아르헨티나에서는 1987년 알폰신 대통령 자문위원회에서 긍정적으로 검토되었고,[82] 마침내 2002년 아르헨티나 정부는 경제위기 속에서 분권형 대통령제 채택을 결정·발표했다.

한편, 유럽에서 국왕이 존속하는 7개 군주국은 모두 내각제 국가다. 내각제를 채택한 노르웨이, 스웨덴, 영국, 덴마크, 네덜란드, 벨기에, 스페인은 모두 중소中小국가이자 국왕이 있는 군주국이다. 범접할 수 없는 존엄한 절대 부동의 국왕을 안전판으로 삼아 파란만장한 정당정치에서 고도의 다多당파적 책임정치를 추구하는 점에서 내각제는 어떤 제도보다 분명 더 민주적일 수 있다. 군주국에서 내각제 특유의 정치적 불안감과 불안정성은 전통주의적 존엄성을 갖춘 군주의 절대부동성 때문에 저절로 진정되거나 중화된다.

그러나 공화국에 도입된 내각제는 이런 중화작용이 결여될 수밖에 없기 때문에 프랑스의 제3·4공화국과 한국의 제2공화국의 역사적 사례에서 보듯이 정정 불안과 국가 동요 속에서 예외 없이 다 붕괴했다. 공화국에서 국왕 대용품으로 설치된 의전용 대통령은 정치 위기와 국가 위기의 시기에 나라의 중심을 잡는 힘을 발휘하기는커녕 더욱 초라한 처지로 영락해서 국민과 실권자들로부터 원망과 냉소만 당하기 때문이다. 국민의

---

80) 참조: Beyme, *Die parlamentarische Demokratie*, 51-52, 59쪽; Hartmann, *Westliche Regierungssysteme*, 24쪽.
81) A. Jeyaratnam Wilson, "The Gaulist system in Asia: The Constitution of Sri Lanka", 152-157쪽. Arend Lijphart (ed.), *Parliamentary versus Presidential Government* (New York: Oxford University Press, 1992).
82) 참조: Council for thr Consolidation of Democracy, "Constitutional Reform in Argentina" (1987), 158-161쪽.

눈에 내내 나라의 '사족蛇足'으로 비쳐진 프랑스 제3공화국 내각제의 의전적 대통령들, 알제리 군대가 쿠데타로 희롱한 제4공화국 내각제의 허수아비 대통령 귀스타브 코티(Gustave Jules René Coty, 1954-1959), 박정희 소장에게 농락당한 제2공화국 대통령 윤보선이 아무런 신비적 전통도, 실권도 없는 상징적 의전 대통령의 무력한 처지를 잘 보여준다.

이런 까닭에 프랑스 제3공화국 시절 클레망소 총리는 "제3공화국의 대통령직은 전립선과 같이 쓸모없는 것"이라고 말했고, 제4공화국의 대통령들에 대해서는 "대통령의 주요 임무가 꽃박람회 개장식 참관이었다"는 이야기가 있을 만큼 의전용 대통령은 희화화戲畫化되었다.[83] 이것이 실권도 없고 신비적 전통도 없는 의전용 대통령의 운명인 것이다. 그러나 라이파아트, 린쯔, 발렌수엘라 등 미국학계의 많은 내각제론자들은 불행히도 유구한 신비적 전통의 존엄성을 가진 군주와 내각제의 내적 연관을 완전히 놓친 채 내각제 선호 입장을 취했다. 그러나 원래 군주국에서 발생했고 지금도 유럽에서는 군주국에만 분포되어 있는 내각제는 공화국과는 번지수가 맞지 않는 세노이다.

상술했듯이 대통령제는 거대한 연방제 국가에 적합한 반면, 내각제는 중소 군주국에 적합한 것으로 얘기된다.[84] 망망대해 같은 광대무변의 대국에서 내각제가 노정하는 처참하고 무기력한 양상은 인도의 내각제가 전형적일 것이다. 인도의 헌정 체제는 헌법상 분권형 대통령제이고 또 1967년까지 헌법 명문대로 실권 대통령이 실재했었음에도 불구하고 영국 전통의 헌법해석의 영향력이 강해지면서 지금까지 대통령의 실권이 모조리 총리와 내각으로 이전되어 순수한 영국식 내각제로 운영되어 왔다.[85] 이런 까닭에 광대무변의 연방제 공화국인 인도에서 내각제는 지역

---

83) Knapp and Wright, *The Government and Politics of France*, 83쪽.
84) 참조: Beyme, *America as a Model*, 59-60쪽.
85) Douglas V. Verney, "Responsible Government and Responsible Federalism", 46

세력의 원심력과 종교적·인종적 파편화 추세에 맞서 국가의 통일성과 영토보전領土保全을 수호하지 못할 정도로 너무 무기력하고 무책임하게 작동해 왔고[86] 대통령 권력의 공동화로 인해 그칠 새 없는 정부 위기에 시달려 왔다[87] 이 때문에 인도 정치인과 학자들은 대통령직선제를 도입해 분권형 대통령제를 회복하는 권력구조 개혁을 요구해 왔다.[88] "나라가 크면 클수록" 지역·종교·인종·계층 차원의 분열적·분파적 원심력들에 대해 나라의 통합성과 단일성을 지켜낼 "분명한 국가적 대안에 대한 필요도 크기" 때문이라는 것이다.[89] 인도는 14억을 넘는 인구와 광대한 영토를 가진 공화국이면서도 영국적 관례의 강력한 영향으로 인해 무작정 내각제를 흉내 냄으로써 1967년 이래 지금까지 나래 한번 제대로 펴보지 못했고 1인당 국민소득이 2024년 현재 3,000달러에도 못 미치는 소득수준 세계 141위의 최빈국 상태에 머물러 있다. 이것은 비슷한 인구를 가진 권위주의 국가 중국의 1인당 국민소득(1만 2,800달러)의 22%에도 미치지 못하는 수준이다. 광대무변의 나라 인도의 (번지수가 잘못된) 내각제는 반反민주국가 중국의 경제적 흥기에 비해서도 형편없는 성적을 보임으로써 우리 민주주의를 단단히 욕보이고 있다.

유럽의 7개 군주국이 내각제를 채택하고 있는 반면, 유럽의 13개 중소공화국은 분권형 대통령제를 채택하고 있다. 이 13개국은 프랑스, 오스트리아, 이탈리아, 핀란드, 포르투갈, 아일랜드, 그리스, 폴란드, 헝가리,

---

쪽. M. P. Singh and S. K. Chaube, *Indian Constitution* (New Delhi: Har-Anand Publications, 1997).

86) 가령; Vasant Sathe, "For a Directly Elected President of India", 187쪽. Arend Lijphart (ed.), *Parliamentary versus Presidential Government* (New York: Oxford University Press, 1992); Verney, "Responsible Government and Responsible Federalism",

87) Verney, "Responsible Government and Responsible Federalism", 46쪽.

88) 가령; Sathe, "For a Directly Elected President of India", 187-190쪽; Verney, "Responsible Government and Responsible Federalism", 35-56쪽.

89) 가령 Sathe, "For a Directly Elected President of India", 190쪽.

체코, 슬로바키아, 루마니아, 불가리아 등이다. 또 러시아, 우크라이나, 백러시아, 크로아티아, 세르비아 등 슬라브 국가들도 동구 사회주의 체제 붕괴와 민주화 과정에서 분권형 대통령제를 채택한 것으로 보이나, 아직 헌정 체제가 안정되어 있지 않아 분권형 대통령제로 최종 확정 짓기에는 미심쩍은 국가들이다.[90]

대표적으로 러시아 헌정 체제만 간략히 살펴볼 필요가 있다. 우크라이나·백러시아 등 여타 슬라브 국가들에도 파급된 러시아의 헌정 체제는 이합집산하는 포말泡沫정당들의 극심한 불안정성과 국회의 무책임한 '힘자랑'에 대한 불신 때문에 특이하게 변형된 분권형 대통령제를 채택하고 있다. 러시아 헌법(1993)에 따르면 러시아 대통령은 프랑스 대통령처럼 국민에 의해 직선된다. 임기는 4년이다. 대통령은 총리와 정부 각료를 임명하는 데 이들은 모두 러시아 의회 두마(Duma)의 신임을 얻어야 한다. 대통령은 두마를 해산할 권한을 가진다. 역으로 두마는 불신임 투표로 총리를 해임할 수 있다. 이에 대통령이 동의하지 않으면 정부는 그대로 유지된다. 이 점이 프랑스 분권형 대통령제로부터 벗어난 첫 번째 일탈 요소다. 두마가 불신임 투표를 세 번째 확인하면 정부는 무너진다. 하지만 대통령은 이에 국회해산의 수단으로 대항할 수 있다. 러시아 대통령은 이른바 3대 권부(내무부, 국방부, 언론통신부)의 장長을 독자적으로 결정할 권한을 가진다. 대통령이 임명한 이 장관들은 의회가 불신임할 수 없다. 이것은 프랑스 분권형 대통령제로부터 벗어난 두 번째 일탈 요소다. 요약하면 러시아 헌정 체제는 프랑스를 모델로 삼았으나 이미 이 모델과는 상당히 다른 과도기적 양상을 보여주고 있는 것이다.[91]

한편, 독일의 정부제도는 한국의 헌법학계와 언론계에서 순수 의원내

---

90) 참조; Beyme, *Die parlamentarische Demokratie*, 58쪽 도표 또는 377쪽; Hartmann, *Westliche Regierungssysteme*, 201쪽.
91) 참조: Hartmann, *Westliche Regierungssysteme*, 201-202쪽.

각제로 잘못 알려져 있으나 실은 어떤 분류에도 속하지 않는 특수한 예외형태. 전후 독일 입법자들은 공화국 내각제가 겪는 정부의 불안정성과 위기 등을 경험적으로 잘 알고 있었고, 또 이를 크게 우려했다. 이 때문에 독일은 총리와 내각의 존속을 가급적 변덕스럽고 분파적인 국회의 신임여부로부터 분리시켜 총리 임기 중에 국회에 대한 총리의 책임을 극단적으로 약화시키고 내치와 외치의 모든 실권을 장악하는 (미국 대통령만큼) 강력한 재상직宰相職(Kanzlerschaft)을 창설했다. 독일의 정부제도는 국회가 개별 장관을 불신임할 수 없을 뿐 아니라, 소위 '건설적 불신임' 제도로 총리 불신임도 사살상 봉쇄하고 총리를 '재상宰相(Kanzler)'으로 격상시킨 특이한 '재상제(Kanzlersystem)'다.[92] 독일에서는 의회가 재상을 불신임하려면 신임新任 재상을 먼저 선출한 다음에 대통령에게 현직 재상의 해임을 요구해야 하기(독일기본법 제67조 1항) 때문에 (집권당의 상당수 의원이 야당으로 넘어가지 않는 한) 총리 불신임은 사실상 봉쇄된다. 게다가 기본법 제68조 1항에 따라 의회는 연방재상의 불신임 투표에 실패하면 자동 '해산'을 하도록 되어 있다. 제헌 당시 제헌회의의 대통령제론자들은 미국식 대통령제 도입에 실패하자 정부를 안정시키는 쪽으로 방향을 선회해 이 '건설적 불신임안'을 도입한 것이다.[93] 이로써 재상은 의회 선거 결과에 따라 의회에서 선출되지만 임기 중에는 의회의 신

---

92) 참조: Klaus von Beyme, *Das politische System der Bundesrepublik Deutschland nach der Vereining* (München·Zürich: Springer, 1991), 253-254쪽. 그래서 독일의 '재상제'를 아데나워 총리 시절에 닳도록 얘기된 '재상민주주의(Kanzlerdemokratie)'로 이해하는 사람도 있다. 참조: 린쯔, 「대통령제와 내각제: 과연 다른 것인가?」, 100, 179쪽. 하지만 내각구성에서 총리가 의회를 제치고 주도권을 행사한다는 것을 뜻하는 '재상민주주의'는 아데나워 시대에도 현실이 아니었다. 그가 내각을 구성했다기보다는 여러 세력들이 그에게 내각을 '제출'했다는 것이 정확한 상황묘사이기 때문이다. 또 아데나워 이후에도 내각구성을 혼자 좌지우지하는 총리는 거의 없었다. 참조: Beyme, *Das politische System der Bundesrepublik Deutschland nach der Vereining*, 256, 291쪽.
93) Beyme, *America as a Model*, 51쪽.

임 여부와 독립된 미국 대통령과 유사한 '연방재상'의 강력한 지위가 창설된 것이다. 이러한 의회 신임으로부터 독립된 총리의 의회탈피 경향은 '뜨거운 얼음' 같은 형용모순의 명칭, 즉 이른바 '대통령제적 의회주의(presidential parliamentarism)'라 불리는 이스라엘의 국민 직선 총리제에서 정점에 달한다. 이스라엘은 1990년대 초 개헌을 통해 국민 직선 총리와 의회 간선 대통령을 가진 지구상의 예외국가가 되었다. 물론 이 체제의 '적성검사'가 아직 끝났다고 볼 수 없다.[94] 이스라엘 내각제는 전시인 데도 일관된 외교·국방 업무를 할 수 없을 정도로 정당의 파편화, 이로 인한 극심한 정정불안, 잦은 내각교체, 국정마비 등 "내각제의 부정적 사례로 널리 알려져" 있었다.[95] 이스라엘은 결선투표에 기초한 총리직선제 도입 이유는 이 때문이었다. 따라서 "이스라엘은 순수내각제 국가인데도 전쟁도 잘 치러내고 있다"는 (고故 김종필 자민련 총재의 견해와 같은) 주장은 여러모로 그릇된 것이다.[96]

독일식 재상제에서는 연방재상은 의회로부터의 독립을 대가로 내각제의 총리들이 향유하는 임의적 의회해산권을 갖지 않는다는 점에서 독일의 재상제를 권위주의 체제('무력화된 의회', '통제된 의회주의' 등)로 낙인 찍은 뢰벤슈타인의 비판은[97] 지나치게 빗나간 속단이자 단견이었다. 이 단견과 속단은 독일의 예외적 재상제가 전후 50여 년 동안 권위주의적 일탈 없이 순항해 온 점에서 경험적으로도 반박된다.

직접민주주의 전통이 아직도 강하게 잔존하는 스위스는 세계적 예외

---

94) 참조: Beyme, *Die parlamentarische Demokratie*, 52, 318쪽.
95) 참조: 린즈, 「대통령제와 내각제: 과연 다른 것인가?」, 184쪽.
96) 이스라엘의 총리직선제도입 논리에 관해서는 참조: International Forum of the Israel-Diaspora Institute 1989, "Direct Election of the Prime Minister", 194-200쪽. Excerpted from *Electoral Reform in Israel Forum 1989*, ed. by Dr Yoram Peri, reprinted in Arend Lijphart (ed.), *Parliamentary versus Presidential Government* (New York: Oxford University Press, 1992).
97) Loewenstein, *Verfassungslehre*, 92-94쪽.

제도로서 집정부제(directorial Executive; Direktorialregierung)를 채택한 특수공화국이다. 이 연방공화국을 다스리는 7명의 집정관은 양원합동회의에서 선출되는데, 이들의 7년 임기는 보장된다. 의회는 이 7명의 집정관을 일단 선출하면 임기 내에 이 집정관들을 해임할 수 없다. 임기 중 재상의 불신임을 사실상 봉쇄한 독일의 '건설적 불신임제'는 스위스 헌정의 이 대목을 모방한 것이다. 7인의 집정관은 '연방위원회'(각료회의)를 구성하고 매년 한 사람씩 돌아가며 1년 임기의 대통령직을 맡는다.[98]

1.4. 공화국의 분권형 대통령제와 군주국의 내각제

유럽의 정부제도를 종합해 보자. 인구 100만 명 안팎 또는 그 이하의 극소(極小)국가와 (헌정 체제가 안정되지 않은) 일부 슬라브 국가를 제외한 22개 주요 유럽 국가 가운데 7개 군주국은 내각제를 채택하고 있는 반면, 13개 공화국은 분권형 대통령제를 채택하고 있고, 독일과 스위스는 이도 저도 아닌 특수한 권력구조를 가지고 있다. 극소국가 슬로베니아를 제외하면 미국식 대통령제는 유럽에 전무하다.

22개 유럽 주요 국가의 정체政體와 정부형태의 관계

정체政體	13개 공화국	7개 군주국	2개 특수공화국
정부형태	분권형 대통령제	내각제	예외 형태
국명	프랑스 오스트리아 이탈리아 핀란드 아일랜드 포르투갈 그리스 폴란드 체코 슬로바키아 루마니아 불가리아	영국 네덜란드 덴마크 스웨덴 벨기에 노르웨이 스페인	독일(재상제) 스위스(집정부제)

---

[98] 참조: Hartmann, *Westliche Regierungssysteme*, 158쪽; Loewenstein, *Verfassungslehre*, 120-123쪽.

주: 극소국極小國(룩셈부르크, 바티칸, 안도라, 모나코, 산마리노, 아이슬란드, 리히텐슈타인, 슬로베니아, 발트해 3국)과 분권형 대통령제로 분류되나 아직 헌정이 불안정한 슬라브 국가들(러시아, 백러시아, 우크라이나, 크로아티아, 세르비아 등은 제외한다.

유럽의 정부형태에 대한 이 분석은 개헌논의에 중요한 방향타를 제공해 준다. 적합한 정부형태를 찾으려면, 먼저 ① 군주국 또는 공화국이라는 나라의 정체(polity), ② 나라의 크기(영토와 인구 면에서 광대한 나라인지 소국인지), ③ 중앙집권제 또는 연방제 여부, ④ 주변국과의 지정학적 관계와 외교의 중요성 여부 등을 반드시 고려해야 할 것이다. 그밖에도 한국 같은 나라는 ⑤ 전쟁·휴전 상태라는 군사 상황과 민족 분단으로 인한 민족적 리더십의 분열 상태 등 각국의 특수한 사정, ⑥ 통일 과정과 통일국가에서 주변의 초강대국들과의 외교를 강화해야 할 필요성도 고려해야 할 것이다.

이렇게 볼 때, 대부분의 유럽 국가들처럼 작은 중앙집권 국가인 한국에서 기존의 제왕적 대통령제를 전제로 5년 단임제를 4년 중임제로 고친다면 단임제의 폐해는 완화할지 모르나 제왕적 권력 집중 문제를 더욱 악화시킬 것이다. 따라서 대통령의 비상대권과 비상입법권, 장관 및 부처기관장들에 대한 대통령의 인사에 대한 국회 통제의 배제 또는 제한 등 제왕적 권력 집중을 전제로 미국식 대통령제에 좀 더 접근한 이 제도는 제왕적 대통령제의 폐해의 척결에 대한 국민적 요구와 분권화의 시대정신에 가장 역행하는 가장 부적합한 제도로 기능할 것이다. 한편, 내각제는 역사상 군주국에서 발생했고 또 오늘날 유럽에서도 원칙적으로 입헌군주국에만 유지되고 있어 한국 같은 공화국과는 애당초 번지수가 맞지 않는 제도다. 게다가 내각제는 정부 교체가 잦아 정부 위기가 극심하기 때문에 안보 수요가 높고 민족국가적 리더십이 분열된 휴전 중의 분단국가 대한민국에는 매우 부적절한 제도이다.

독일은 분단국가지만 '순수내각제'로 통일까지 했다는 주장, 그리고 이스라엘은 전쟁 중임에도 내각제를 채택하고 전쟁을 잘 수행하고 있다는 주장도 있으나, 이것은 정치적으로 각색된 그릇된 소문에 불과하고, 앞서 독일과 이스라엘의 정부제도를 잠시 살펴보았듯이 둘 다 지극히 그릇된 가짜뉴스일 뿐이다. 독일은 순수내각제 국가가 아니라 '재상제' 국가인 데다 독일 민족 간, 좌·우익 간 전쟁을 겪지 않았고 또 무력충돌이 빈발하는 휴전 상태에 있지도 않았으며, 이스라엘은 내각제 국가가 아니라 총리를 국민이 직선하는 '대통령제적 의회주의' 국가이자 통일된 민족적 리더십을 오히려 강화해 주는 이민족異民族과의 전쟁을 수행하고 있는 국가다. 독일식 '재상제'든 이스라엘식 '대통령제적 의회주의'든 이 두 제도는 두 국가의 특수상황에 맞춰진 예외적 정부제도다. 이 예외적 제도들은 사방 강대국과의 외교의 성패가 나라의 존망을 가르고 처절한 동족상잔을 치르고 지금도 군사적으로 대치 중인 분단국가 대한민국에는 부적합한 제도들이다. 이런 까닭에 국가의 안정과 안위를 책임지는 실권 국가수반의 초연한 존엄성을 초당적으로 보장하고 당파적 일상 정치와 내치 행정은 의회 통제 하의 총리에게 일임하는 유럽식 분권형 대통령제만이 우리의 진지한 주목을 받을 만한 것이다.

1.5. 분권형 대통령제의 가변성과 다양성

'분권형 대통령제'는 국가수반과 정부수반을 분리하고 초당적 접근이 필수적인 외정과 비상 국정은 국가수반인 대통령에게, 당파적 접근과 정쟁이 불가피한 평시 내정은 정부수반인 총리에게 맡기는 양두제兩頭制다. 총리는 의원내각제에서와 마찬가지로 의회에 책임을 지고 의회가 불신임하지 않는 한에서만 자리를 유지하지만, 총리와 장관의 임명권자인 대통령에 대해서도 책임을 지고 신임을 얻어야 한다. 즉, 총리와 내각은 법리적으로 대통령과 의회, 이 양측의 신임에 의존해 있는 것이다. 그러나 총리가 대통령 소속 정당과 다른 정당의 대표로서 대통령과 독립된 과반 의석의 지지를 확보한 때에는 대통령에 대한 총리의 책임과 신임 의존성은 명목적 수준으로 약화된다. 한편, 총리와 반대로 대통령은 국민 직선으로 선출된 대통령이든 대의기관의 간선으로 선출된 대통령이든 가릴 것 없이 임기 내에는 의회의 신임으로부터 완전히 독립된 지위를 향유한다.

분권형 대통령제의 한 특징이자 매력 포인트는 그 제도적 작동의 이 가변성이다. 분권형 대통령제에서 대통령과 총리의 실제적 권력관계는 앞서 시사했듯이 각국의 정치문화, 의회에 진출한 정당 수, 선거 결과 등에 따라 매우 가변적이다. 또한 평시에는 대체로 내정이 우세하기 때문에 총리의 권한과 활동이 부각되어 내각제에 접근하는 것처럼 보이는 반면, 외교와 국방 문제가 중요한 시기나 비상시에는 대통령의 초당적 리더십이 부각되기 때문에 대통령제에 접근하는 것처럼 보이는 점에서도 분권형 대통령제는 가변적 속성을 갖는다.

외정을 맡는 국가원수인 대통령은 국민 직선으로 선출되는 경우가 많지만 상술했듯이 의회, 양원합동회의, 양원합동회의와 지방 대표로 구성된 내의기관 특별회의에 의한 간선으로 선출되는 경우도 많다. 대통령을 직선하는 나라는 프랑스, 오스트리아, 포르투갈, 아일랜드, 핀란드, 폴란드, 루마니아, 불가리아, 슬로바키아 등이고, 간선하는 나라는 이탈리아, 그리스, 헝가리, 체코 등이다.

정부수반인 총리는 대통령이 임의로 의회 다수당의 유력한 대표급 인물을 임명하지만, 총리와 내각에 대한 불신임권을 가진 의회에서 불신임받지 않는 한에서만 이 임명은 유효하게 된다. 말하자면 대통령의 총리 임명권은 법리적으로 대통령과 의회의 공동작용으로 구현되는 셈이지만, 실제적으로는 의석 분포에 따라 얼마간 실질적일 수도 있고 순전히 형식적일 수도 있는 가변적 성격을 갖는다.

말하자면, 분권형 대통령제의 작동 원리는 대통령제와 내각제의 결합이라는 기본 요소에서 대통령이 (정당정치가 위기에 빠지지 않도록 초당적 중재 역할을 하는) 국가원수로서 행사하는 총리인사권과 의회의 불신임권 간의 견제와 균형을 기본 축으로 짜여 있다. 분권형 대통령제에서는 예외 없이 의회에 (대통령에 대한 의무적 구속력이 없는 '총리·장관 해임 건의' 의결권을 뛰어넘는) '총리·내각 불신임권'을 부여하고 있기 때문에 대통령은 원칙적으로 임의의 인물을 총리로 임명할 수 있으나 국회의 불신임 여부를 미리 고려할 때 현실적으로 국회에서 불신임당하지 않을 다수당의 유력한 인물(다수당 대표 또는 실질적 실력자)을 총리로 지명할 수밖에 없다. 루마니아처럼 이를 헌법에 명문화해두고 있는 나라도 있지만 프랑스처럼 헌법이 이것을 침묵하고 있더라도 이미 의회의 '내각 불신임권' 조항(프랑스 헌법 49조)은 위와 같은 논리를 담고 있는 셈이다. 불신임은 가결되는 경우 우리나라 현행 헌법의 '해임건의안' 의결과 달리 그대로 유효하고 불신임안 발의 요건도 해임건의안의 발의 요건보다 간단하기 때문이다. 가령 프랑스의 경우 불신임안 발의는 재적 의석의 1/10에 해당되는 의원들의 동의로 가능한 반면, 우리 현행 헌법의 해임건의안 발의는 '재적 의석의 1/3'의 동의가 필요하다(한국 헌법 63조 2항). 따라서 의회로부터 불신임권을 박탈하는 순간 총리는 대통령에만 종속된 기관으로 전락하기 때문에 분권형 대통령제는 즉각 제왕적 대통령제로 둔갑한다.

대통령의 총리인사권의 실상과 내용은 본질적으로 가변적인 것이다. 대통령과 총리의 권력관계도 다음 세 가지 유형으로 변화한다.

(가) 대통령의 소속 정당이 의회 다수당이고 대통령이 이 당의 제1인자인 경우에 대통령은 자기 당의 동지 가운데 임의의 인물을 총리로 지명할 수 있다. 이 경우에 대통령의 총리지명권과 국정통할권은 당을 토대로 힘을 받는다. 따라서 대통령은 총리를 통해 외교·국방장관 이외의 내치 관련 장관들의 인사에까지도 어느 정도 간여할 수 있고, 국무회의를 통해 국정 기본 방향의 결정에서도 어느 정도 주도권을 발휘할 수 있다. 물론 대통령이 불가피하게 당내 다른 정파의 인사를 총리로 지명하거나 대통령이 당내 제1인자가 아닌 경우에는 대통령의 권한은 상당히 약화될 수 있다. 이 경우에 분권형 대통령제는 대통령제에 가장 가까이 접근하는 것처럼 보인다. 그러나 이 경우도 총리의 독자적 지위 때문에 대통령제와 본질적으로 다르다. 총리는 대통령이 드물처럼 총리감으로부터 '날짜가 기입되지 않은 사직서'를 미리 받지 않는 한 현직 총리를 해임할 수 없기 때문에 일단 임명된 순간부터는 대통령에 대해 상대적 독자성을 갖는다. 따라서 총리는 입지가 가장 협소한 이 경우에도 일단 임명된 순간부터는 마음대로 조각을 주도하고 장관 개개인들에 대한 상당한 실질적 인사권을 갖고 내각을 조직·지휘한다.

(나) 과반 의석을 차지한 다수당이 없거나 의석이 4~5개 이상의 정당으로 분산되어 있는 상황에서 대통령의 인사권은 대통령이 다수당 소속이 아니더라도 영향력을 발휘할 소지가 높다. 제1당이 대통령의 소속 정당이면 대통령의 동지를 총리로 지명하여 연립파트너를 구해 연립정부를 구성하도록 할 수 있다. 제1당이 야당이더라도 대통령은 야당 대표를 총리로 지명하지 않고 먼저 대통령 소속정당으로 하여금 연립정부를 시도해 보도록 할 수 있다.

또한 의석이 4~5개 이상의 유력 정당 또는 군소정당으로 분산되어 있는 경우에도 대통령의 총리지명권은 상당한 정도로 실질적 힘을 발휘한다. 여러 정당이 단합하여 총리 불신임투표에서 행동 통일을 이루기가 쉽지 않기 때문이다.

(다) 야당이 과반 의석의 다수당이 된 경우에는 대통령이 불가피하게 야당 대표를 총리로 지명해야 한다. 이 경우에 의회 다수당 소속의 총리와 소수당 소속의 대통령이 같은 정부에 동거하는 이른바 '동거정부(cohabitation)'가 탄생한다. 이때 대통령의 총리지명권은 의례화·형식화되고 대통령의 국정통할권도 최대로 약화된다. 정부는 인사에서 (대통령, 사실상 대통령이 임명한 외무장관, 국방장관, 정보부서장 등) 대통령 측 인사들과 (총리, 총리가 제청한 장관 등) 총리 측 인사들이 뒤섞인 '거국내각' 또는 '대연정'과 유사한 형태의 내각으로 운영될 수밖에 없다. 총리의 입지는 이때가 가장 강력하다. 이 경우에 분권형 대통령제는 (가)의 경우와 반대로 내각제에 가장 가까이 접근한다. 그러나 총리가 아무리 강력해도 대통령 지위를 무시할 수 없기 때문에 내각제와는 본질적으로 다른 양두제兩頭制로 운영될 수밖에 없다.

프랑스에서는 대선과 총선의 일정 차이로 인해 좌우 정당의 동거정부 문제가 종종 발생했다. 동거정부는 1986년 이래 지금까지 세 차례 나타났다. 동거정부도 제도적 강제로 인해 거국내각 또는 대연정처럼 운영할 수밖에 없기 때문에 실제로 별문제는 없다. 그럼에도 프랑스는 가급적 동거정부를 막기 위해 2000년에 개헌을 단행하여 대통령 임기와 의원 임기(5년), 대선 일정과 총선 일정을 일치시켰다.

총리의 입지는 위의 (가)의 경우에 가장 취약하고 (다)의 경우에 가장 강력하다. 그러나 가장 취약한 경우에도 상술한 바와 같이 대통령에 대한 총리의 법적·정치적 독자성 때문에 총리의 재량권은 상대적으로 잔존한다. 총리의 이 상대적 재량권은 다수당 내에서 대통령과 독립된 독자 세력을 가진 정도만큼 더 늘어난다. 총리의 입지가 가장 강력한 경우에도 총리가 대통령의 지위를 넘볼 수 없는 것과 마찬가지로 총리가 가장 취약한 경우에도 대통령이 우리의 현행제도에서처럼 총리의 고유권한을 형해화形骸化할 수 없는 것이다.

분권형 대통령제가 나오면 늘 딜레탕트 식자들에 의해 제도적 결점으로 지적되는 동거정부의 실상은 프랑스에서의 최초의 동거정부와 관련하여 한때 언론들이 호들갑을 떨어댔던 것과는 판이하게 다르기 때문에 자세히 분석해 볼 필요가 있다. 프랑스에서는 1986년~1988년 사이의 미테랑 대통령과 시라크 총리의 동거정부, 1993년~1995년 사이의 미테랑 대통령과 발라뒤르 총리의 동거정부, 1997년과 2002년 사이의 시라크 대통령과 조스팽 총리의 동거정부 등 지금까지 도합 3번의 동거정부가 나타났다. 첫 번째 동거정부 때 보인 프랑스언론의 유별난 호들갑과 우려는 동거정부가 오히려 관행이 된 핀란드·오스트리아와 같은 분권형 대통령제 국가들에서는 당시 이해할 수 없는 사태로 받아들여졌다.[99] 핀란드는 군소정당 관계 때문에 대부분의 헌정 기간을 동거정부로 보내고 있고, 오스트리아는 1945년부터 1966년까지 무려 12년간 사민당 대통령과 인민당 총리의 대연정, 그리고 1986년과 1992년 사이에도 사민당 총리 브니츠키와 무소속 발트하임의 동거정부였다. 그러나 이 동거정부들은 모두 대연정(거국내각)처럼 운영되어 모두 다 문제없이 순항했다. 마치 부모가 맺어준 생면부지의 신혼부부가 맞은 '공포의 첫날밤'과 같은 것으로 여겨졌던 프랑스의 첫 동거정부에 대한 최초의 심각한 반응과 정치적 긴장은 좌우 적대가 유별나게 극렬한 프랑스 특유의 정당 관계로 인해 야기된 측면이 강하다.[100] 프랑스에서도 첫 동거정부가 곧 안정되면서 두 번째, 세 번째 동거정부도 무사히 순항했다. G7 등 중요한 정상외교에서도 대통령

---

99) 참조: Beyme, *Die parlamentarische Demokratie*, 322-323쪽.
100) Beyme, *Die parlamentarische Demokratie*, 323쪽.

은 국가를 대표하는 개막식과 폐막식, 그리고 외교·안보 주제의 회의에 참석하고 총리는 경제 관련 회의에만 참석하는 분업이 정착했다. 이 때문에 프랑스 국민들도 이제 동거정부를 특이한 일탈로 보는 것이 아니라 오히려 훌륭한 정상적 정부로 선호하기 시작했다. 그리하여 지금은 프랑스인의 2/3가 동거정부를 긍정적으로 평가하고 있고 반 이상이 동거정부가 더 지속되기를 바라는 식으로 변화를 보이게 되었다.[101]

객관적으로 보면 분권형 대통령제는 대통령제에서라면 정부와 국회 간의 교착상태를 초래하는 여소야대 상황의 난관을 제도적으로 강제되는 거국내각(또는 대연정)인 동거정부를 통해 돌파하는 '특별한 제도적 이점'과 '매력'을 발휘한다.[102] 즉, 분권형 대통령제는 여소야대 정국을 거국내각 또는 대연정 식의 '동거정부'로 변형시킴으로써 미국식 대통령제와 제왕적 대통령제에서 필연적인 승자독식과 일상화되는 여소야대, 이로 말미암은 여야 격돌과 험악한 정치투쟁, 국정마비가 없어진 헌정 제도다. 이런 이점은 우드로 윌슨이 미국헌법 개정을 통해 얻고자 했던 바로 그 이점인 것이다.[103]

분권형 대통령제는 나라마다 대통령제가 다르기 때문에 폭넓은 다양성을 보인다. 분권형 대통령의 실권은 제도상 또는 사실상 나라마다 큰 편차를 보이고 있다. 프랑스, 루마니아, 폴란드, 핀란드, 포르투갈 등은 대통령 우위의 분권형 대통령제 국가다. 그러나 이런 나라에서도 동거정부 단계에서는 대통령과 총리의 권력관계가 균형을 이룬다. 반면, 오스트리아, 그리스, 아일랜드 등은 총리 우위의 분권형 대통령제 국가다. 기타 국가들은 대통령과 총리의 권한이 균형을 이루는 나라들이다. 따라서 주요 국가들의 사례들을 자세히 살펴볼 필요가 있다.

---

101) Knapp and Wright, *The Government and Politics of France*, 61, 113, 119쪽.
102) 참조: Lijphart, "Introduction", 16쪽.
103) Wilson, "Cabinet Government in the United States", 150-151쪽.

프랑스 제5공화국의 분권형 대통령제는 1958년 알제리의 군사쿠데타에 직면한 정부의 요청으로 정계에 복귀한 드골의 주도로 도입된 것이다. 이것은 종종 오를레앙 헌법으로 불리기도 했듯이 나폴레옹 3세의 친위쿠데타로 단명하게 끝난 1848년의 제2공화국 헌법에서 세계 최초로 선보인 분권형 대통령제로 복귀한 느낌을 준다. 드골에 따르면, 미국식 대통령제의 문제점은 (막상 위기관리를 위한 대통령 비상대권이 없으면서도) 당파적인 내치 권한과 초당적 외치 권한이 대통령 손에 집중된 모순적 권력집중의 자기파괴 성향이다. 드골은 대통령이 당파적 갈등을 피할 수 없는 내치 권한을 버리고 온 국민의 이익과 관련된 초당적 중대 국사(위기 극복, 외교, 국방, 안보, 정치적 갈등의 조정 및 중재 등)만을 맡는다면 온 국민의 존경을 받게 된다고 생각했다. 드골은 분권형 대통령의 권력이 양적으로 미국 대통령 권력의 반절에도 못 미치지만 당파 간 정쟁에 초연한 초당적·중립적 지위 덕택에 실은 자기파괴 경향을 보이는 미국 대통령 권력이나 제왕적 대통령 권력보다 질적으로 더 강력하다고 생각했다.[104]

1958년 헌법에 따라 프랑스 대통령은 양원과 지방 대표로 구성된 대통령 선출 대의기관에 의해 간선 되었으나 1962년 직선제개헌에 따라 1965년 대통령 선거부터는 직선 되었다. 유럽 분권형 대통령 가운데 프랑스 대통령은 한동안 '공화제 군주(republican monarch)'라는 별명을 얻을 만큼 가장 강력한 대통령으로 알려졌으나 1969년 예외적 지위를 누렸던 드골 시대가 끝나고 세 차례의 동거정부를 거치면서 그런 과장된 인식은 다 사라졌다. 냅과 라이트는 이 제도를 이런 이유에서 '가변적 양두제(variable diarchy)'라 부르기도 한다.[105] 프랑스에서는 "다른 주요 민주국가에서 유사한 사례를 찾을 수 없을 정도로 정치적 상황이 헌법의 기본

---

104) 참조: Beyme, *America as a Model*, 54쪽.
105) Knapp and Wright, *The Government and Politics of France*, 101쪽.

적 작동과 특히 정부의 두 수뇌들의 기능과 정책결정 책임에 영향을 끼치기" 때문이다.[106]

프랑스 헌법은 "입법권은 정당들 위에 올라서 있는 국가수반으로부터 나와야" 한다는 것, 그리고 대통령을 "정치적 우연을 초월한 중재자"요 "국가 독립과 헌법의 보장자"로 격상시킬 것을 주장한 드골의 1946년 베이유(Bayeux) 선언을[107] 충실히 반영해 대통령을 "국가독립, 영토보전, 조약준수의 보장자"요 "공공기관의 정상적 기능과 국가의 계속성을 보장하는 중재자"로 규정하고 있다.(헌법 5조) 이 취지에 따라 프랑스 대통령은 "공화국의 제도, 영토보전, 조약상의 공약이 심각하고 급박한 위협에 처하면 모든 조처를 다 취할 수 있는" 위기관리용 비상 리더십으로서의 비상대권을 갖는다. 프랑스 대통령은 조약, 공화국기관의 조직, 사회·경제문제와 공공서비스 문제 등에 관한 국민투표 회부권을 보유한다. 이에 따라 프랑스에서는 1958년 이래 대통령 임기를 5년으로 줄이는 2000년 9월 헌법개정까지 무려 9번의 국민투표가 있었다. 또 대통령은 법률안에 대해 거부권을 발동하지 않은 채 법률안과 조약안의 심사를 '헌법재판위원회'에 회부할 수 있고 총 9인 위원 중 위원장을 포함한 3인을 지명할 수 있다. 또한 대통령은 통과된 법안을 거부권을 발동하여 '재심'을 요구할 수도 있다. (이 거부된 법안은 단순 과반수의 찬성으로 재확정될 수 있다.) 나아가 대통령은 (동거 상태를 제외하면) 재량으로 총리를 임명하고 장관 인사는 총리의 제청에 따라 추인하고 국무회의를 주재한다. 그러나 대통령의 영향력이 세면 이 장관 리스트에도 '대통령 사람들'이 많이 끼어들게 된다. 총리와 장관은 의원직을 겸할 수 없다. 총리의 해임에 관해

---

106) Knapp and Wright, *The Government and Politics of France*, 82쪽.
107) Charles de Gaulle, *The Bayeux Manifesto* [1946], 141-142쪽. Reprinted in Arend Lijphart (ed.), *Parliamentary versus Presidential Government* (New York: Oxford University Press, 1992).

서는 헌법이 명문으로 밝히지 않고 있으나 드골은 미리 날짜가 기입되지 않은 사직서를 총리로부터 받고 임명했기 때문에 마음대로 총리를 해임할 수 있었다. 그러나 마음대로 해임할 수 없는 총리를 수반으로 하는 동거정부를 몇 차례 거치고 난 지금은 동거 상태가 아닌 경우에도 총리의 지위가 더욱 강화되었다. 프랑스 대통령은 국회해산권을 갖는다. 지금까지 프랑스 대통령은 이 권한을 다섯 번 사용했다. 대통령은 명령을 발할 수 있고 임시의회를 소집할 수 있다. 대통령은 개헌 발의를 할 수 있고 3/5 찬성을 받아야 하는 양원합동회의를 통해 확정할 것인지 아니면 국민투표로 갈 것인지를 결정할 수 있다. 또한 대통령은 고위공무원, 비밀정보기관장, 지방관, 대사 및 해외 총독, 각종 기관장 및 방송사 사장, 국영기업 사장 등을 임명한다. 마지막으로 대통령은 軍 최고사령관이자 국방위원회 의장(헌법 15조)으로서 그리고 외교사절의 신임장 수여(헌법 14조) 및 조약의 주요 협상자(헌법 51조)로서의 헌법적 지위를 적극적으로 해석해[108] 외교와 국방에 관한 지휘권을 독점적으로 장악한다. 이것은 모든 프랑스 대통령이 장악한 외교·국방 업무 독점권의 헌법적 기초다. 한국의 청와대나 대통령실에 해당하는 엘리제궁에는 최대 53명의 보좌관이 있는데, "대통령의 눈, 귀, 팔"로 통하는 18~40명 정도의 일반보좌진과 때로 13명까지 불어나는 군사 보좌진이 대통령의 업무를 보좌한다.[109] 엘리제 보좌진의 長은 사무총장이다. 엘리제궁 근무 인원은 방대하고 인원수와 조직은 대통령마다 변화를 보여왔다.[110]

프랑스 헌법의 실제 운영 사례를 총괄적으로 분석해 보면, 정상正常 시기의 '대통령 정부'와 동거 시기의 '총리 정부'로 이분하는 것은 과도한 단순화라고 말할 수 있다. 의회 다수파가 대통령을 지지할 때조차도 총리

---

108) Knapp and Wright, *The Government and Politics of France*, 87쪽.
109) Knapp and Wright, *The Government and Politics of France*, 90쪽.
110) Knapp and Wright, *The Government and Politics of France*, 90쪽.

관저 '마티뇽(Matignon)'은 상당한 역할 공간을 보유한다. 또 대통령도 동거 상태에서조차 중요한 권력들을 보유한다. 더구나 이 두 정치 지형에서도 실체적 변화가 허용되기 때문이다. 가령 미테랑 사회당 대통령과 로카 사회당 총리 간의 관계는 미테랑 대통령과 발라뒤르 우파 총리 간의 동거 관계보다 더 긴장된 관계였다.[111] 예상외로 뒤바뀌는 이런 사정은 대통령이 특정 정당의 당수직을 맡지 않기 때문에 더욱 강화될 수 있다. 드골은 드골주의 정당(UNR과 UNVe)의 정신적 대표 노릇을 했을 뿐이고 이 당들의 당적을 가진 적이 없고, 미테랑은 대통령 당선과 동시에 사회당 제1서기직을 사임하고 공식적으로 자기 당과 거리를 취했다. 시라크도 1994년 대통령 출마를 선언하면서 '공화국을 위한 모임(RPR)'의 대표직을 사임했다.[112]

핀란드는 프랑스 대통령에 버금가는 실권 대통령의 특징을 보여준다. 핀란드 대통령은 국민 직선제로 선출되고 임기 6년에 중임이 가능하다. 2000년 3월의 개정 헌법에 따르면 대통령의 실권은 한두 군데에서 제약이 약간 더 늘어났으나 전체적으로는 이전과 대동소이하다. 이전에 국회해산권은 대통령의 재량권이었으나, 새 헌법에서는 총리의 '이유 있는' 제청提請과 의회 그룹들과의 '협의'를 조건으로 붙였다. 또한 재량사항이었던 총리지명권에도 의회 그룹들과의 '협의' 및 의장 의견의 '청취'라는 전제가 붙었다. 그러나 전제가 대통령에 대한 의무적 구속력이 없는 '협의'와 '청취' 등에 불과하기 때문에 이것은 대통령의 권력을 축소하는 것이 아니다. 오히려 대통령의 주요 결정을 위한 상담 인원을 더 늘려 주는 것으로서 보완으로 이해할 수 있다.[113] 핀란드는 국가 운명이 역사상 거

---

111) 참조: Knapp and Wright, *The Government and Politics of France*, 120쪽.
112) 참조: Beyme, *Die parlamentarische Demokratie*, 325쪽.
113) 2000년 개헌으로 핀란드 대통령의 권력이 축소되어 내각제 대통령이나 다름없는 의전적 지위로 전락했다는 위르겐 하르트만의 해석(Hartmann, *Westliche Regierungssysteme*, 202쪽)은 완전히 그릇된 것이다.

대국가 러시아와 유럽 사이에서 중립적 선린·균형 외교의 성공 여부에 의해 좌우되었기 때문에 외교 노선과 외교정책은 전적으로 대통령의 소관 사항으로 전문화시켰다. 대통령은 외교부·국방부·정보부 등 주무 부처를 '도구'로 삼아 대외정책, 외교관계 및 국제기구와의 협상, 조약 체결, 사절 파견, 고위 외무공무원, 대사 등 외교관 인사권 등 모든 대외업무를 주관하고, 국제 의무이행을 명령하고, 국회 동의를 전제로 선전포고를 할 수 있다.

입법권과 관련된 핀란드 대통령의 권한은 프랑스 대통령보다 약하다. 대통령은 재량으로 법률안 심사를 최고법원에 회부할 수 있고 그 결과에 따라 거부권을 행사할 수 있다. 그러나 의회는 과반 의석의 찬성으로 법안을 재확정할 수 있다. 핀란드 대통령은 2001년에도 법률안을 법원에 회부한 바 있다. 대통령은 주무 부서의 기안을 바탕으로 대통령령을 발할 수 있다. 이때 대통령은 수정과 변경을 요구할 수 있고 기안 승인을 거부할 수도 있다.

핀란드 대통령은 프랑스 대통령보다 좁지만 잘못 알려진 것보다 더 폭 넓은 인사권도 행사한다. 대통령은 대통령궁의 사무총장 및 기타 직원, 법무차관·차관보, 검찰총장 및 부총장, 각 부처의 차관 및 실장, 중앙국가기관 기관장, 중앙은행 총재 및 이사, 군軍과 국경수비대 지역사령관, 최고법원과 최고행정법원의 법원장과 법관 등을 임명한다. 대통령은 국무회의에서 정부의 천거로 이 인사를 결정한다. 법무 관련 인사는 정부가 3명을 올리고 대통령은 이 중 1인을 선정選定하는 식으로 이루어지고 그 밖의 인사에서는 정부가 1인을 천거하고 대통령은 이를 수락하거나 거부하고 무관한 사람을 임명할 수도 있다.

핀란드 대통령은 동시에 군 통수권자이다. 그러나 유일하게 이 권한만은 타인에게 위임할 수 있다. 대통령은 장교를 임관하고 군을 동원하고 작전 기본 개념, 군비, 방위 전략 등과 관련된 군작전권과 군령권이 있고 군내인사에 대한 군 인사권을 행사한다. 이 인사에서 국방장관은 배제된다. 군 총사령관, 참모장, 장관, 제독, 총 공병감, 군병원장 등은 국방장관의 천거로 국무회의에서 대통령이 임명·보직한다. 그러나 여기에서도 실권자는 대통령이다. 내무장관과의 개인 회동을 통해 행사되는 국경수비대 인사권도 대통령의 권한 사항이다. 고위 장교 인사는 군과 동일하다. 또 핀란드 대통령은 1회에 최대 3개월, 최장 1년까지 연장 가능한 계엄선포권을 보유한다. 또한 정부의 긴급명령을 인준할 권한이 있다. 대통령은 개인을 사면할 수 있다.[114]

이탈리아 대통령은 상·하원 합동회의에서 간선 된다. 3차 투표까지는 2/3의 다수표를 얻어야만 당선되고 4차 투표부터는 절대 다수결로 당선된다. 이런 까닭에 대통령 선출을 위한 투표 행위는 교황 선출식으로 당선자가 나오지 않으면 20회에 육박하는 횟수까지 반복되는 일이 있다. 이탈리아 대통령은 간선 대통령이지만 오스트리아나 아일랜드 대통령보다 훨씬 강력한 실권을 가진 대통령이다. 클라우스 폰 바이메(Klaus von Beyme)는, 이탈리아 헌법은 유럽에서 전쟁 직후에 만들어진 헌법 가운데 "대통령에게 가장 강력한 지위를 부여한" 헌법이라고까지 평가한다.[115] 이탈리아는 미국식으로 너무 강력한 대통령도 원치 않았지만, 삼권三權 위에 위치하는 제4의 권력으로서 초당적·중립적 중재자요 헌법수호자로 기획되었다. 따라서 제헌 당시만 하더라도 대부분의 유럽 국가 원수보다 "몇몇 영역에서는 더 포괄적인 권능" 지니고 있었다. 게다가 이

---

114) 참조: The Office of the President of the Republic of Finland, *The Presidency of the Republic as an Institution under the new Constitution that entered into force on 1. 3. 2000*, http://tpk.fi/english.
115) Beyme, *Das politische System Italiens*, 45쪽. Knapp and Wright, *The Government and Politics of France*, 135쪽에서 재인용.

권능은 연립정부의 불안정성과 정당 난립으로 더욱 강화되었다.[116]

이탈리아 대통령의 3대 권한은 총리 임명권, 국민투표 회부권, 국회해산권이다. 대통령은 총리와 장관을 임명하고 해임한다. 이탈리아에서는 극심한 정당 난립으로 인해 총리의 지명 및 임명과 관련된 대통령의 재량권은 대폭 확대되어 있고 이에 따라 대통령은 개별사례에서 총리의 각료 제청권에도 간여하여 '대통령 사람'을 장관 후보 리스트에 끼워 넣을 수 있다. 대통령은 재량으로 총리의 사임과 내각 퇴임 요청도 거부할 수 있다. 또한 대통령은 5명의 종신 상원의원, 15명 중 5명의 헌법재판관을 임명할 수 있고 사면·감형권이 있다. 게다가 대통령은 고위공무원 및 장교 인사권, 그리고 국영기업체 사장 임명권을 가지고 있어 정부의 인사 추천 리스트에 '대통령 사람'을 얼마든지 박아 넣을 수 있다. 이탈리아 대통령은 국가원수로서 외국에 대한 의전적 대표권 외에 실질적 조약비준권을 가지고 있다. 그러나 이탈리아 대통령은 군 총사령관이지만 선전포고 등 군사 문제에서 정부의 우위권을 인정해 준다. 양원에 대한 해산 및 총선 명령권은 '상·하원 의장과의 협의'를 전제로 사유재량으로 발농할 수 있다. 또한 국민투표 회부권은 대통령의 완전한 재량권이다. 게다가 대통령은 정부법안의 국회 제출 허가, 법안 거부권(재심 요구권), 대통령령 발동 등 일련의 입법 관련 권한이 있다.

대통령궁의 직원 수는 5~7명의 내통령 보솨관과 비서실장을 포함하여 (청와대 직원보다 많은) 400명에 달한다.[117] 이탈리아 대통령은 실권을 헌법이 보장한 것보다 더 넓게 확장했고 이 점에서 유례가 없다. 그럼에도 75% 이상의 이탈리아 국민은 프랑스 대통령처럼 대통령을 국민이 직선하기를 원하고 50%는 대통령이 지금보다 더 강력한 권한을 갖기를 바란

---

116) Knapp and Wright, *The Government and Politics of France*, 139쪽.
117) 참조: Beyme, *Die parlamentarischen Regierungssysteme in Europa*, 346-347쪽; Knapp and Wright, *The Government and Politics of France*, 142-149쪽.

다.[118]

　오스트리아 대통령은 동거정부의 일상화와 장기화로 인해 헌법이 보장한 것보다 축소된 권한을 행사해 왔다. 이 점은 헌법이 보장한 것보다 더 많은 권한을 행사하는 이탈리아 대통령과 정반대이다. 오스트리아는 1차 세계대전 후 왕정을 폐지하고 공화정으로 전환할 당시에는 1919년부터 순수 의원내각제를 채택했으나, 전후 혼란과 정국 불안을 극복할 수 없었다. 이에 정치 세력들은 오랜 토론 끝에 1929년 순수 의원내각제를 미국의 모델에 따라 손질하는 분권형 대통령제 개헌을 단행한 것이다. 그러나 한동안 나치스의 집권을 저지하던 이 헌법은 독일 나치스와의 합병을 통해 폐기되었다.[119] 그러나 2차 세계대전 후 오스트리아는 1929년의 헌법을 그대로 부활시켰다. 따라서 오스트리아 대통령의 실권은 독일 대통령과 달리 법적으로 상당한 편이다. 그러나 오스트리아 대통령들은 이런 실권을 실제로 사용하는 것을 꺼려 왔다.

　하르트만과 켐프는 임기 6년이고 연속 재선이 아니면 재선도 가능한 오스트리아 대통령을 심지어 "반사적·반응적 국가기관" 또는 "공증인 기능"으로 보거나 정상적 상황에서는 모습을 드러내지 않다가 비상 상황이나 국가기관 간 갈등 상황에서야 비로소 등장하는 "예비된 정치적 권위체"로 간주한다.[120] 그러나 이런 해석은 오스트리아 대통령의 실권을 지나치게 협소하게 파악한 것이다. 대통령은 연방 총리와 장관을 임명하고 해임한다. 이 임명권은 오스트리아의 경우에 의회에 진출한 정당이 비교적 많아 때로 상당한 재량권을 행사하기도 하고 특히 해임권은 전적으로

---

118) Hartmann und Kempf, *Staatsoberhäupter in westlichen Demokratien*, 153쪽.
119) 참조: Hartmann und Kempf, *Staatsoberhäupter in westlichen Demokratien*, 160-161쪽.
120) 참조: Hartmann und Kempf, *Staatsoberhäupter in westlichen Demokratien*, 162-163, 181쪽.

대통령의 재량사항이다.[121]

　대통령은 자유재량으로 연립정부 인준을 거부했다. 가령 사민당원으로 1957년부터 1965년까지 재임한 아돌프 샤르프(Adolf Scharf) 대통령은 1959년 오스트리아국민당과 자유당[122] 간의 연립정부를 인준하는 거부 했다. 그리고 소수파 정부 구성을 허가하기도 했다. 가령 사민당원으로 1965년에서 1974년까지 재임한 프란츠 요나스(Franz J. Jonas) 대통령은 1970년 소수파 정부 구성을 허가했다. 나아가 총리를 임명하기 전에 대통령은 총리 후보와 다각적으로 협의하여 정책 노선과 정부 구성에 대해 상당한 실제적 영향력을 행사할 수 있다. 또한 대통령은 개별 장관의 임명에서 헌법상 총리의 제청에 의해서만 임명권을 행사할 수 있다고 말할 수 있으나 실제로는 꼭 총리가 제안한 인사를 임명할 필요가 없다. 제청은 '제청'일 뿐이고 의무적 구속력이 없기 때문이다. 대통령은 일반적으로 장관 임명에서도 사전 조율을 통해 세세한 영향력을 주입한다. 이 영향력의 정도는 의석 분포, 정당의 수와 정당 간 연합가능성, 정당의 평균적 크기 등 다양한 사정에 좌우된다.[123] 따라서 오스트리아 대통령을 "공증인 기능에 국한된 이류 헌법기관으로 기술하는 것은 역사적으로 그릇된 것"이다.[124] 대통령은 의회의 소집 및 해산권, 긴급명령권, 국민투표 명령권, 군 통수권, 외교 정책권 등을 내각의 제청에 의해 제한적으로 행사한다. 그러나 여기서 의회의 소집 및 해산권은 정부의 '제청'이라기보

---

121) Hartmann und Kempf, Staatsoberhäupter in westlichen Demokratien, 175쪽; Friedrich Koja, "The Legal and Political Role of the Federal President in Appointing the Federal Government", http//:www.hofburg.@/en/index.htm. (2021년 8월 최종검색).
122) 오스트리아 자유당은 전후에 반성 없는 구舊나치스 장교와 하사관들이 모여 만든 정당이다.
123) 참조: Koja, "The Legal and Political Role of the Federal President in Appointing the Federal Government".
124) Karl Korinek, "The Position of the Federal President within the Austrian System of Supreme Government Organs", http//:www.hofburg.@/en/index.htm

다는 사실상 정부와의 '협의'를 전제로 행사한다는 설이 유력하다.[125]

아일랜드 대통령은 7년 임기로 직선 되는 국가수반으로서 실권을 지닌 대통령이다. 하지만 아일랜드 대통령은 분권형 대통령 가운데 권한이 가장 협소할 뿐만 아니라 전 세계의 모든 국민 직선 대통령 가운데서도 "가장 취약한 대통령"이다. 이 때문에 아일랜드 대통령직은 '제한 대통령제(limited presidentialism)'라 불리기도 한다.[126] 이것은 헌법상으로도 그렇기 때문에 관행적으로 평시에 헌법상의 권한을 다 사용하지 않을 뿐인 오스트리아 대통령과 본질적으로 다르다.

아일랜드 대통령은 6개의 재량권을 가졌다. 이 중 3개는 상하원 간의 갈등 시에 이를 조정할 중재자로서의 역할들이다. 또 6개 중 2개는 비교적 중요한 권한이다. 대통령은 총리 등 각료들과의 협의를 전제로 의회를 통과한 법안을 공포하지 않고 최고법원에 위헌 심사를 신청할 수 있다. 각료들과의 협의의 결과는 대통령이 따를 필요가 없다. 이 위헌 심사 신청 권한은 지금까지 12회 행사되었다. 또 대통령은 의회의 신임을 잃은 총리의 의회해산 권고를 거부할 '절대적 재량권'을 갖는다.[127]

아일랜드 정부의 나머지 모든 실권은 대부분 총리의 영역에 속한다. 총리지명권은 의회가 행사한다.(아일랜드 헌법 13조 1항 1목) 대통령은 이 지명된 총리서리를 그대로 수용하여 임명해야 한다. 아일랜드 대통령의 실권적 지위가 이렇게 약화된 것은 인도에서처럼 영국 헌정 체제의 영향이 강력하기 때문이다.[128] 아일랜드 분권형 대통령제는 총리 우위의 영국식 내각제와 가장 가까운 특징을 보여주고 있다. 그래도 양자는 본질적으로 '다른' 것이다. 아일랜드 대통령은 매번 임기가 끝날 때마다 국민에 의해

---

125) 참조: Korinek, "The Position of the Federal President within the Austrian System of Supreme Government Organs".
126) Coakley and Gallagher, *Politics in the Republic of Ireland*, 232쪽.
127) 참조: Coakley and Gallagher, *Politics in the Republic of Ireland*, 232-235쪽.
128) 참조: Hartmann, *Westliche Regierungssysteme*, 97쪽.

직접 선출되거나 정당 간 조율과 합의에 의해 추대될 뿐만 아니라 얼마간의 분명한 실권實權을 장악하고 있고 또 실제로 행사하는 반면, 영국 국왕은 독일 대통령처럼 명목상의 의전적 역할 외에 거의 아무런 실권이 없기 때문이다.

비교 차원에서 특기사항과 기타 국가들에 관해서는 간략한 언급으로 그쳐야 할 것 같다. 대통령의 각료회의 주재권主宰權은 핀란드의 경우 '대통령 업무에 한하여' 행사되고, 루마니아에서는 '대통령이 참석할 때', 그리고 포르투갈에서는 '총리의 요청이 있을 때'에만 행사된다.

폴란드의 군(軍) 통수권은 전시에는 대통령에게, 평시에는 국방장관에게 있다. 대통령의 행정명령은 핀란드의 경우 상술했듯이 주무 부서의 기안을 바탕으로 발령되고, 프랑스에서는 '총리의 부서'를 전제로 발동되며 폴란드에서는 '정부와 합동으로', 그리스에서는 '정부의 제청'에 따라 행사된다. 대통령의 국민투표 회부권은 프랑스의 경우 '정부의 제청'에 따라, 폴란드는 '정부의 부서'를 전제로, 포르투갈은 '정부와 의회의 발의'에 따라 행사된다.

지금까지 논의를 종합하면, 대통령의 법적 권한의 크기는 ① 프랑스, 루마니아, 폴란드, 핀란드, 포르투갈, ② 오스트리아, 슬로바키아, 헝가리, 그리스, ③ 체코, 불가리아, ④ 이탈리아, ⑤ 아일랜드 순인 반면(다음 표 참조), 실제 권력의 크기는 의정 상황, 관행, 정치문화에 따라 ① 프랑스, 루마니아, 폴란드, 핀란드, ② 포르투갈, 이탈리아, 체코, 불가리아, 슬로바키아, 헝가리, ③ 그리스, ④ 오스트리아, ⑤ 아일랜드 순인 것으로 보인다.

다음 도표는 분권형 대통령제를 채택한 유럽 13개 국가의 대통령 권한을 분석, 종합한 조견표이다.

분권형 대통령의 법적 권한의 나라별 비교 (형식적 의전적 권한 제외)

국가	선출방식	총리임명권	각료회의주재권	외교권	군통수권	행정명령권	비상대권	의회소집해선	입법관련권한	국민투표회부권	관리인사	사면
프랑스	직선	△	◎	◎	○	◎	◎	◎	○	◎		◎
루마니아	직선	△	○	○	◎		◎	○	◎		○	◎
폴란드	직선	△	◎	◎	○	○	◎	○	○	◎		◎
핀란드	직선	△	○	◎	◎	○		○	◎	○		◎
슬로바키아	직선	△		◎	◎			○				◎
불가리아	직선			◎	◎			◎				◎
포르투갈	직선	△	○	◎	◎		○	○		◎		
오스트리아	직선	△		○								
아일랜드	직선							○	○			
이탈리아	직선	△				◎						
헝가리	직선	△		◎	◎		◎	◎	◎		◎	◎
체코	직선	△		◎	◎			○	◎		◎	◎
그리스	직선	△		○	◎	○	○	◎	○		◎	○

주: ◎는 완전한 권한, ○은 제한적, △는 상황에 따라 가변적, 빈칸은 권한 없음.

대통령 임기는 루마니아가 4년, 폴란드·프랑스·포르투갈·슬로바키아·체코·헝가리·그리스·불가리아는 5년, 오스트리아·핀란드는 6년, 아일랜드·이탈리아는 7년이다. 대통령 연임에 제한을 두지 않는 프랑스·이탈리아를 뺀 나머지 11개국은 3선이 금지되어 있다. 체코는 연속 중임이 아닌 경우에 중임 이상도 허용되고, 오스트리아는 연속 중임이 아닌 경우에 한해서만 중임이 허용된다. 총리 임기는 프랑스·이탈리아의 경우 5년이나 기타 국가에서는 대개 4년이다. 프랑스·오스트리아 등은 총리와 장관의 의원직 겸임을 금하는 반면, 헝가리 등은 이를 허용하고, 아일랜드 등은 일부 각료(총리, 부총리, 재무부장관)의 겸임을 의무화하고 나머지는 자유화하고 있다.

분권형 대통령제의 본질적 특징인 '국가수반과 정부수반의 분리', '외정권과 내정권의 분리', '비상 국정과 평시 국정의 분리' 등 국가권력의 분권은 다음의 네 가지 효과를 발휘한다.

(가) 대통령의 제왕적 권력 독점이 원천적으로 해소된다. 이 덕택에 독재위험, 여야 격돌, 지역 분열, 제왕적 대통령의 자기파괴 현상인 국가원수의 존엄성 파탄(동네북으로의 전락), 국가 불안정, 권력형 부정부패, '식물대통령' 등 부정적 현상이 애당초 발생하지 않는다. 따라서 분권형 대통령제 국가에서는 제왕적 대통령 권력의 남용을 견제하기 위한 인사청문회니, 특별검사제니 하는 것도 거의 불필요하다. 이런 권력구조에서 권력남용과 부적격 인사에 대한 견제와 사후 수정은 언제든지 제기될 수 있는 주무장관에 대한 의회의 불신임 발의와 의결로 족하기 때문이다.

(나) 총리와 내각은 의회의 신임에도 의존해 있기 때문에 의원내각제와 유사한 고도의 책임정치 효과를 달성할 수 있게 된다. 의회가 언제든 발동할 수 있는 총리·장관 불신임 의결권은 내각과 행정에 대한 국회의 감독권을 획기적으로 강화시켜 준다. 이와 함께 정책 실패, 행정부실, 권력형 부정부패·비리도 감소한다.

(다) 제왕적 대통령제에서 국정을 마비시키는 치명적 결함인 여소야대 상황의 발생이 원천적으로 일소된다. 분권형 대통령제는 제왕적 대통령제에서 여소야대로 나타나는 교착 상황을 제도적으로 유도誘導되는 또

는 강제되는 대연정 또는 거국내각인 '동거정부'로 전환시킨다. 동거정부는 제도적 강제로 수립되는 일종의 대연정 또는 거국내각이기 때문에 대통령제라면 정쟁이 격심해져야 할 그 시점에 반대로 무분별한 정치공세와 무책임한 입법이 소멸하고 여야가 타협·협력하는 중도中道의 책임 입법과 책임 비판이 보장된다.

(라) 대통령은 (불가피하게 매우 당파적인) 내정에서 해방되어 있기 때문에 온 국민의 이익과 관점을 대변하고 관철하는 '부동의 국가 구심점'으로서의 국가원수의 존엄한 지존 지위를 임기 말까지 훼손 없이 유지하므로 용이하게 초당적 국민통합과 국가 안정을 달성하고 이를 바탕으로 외교·국방·안보·위기관리 등 외정과 비상 국정을 초당적으로 강력히 수행할 수 있다. 대통령은 내정상의 당파적 정쟁으로부터 초연하기 때문에 야당만이 아니라 언론도 대통령을 비판할 기회를 잡지 못해 흠집 없는 국가원수의 존엄한 권위로 국가를 대외적으로 안정시킬 수 있다. 이것은 분권형 대통령제가 미국식 대통령제 및 그 제왕적 변형태에 대해 갖는 장점이다. 동시에 이 분권형 대통령제는 내각제와 비교해서도 나름의 장점을 발휘한다. 분권형 대통령제는 우선 내각제에 비해 정부의 안정도를 획기적으로 제고시킨다. 프랑스는 제3.4공화국(1875~1958년)의 78년 내각제 기간 동안 외무장관들이 대서양 상공에서 경질될 정도로 무려 127회나 내각이 교체되어 내각의 평균수명이 7개월에 불과할 만큼 극심한 정부 위기에 시달렸으나, 1958년 분권형 대통령제를 도입한 제5공화국부터는 총리 임명권을 쥐고 있는 실권 대통령 덕택에 정부 교체 빈도도 현저히 줄고 나라가 중심이 잡히면서 안정되었다.

나아가 분권형 대통령제는 내각제와 미국 대통령제 및 제왕적 대통령제에 비해 전쟁· 분단·식민지 방어 등 어떤 이유에서든 비대해진 군부의 체제 통합을 순조롭게 한다. 군부는 초당적 국방 임무를 수행한다는 의식이 강하기 때문에 내각제에서 잦은 교체 속에 정쟁만 일삼는 것처럼 보이는 당파적 총리와 국방장관에 대해서 불만을 갖는 경향이 있다. 이 불만은 누적되다 내각과 군부 간의 특정한 의견충돌로 말미암아 격화되면 쿠데타로 터져 나오기 십상이다. 이때 군부는 명목상 군 통수권자인 의전용 대통령을 '허수아비'로 활용하여 쿠데타를 '대통령이 묵인 또는 공인한 정치 행위'로 정당화하며 정권을 장악할 수 있다. 당파적 내각과 초당적 의전용 국가원수를 조합시킨 내각제는 군부가 강한 나라에서 바로 내각의 당파성과 '당파싸움' 때문에 복종심을 잃는 군부가 명목상의 국가원수를 총수總帥로 내세워 내각을 무너뜨리기 쉽게 하는 위험한 정부제도인 것이다. 아무런 실권이 없는 상징적 국가원수가 저지할 수 없는 이런 사태는 1958년 프랑스령 알제리의 쿠데타, 1961년 한국의 제2공화국에서의 5·16군사정변 등으로 반복되었다. 이러한 쿠데타의 빈발은 남미의 제왕적 대통령제에서도 마찬가지다. 미국식 대통령제를 채택한 남미제국은 국가원수의 당파성과 이로 인한 지존 지위의 파괴로 인해 군부의 반발과 군사쿠데타를 피할 수 없었다.

 알제리 쿠데타 위기를 배경으로 쿠데타군이 파리에 공수 낙하할 것이라는 위협에 노정된 비상 상황에서 비대한 군부를 통제할 목적으로 도입된 프랑스의 드골 헌법은 외교·국방 권한을 장악한 초당적 실권 대통령으로 하여금 속전속결로 알제리 쿠데타를 진압게 하고 군을 체제에 완전 통합시킴으로써 개헌 목적의 하나를 완벽하게 달성했다. 분권형 대통령제가 대통령·총리·군軍의 삼각관계로 인해 특히 동거 상태에서 오히려 헌정 위기를 자초할 수 있다는 정반대의 인식도 있지만,[129] 국방 문제에 있어서 분권형 대통령의 초당적 우월성과 각국의 역사적 경험을 무시하는 이

---

129) 참조: 린쯔, 「대통령제와 내각제: 과연 다른 것인가?」, 159-160쪽.

런 사변적 인식은 전후 분권형 대통령제가 순항해 온 성공 사례에 정면으로 반하는 주장이다. 이런 사활적 이유에서도 유럽의 거의 모든 중소中小공화국들은 예외 없이 분권형 대통령제로 나아가게 되었던 것이다.

 참고로 '군주국 내각제'는 군사쿠데타에 대한 헌정 체제의 내구력耐久力에서 '공화국 내각제'를 능가한다는 데에 주목할 필요가 있다. 가령 태국 국왕은 1970년대 이래 반복된 쿠데타에 대해 불간섭으로 일관하다가 1980년 중반 갑자기 정부와 쿠데타군의 우두머리를 둘 다 왕궁으로 불러 무릎을 꿇리고 호되게 꾸짖었다. 국왕의 이 단 한 번의 꾸짖음으로 쿠데타는 태국에서 완전히 종식되었다. 이에 반해 프랑스 제4공화국과 한국 제2공화국은 쿠데타군을 호되게 꾸짖어 정변을 종식시킬 지존의 국가원수가 없었다. 이로 인해 쿠데타가 아니라 공화국 자체가 종식되고 말았다. 정반대의 이런 결과는 '입헌군주국 내각제'와 '공화국 내각제' 간의 본질적 차이점이다. 태국 같은 입헌군주국에서도 내각제의 공통된 약점(군부 통합의 어려움) 때문에 군사쿠데타가 날 위험은 있으나 사태는 헌정 중단 없이 군주제적 헌정 체제 자체의 신화적 권위로 정상화될 수 있다. 그러나 이런 신화적 권위가 결여된 '공화국 내각제'는 단 한 번의 군사쿠데타로도 헌정이 파괴된다. 이 점에서도 내각제는 오직 군주정과만 '속궁합'이 맞는다는 사실을 다시 확인할 수 있다.

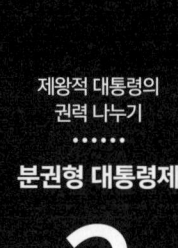

제왕적 대통령의
권력 나누기

분권형 대통령제

2

제2절

분권형 대통령제의
한국적 적합성과 개헌안

2.1. '4년 중임 분권형 대통령제 개헌' 방안

2.2. 분권 없는 '4년 중임제 개헌'과 책임총리제 문제

2.3. 기타 개헌논제들에 대한 검토와 평가

제2절

분권형 대통령제의
한국적 적합성과 개헌안

2.1. '4년 중임 분권형 대통령제 개헌' 방안

　한국은 ① 군주의 존엄한 전통적 권위가 전무한 상태에서 계속적 민주화 요구를 충족시켜야 할 중소 규모의 민주공화국이자 ② 동족상잔의 전쟁을 겪고 휴전 중에 있는 분단국가이고, ③ 대륙과 해양 강대국들이 각축하는 요충에 위치한 반도국인 까닭에 외교가 국가의 존망을 결정하는 나라이고, ④ 북한과 주변국가의 군사적 압박에 대응하기 위해 군사 부문이 방대할 수밖에 없는 군사국가다. 게다가 ⑤ 늘 야당과 갈등하는 제왕적 대통령의 통수권 하에 있는 군사 국가라서 대통령의 친위쿠데타와 군부 집단의 군사쿠데타·군사반란의 유혹과 위험에 상시적으로 노출되어 있는 나라다. 나아가 ⑥ 한국은 동서 간·남북 간 지역대립과 지역감정이 심각한 나라이기 때문에 강력한 국민 화합의 필요성이 절실한 나라이고,

⑦ 한국은 국가원수가 지혜로운 대북정책과 통일외교를 전개해야 하는 나라다. 그러므로 개헌을 통해 새로운 정부제도를 찾는다면 그것은 이 특수한 한국적 조건과 과업에 적절히 대응할 수 있는 제도이어야 하는 것이다.

이 특수한 한국적 조건에서 국력의 결집과 내실화를 위해 생겨나는 사활적 요청은 ① 정치투쟁 최소화(국민통합과 정치 안정), ② 계속적 민주화, ③ 존엄성의 훼손 없이 초당적 정당성을 유지할 국가원수의 창출, ④ 단일한 민족적 리더십 확립, ⑤ 일관된 초당적 외교·국방·안보 정책의 강력 추진, ⑥ 내란·군사쿠데타 위험의 추방과 군부의 체제 통합, ⑦ 대통령의 청렴성(권력형 부정부패의 청산) 등 다양하다. 따라서 한국의 새로운 정부제도는 이 얼핏 상호 모순적인 요청들을 동시에 최대로 충족시킬 수 있는 제도이어야 한다.

미국식 대통령제와 제왕적 대통령제는 단일한 민족적 리더십 요구와 군부의 체제 통합 요구를 부분적으로 충족시킬지 모르나 한국 같은 중앙집권적 중소국가에서는 '계속적 민주화 요구'를 더 이상 충족시킬 수 없을뿐더러 국가 안정화와 국민 화합에 필수적인 계급투쟁과 정치투쟁의 최소화 요청, '초연한 국가원수'의 요청, 초당적 외교·국방·안보 지도력 요구, 청렴성 요청 등을 충족시킬 수 없다. 그리하여 이 제도에서는 가령 권력형 부정부패를 청산할 수 없고, 외교·국방·안보 정책 분야에서 국가원수 대통령의 '초당성 결여' 때문에 야기되는 밑도 끝도 없는 험악한 정치투쟁과 색깔 시비를 피할 수 없다.

반대로 내각 교체가 너무 잦은 의원내각제는 고도의 책임정치를 구현함으로써 '계속적 민주화' 요구를 더 충족시켜 줄 수 있을지 모르나 국민 화합과 정치 안정 요구, 초당적 국가원수, 민족적 리더십 확립 요구, 강력한 초당적 외교·국방·안보 지도력 요구, 군부의 체제 통합 요구 등을 전혀 충족시킬 수 없는, 게다가 민주공화국 한국에서는 번지수가 빗나간 정부제도다. 또한 순수내각제든 독일식 재상제든 둘 다 당파적 총리와 실권 없는 의전용 대통령을 결합시켜 놓은 공화국 내각제는 한국의 방대한 군부를 통합하기는커녕 오히려 군부가 '허수아비 대통령'을 내세워 당파적 총리와 내각을 무너뜨리는 데 이용할 위험이 있다. 특히 독일식 재상제는 외교·국방·안보 업무에서 제왕적 대통령제에서와 마찬가지로 초당적 정당성을 담보할 수 없어 당파적 색깔 시비로부터 벗어날 수 없다. 그리고 한국에서 내각제의 치명적 문제점은 1980년대 민주화운동의 역사적 성과인 대통령직선제를 완전히 폐기한다는 데 있다. 내각제가 도입되면 국민이 '내 손으로 직접 뽑는' 실권 대통령은 사라지기 때문이다.

이 때문에 여론조사에서 대통령 명칭이 없는 '내각제개헌'을 물으면 이 개헌안들은 10% 대 미만의 가장 낮은 지지율을 보인다. 심지어 '분권형 대통령제 개헌'의 그릇된 표현인 '이원집정부제 개헌'을 물어도 가장 낮은 지지율로 나타난다. 그러나 '4년 중임 분권형 대통령제 개헌'을 물으면 압도적 찬성으로 나타난다. 국민들은 내 손으로 직접 대통령을 뽑는 직선제 대통령제를 쟁취한 피어린 민주화 투쟁의 역사적 성과를 잃고 싶지 않은 것이다.

지금까지 논의를 바탕으로 단도직입적으로 말하자면, 오직 유럽의 중소 공화국들이 발선시킨 분권형 대통령제만이 이러한 민주화 성과의 보존을 비롯한 계속적 민주화 요구, 친위쿠데타의 유혹을 받지 않는 초당적 국가원수의 창출, 일관된 초당적 외교·국방·안보 정책의 추진 등 저 다양한 모순적 요구들을 동시에 충족시킬 수 있다. '분권형 대통령제'는 대통령의 실권을 제왕적 대통령제에 비해 1/2 또는 1/3로 축소하되 대통령을 당파적 정쟁 위에 초연한 존재로 격상시켜 국가원수로서의 존엄한 지존 역할을 임기 말까지 수행할 수 있도록 비교적 손상 없이 보존케 할 수 있다. 그리하여 초당적 실권 대통령을 흔들림 없는 부동의 국가 구심점으로 구축·확립함으로써 국민통합을 비교적 쉽사리 이루고 통일 이후 남북 간 지역 분열을 치유하는 데에도 상대적으로 큰 효과를 발휘할 것이다.

또한 국가원수의 초당적 정당성에서 나오는 강력한 통치력을 토대로 통일외교와 국방력을 강화하고 안보 체제를 굳건히 하며, 색깔 시비로부터 완전히 해방된 초당적 외교·국방정책과 위기관리 정책을 추진할 수 있다. 이런 의미에서 분권형 대통령제는 통일정책 추진과 통일 이후 국가 운영에도 적합한 정부제도인 것이다.

동시에 국회의 총리와 내각에 대한 불신임권 때문에 내정 분야에서는 제諸정당에 의한 고도의 당파적 책임 추궁이 보장된다. 국민대표기관으로서의 국회와 국회의원의 지위는 제왕적 대통령제 하에서보다 훨씬 격상된다. 이로써 '계속적 민주화' 요구도 충족될 수 있다. 또한 한국에서 30년 민주화운동의 성과인 대통령직선제도 그대로 계승될 수 있다.

대통령과 총리 간에 외치와 내치를 분리하는 이러한 분업 관계는 대통령에게 외치·안보 업무의 '전업화'를, 총리에게는 내치 업무의 '전업화'를 보장한다. 누군가 현행 헌법이 요구하는 대로 외치와 내치를 완벽하게 수행하는 대통령이 되려면 그는 '슈퍼맨'이어야 할 것이다. 그러나 지금까지 내치와 외치를 완벽히 소화해 낸 '슈퍼맨 대통령'은 없었고, 앞으로는 그나마 미흡했던 전임 대통령을 흉내 냄 직한 인물을 찾기도 힘들 것이다. 역대 대통령들은 모두 외치(외교·국방)와 내치(경제·사회·복지·교육)의 2개 공적公的 분야, 그리고 가족·친인척·측근에 대한 감독의 사적私的 분야 등 도합 3개 분야를 완벽하게 해내기에 역부족이었다. 어떤 대통령들은 분야별, 부처별 업무 감독도 제대로 해내지 못할 만큼 아마추어적이었다. 이 때문에 한두 대통령을 제외하면 거의 모두 다 실패했다. 어떤 대통령들은 군사 반란·내란·친위쿠데타·비리를 저질러 목숨을 잃기도 하고 단죄되어 감옥에 가기도 했고, 부실한 외환관리·국정농단·불법 계엄 등 난정亂政과 악정惡政으로 빗발치는 비난 속에서 초라하게 청와대를 떠나거나 탄핵을 당했다.

가령 경제위기와 남북 관계 위기가 동시에 닥치는 시점에 현행 헌법 아래에서라면 한국 대통령은 본질이 서로 다른 두 위기를 동시에 대처해야 한다. 이때 제왕적 대통령은 둘 중 하나를 실패하거나 둘 다 실패할 확률이 높다. 두 위기를 동시에 상대해야 하는 제왕적 대통령과 반대로 분권형 대통령은 안보·대북 문제에만 전념하면 되는 한편, 총리는 내정에 속하는 경제문제에만 전념하면 된다. 특히 핀란드처럼 주변 강대국과의 외교·군사 관계에 나라의 존망이 걸린 반도국가인 한국에서 대통령이 외교·국방·안보 업무 및 민족 교류 업무와 위기관리 업무에만 전념하는 것은 절체절명의 필요 사항이다. 이런 의미에서 외교와 국방을 대통령의 '전업專業'으로 만드는 분권형 대통령제는 영원히 변치 않을, 대륙 세력과 해양 세력에 둘러싸인 반도국가의 지정학적 위상 때문에 통일 이후에도 여전히 타당한 정부제도일 것이다.

따라서 대통령이 외교·국방을 따로 떼어 전업화하는 분업 제도는 바깥일은 '바깥양반'이 맡고 집안일은 '안주인'이 맡아야 한다는 인간세계의 백만 년 분업 관념과도 합치되고, 낮은 해가 밝히고 밤은 달이 밝히는 천도天道와도 일치하는 것이다. 한국의 숨 막히는 제왕적 대통령제와 미국식 대통령제의 근본적 문제점은 성인聖人 반열의 '슈퍼맨'도 아닌 범인凡人 대통령이 헌법의 제도적 강제와 자신의 권력욕에서 바깥양반이 집안일까지 도맡아 하고 해가 달을 제치고 밤일까지 하는 식으로 내정과 외정을 독점하는 데 기인한다. 외교와 국방을 대통령의 전업 분야로 분리해 낸 분권형 대통령제의 이 업무 분담 제도는 주변 강대국들과의 외교를 통해 공동 이익과 우호 관계를 강화하고 남북교류협력을 확대하여 기필코

남북통일의 역사적 숙원을 이루어야 하는 한국 같은 분단국가에 적합할 뿐 아니라, 남북통일 이후 통일국가의 국민통합과 통일된 반도국가의 대외적 존립과 번영에도 가장 적합한 맞춤 헌정 제도라 아니 할 수 없다.

분권형 대통령제는 정치세력 간 제로섬게임의 승자독식과 패자전실도, 여야 간 발악적 정치투쟁과 격돌 정치도 종식시킬 것이고 종식시키지 못하더라도 현저히 완화해 줄 것이다. 이 제도는 대선 패자에게도 총선을 통해 패자부활의 기회를 줄 수 있음으로써 국가권력의 분점 가능성을 확대하고 국회와 국회의원의 지위를 격상시켜 삼권분립을 내실화해 줄 것이다. 또한 분권형 대통령제에서는 필수적 정치과정으로 정착할 정당연립을 통한 권력분점과 동거정부의 경험이 쌓이다 보면 여야 관계도 훨씬 부드러워질 것이다. 그리하여 한국 정계에도 '승자독식'과 '패자전실' 대신 '분점'과 '공유'의 논리가 들어서고, 여야 간 소모적 무한 정쟁과 극한적 지역대결은 생산적·유희적 '경쟁'으로 전환될 것이다.

제왕적 대통령제를 분권형 대통령제로 바꾼다면, 먼저 대통령은 현행대로 국민이 직선하되 단임제를 폐기하고 '4년 중임제'를 도입해야 할 것이다. 대통령은 외교부, 국방부, 통일부, 국정원 등 4개 외교·안보부서와 여기에 속한 정부기관과 산하기관들을 책임지는 한편, 국무총리는 행정자치, 법무부, 기획재정부, 산업자원부, 과학기술정보통신부, 국토교통부, 농림부, 해양수산부, 교육부, 문화관광부, 보건복지부, 노동부, 환경부, 여성부 등 14개 남짓 내치부서와 기타 처청處廳 및 산하 정부기관, 정부투자기관 및 국영·공영기업체들을 책임진다.

또 대통령과 총리의 기타 권한은 다음과 같이 나누어 구성할 수 있을 것이다. 대통령은 국가수반으로서 총리지명권과 의전적 임명권, 외교권과 군 통수권(외교·통일·국방부 장관 및 국정원장의 인사권과 고위 관리·장군의 인사권, 외교 및 통일 정책권, 군동원권·군작전권·군령권), 국회 감독 하의 비상대권(선전포고권·계엄선포권, 긴급명령 및 긴급조치권), 명령권(대통령령 발동권), 법률안 발의권 및 거부권, 국민투표 회부권, 헌법개정 발의권, 사법부(대법원장 및 대법관·헌법재판관 소장 및 헌법재판관) 인사권, 사면권 등 광범위한 권한을 갖는다. 여야 동거정부에서도 외교·국방·통일부 및 국정원과 관련된 인사권은 대통령의 전권에 속한다.

대통령의 외교·통일·국방장관 인사권은 다른 장관들과 마찬가지로 총리의 '제청'으로 이루어지되 이 '제청'은 현행처럼 대통령이 지명한 인물들을 그대로 반영하도록 함으로써 단순한 요식 행위로 형식화시켜야 할 것이다. 이 점은 미리 헌법에 명문화하여 논란 소지를 없애야 할 것이다. 국무위원이 아닌 특수기관장인 국정원장은 현행법에서처럼 총리의 어떠한 개입도 배제하고 대통령이 단독으로 임면任免해야 할 것이다.

총리 임명 절차는 논란이 없도록 대통령의 지명(nomination), 국회의 신임 표결(confidence voting), 대통령의 임명(appointment)의 의전적 절차 등으로 미리 상세히 규정하는 것이 좋을 것이다. 현행처럼 국무회의 주재권은 원칙적으로 대통령에 속하는 것으로 두고, 외교·국방·안보 관련 의제가 없어 대통령이 참석하지 않을 때는 총리가 주재하는 것으로 한다. 총리는 행정수반으로서 14개 부서 행정 통할권, 14개 장관의 실질적 제청권과 처청장·고위 관리 임명권을 가진다.

분권형 대통령제에서 총리의 14개 상관 '제정(proposal)' 권한은 외교·국방·통일부 장관 제청의 경우와 달리 실질적 권한이다. '제청'은 총리의 고유권한이고, 대통령은 국정 공백이 없도록 '지체 없이' 총리가 제정한 인물들을 임명하는 의전 절차를 밟아야 한다. 핀란드의 사례처럼 장관 후보가 국민이나 대통령이 보기에 마땅치 않을 때 대통령에게 인물에 대한 거부권을 줄 것인지, 준다면 어느 정도의 권한(한두 명에 대한 거부권, 모든 후보에 대한 거부권, 단적인 거부권, 재의요구권, 단순한 반대의견 개진권)

을 줄 것인지, 나아가 다른 제3의 인물을 대신 임명할 권리를 줄 것인지에 대한 결정은 개헌 과정에 위임해 둘 문제다. 관련 규정이 어떻게 결정되더라도 총리와 대통령은 사전 물밑 조율을 통해 장관 후보에 관한 사전 합의를 도출하는 관행을 발전시키는 것이 좋을 것이다. 프랑스, 핀란드, 이탈리아 등에서는 총리의 '장관 제청'과 관련하여 이런 관행이 발전되어 있다.

국회는 기존의 권한에 더하여 총리에 대한 신임·불신임권과 개별 장관에 대한 불신임권을 가진다. 총리는 이에 맞서 대통령에게 국회를 해산할 것을 제청할 권한을 갖는다. 법무장관의 실질적 제청권과 검찰총장 임명권을 총리에게 줄 것인지, 아니면 법무장관의 실질적 제청권을 총리에게 주고 검찰총장 임명권은 대통령에게 나눠 줄 것인지, 또는 핀란드식으로 법무장관과 검찰총장 인사제청권은 총리에게 주되 법무차관 인사권은 (3인 차관제청자 중 대통령이 1인을 선정하는 방식으로) 대통령 측으로 좀 더 기울게 할 것인지는 개정 과정에서 결정되어야 할 것이다. 한편, 이러한 헌정 체제의 대전환이 이루어지면 국회의 총리동의 제도, 총리·장관과 몇몇 권력기관장에 대한 인사청문회제도, 해임건의안 등은 다 폐기되고, 국무총리에 대한 국회의 추천 또는 찬반표결제도 및 국무총리와 장관들에 대한 해임의결권이 신설되어야 할 것이다.

그밖에 정부 조직을 보완해야 할 필요도 생길 것이다. 가령 내각제의 경우에 필수적으로 설치되는 정당 간 또는 부서와 상임위 간 의견조율을 전담할 '정무차관'을 각 부서마다 1~2명씩 설치해야 할 것이다. 이 '정무차관'을 영국은 'parliamentary secretary', 독일은 'parlamentarischer Staatssekretär', 독일외무성은 'Staatsminister'라 부른다.[130] 이런 정무차관의 신설은 정부조직법 개정으로 충분히 할

---

130) '정무차관'의 임무와 권한, 그리고 충원과 장래 활용방향에 관해서는 참조: Beyme,

수 있다.

　분권형 대통령제에서는 국무총리는 국회에서 선출하더라도 대통령이 해임하고 임명할 수 있고, 국회도 해임 의결로 해임할 수 있다. 장관들도 마찬가지다. 따라서 분권형 대통령제 개헌과 동시에 우리나라의 경우 현행 헌법에 명문화되어 있는 국회의 국무총리·장관 해임 건의권은 국회의 국무총리·장관 해임 의결권으로 개정되어야 한다.

　한국은 4·19 이래 이승만 민간 독재와 박정희 친일 군사독재를 타도하고 전두환·노태우 군사쿠데타와 윤석열 친위군데타를 단죄한 60여 년 민주화 투쟁, 50년 만의 수평적 정권교체와 여러 번의 여야 정권교체, 지난 30여 년간의 국정개혁과 제도개선을 통해 서구 수준을 뛰어넘는 민주·인권국가를 건설했고, 지식정보화 면에서는 세계 1위로 올라섰으며, 경제구조의 개혁을 통해 시장화와 세계화가 고도화되었다. 이러한 변화·발전의 전반적 방향은 권위주의적 권력독점·승자독식의 타파와 협력적 권력분권 제도에 있다. 바로 이 방향에 가장 잘 부합되는 분권형 대통령제는 한국의 지정학적·역사적 조건 면에서만이 아니라 한국의 이러한 시대적 발전단계 면에서도 강력히 요청되는 정부형태인 것이다. 분권형 대통령제는 권력 분산을 통해 제왕적 대통령 권력을 자기파괴 메커니즘에서 해방하여 초당적 정당성을 갖춘 대통령과 당파적 책임성을 가진 총리의 권력을 분리시켜 제각기 강화해 수어 양자의 분업적 협력을 통해 국력을 극대화하는 제도이기 때문이다.

　분권형 대통령제는 대한민국에서 갈수록 강하게 요구되고 있는 분권·화합·청렴의 시대정신에 부응하는 것이다. 이 정부제도는 ① '제왕적 권력'의 폐해를 타파하고, ② 대통령에 대해 국회와 총리·장관의 지위를 격

　Das politische System der Bundesrepublik Deutschland nach der Vereining, 290-291쪽.

상시키며, ③ 대통령 가족·친인척·최측근의 비리를 비롯한 권력형 부정부패와 비리를 일소하며, ④ 험악한 적대적 정치투쟁·대결 정치·국민 분열을 최소화하고, ⑤ 국가원수 지위의 초당적 정당성과 구심求心 역할을 획기적으로 강화해 국가를 안정시키고 초당적 외교·안보 업무를 전문화시켜 국가의 계속성을 튼튼히 하는 데 크게 기여할 수 있다. 이런 의미에서 분권형 대통령제는 적대적 투쟁과 폭력을 '정의'의 이름으로 정당화하는 계급 투쟁적·정치 투쟁적 서구식 '정의국가'로서의 '조폭국가'로부터 대한민국을 해방하는 데 절대 필수적인 정부제도다.

'분권형 대통령제 개헌'은 '4년 중임제 개헌'을 수반하는 '4년 중임 분권형·대통령제 개헌'으로 발전해야 할 것이다. '5년 단임제'는 서두에 분석했듯이 대통령의 국정 수행에서 문제점을 노정해 왔다. 5년 단임제 대통령은 5년을 훌쩍 넘는 국제항만·공항개설·지하철도부설·최첨단 열차개발 등 장기적 국가프로젝트의 수행에 부적합하고, 5년 단임제 대통령제는 대통령에게 무리를 해서라도 자기 임기 안에 특정 국가 프로젝트를 종결해서 자기 업적으로 삼으려는 강박관념을 주입하여 국정 실패 위험을 키우는 경향이 있기 때문이다. 또 대통령의 재선 가능성을 없애는 것은 첫 임기에서 이룬 업적으로 선거를 통해 국민의 평가를 받을 기회를 단임제 대통령으로부터 앗아감으로써 대통령의 성취동기를 약화시킨다. 참고로 프랑스 대통령에게는 '5년 중임' 기회가 있다.

그러나 '5년 중임'은 대통령의 장기 집권 또는 영구집권 야욕에 시달려 온 한국에서 한 대통령에게 강산도 변하는 '10년 집권'의 가능성을 터주기 때문에 국민의 지지를 받기 어려울 것이다. 따라서 '4년 중임제 개헌'이 자주 거론되어 왔다. 따라서 최선은 '4년 중임 분권형 대통령제 개헌'이다. 여론조사에서도 이 개헌안은 줄곧 70%대를 넘는 지지를 받아 왔다.

오늘날 한국에서 4년 중임 분권형 대통령제 개헌을 실현할 가능성은 과연 있는가? 지금까지 한국에서 분권형 대통령제 개헌이 좌절된 것은 권력욕으로 말미암아 이 정부제도를 거부해 온 유력한 대통령 후보 또는 대통령들 때문이었다. 그러나 윤석열의 2024년 12·3내란 이후 보수세력 조차도 무슨 이유에서든 '분권형 개헌'을 요구해 왔다. 이 '분권형 개헌'이 분권형 대통령제 개헌인지, 중앙정부와 지방정부 간의 분권을 위한 개헌인지 모호하지만, 분권형 대통령제 개헌 방향으로 타협할 수 있을 것이다. 그리고 민주당은 2022년 3월 대통령 선거 때 이재명 대통령 후보의 공약으로 4년 중임제와 총리 국회 추천제 개헌을 내걸었었다. 그리고 2025년 2월에도 그는 내란 진압의 급선무 때문에 개헌을 의제로 삼는 것에 반대하면서도 개헌의 시대적 필요성만은 인정했다. 따라서 2025년 정치권의 개헌 합의와 개헌 실행의 가능성은 아주 높다고 말할 수 있다. 이재명 민주당 대통령 후보의 이 개헌 제안은 4년 중임 분권형 대통령제 개헌안과 거의 동일한 것이다.

그러나 국무총리를 국회에서 추천하고 대통령이 임명하는 의전 절차를 밟는 것이 좋은지, 대통령이 총리 후보를 지명하고 국회의 찬반투표를 통해 의결한 뒤 대통령이 임명하는 의전 절차를 밟은 것이 좋은지는 국회의 개헌안 논의 과정에서 결정되어야 할 것이다. 대통령이 국회의 의석 분포 상황을 보고 ① 의원들 가운데 적임자를 총리로 지명하고, ② 국회가 찬반투표로 지명자를 승인하고, ③ 이 승인된 지명자를 대통령이 의전적 절차로 임명하는 것이 국제적으로 일반적이다. 야당이 국회 의석 분포에서 다수당인 경우에 대통령은 야당 의원을 총리로 지명해야 할 것이나, 야당 의원 가운데 누구를 지명할 것인가는 그의 재량에 속한다. 그러나 대통령이 야당 의원 가운데 가장 무력한 의원을 지명하거나 심지어 여당(대통령 소속 정당)의 총선 패배와 불리한 의석 분포를 무시하고 여당 의원을 지명하는 식으로까지 자의적으로 굴거나 분탕질하는 것을 막기 위해 야당이 다수당인 경우에는 대통령이 반드시 가장 유력한 야당 의원이나 야당의 제1인자(당대표)를 총리로 지명하도록 하는 헌법조항을 신설하는 것이 합리적일 것이다.

그리고 총리나 장관은 의원직을 겸할 수 있는 것으로 규정해야 할 것이다. 그러나 야당이 다수당인 경우에 출현하는 동거정부에서 국무총리는 (야당의 실력자나 당대표가 의원직이 없는 경우를 제외할 때) 언제나 '의원직'을 보유할 것이다. 그러나 이 경우에도 야당 소속 국무총리는 자신이 의원일지라도 장관들은 원외·재야인사들로 기용할 수 있을 것이다. 여당이 다수당인 경우에는 대통령이 장관만이 아니라 총리도 원외·재야로 지명할 수 있을 것이다. 그러므로 총리와 장관의 의원직 보유 여부를 자유롭게 하는 헌법 규정을 두어야 할 것이다. 그런데 프랑스는 총리가 의원직을 보유할 수 없게 되어 있다. 그러나 야당이 다수당인 경우에는 프랑스에서도 불가피하게 '의원직'을 보유한 야당 실력자를 총리로 지명할 수밖에 없다. 총리에 지명된 뒤 그가 의원직을 어떻게 처분했는지는 알려진 바 없다.

서유럽 분권형 대통령제의 한 요소인 '대통령의 국회해산권'은 한국에 도입되어 독재자들에 의해 악용되었다. 이 때문에 대통령의 이 권한의 재도입에 대해서는 국민의 반발이 클 것이다. 따라서 대통령의 국회해산권 도입은 도입해서도 아니 되고, 재고할 필요도 없을 것이다.

'4년 중임 분권형 대통령제'는 우리의 주어진 조건에서 찾을 수 있는 최선의 헌법이지, 만병통치약 같은 절대 선의 헌법은 아니다. '최선의 헌법'이란 것도 어디까지나 우리의 조건에서 '견딜 만한 헌법'일 뿐이기 문이다.

2.2. 분권 없는 '4년 중임제 개헌'과 책임총리제 문제

　노무현 전 대통령은 임기 종료 1년 전인 2007년 '대통령 4년 중임 원포인트 개헌'을 제안했다. 이것은 그가 민주당 중진들의 요구에 못 이겨 대선공약으로 내걸었던 '4년 중임 분권형 대통령제 개헌' 공약을 미루고 미루다가 결국 파기하면서 그래도 개헌을 하려고 했다는 기만적 알리바이를 만들기 위해서 제기한 개헌안이었다. 물론 이 개헌 제안은 빗발치는 비판과 조롱 속에서 무시당하면서 조용히 폐기되었다. 2018년 3월 문재인 대통령도, 조국 조국혁신당 대표도 대통령과 총리 간의 권력 분권 없는 4년 중임제 개헌을 제안했고, 2024년 조국은 조국혁신당 대표로서도 이 개헌안을 발표했다.

(1) 분권 없는 '대통령 4년 중임제 개헌'의 최악성

　단도직입적으로 말하면, 개헌 가운데 최악의 개헌은 분권 없는 '대통령 4년 중임제 개헌'이다. 이 '분권 없는 대통령 4년 중임제 개헌'이란 현행의 제왕적 대통령제의 핵심 문제(대통령의 내정권과 외정권의 겸병)를 그대로 유지한 채 제왕적 대통령의 임기를 8년으로 늘려주는 개헌이기 때문이다.

　이 개헌은 지독한 대통령 권위주의와 독재 위험으로 퇴행하는 반민주적 개헌이다. 진보파와 보수파와 극우세력을 가리지 않고 이런 식의 개헌을 주장하는 자들이 있다. 게 중에 노무현·문재인·조국 등 민주적 진보 인사들이 나서서 이런 개헌을 주장한 것은 참으로 뜨악한 일이다. 뇌 썩는 냄새가 난다.

　어떤 명분으로든 '분권 없는 대통령 4년 중임제 개헌'을 주장하는 것에 대해서는 결사반대해야 할 것이다. 이 개헌이 이루어진다면 전통적 권위주의 세력과 극우 파쇼 세력에게만 좋은 것이 될 것이고, 민주 세력은 낭패를 당하고 말 것이다.

(2) 책임총리제의 위헌성과 기만성

개헌 없이 현행 헌법 아래서 대통령의 의지로 '책임총리제'를 도입하면 된다는 주장이 있다. 이 '책임총리제'는 1997년 한나라당 이회창 대선 후보의 공약으로 처음 등장하여 어찌 된 영문인지 5년 뒤인 2002년에는 새천년민주당 노무현 후보의 공약으로 다시 나타났다. 노무현 대통령은 민주당 지도부의 요구로 내키지 않게 '4년 중임 분권 대통령제 개헌'을 대선공약으로 내걸었지만, 집권과 동시에 이 공약을 밀쳐 버리고 책임총리제를 2년간 시험해 보고 그 여부에 따라 '4년 중임 분권 대통령제 개헌'을 하든지 말든지 하겠다고 발표했다. 노무현 대통령을 존경한다고 공언해 온 윤석열도 2025년 2월 25일 헌법재판소 탄핵 심판 최후변론에서 책임총리제를 도입하겠다는 공약을 내놓으며 자신에 대한 탄핵을 기각해달라고 호소했다. 현행 헌법 유지를 주장하는 정치인들 가운데에는 '책임총리제'를 지지하는 사람들이 상당히 많다.

대통령의 의지와 재량으로 국무총리에게 행정권을 주어 정부를 운영하면 개헌 없이도 프랑스식 분권형 대통령제의 효과를 얻을 수 있다는 것이 '책임총리제' 주장의 골자다. 책임총리제란 총리의 장관제청권, 국정통할권 등을 실질적 권한으로 만드는 방식으로 헌법상의 내각제적 요소를 살려 총리를 '정부의 책임자'로 격상시킨다는 데 그 핵을 두고 있다. 그러나 잘 따져 보면 '책임총리제'는 '위헌違憲'이 아니면 '기만적 제스처'에 불과한 것이다.

현행 헌법은 국무총리를 두고 총리에게 행정각부 통할권(헌법 제86조 2항) 및 국무위원 제청권(87.94조)을 명시하고 있다. 하지만 현행 헌법 제66

조는 제1항에 "대통령은 국가의 원수이며, 외국에 대하여 국가를 대표한다"고 규정하고, 제4항에는 "행정권은 대통령을 수반으로 하는 정부에 속한다"고 규정하여 대통령을 국가원수와 정부수반의 겸직자로 명시하고 있다. 따라서 행정수반, 즉 정부수단은 국무총리가 아니라 어디까지나 대통령이다. 그럼 헌법상 국무총리는 무엇인가? 총리는 행정부의 '책임자'가 아니고 "대통령을 보좌하는" 종속적 기구에 불과하다.(86조 2항) 총리의 행정각부 통할권도 "대통령의 명을 받아" 행사하는 종속적 권한에 불과하다.(86조 2항) 따라서 대통령의 재량으로 대통령 보좌관인 총리를 정부수반으로 격상시키면 위헌이 된다.

따라서 대통령 재량으로 총리를 '독자적' 행정수반으로까지 격상시키는 식으로 행정각부 통할권을 확대 해석할 수 없는 것이다. 총리의 운명이 총리에 대한 임면권을 쥔 대통령의 손에 달려있고 또 총리 자신이 대통령인 정부수반의 '보좌' 기구에 지나지 않는 점에서 국무총리의 국무위원제청권(87조 1항)과 해임건의권(3항)도 대통령에 대한 의무적 구속력이 없는 '대통령보좌관의 재청과 건의'에 불과한 것이다.

이런 한에서 보좌관 국무총리의 국무위원 제청권과 해임 건의권은 개별 국무위원에 대한 대통령의 최종결정권과 여기서 당연히 파생되는 (구체적 인물에 대한) 사전조율마저 완전 배제되는 것으로 확대해석해서는 아니 되는 것이다. 물론 대통령이 총리를 신뢰해서 또는 대통령의 유고有故로 '최종결정권'과 '사전 조율'을 자의自意로 일시 형식화하는 것은 가능할지 모르겠지만, 대통령의 인사결정권은 최종적이고 대통령의 재량에 속하는 것이다. 또한 총리의 국무위원 제청 및 해임 건의권은 헌법상 국무위원이 아닌 기타 장차관급 직책자의 인사에는 적용될 수 없다. 따라서 현행 헌법 아래에서 총리의 제청권과 해임 건의권도 넘을 수 없는 한계가 있는 것이다.

물론 '책임총리제'는 '책임'이라는 말이 단순히 수사修辭라면 책임총리제는 '위헌'이 아니다. 하지만 그것은 단순한 수사가 아니라, 본질적으로 국민을 속여 개헌 요청을 회피하거나 묵살하려는 '기만적 수사'다. 그러나 '기만적 수사'는 정당과 대통령 후보가 약속하는 '책임 공약'이라면 거론할 가치가 없는 것이다.

따라서 책임총리제에 대한 평가를 요약하면, 대통령 재량으로 행정수반을 국무총리로 바꾸는 것, 또는 국무총리를 행정수반으로 높이는 것을 뜻하는 것이라면 그것은 '위헌'이고, 만약 대통령이 총선에서 야당이 이기면 정부를 "완전 프랑스식으로 운영하겠다"('동거정부'를 수립하겠다.)고 공약한다면, 이는 대통령이 멋대로 현행 헌법을 프랑스식 헌법으로 바꾸겠다는 말이 되기 때문에 더 큰 위헌이 된다. 게다가 이 공약은 정당들의 관심을 끌 아무런 유인誘因도 담고 있지 않다. 야당들은 대통령의 위헌적 천단擅斷에는 동참하지 않을 것이기 때문이다. 그리고 '책임총리제'가 위헌적 주장이 아니라 단순히 '레토릭'이라면 그것은 '기만적' 주장이다.

2.3. 기타 개헌논제들에 대한 검토와 평가

개헌을 단행할 때는 4년 중임 분권형 대통령제만 고려할 수 없다. 1987년 개헌에서 미처 담지 못한 추가적 개헌 항목들도 고려해야 할 것이다. 추가적 개헌 항목들로는 보통 헌법전문 보완, 대통령 선거 결선투표제, 정·부통령제, 양원제, 지방분권 등이 거론된다. 2018년 3월 문재인 정권과 조국은 수도 위치의 법률 규정과 토지공개념도 개헌 사항으로 거론했다. 아래에서 9개 항의 기타 개헌 항목들을 취급해 본다.

(1) 부마항쟁·5·18정신의 헌법전문 삽입

헌법 전문에 30년 민주화 투쟁의 피어린 역사와 민주 수호 정신을 담는 취지에서 그동안 부마민주항쟁, 5·18민주화운동, 6·10민주항쟁을 추기追記하자는 제안이 있어 왔고, 보수세력도 이에는 이의가 없었다. 극우 파쇼들만이 이에 반대하고 있다. 따라서 개헌이 있다면 이런 방향의 전문 보완은 어렵지 않게 합의를 이룰 것으로 보인다.

(2) 결선투표제 도입

대통령 선거 결선투표제 도입 문제는 여러 방면에서 거론되어 왔다. 이에 대한 가장 선명한 제안은 2022년 3월 대선에서 이재명 후보의 공약이었다. 그는 대통령 4년 중임제와 국회의 총리 추천제와 함께 대선 결선투표제를 공약으로 내걸었다. 가령 프랑스와 오스트리아는 대통령 선거에 결선투표를 적용하고 있다. (3절, 오스트리아 헌법 제60조 2항 참조.) 그런데 프랑스는 총선에도 결선투표제를 적용하고 있다.

결선투표제는 ① 국민통합과 ② 대통령 권력 기반을 강화하려고 한다면 반드시 꼭 도입되어야 할 것이다. 대통령 후보가 70% 투표 참여율에 40% 득표로 당선되었다면, 당선자는 전체 유권자의 28% 지지밖에 얻지 못한 것이다. 따라서 그는 대통령을 지지하지 않은 72%의 국민에게서 이미 당선 시점부터 거부된 대통령일 수밖에 없다. 국민은 28%의 대통령 지지자집단과 72%의 거부자·냉대자 집단으로 분열·대립한다. 이런 상황에서는 대통령의 권력 기반은 협소하여 대통령과 정부의 국정 수행도 어렵다. 국민통합도 불가능하다.

그러나 대통령 선거에서 과반득표자가 없는 경우에 최다득표자와 차점자 간의 결선투표에서 선출되는 대통령 당선자는 1차 투표 때 최다득표자와 차점 득표자에게 투표하지 않은 기타 유권자들의 지지도 모을 수 있다. 그러면 결선투표로 당선된 대통령은 현행의 단순 투표제로 당선되는 대통령보다 더 넓은 과반 지지를 확보하고 국민 분열도 그만큼 완화될 수 있다. 이 점에서 결선투표제는 국민통합과 대통령의 지지기반 안정에 얼마간 기여할 수 있다.

(3) 수도首都 문제와 양경제兩京制 도입

2018년 3월 문재인 대통령과 조국 민정수석은 국가 수도의 위치를 법률로 정하도록 하는 조항을 헌법에 신설하자는 개헌을 제안했다. 그러나 세계 모든 나라에서 수도는 헌법에 명기하거나 불문헌법으로 정해져 있다. 2004년 헌법재판소에서 확인했듯이 '우리나라의 수도가 서울이다'는 것은 '우리 국어는 한국어이고, 국화는 무궁화이고, 국가는 애국가다'는 것과 마찬가지로 우리나라의 불문헌법이다. 따라서 수도 이전은 헌법개정과 같은 절차를 밟아야 한다. 국가 수도의 위치를 법률로 정하도록 하는 조항을 헌법에 신설하는 개헌 제안이 의도하는 바는 수도를 서울에서 세종으로 완전히 옮김으로써 '행정수도'를 완성하려는 것이다. 그러나 이 '행정수도 완성' 정책은 어떻게 표현해도 서울을 버리거나 서울에서 수도 지위를 빼앗는 '천도遷都' 정책이다. 따라서 '행정수도 이전' 정책은 버림받고 빼앗기는 것으로 느낄 서울·경기도·강원도 사람들의 거센 반발을 야기할 실행 불가능한 정책이다.

또 법리적으로도 '수도의 위치를 법률로 정한다'는 헌법 조항의 신설 제안은 어리석은 제안, 일고의 가치도 없는 제안이다. 150여 년 전 '1871년 컬럼비아구 기본법(District of Columbia Organic Act of 1871)'으로 '워싱턴, D.C.'(Washington, District of Columbia)를 수도로 정한 미국을 제외할 때 프랑스·오스트리아 등 세계 각국은 수도의 위치를 법률이 아니라 헌법으로 정하고 있다. (3절, 프랑스·오스트리아 헌법 참조.) 영국의 런던은 정복왕 윌리엄이 여기서 대관식을 치른 이래 관습 헌법상 영국의 수도이다. 따라서 '수도의 위치를 법률로 정한다'는 헌법 조항 제안은 '아버지의 뜻을 아들의 뜻대로 정한다'는 말보다도 더 어리석다. 따라서 서울 버리고 세종시를 수도로 완성하는, 천도를 목적으로 하는 조국의 꼼수 개헌안은 적극 배격되어야 할 것이다.

일국의 정도定都는 외교와 국방을 고려할 때 간단한 문제가 아니다. 조국이 제기한 저 꼼수 개헌안의 숨은 의도는 '충청 천도遷都'일 것이다. 김대중 전 대통령은 야당 시절 충청 천도가 국가안보를 위기에 빠뜨릴 것이라고 생각해서 박정희 전 대통령의 '충청 천도 계획'에 맞서 '충청 천도 불가론忠淸遷都不可論'을 적극 제기했었다.

박정희는 1977년 2월 연두 보고에서 유신체제 공고화를 위해 행정수도 건설 구상을 밝히고 1979년 5월 충남(연기군·장기면)에 50만~100만 명의 임시 행정수도를 건설하는 소위 '백지계획白紙計劃'을 마련했다. 군사 전략적인 측면에서 보면 수도 서울을 지키는 자세가 정신전력 면에서 보다 굳건한 방위력 증강효과를 가져올 수 있음에도 불구하고, 국가 수뇌부의 안전과 유신체제 강화를 위해 수도이전을 의도한 것이다. 이에 대해 김대중은 분단 상황의 안보 이유에서 수도 서울이 고수되어야 한다는 의견을 강력 개진했다.

김대중은 1971년 대선에서 대북 관계를 고려치 않고 단순히 서울 인구 과밀 억제 및 사회문제 해결 차원에서 '대전 행정수도'를 공약했었으나 6년 뒤인 1977년에는 이 생각을 버리고 대북 안보상의 이유에서 '충청 천도'에 강력 반대했다. 1977년 '옥중서신'에서 김대중은 국가원수가 선봉에 서서 외적을 막는 국방 안보 태세를 보일 수 있는 최전방의 수도首都를 포기하고 안전지대로 후퇴·천도하면 필연적으로 나라가 망한다는 논지를 피력했다. 그는 임금이 안전지대를 찾아 졸본성(요녕성 환인) → 국내성(길림성 집안) → 평양성으로 계속 남하·천도하다가 망한 고구려와, 위례성(한성) → 웅진(공주) → 사비(부여)로 계속 남하·천도하다가 망한 백제를 사례史例로 들었다. 반대의 사례로 그는 ① 일왕日王이 태평양에서 밀려드는 거센 서세西勢를 맞서 받아들이려는 태세에서 내륙의 교토(京都)로부터 해안가 에도(江戶)로 천도하고 에도를 '동경'으로 개칭한 일본, ② 북적北狄의 위협에 맞서 남경에서 북경으로 북상北上·천도한 원·명·청대 중국, ③ 도버해협을 넘어오는 외세에 맞서 최남단의 런던을 수도로 고수한 영국을 들었다. 이런 관점에서 김대중은 "불행한 분단의 결과이긴 하지만 지금의 서울의 위치는 처음으로 가장 올바른 수도의 자리가 된 것"이라고 생각했다.

김대중은 "요즘 소식을 들으니 정부의 행정기관이 대폭 충청도 지방으로 이전할 것이라고 한다. 세계의 수도 위치를 역사적으로 고찰해보면 참으로 흥미 있고 교훈적이다"라고 전제하고, 이렇게 말한다.

- 영국의 수도 런던은 템스강 입구에 있다. 이는 9~10세기 템스강 입구 부근에 자리 잡은 7왕국 중 하나였던 웨섹스가 템스강을 타고 쳐들어온 노르만인을 최선봉에서 싸워서 지켜냈기 때문에 자연히 영국을 통일하게 되고 런던은 전 영국의 수도가 됐다. 프랑스의 파리 역시 노르만인과의 투쟁, 숙적 영국과의 싸움에서의 대표였으며, 따라서 수도가 됐다. 베를린은 독일의 가장 동쪽에 있다. 10세기 이후 서구 기독교 세계의 가장 큰 위협인 러시아에 대해 프러시아는 그 방위의 일선이었으며 따라서 그 수도인 베를린은 독일 통일 후에도 수도의 영광을 누렸다. 일본이 명치 유신 이후 왕정복고를 해놓고도 적敵의 도읍인 강호江戶(에도)로 천도, 교토의 퇴영을 피하고 서양 문화를 맞이하는 태평양의 파도의 정면에 자리 잡은 것은 큰 결단이었

다. 신라는 통일했으면 마땅히 수도를 북으로 전진시켜 함경도 전체와 평안도 태반을 차지한 발해에 대처했어야 했는데 그런 뜻도 품지 않았다. 백제는 광주廣州를 서울로 정했다가 공주·부여 등 남으로 피해만 내려왔다. 고려는 왕건이 고구려의 옛 땅 만주를 수복한다고 명분만 내세웠지 수도를 본거지인 송도로부터 평양으로 전진시키지 않았다. 이조는 서울을 계룡산으로 옮겨갔다 한양으로 옮겨 왔다 했는데, 정치·국방의 이유가 아니라 풍수설에 정신이 팔려 지관地官들의 혹설을 믿고 수도를 정한 것이다. (...) 신라·고려·조선으로 이어지는 우리나라의 경우 수도가 국토의 중앙에 있어 국내 행정과 집권자의 안전을 위주로 한 것이었다. 그리하여 북에서 강적이 오면 (집권층이) 남으로 도망가고 남에서 오면 북으로 달아났다. 세계의 수도는 지리적 중심지라는 이점이나 국왕의 편의에 의한 것이 아니라 국토방위의 전방前方에서 싸우고 짓밟히고 되찾고 하는 피투성이 투쟁 속에서 일국의 수도라는 영광과 국민의 총애를 얻게 됐다. 이에 반해 우리나라 수도의 역사는 아주 다른 양상을 띠었다. 불행한 분단의 결과이긴 하지만 지금의 서울의 위치는 처음으로 가장 올바른 수도의 자리가 된 것이다. 한강 북쪽, 휴전선에서 불과 25km에 있는 수도, 거기서 정부가 국가의 모든 지도적 인물들이 국가 방위에 끊임없이 긴장하며 숨 쉬고 있을 때 그 남쪽의 국민의 믿음과 협력의 마음은 자연히 솟아오를 것이다.

반대로 국가 수뇌부가 서울을 버리고 충남으로 남하南下하는 듯한 '세종 천도'는 안보 측면에서 국민과 서울 시민에게 '수도 방위'를 포기하는 (6·25 때 이승만의 '홀로 서울탈출'과 같은) "제2의 서울탈출"로 받아들여질 우려가 있는 것이다. 국민 안보의식이 예기치 않게 급격히 약화되거나 안보 불안이 초래될 현실적 위험이 현저한 것이다. 지금 서울은 국방 안보상 최전방으로서 역할을 하고 있다. 이런 까닭에 세종으로 남하 천도하면, 북한에게 남한 정부가 저들의 장사정포를 두려워하여 서울을 내주고 후퇴한 것으로 여길 오판의 빌미를 줄 염려도 있다.

고려 때(1067) '남경'으로 지정되었다가 천혜의 풍토지리적 이점 때문에 조선의 수도로 다시 정해진 한양 서울은 1000년이 흐르는 동안 역사적 유구성, 교육·문화의 중심성, 인구 밀집과 행정·상공업·교통상의 이점을 더하면서 '한국의 천년고도'로 자리 잡았다. 김대중은 안보상의 이유와 이러한 역사적 이유에서도 "지금 서울의 인구는 대폭 대전지방으로 이주시켜야 할 것이지만 이것은 결코 천도를 의미하는 것이 아니고, 절대로 그래도 아니 될 것이다"라고 못 박았다. 그는 서울의 인구를 대폭 지방으로 이주시키기 위해 1998년 집권했을 때 지방분권을 추진하고, 지역균형발전기획단을 발족시키고 중앙의 사무 625개 중 138개를 지방으로 이관했다.

따라서 우리나라는 천도를 하지 않고도 세종시를 수도로 만들 수 있는 언뜻 보기에 불가해한 '둥근 네모 그리기' 같은 창의적 해법을 구해야 한다. 세종시를 수도로 만들려면 다른 길을, 국민의 절반 이상에 해당하는 서울·경기·강원 사람들의 반발을 사는 일 없이 반대로 동서남북의 여러 지방과 국민을 통합하는 데 기여하고 아울러 서울과 수도권의 인구과밀 문제를 해결하는 길을 찾아야 한다. 그것은 서울과 세종을 둘 다 수도로 정하는 '양경제兩京制'를 헌법에 명문화하는 방안이다.

양경제란 서울특별시를 국가원수(대통령)·국회·대법원이 소재하는 정치·경제·문화수도로 삼고, 세종특별자치시를 '세종특별시'로 승격시켜 행정수반(국무총리)과 각종 장차관급 부처청部處廳이 소재하는 행정수도(+ 학원수도?)로 삼는 이경二京제도를 의미한다. 국회는 기능적으로 서울과 세종으로 분리해도 좋을 듯하다. 국회 개회와 본회의는 서울의 국회의사당에서 하고, 장차관이 분주히 불려나가는 각종 상임위원회 회의와 국정조사 등은 세종특별시에 제2 국회의사당을 지어 여기서 수행하는 방법을 고려해 볼 일이다.

양경정책, 즉 이경二京정책은 서울과 수도권의 인구과밀 해소와 집값 안정에 기여하고, 세종시의 '세종특별시' 승격은 삼남권 낙후성을 해소하고 서울과 영호남의 거리가 너무 먼 수도의 위치 편중 문제를 완화하는 데 크게 기여할 것이다. 서울특별시는 종전대로 전국과 수도권의 제1수도로, 세종특별시는 서울과 거의 대등한 제2수도, '삼남권의 수도'로 기능할 수 있을 것이기 때문이다. 대통령과 총리가 두 수도에 소재하는 양경제는 분권형 대통령제에 알맞은 제도이기도 하다.

수도가 하나이어야 한다는 철칙은 없다. 양경제 또는 다경제多京制는 국내외에서 역사적으로 여러 사례가 있고, 오늘날도 여러 나라에서 채택하고 있는 제도다. 통일신라 시대에는 통일된 한반도 땅의 국민통합을 위해 대도大都(경주) 외에 금관(김해)·남원·서원(청주)·중원(충주)·북원(원주)을 소경小京으로 삼는 '5소경제小京制'를 운영했고, 고려에서도 국민통합을 위해 987년까지 개경과 서경의 양경제를, 1067년까지는 '삼경제三京制'(개경[개성]·서경[평양]·동경[경주])를, 1067년부터는 '사경제四京制'(개경·서경·동경·남경)를 운영했다. 당시 양주목(구리)에 중심지를 잡은 서울은 '남경南京'이라 불렀다. 서울은 이때부터 지금까지 약970-980년 동안 수도였기 때문에 '천년고도千年古都'라 부르는 것이다. (같은 이유에서 북한 헌법도 1948년부터 1972년까지 서울을 조선인민공화국의 수도로 명기했었다. 따라서 지금 대북 안보의 최전방 역할을 하는 서울을 세종으로 남하 천도하면, 북한은 남한 정부가 서울을 자기들에게 넘겨주고 후퇴한 것으로 오판할 위험이 있는 것이다.)

조선도 건국 초기에 한동안 사실상의 양경제를 운영했다. 조선은 건국과 동시에 한양을 도읍으로 정도定都했으나 태종 때까지도 천도를 이루지 못하고 개경을 수도 삼아 통치했다. 3대 임금 태종은 만조백관 앞에서의 점괘로 한양을 다시 도읍으로 확정했다. 그러나 한양에서 정사가 이루어진 것은 세종 때부터였다. 말하자면 조선은 최초 26년간(1392-1418) 임금이 개경과 한양을 오가는 이경체제二京體制를 운영했던 것이다.

명·청대 중국은 북경과 남경을 둘 다 수도로 정하고 '직예성直隸省'(특별시)로 경영하는 양경제를 채택했었다. 이에 따라 국자감(태학)도 북경과 남경에 두 개소가 있었다.

오늘날 독일·네덜란드·칠레·남아공 등 외국에서 양경제와 삼경제는 현행의 수도 정책이다. 독일은 베를린을 정치수도로, 본을 행정수도로, 칼스루에를 사법수도로 삼는 3경제를 운영하고 있다. 네덜란드는 국가원수가 소재하는 암스테르담을 '국가 수도'로 삼고 의회·행정기관이 소재하는 헤이그를 '행정수도'로 삼는 양경제를 운영하고 있다. 헤이그는 암스테르담으로부터 남서쪽으로 50km 떨어져 있다. 칠레는 나라를 대표하여 국가원수(대통령)가 있는 국가 수도 산티아고와 의회가 소재하는 입법수도 벨파라이소로 나눠진 양경제를 채택하고 있다. 남아프리카공화국도 행정수도 프리토리아, 입법수도 케이프타운, 사법수도 블룸폰테인 등 세 개의 수도를 가진 삼경제를 운영한다.

(4) 토지공개념? 그 위험성과 불필요성

헌법에 '토지공개념'을 도입하자는 조국의 제안은 위험한 권위주의적 제안이다. 문재인 정부는 2018~2020년간 토지공개념을 도입하는 개헌을 기도했다. 조국은 사회적 불평등 심화를 해소하기 위해 토지 공공성을 강화할 필요가 있다고 주장했다. 이 개헌 주장은 2018년 3월 조국을 통해 처음 나왔는데 사회적 비웃음을 사자 일시 잠수했었다. 그때의 '문재인 개헌안' 제128조 ①항: "국가는 국민 모두의 생산과 생활의 바탕이 되는 국토의 효율적이고 균형 있는 이용·개발과 보전을 위하여 법률로 정하는 바에 따라 필요한 제한을 하거나 의무를 부과할 수 있다"와 ②항: "국가는 토지의 공공성과 합리적 사용을 위하여 필요한 경우에만 법률로써 특별한 제한을 하거나 의무를 부과할 수 있다"는 것이었다. 조국은 이 개헌안을 "국민 간의 소득격차, 빈곤의 대물림, 중상층 붕괴 등 양극화가 경제성장과 국민통합을 가로막는 상황으로 이러한 문제를 해결하지 않으면 대한민국의 미래는 어두울 수밖에 없다"고 부연했다. 이해찬 민주당 대표도 2018년 9월 예산정책협의회에서: "토지 공급이 안 돼서 집값이 폭등. (…) 토지공개념의 실체를 만들지 않아 토지 공급이 제한됐다"고 거들었다.

그 뒤에도 토지공개념 도입 개헌은 계속 제기되었다. 문재인 대통령은 2020년 5·18민주화운동 40주년 특별기획 프로그램에서 토지공개념 개헌 재추진 의지를 밝혔다. 그리고 추미애 의원은 "땅 소유권은 국가가 갖는 게 타당하다"고 하고, 강기정은 "부동산 매매 허가제를 고려해야 한다"고까지 극언했다. 이해찬은 수도권 인구과밀을 잊은 채 다시 "토지 공개 도입을 안 해서 수도권 집값이 폭등한다"고 말했는데, 이인영도 "부동산 문제 해결을 위해 토지공개념이 필요하다"고 말을 보냈다. 그리고 이용선 의원은 "토지공개념 빨리 도입해야 격차 해소할 수 있다"고 주장하고, 박주민 의원은 2020년 6월 9일 심지어 전·월세무한연장법을 발의했다.

그러나 토지공개념은 원래 구舊좌파가 기안했으나 극우 파쇼들이 이용해 먹었다는 점을 반성해 봐야 한다. 맨 처음 토지공개념은 19세기 말 미국 좌파 헨리 조지(Henry George)가 제안했었다. 헨리 조지는 리카도의 지대론地代論에 입각해 1879년 『진보와 빈곤(*Progress and*

Poverty)』을 공간하고, 1881년에는 『아일랜드 토지문제(The Irish Land Question)』를 저술했다. 그는 기술 진보와 인구 증가에서 생기는 거대한 이익은 토지 소유자들(도시 건물주+농촌 대지주)에 의해 거의 다 독식 되는 통에 빈부격차가 커지고, 지대는 계속 상승하고 이자·임금은 하락한다는 주장을 전개했다. 그리하여 그는 토지의 공적 성격과 토지 공유 필요성을 내세워 지대를 모조리 조세로 징수하고, 사회복지 재원으로 돌려야 한다고 역설했다. 땅도 집도 없는 완전 무산자 노동계급과 공장·상가·토지·건물·주택을 가진 자본가·대지주·도시 건물주 등 유산자계급이 대립하고 중산층의 형성이 미미했던 19세기에 이 토지공개념은 이론적 설득력을 발휘했었다. 경제·기술 발전과 토지개발의 이익이 자본가·농촌 대지주·도시 건물주 등 국민의 극소수 최상층에게만 돌아갔기 때문이다.

조지의 토지공개념은 19세기 말 서구 좌파 안에서 한때 크게 유행했으나 토지를 몽땅 국유화한 러시아혁명의 충격, 계급구조의 변동 등으로 시대가 변하자, 좌파 세계에서 사라졌다. 러시아가 자본만이 아니라 전 토지와 모든 건물 및 주택을 국유화하자 서방 사회에 '국유화 공포'가 만연했고, 토지공개념의 인기가 급락한 것이다.

그리고 20세기 들어 두텁게 형성되기 시작한 구舊중산층(프티부르주아)과 신新중산층(노동계급 상층[마르크스의 "노동 귀족층"]=화이트칼라층+숙련노동자층)이 일반적으로 땅과 집, 그리고 건물을 소유하게 되고 대표적 토지 독점자(농촌 대지주)들이 소멸하자 다시 한번 토지공개념의 정당성이 상실되었다. 농촌 대지주의 소멸은 농산물가격의 하락과 농촌 일손 부족(농업노동자의 임금인상)에 기인했다.

경제·기술 발전과 토지개발의 이익이 자본가와 도시 건물주들에게만이 아니라 신新·구舊중산층과 농민들에게도 돌아가게 됨으로써 국민의 대다수가 사회발전과 개발의 이익을 향유하게 되었다. 그리하여 조세를 통한 지대 환수는 자본가·농촌 대지주·도시 건물주의 이익만이 아니라 중산층과 일부 노동계급의 이익도 침해하게 될 상황이 된 것이다. 이런 시대 변화에 따라 토지공개념은 시대착오적 정책으로 전락했다. 21세기 4차 산업혁명 시대에는 집도 땅도 없는 블루칼라 무산無産계층이 소수가 된 반면, '내 집'을 가진 골드칼라·화이트칼라·기술자·중소기업가 등의 신新·구舊중산층이 대중화되자 토지공개념은 더욱 시대착오적이 된 것이다.

그러나 1960년대 극우 파쇼 장개석은 대만臺灣의 세계 최고 인구밀도를 이유로 헨리 조지의 시대착오적 토지공개념을 파쇼적(국가 사회주의적)으로 활용했다. 박정희 시대에는 국가의 도로 건설과 국토개발을 위해 사유 토지 수용을 쉽게 할 요량으로 대만식 토지공개념이 애창愛唱되었다. 1970년대 아파트 건설 붐으로 아파트가 투기의 대상이 되고 경제성장에 따른 여유자금이 부동산시장으로 유입되면서 아파트 가격에 프리미엄이 붙었고, 덩달아 땅값이 뛰었다. 1976년 26%였던 전국의 평균 지가변동률은 1977년 34%, 1978년 49%로 가파르게 올랐고, 서울의 땅값은 1978년에만 135.7% 폭등했다. 이렇게 되자 박정희 정부는 1978년 토지공개념이라는 용어를 처음 쓰면서 토지공개념위원회를 구성하고 연구 보고서를 통해 법안의 기초를 마련하고 하나의 제도로 체계화했다. 박정희 정부는 1978년 8월 8일 토지공개념에 입각해 양도세 강화, 토지거래허가제, 기준지가고시, 부동산거래용 인감증명제도, 비업무용 토지에 대한 공한지세 등을 내용으로 하는 8·8조치(부동산 투기 억제 및 지가 안정을 위한 종합대책)을 취했다. 법률이 아니라 건설부령과 대통령령에 근거한 8·8조치는 지극히 위헌적인 영슈이었으나 유신시대라 문제가 되지 않았다.

1989년 6공(노태우) 정부는 전국적으로 일어난 부동산투기 붐에 대항하기 위해 박정희 정부의 토지공개념을 이용, 3개 토지 관련법을 입법화했다. 그리하여 1989년 12월 토지초과이득세법, 택지소유상한에 관한 법률, 개발이익환수법이 제정되었다. 그러나 이 중 2개 법이 위헌으로 폐지되고 1개 법은 시행 중지 상태다. 사유재산권의 본질적 내용을 침해하는 택지소유상한제는 DJ정부에서 1998년 9월 폐지했고, 1999년에 추가로 위헌판결까지 받았다. 토초세는 1994년 위헌 판결을 받고, DJ정부에서 1998년 12월 폐지되었다. 개발이익환수법은 현재 잔존하나 2004년부터 시행이 중지되었다.

오늘날 사유 토지의 공적 성격 및 그 범위와 한계에 대한 규정은 현행 헌법 23조로 충분하여 사유재산권을 침해하는 토지공개념은 불필요하다. 헌법 제23조 ②항은 "재산권의 행사는 공공복리에 적합하도록 하여야 한다"고 규정하고 있다. 그리고 ③항은 "공공필요에 의한 재산권의 수용·사용 또는 제한 및 그에 대한 보상은 법률로써 하되, 정당한 보상을 지급하여야 한다"고 규정하고 있다.

노무현 정부 때 다시 토지공개념에 의거해 종합부동산세제를 제정하여 2005년 6월부터 시행했다. 그러나 이 종부세도 주택을 가진 신·구중산층과 상층 노동대중의 이익을 침해하기 때문에 부분적으로 시대착오적인 것이다. 2006년부터 종합부동산세 과세 기준이 개인별 합산 방식에서 세대별 합산 방식으로 변경되었다. 그러나 2008년 말 세대별 합산 부분이 위헌판결을 받음에 따라 다시 개인별 합산으로 되돌아갔다. 또 과세기준 금액도 6억 원 초과 주택(1세대 1주택자의 경우 3억 원 추가 공제), 5억 원 초과 토지, 80억 원 초과 사업용 토지에 대해 재산세와는 별도로 개인별 합산, 국세 징수로 변경되었다.

2018년 9·13대책, 2019년 12·16대책(주택시장 안정화 대책)으로 거치면서 종부세는 계속 강화되었지만(0.1~0.8% 추가) 집값과 투기는 잡지 못하고 집값 상승만 부채질했다. 종부세제는 고高세율 비판만이 아니라 이중과세, 징벌적 과세 등의 비판에 휩싸였다. 종부세는 유지하되, 기술자·화이트칼라·골드칼라 등 상층 노동계층 등 신·구 중산층의 이익을 보호하는 방향으로 손질해서 운용되어야 할 것이다.

토지공개념 도입을 위한 개헌 기도와 관련된 모든 담론談論은 시대착오적 논란과 격렬한 좌우 대결을 초래했다. 종합부동산세의 도입과 손질 운용은 헌법 23조를 벗어나지 않기 때문에 용인할 수 있으나 시대착오적 토지공개념 도입을 위한 개헌은 불가한 것이다.

김대중 대통령이 거부한 장개석·박정희·전두환·노태우의 극우 파쇼노선을 좇아 개헌하는 것은 재산권 관련 국체國體 변경에 해당하므로 국민에 의해 거부될 것이다.

시대착오적 토지공개념을 도입하기 위한 엉뚱한 헌법개정 기도는 국민을 좌우로 분열시키고 극도의 경제·생활 불안을 초래한다. 신·구중산층이 부재하던 시대에 나온 헨리 조지의 토지공개념은 신·구중산층이 두터워진 오늘날 지극히 시대착오적인 개념으로 전락했다는 것을 명심해야 할 것이다. 토지공개념에 따른 과거의 토지 3법은 구舊중산층과 상층 노동계급(기술자·화이트칼라·골드칼라 등 신중산층)의 이익도 침해했다. 절실하게 필요한 개헌은 분권형 대통령제 개헌인데 토지공개념 개헌안은 실로 엉뚱하고 뜨악한 개헌 주장이다.

그리고 토지공개념은 경제·주택난 해결에 전혀 무용할 뿐만 아니라 경제성장에 역행적이기까지 하다. DJ가 IMF 구제금융 시기에 택지소유상한제와 토초세를 손질하지 않고 폐지한 것은 경제성장에 역행적이었기 때문이다. 문재인 정부 시절 대통령·참모·장관·당대표·기타 여당 의원들의 토지공개념 개헌 의지 표명은 현재 아무런 실익도 없이 신·구중산층과 보수파들로부터 격렬한 '사회주의·공산주의 비방'만 받았다. 이 토지공개념 개헌안은 정부의 무능과 무지로 인한 부동산 정책 실패와 경제정책 실패를 토지공개념 미비 탓으로 돌리는 것에 불과하다.

(5) 정·부통령제 도입

정·부통령제는 대통령 탄핵과 기타 유고 등으로 인한 국가원수의 권한 정지 및 갑작스런 궐위로 인한 조기 대선의 부담을 없애는 제도로서 개헌 시 심각하게 고려해야 할 것이다. 부통령제가 도입되면 대통령의 갑작스런 궐위와 탄핵 시에도 대통령 선거를 치를 필요가 없다. 부통령제는 국가와 정당의 선거비용과 국가·정당·국민의 정력·시간 소모가 절약될 수 있다.

부통령제를 도입한다면 대통령과 러닝메이트 방식으로 할지, 제1공화국 때처럼 각각 선출하는 방식으로 할지를 결정해야 할 것이다. 하지만 러닝메이트 방식이 정부의 안정성에 더 이로울 것이다.

부통령제가 도입되면, "대통령이 궐위되거나 사고로 인하여 직무를 수행할 수 없을 때에는 국무총리, 법률이 정한 국무위원의 순서로 그 권한을 대행한다"는 헌법 제71조는 아마 이렇게 개정되어야 할 것이다. "① 대통령이 궐위될 때에는 부통령이 대통령직을 승계하고, 승계한 대통령의 임기는 전임 대통령의 잔여임기로 한다. ② 대통령이 사고로 인하여 직무를 수행할 수 없을 때에는 부통령이 그 권한을 대행하고, 대통령이 직무에 복귀할 수 없을 때에는 대통령직을 승계한다. ③ 승계한 대통령이 궐위되거나 사고로 인하여 직무를 수 없을 때는 국무총리, 법률이 정한 국무위원의 순서로 그 권한을 대행한다."

(6) 양원제?

보통 거론되는 또 다른 개헌 항목은 양원제다. 영국 상원(귀족원)의 설치 목적은 영국식으로 권력 지위에서 인퇴하는 구舊 귀족을 배려하는 역사적 타협이면서 명예 수여다. 미국과 프랑스에서 상원의 설치 목적은 ('주민'을 대표하는 하원과 달리) 행정단위의 '땅'을 대표하여 지역 간 이익을 조절하는 것이다. 영국의 상원(귀족원)은 하원의 동의를 얻어 영국 왕이 임명하고, 미국의 상원(Senate)은 주마다 2명씩 6년 임기로 주민에 의해 선출된다. 프랑스도 유사하다.

그러나 독일은 상원을 설치하지 않고 '연방참사회(Bundesrat; '참의원'나 '상원'으로도 옮김)'를 두었다. (오스트리아도 유사한 'Bundesrat'를 두었다. 3절, 오스트리아헌법 제34조 이하 참조!) 연방참사원 의원은 총 69석이고, 16개 연방주에서 파견한 각 주정부의 대표로 구성된다. 의장과 3인의 부의장이 있는데, 4인 다 주州 총리들이다. 각 주의 인구에 따라 최소 3석에서 최대 6석까지 부여된다. 참사원 의원은 16개 연방주의 주 총리 및 연방주 파견 각료와 공무원이다. 한국으로 치면 광역자치단체장(시·도지사)이 국회의 입법에 관여하는 셈이다. 따라서 연방하원에서 통과된 법안이라도 일부 주정부의 입맛에 맞지 않으면 부결될 가능성이 있다. 높은 수준의 지방자치가 허용되는 '연방'공화국의 특성이 잘 드러나는 부분이다. 그래도 여기에서 통과되면 대통령이 거부권을 행사하지 않는 이상 법률이 성립된다.

주 총리 이외의 구성원은 수의회나 시의회의 동의에 의해 주로 주정부 내각의 장관들이 연방참사원에 파견된다. 독일은 주정부도 의원내각제이므로 이들은 다 주의회 의원들이다. 주 총리를 제외하고 상원의원이 딱 누구라고 결정되어 있는 것은 아니며, 상원에서 의논할 사안이 재무 관련 사안이면 주 총리와 주 재무장관 외 기타 의원들이, 법무 관련 사안이면 주 총리와 주 법무장관 외 기타 의원들이 출석하는 식이다. 연방참사원에서는 논쟁이나 연설을 하는 일 없이 단순히 심의·의결만 한다. (따라서 말하는[parler] '의회'라고 할 수 없는 것이다.)

독일 연방의회(하원)에서 가결된 법률안 가운데 국민 기본권이나 주의 이해利害에 영향을 미치는 재정·입법 활동 및 개헌에 대한 법률들은 참사원에서 심의하고 가결 혹은 부결시킨다. 그 외에도 참사원은 하원과 함께 대통령 선출권, 연방최고법원 판사 및 연방헌법재판소 재판관 임명권 등을 갖는다.

따라서 한국 국회의 개헌 기초자들은 먼저 미국식 상원을 설치할지, 독일식 참사원을 설치할지를 정해야 한다. 필자는 후자를 권한다. 후자는 선거를 치르지 않고 의원(위원)들의 세비 지급이 필요 없기 때문에 유지·운용비용이 아주 저렴하다.

개헌 항목으로 자주 거론된 것은 지방분권인데. 연방제 국가로 가자는 취지가 아니라면 이것까지 헌법사항으로 만들 필요는 없을 것이다. 지방분권을 새삼 헌법에 규정하는 것에는 두 가지 걸림돌이 있다. 첫째, 한국은 연방제 국가가 아니라 단일 정부제 국가이기 때문에 중앙정부와 지방정부 간의 근본적 권한 분할은 헌법사항이 아니라는 점이다. 둘째는 많은 지방자치단체들이 서울특별시, 세종특별자치, 부산·인천·광주·대전·대구광역시, 기타 특별자치도 등으로 이미 자치 권한을 확대했다. 그런데도 더 많은 지방분권화가 필요한지 의문스럽다. 만약 더 필요한 부분이 있다고 하더라도 개헌보다 일반 법률로 처리하면 되지 않을까 생각한다.

(7) **헌법적 의무 조항의 개념적 선명화**

의무 조항을 모호하게 표현한 헌법의 의전적 규정을 명확하게 하는 표현 수정의 개헌도 고래해야 할 것이다. 헌법재판소와 대법원의 재판관 구성과 관련하여 대통령은 국회와 대한변협 추천 재판관도 임명한다는 형식적·의례적 규정은 제111조 "② 헌법재판소는 법관의 자격을 가진 9인의 재판관으로 구성하며, 재판관은 대통령이 임명한다", 그리고 "③ 제2항의 재판관 중 3인은 국회에서 선출하는 자를, 3인은 대법원장이 지명하는 자를 임명한다"고만 기술하고 있다. 그리고 대법관 임명도 제104조 "대법관은 대법원장의 제청으로 국회의 동의를 얻어 대통령이 임명한다"고만 기술하고 있다. 대통령에게 의전상의 '임명' 의무를 지우는 뜻이 미약하다. 그러나 대한민국헌법의 영문판은 "they shall be appointed by the President"라고 "shall"을 넣어 영역해서 의무의 의미가 부각되어 있다. 2024년 한덕수·최상목 등 대통령권한대행의 헌재재판관 임명 거부 또는 유보와 관련하여 문제가 된 우리말 헌법의 저 약한 표현("임명한다")은 의당 영역헌법처럼 "임명해야 한다"는 표현으로 개정하면서 "추천서가 이송받는 즉시"를 추가하여 "추천서를 이송받는 즉시 임명해야 한다"고 명기하여 의무의 뜻을 강화함과 동시에 의전적 임명 행위를 두고 잔꾀를 부릴 여지를 일절 없애야 할 것이다.

물론 헌법 제84조의 대통령에 대한 불소추특권을 생각할 때 대통령이 이 의무를 위반하더라도 형사처벌을 하는 것은 불가능하다. 따라서 이 의무를 대신 이행하게 강제하는 길을 규정해 두어야 할 것이다. 헌법이 대통령이 통과되어 정부로 이송된 법률안을 공포하는 것을 해태할 때 국회의장이 이 법률안을 공포함으로써 효력을 발생시키는 헌법 규정을 원용하여 대통령이 국회와 대법원이 추천한 헌법재판관 대법관 임명 의무의 이행을 해태하면 국회의장이 대신 임명하는 헌법 조항을 명기해야 할 것이다.

(8) 헌법재판소의 확대개편

우리 헌법에서 가장 취약한 고리인 헌법재판소를 고치는 개헌을 해야 한다. 헌재의 결정적 약점은 헌법재판관의 수가 너무 적은 것이다. 재판관의 수가 적을수록 헌법재판소가 매수·관권 개입 및 권력과 대중의 협박·위협과 사적 관계를 통한 직간접적 로비의 영향에 취약하다. 특히 대통령 탄핵사건의 경우에는 대통령측의 재판개입과 재판관 위협 및 로비가 극심하다. 그러나 헌법재판관의 수가 많으면 많을수록 매수와 협박의 영향이 희석된다. 노무현 탄핵 심판과 박근혜·윤석열 탄핵 심판 때 심판정 밖의 관권 개입·매수·위협·협박이 큰 문젯거리였다. 특히 윤석열 탄핵 때에는 ① 한덕수·최상목 대통령권한대행들이 헌법재판관 정원이 극소수(9명)라는 제도적 약점을 이용해서 국회 추천 헌법재판관을 임명하지 않는 위헌적 방식으로 헌법재판소 구성을 방해하여 윤석열 탄핵 심판을 저지하려고 했고, ② 국민의힘 국회의원들이 여러 차례 헌법재판소에 항의 방문을 하여 헌법재판관들의 심사를 어지럽혔고, ③ 극우 파쇼 세력들은 연일 과격·폭력시위를 통해 헌법재판소의 존재와 헌법재판관들의 신변을 위협했다. 보이지 않는 막후에서 배우자와 각종 연줄을 통한 직간접적 로비도 극성을 부렸을 것이다. 8명의 재판관들은 아무리 천성적 강심장을 타고났어도 남몰래 두려움에 떨며 움츠러들고, 사방팔방에서 들어오는 각종 로비에 시달림을 당했을 것이다.

따라서 ① 헌법재판관의 정수를 현행 9명을 5배로, 즉 45명으로 늘리고, ② 대통령 탄핵 심판의 경우에는 여기에다 13명 대법관을 통합하여 재판관 58인의 '확대 헌법재판소'를 설치하는 방향의 개헌이 필요하다. 그리고 대통령 탄핵의 경우나 정당해산과 같이 국정과 국기國基를 흔드는 중차대한 사안에서는 확대 헌법재판소를 구성하여 심판을 하는 방향으로 헌법 제111조를 개정해야 한다. '확대 헌법재판소'란 헌법재판관 전원(45인)과 대법관 전원(13인)을 합해 58명으로 이루어지는 특별재판소를 구성해서 재판을 하는 것을 말한다. 이렇게 하면 정당해산 및 대통령 탄핵 재판정은 우연찮게 이탈리아의 대통령 탄핵 법정과 유사해진다. 이탈리아에서 대통령에 대한 탄핵 재판의 경우에는 탄핵 법정이 헌법재판소의 헌법재판관 전원(15인)과 "의회에 의해 일반판사의 임명과 동일한 절차로써 상원의원 선거자격이 있는 시민들 가운데에서 9년마다 선출되는 시민 명단으로부터 추첨으로 뽑힌 16명의 추가 인원들"로, 즉 31명의 판사들로 구성되기 때문이다.(제3절, 이탈리아 헌법 제135조 제1항과 7항 참조.)

장관·판검사와 기타 고위공직자에 대한 탄핵 심판은 45인 헌법재판관으로 구성된 헌법재판소만으로 수행해도 된다. 대통령과 달리 이들은 헌법재판관을 흔들 힘이나 영향력이 없기 때문이다. 민주주의 원칙(정당 결성의 자유와 사상의 자유)과 관계되는 정당해산과 국가와 정부를 흔드는 대통령 탄핵과 같은 중차대한 사안에서 이렇게 45명이 재판하면 헌법재판관들에 대한 개별적 매수 효과, 관권 개입의 영향, 폭민들의 위협과 협박의 느낌, 그리고 로비의 효과는 9명 재판에 비해 5분의 1로 현저히 희석될 수 있다.

영국에서 판사 등에 대한 탄핵 심판은 800명 이상으로 구성된 상원(귀족원)에서 한다. 잘 알려져 있다시피 미국에서 대통령 탄핵은 하원(Congress)에서 소추하지만, 그 최종 심판은 100명으로 구성된 상원(Senate)에서 한다. 따라서 100명 이상의 이 탄핵 심사 재판관들을 다 매수하거나 협박·위협하는 것은 어렵다.

우리 헌법이 모방한 독일의 탄핵제도와 연방헌법재판소의 탄핵 심판은 독일이 내각제와 결합된 재상제 국가이기 때문에 우리와 여건이 완전히 다르다. 총리와 장관은 하원에 해임 의결권이 주어져 있기 때문에 탄핵 대상에서 배제되어 있다. 탄핵 대상은 연방 대통령과 판사로 제한된다. 그런데 독일의 연방 대통령은 권력도 별 권한도 없는 형식적·의전적 존재다. 연방헌법재판소에 미칠 수 있는 판사의 영향력도 거의 없다시피하다. 따라서 연방대통령과 판사들은 탄핵 재판을 왜곡시키거나 헌법재판관들을 위협할 힘이 사실상 전혀 없다. 따라서 하원과 참사원에서 소추된 탄핵 사건을 8명의 재판관들이 심리·결정해도 무방하다. 한국 헌법의 탄핵제도의 문제점은 이 영향력과 권력이 거의 없는 연방 대통령과 판사의 탄핵을 다루는 독일의 탄핵제도를 그대로 베껴와 국민의 선거로 당선되어 권한·권력·영향력이 막강한 실권 대통령의 탄핵에 적용한 것에 기인한다.

더구나 독일 연방헌법재판소(Budesverfassungsgericht)의 재판관들이 모두 정당해산·탄핵 사건 심리에 참여하는 것은 아니지만 일단 연방헌법재판소의 재판관 정원은 16명에 달한다. 재판소는 8명씩으로 구성된 제1헌법재판소와 제2헌법재판소로 나뉘어 있다. 탄핵 사건은 이 중 한 재판소가 맡는다. 재판관은 하원에서 8명, 참사원에서 8명을 선출한다. 그런데 이렇게 선출된 재판관들은 대개 헌법학 교수들이고, 때로는 하원의원 출신 정치인도 끼어 있다. 다만 하원과 참의원이 각기 선출하는 8명의 재판관 후보에는 반드시 대법관이 3명씩 들어 있어야 한다. 탄핵의 인용은 8인의 재판관 가운데 6인 이상이 찬성해야 한다.[131] 이 점에서 독일 연방 헌법재판소의 시야는 순전히 판사 출신들로 구성되는 한국 헌법재판소보다 훨씬 더 넓다.

프랑스의 탄핵제도는 대통령 탄핵과 정부위원 탄핵을 동일한 재판소('고등사법재판소')에 맡긴 1958년 헌법 이래 많이 변화·발전했다. 변화의 방향은 '대통령 탄핵'을 '정부 구성원 탄핵'과 구분하고 대통령 탄핵 심리를 맡는 재판관의 숫자를 영국 귀족원 정원보다 많게 대폭 늘리고 재판에서 사법적 성격을 완전히 제거하고 국민 의사를 대변하는 것을 지향했다.

---

131) 음선필, 「독일의 탄핵제도(Anklageverfahren in Deutschland)」, 『순천향 사회과학 연구』 제7권 2호(2001), "2. 독일의 탄핵제도 개관" 및 "다. 탄핵재판의 판결".

대통령 탄핵 재판관의 수가 적을 때 정략적 개입과 매수·협박 등의 위험을 알았기 때문이고, 국가원수의 운명을 소수의 법조인들이 좌우하는 사법적 전제專制체제(judiciary despotism)에 맡길 수 없다고 생각했기 때문이다. 탄핵제도의 이런 현저한 변화에도 불구하고 한 가지 공통된 것은 탄핵 심판을 헌법재판소(Conseil contitutionel)에 맡기지 않은 것이다.

1958년 프랑스 헌법은 대통령과 정부구성원(les membres du Gouvernement)에 대한 탄핵 심판을 고등사법재판소(Haute Cour de justice)에 맡겼다. 고등사법재판소는 24명의 위원으로 구성되었다. 하원(국민의회)에서 12명의 재판소 위원과 예비 위원 6명을 선출하고, 상원에서 12명의 위원과 6명의 예비 위원을 선출했다. 헌법 제68조 1항의 규정에 따라 대통령은 '대역죄(haute trahison)'를 범한 경우에 양원에서 공개투표로 그 구성의원들의 절대다수에 의한 양원 일치의 표결로 양원이 소추하고 고등탄핵재판소의 재판에 넘겨진다.[132]

그러나 프랑스는 1993년 헌법개정을 통해 대통령 탄핵과 정부 구성원 탄핵을 따로 분리시켜서 대통령 탄핵은 여전히 고등사법재판소에 맡겼지만, 정부 구성원 탄핵은 '공화국사법재판소(Cour de justice de la République)'에 맡겼다. '고등사법재판소'는 하원(국민의회)의원 12명과 상원의원 12명 등 24명의 재판관으로 구성되었다.[133] 법조인 재판관들 배제되고 모두 상·하원의 의회 의원(정치인)들로 교체된 것이다.

그러다가 2007년 다시 헌법 제68조를 개정해서 대통령 탄핵 사유를 "대역죄"에서 직무 수행상 "대통령의 임무와 명백히 양립할 수 없을 정도로 그의 의무를 위반한 경우(cas de manquement à ses devoirs

---

132) 참조: 전학선, 「프랑스의 고등재판소(La Haute Cour)에 관한 연구」, 『유럽헌법연구』 43권 43호(2023), 388-389쪽; 강명원, 「탄핵에 관한 한국와 프랑스 헌법 비교 및 고찰」, 『외법논집』 42권 제1호(2018), 299쪽.
133) 전학선, 「프랑스의 고등재판소(La Haute Cour)에 관한 연구」, 389쪽; 강명원, 「탄핵에 관한 한국와 프랑스 헌법 비교 및 고찰」, 299-300쪽.

manifestement incompatible avec l'exercice de son mandat)"로 고치고, 대통령 탄핵재판소 '고등사법재판소'를 '고등재판소(Haute Cour)'로 개칭했다. 이 '고등재판소'는 하원(국민의회)의원 전원(577명)과 상원의원 전원(348명) 등 925명의 의원들로 구성된다. 재판소장은 하원의장이다. 여기서 3분의 2 이상 얻으면 대통령은 파면된다.[134] 대통령의 탄핵 재판이 영미식으로 바뀐 것이다. 그러나 재판관의 정원이 미국보다 9배 이상 많고, 영국(800여 명)보다도 많다. 이로써 대통령 탄핵으로부터 사법적 성격이 배제되고, 국민 의사를 대의하는 민주헌정적 성격이 대폭 강화되었다. 925명의 재판관은 매수당하기도 어렵지만 웬만한 협박과 위협에 대해서는 두려움을 느끼거나 위축되지 않을 것이다.

　이런 영국·미국·독일·프랑스의 탄핵제도와 그 변화의 성격을 고찰할 때 대한민국 헌법재판소의 대통령 탄핵과 정당해산 심판제도는 최소한 상술上述의 수준의 개편과 재판관 출신의 다양화가 불가피하다. 종합하면, 헌법재판소의 수술 방향은 첫째, 대한민국 헌법재판소의 재판관 정원을 45명으로 배가시키고, 둘째, 대통령 탄핵과 정당해산 심판의 경우에는 대법관 13명을 참여시켜 58명이 탄핵 재판을 할 수 있게 하는 것이고, 셋째, 헌법재판관 정원의 적어도 절반 이상(23명 이상)을 정치학자·헌법학자와 헌법연구관 경력자 및 국회법사위 경력의 전직 국회의원 출신들로 채워 헌법재판소의 시야를 다각화·다양화해야 한다. 그래도 판사 출신 법조인의 비율이 35 대 23으로 여전히 압도할 것이다. 학자와 정치인 출신 헌법재판관을 점차 늘려서 판사 출신과 학자·정치인 출신의 구성비를 29 대 29로 만들어 나가야 할 것이다.

　헌재는 판사들의 '사법적 전제專制' 때문에도 확대 개편되어야 한다.

---

134) 전학선, 「프랑스의 고등재판소(La Haute Cour)에 관한 연구」, 393쪽; 강명원, 「탄핵에 관한 한국과 프랑스 헌법 비교 및 고찰」, 『외법논집』 42권 제1호(2018), 300-301쪽.

2025년 1-4월 윤석열 탄핵 심판 때 온 국민을 헌재만을 바라보고 탄핵 선고를 기다리게 만드는 헌법재판관들의 '전제적專制的 지배' 기간이 길어지면서 국민의 숨통이 막히고 대한민국 전체가 마비되었다. 이 기간 동안 한국 민주주의와 민주 헌정은 국민 전체를 몽매에 빠뜨려 답답증에 걸리게 하고 잠 못 이루게 한 헌법재판관들의 독단에 의해 무력화되었다.

미국의 국부 토머스 제퍼슨(Thomas Jefferson, 1743-1826)은 판사들의 이런 '사법적 전제 체제'의 위험성에 대해 일찍이 경고한 바 있다.

- 판사들을 모든 헌법 문제의 궁극적 결정권자로 간주하는 것은 진정으로 아주 위험한 독트린이요, 우리를 과두체제의 전제적 지배에 놓이게 하는 독트린이다. 우리 판사들은 다른 사람들만큼 정직하지만 다른 사람보다 더 정직한 것은 아니다. 그들은 다른 사람들과 동일한, 당파·권력·자기 집단의 특권에 대한 욕망을 가지고 있다. 그들의 준칙은 '좋은 판사는 자신의 사법권을 확대하는 자다('boni judicis est ampliare jurisdictionem)'이고, 그들의 권력은 정부의 다른 기관원들처럼 민선民選 통제를 받지 않고 종신토록 관직에 있는 만큼 더 위험하다. 헌법은 재판소가 어떤 손아귀에 위임되든 세월과 당파성으로 인해 변질되면서 재판소 구성원들이 전제주專制主가 될 것을 알기 때문에 그러한 단독·단심 재판소를 세우지 않은 것이다.[135]

---

135) "To consider the judges as the ultimate arbiters of all constitutional questions: a very dangerous doctrine indee[d] and one which would place us under the despotism of an Oligarchy. Our judges are as honest as other men, and not more so. They have, with others, the same passions for party, for power, and the privileges of their corps. Their maxim is 'boni judicis est ampliare jurisdictionem,' and their power the more dangerous as they are in office for life, and not responsible, as the other functionaries are, to the elective control. The constitution has erected no such single tribunal knowing that, to whatever hands confided, with the corruptions of time & party it's members would become despots." Thomas Jefferson, "To William Charles Jarvis" (28 September

하지만 단심제를 피해 삼심제 도입한 헌법적 조치로도 안심할 수 있는 것은 아니다. 그래서 제퍼슨은 다시 경고한다.

- 판사들 자신의 행동 영역에서 그들 자신에 대해서만이 아니라 입법부와 행정부에 대해서도 어떤 법률이 합헌적이고 어떤 법률이 위헌적인지를 결정할 권리를 판사들에게 주는 견해는 사법부를 전제적 부처部處로 만들고 말 것이다.[136]

제퍼슨은 판사들만의 과두적 전제 체제를 개선하는 그 어떤 개혁의 필요성을 시사하고 있다. 에이브러햄 링컨(Abraham Lincoln, 1809-1865)도 1861년 대통령 취임 연설에서 미국 대법원의 사법 독재에 대해 경각심을 일깨우려고 유사한 경고를 한 바 있다. "(…) 전 국민과 관련된 사활적 문제들에 대한 정부의 정책이 대법원의 결정에 의해 돌이킬 수 없이 확정적으로 고정되어야 한다면, 그런 결정이 내려지는 순간 개인적 행동과 관련된 당사자들 간의 일상적 소송사건에서 국민은 자기 자신의 지배자이기를 그치고 그런 정도만큼 그들의 정부를 저 고매하신 재판소 집단의 손아귀에 넘겨준 꼴이 될 것이다."[137] 익히 알다시피 미국 대법원은 위

1820). https://founders.archives.gov/documents/Jefferson/03-16-02-0234 (검색일자: 2025. 3. 20.).

136) "The opinion which gives to the judges the right to decide what laws are constitutional and what not, not only for themselves in their own sphere of action, but for the Legislature and Executive also in their spheres, would make the judiciary a despotic branch." Thomas Jefferson, "To Abigail Adams" (11 September 1804).
https://founders.archives.gov/documents/Jefferson/01-44-02-0341(검색일자: 2025. 3. 20.)

137) Abraham Lincoln, "Inaugural Address"(4 Marc 1861): "(At the same time the candid citizen must confess that) if the policy of the government, upon vital questions, affecting the whole people, is to be irrevocably fixed by decisions of the Supreme Court, the instant they are made, in ordinary litigation between

헌법률 심판까지 한다.

판사들의 과두적 사법 독재에 대해 제퍼슨과 링컨이 이미 이렇게 우려하며 거듭 경고했듯이 판사들의 사법적 독재와 전제 체제도 시민 민주주의와 시민의 민주적 정치활동에 대한 심각한 위협요소인 것이다. 특히 우리의 단심제 헌법재판소의 사법 독재는 한국 민주주의에 아주 치명적 위협 요소다. 우리 국민은 2025년 2-4월 헌법재판소의 한 줌도 안 되는 8-9인 과두집단의 '사법적 전제 체제'를 숨 막히도록 체험했다. 견디지 못한 일반 시민들과 정치 세력들은 헌재를 막말로 비난하고 쳐부수려 들었고, 이로 인해 헌재의 권위도 유례없이 심각하게 훼손되었다.

헌법재판관들의 제도화된 '사법 독재'는 이제 타파되어야 하고 이로 말미암아 심히 훼손된 헌법재판소의 권위는 다시 회복되고 헌재 결정에 대한 시민들의 승복 의지는 다시 강화되어야 한다. 이를 위해서도 국민 대표성을 최대로 반영할 수 있도록 재판관의 수를 대폭 늘리고 재판관 경력을 다양화하는 헌재 개혁은 필수불가결한 것이다.

그런데 일각에서는 국회에서 탄핵 소추한 대통령에 대한 탄핵 심판을 헌법재판소에 맡겨 결정하지 말고 국민투표에 부쳐 결정해야 한다는 외침도 있다. 곰곰 생각해 볼수록 이 견해는 참으로 일리가 있다. 대통령은 국민이 직접 뽑았으므로 국민의 신임을 배신한 것으로 탄핵 소추당한 대통령을 국민이 직접 심판하여 그의 정치석 운명을 최종 결정하는 것이 이치에 맡기 때문이다. 헌법과 법률을 위반한 대통령의 직무행위는 법리의 문제이기 전에 국민의 신임을 배신하는 배임의 문제다. 따라서 국회가 대통령을 탄핵 소추하면 바로 국민의 찬반투표에 붙여 파면을 결정하도록

---

parties, in personal actions, the people will have ceased to be their own rulers, having, to that extent, practically resigned their government into the hands of that eminent tribunal." https://www.presidency.ucsb.edu/documents/inaugural-address-34 (검색일자: 2025. 3. 20.)

하는 것이 한 줌도 안 되는 헌법재판관들이 앉아서 머리카락을 쪼개듯이 따지고 들며 서로 암투하다가 시간을 끌어 국민을 질식시키는 사법 독재를 피할 수 있는 깔끔한 절차라는 견해는 기본적으로 매우 옳은 것이다. 그러므로 이 방향으로 대통령 탄핵 절차를 바꾸는 개헌도 신중하게 고려되어야 한다.

돌아보면, 각국의 대통령 탄핵 제도는 국민대표성을 반영한 제도이기도 하고, 편의상의 제도이기도 하다. 이탈리아의 대통령은 의회에서 뽑는 간선 대통령이고, 그의 국민 대표성은 간접적이다. 그러므로 국민을 간접적으로 대표하는 여러 스펙트럼의 31명 재판관으로 구성되는 탄핵재판소에서 탄핵 심판을 결정하는 것이 이치에 맞는 것이다. 미국 대통령은 직선제에 가까운, 그러나 가끔 실제의 유권자 득표수에 어긋나는 선거인단 위원들이 뽑는 간선제로 선출된 사실상의 간선 대통령이고, 따라서 100명으로 한정된 주州 대표 상원의원으로 구성된 상원에서 탄핵 심판을 결정한다. 그리고 나라가 너무 커서 대통령 탄핵 심판을 국민투표에 붙일 수 없어 편의상 미국 땅을 대표하는 단출한 대의기관인 상원에 일임하는 측면도 있다.

대통령을 국민이 직선하는 프랑스에서는 대통령 탄핵 심판을 처음에 헌법재판소와 같은 소小기관(1958년 24명의 재판관으로 구성된 '고등사법재판소'와 1993년 '공화국사법재판소')에 맡기는 부조리한 탄핵제도를 운용했다가 2007년부터는 1,000명에 가까운 의원들(925명)로 이루어지는 상하원합동회의가 '고등재판소'를 구성해서 대통령 탄핵을 최종 심판하는 것으로 헌법을 개정했다. 이런 움직임은 대통령 탄핵 심판 절차를 직선제 대통령의 직접적 국민 대표성에 조응시켜 보려는 노력의 일환이다. 그러나 부통령제를 운영하지 않는 프랑스는 대통령 탄핵 심판을 국민투표에 부치는 발상까지 나아가지 못하고 있다.

그러나 한국의 직선제 대통령에 대한 탄핵 결정을 국민에게 맡겨야 한다는 일각의 발상은 일리 있고 참신하다. 국민투표에 이어 바로 조기 대통령 선거를 치러야 한다는 부담은 정·부통령제를 도입한다면 해소할 수 있다. 국회가 탄핵 소추한 대통령에 대한 탄핵 심판은 국민에게 맡기고, 총리·헌법재판관·장관·판사·검사 등 정부 요인들의 탄핵 심판은 헌법재판소의 상술된 개편을 전제로 헌법재판소에 맡기면 될 것이다. 그러면 정당해산 심판만 대법관들도 참여하는 확대 헌법재판소에 맡겨지게 된다. 이런 방향의 탄핵제도 개선은 앞서 제시된 헌법재판소 개편과 대통령 탄핵제도 개선 방안에 대한 한 대안으로 진지하게 논의할 가치가 있다.

(9) 대통령당선자 지위에 대한 규정 신설

윤석열 대통령은 당선자 시절에 소속 정당인 국민의힘의 공천 과정에 개입하는 위법행위를 했다. 그러나 현행 헌법에 입각해서는 이것이 탄핵 사유가 되는지 판단할 수 없다. 당선자로서의 직무기간을 대통령의 재직기간으로 의제한다는 명시적 규정이 헌법에 없기 때문이다. 당선자의 직무기간을 대통령 직무기간으로 의제하지 않으면 윤석열은 이 사건에서 형사소추의 대상이 되고, 의제하면 탄핵의 대상이 된다.

2024년 미국에서 트럼프 대통령 변호인은 당선자가 인수인계 등 직무수행의 바쁜 일정을 소화해야 하므로 당선자의 직무기간도 대통령 재직기간으로 인정해야 한다고 주장했고, 미국 검찰은 이를 받아들여 트럼프에 대한 형사사건의 소訴를 정지했고, 이에 따라 맨해튼 형사법원은 재판 선고를 무기한 연기했다. 대통령 당선자의 직무기간을 대통령의 재직기간으로 의제하는 것은 대통령 탄핵 문제나 당선자의 형사 기소나 형사재판 면소免訴 문제와 직결되어 있다. 따라서 "대통령 당선자의 직무기간은 대통령의 재직기간으로 본다"는 명확한 헌법조항을 신설하는 것이 합리적이다.

⑩ '자유민주적 기본 질서' 용어 바로잡기

반공·파쇼독재 이데올로기로 이바지해온 '자유민주주의'로 오해되는 "자유민주적 기본 질서"라는 표현을 "자유로운 민주적 기본질서"로 바꾸는 것이 좋을 듯하다. 우리 헌법에서 '자유민주적 기본 질서'라는 용어는 딱 두 번(전문前文과 본문 제4조) 나온다. 그리고 정당 조항 제8조에서는 '자유민주적 기본 질서'가 아니라 단순히 '민주적 기본 질서'라고 하고 있을 뿐이다. 기독교민주주의(독일, 이탈리아), 불교민주주의(태국, 버마 등), 사회민주주의, 민주사회주의 등도 존재하기 때문이다.

원래 제헌헌법에는 '자유민주적 기본 질서'라는 말이 없었고 다만 '전문'에 "민주주의 제諸제도"라는 표현이 쓰였는데, 제3공화국 헌법도 "민주주의 제諸제도"라는 표현만 썼다. 1972년 유신헌법에 와서야 비로소 처음 "자유민주적 기본 질서"라는 용어가 등장하는데, 그것도 전문에 단 한 번 나온다. 현행 헌법은 두 번 명문화하고 있지만, 반공·파쇼독재 이데올로기 "자유민주주의"나 "자유민주주의적 기본질서"라는 표현은 쓰지 않고 있다.

제3절 대한민국 헌법 앞에 붙인 상세한 '해설'에서 밝히고 있듯이 우리나라 헌법재판소, 법제처의 공식적 영문번역("basic free and democratic oder"), 고등학교 사회교과서에 대한 교사용 수업지도서 등은 모두 "자유민주적 기본 질서"가 '자유민주주의(liberal democracy)'가 아니라는 것에 유의하도록 함과 동시에, "자유민주적 기본 질서"를 "자유롭고 민주적인 기본 질서"로, 또는 그런 취지로 해설하고 있다. 그리고 우리 헌법이 본뜬 <독일 기본법>의 해당 용어는 "자유애호적·민주적 기본 질서(freiheitliche demokratische Grundordnung)"다. 그럼에도 불

구하고 극우 파쇼 세력들과 못 배운(무식한) 검사·판사·변호사 등 많은 법조인들은 "자유민주적 기본 질서"를 '자유민주주의'로 오해·오독한다.

그러나 명백하고 분명하게 잘라 말하는바, '자유민주적 기본 질서'는 결코 '자유민주주의'를 뜻하는 것이 아니다. 우리 헌법의 '자유민주적 기본 질서'는 오로지 '자유롭고 민주적인 기본 질서'를 뜻할 따름이다. 그것은 국민의 자유로운 정치·경제·사회·문화 활동과 학문·사상의 다원성과 다양성을 억압하지 않고 반대로 자유 평등하게 해방·고무·촉진하는 기본 질서를 말하는 것이다. 그것은 차라리 반공·파쇼독재의 이데올로기인 '자유민주주의'와 상반된 기본 질서라 할 수 있다.

따라서 오해와 오독을 유발하는 현행 헌법의 "자유민주적 기본 질서"라는 표현을 "자유로운 민주적 기본 질서"로 바로잡는다면, 이 작은 수정은 헌법 수호에 크게 기여할 것이다. 이 "자유로운 민주적 기본 질서"라는 표현은 국민의 자유로운 제諸활동과 사상의 다원성을 민주적으로 해방·고무·촉진하는 기본 질서의 의미를 제대로 드러내 주기 때문이다.

⑾ 국회의원 국민소환제 도입

이번 내란 사태를 겪으면서 불거진 새로운 개헌 요구 항목은 국회의원 국민소환제다. 자치단체장 주민소환제는 법률로 시행되고 있다. 하지만 국회의원은 헌법기관이기 때문에 헌법에 이 제도를 규정해야만 관련 법을 제정해 시행할 수 있다. 이전 헌법에는 국민소환권이 규정되어 있었으나 관련 법이 제정되지 않아 한 번도 시행되지 못했고, 그러다가 5공화국 헌법에서 용도가 없는 것으로 취급되어 폐기·삭제되고 말았다.

지역구 유권자 다수의 의견에 반해서 언동하는 국회의원은 분명 헌법상으로 큰 문젯거리다. 그러나 국회의원 소환제 도입은 이번 내란 기간에 주민들에게 시달린 정파의 국회의원들이 반대할 가능성이 높다. 하지만

의원 다수가 원한다면 제정이 가능할 것이다. 소환투표에 참여한 지역구 유권자의 과반 찬성으로 소환이 결정되어야 할지, 3분의 2의 찬성으로 결정되어야 할지는 진지하게 논의해 정해야 할 사항이다.

여기서 논의를 마친다. 지금까지의 논의로도 국회와 시민사회에서 개헌논의를 전개하거나 일반 독자들의 궁금증을 풀어주기에 족하다고 생각한다. 다음에 소개할 것은 분권형 대통령제를 채택한 4개국의 현행 헌법(국역문과 독일어 원문 또는 영역문)과 현행 대한민국헌법(국문+영역문)이다. 개헌 논의와 개헌안 의제 설정에 실무적으로 좋은 자료가 될 것이라고 생각한다.

제왕적 대통령의
권력 나누기

분권형 대통령제

3

제3절

대한민국헌법과
유럽 분권형 대통령제 헌법

3.1. 대한민국헌법(국문 + 영역문)

3.2. 프랑스헌법(국역문 + 영역문)

3.3. 오스트리아헌법(독어원문 + 국역문)

3.4. 핀란드헌법(국역문 + 영역문)

3.5. 이탈리아헌법(국역문 + 영역문)

제3절

대한민국헌법과
유럽 분권형 대통령제 헌법

3.1. 대한민국헌법(국문+영역문)

[해설]

　대한민국헌법의 기본이념에 대하여 오해가 많다. 가장 큰 오해를 단도직입적으로 말하자면, 그것은 "자유민주적 기본 질서"를 '자유민주주의적 기본 질서'로 위·변조하여 잘못 이해하는 것이다. '자유민주주의(liberal democratism)'는 박정희 이래 군사정부 하에서 반공反共에 그치는 것이 아니라 공산주의자와 간첩을 조작해 내던 극우 반공주의의 대명사로 사용되었다. 그러므로 "자유민주적 기본 질서"라는 헌법상의 고귀한 이념을 '자유민주주의적 기본 질서'로 축소·왜곡·위조하는 것은 용납될 수 없는 것이다.

　우리 헌법에서 '자유민주적 기본 질서'는 전문에 한 번, 본문 제4조에

한 번 나와서, 도합 딱 두 번 나온다. 정당 조항 제8조에서는 '자유민주적 기본 질서'가 아니라 그냥 '민주적 기본 질서'라고 하고 있다. 한국 헌법에 "자유민주적 기본 질서"라는 말이 처음 등장한 것은 1972년 유신헌법에서부터였다. 제헌헌법은 '전문前文'에 "민주주의 제諸제도"만 언급했었다. 제3공 헌법도 "민주주의 제諸제도"만 명문화했다. 1972년 유신헌법에 와서야 비로소 처음 "자유민주적 기본 질서"라는 말이 나오는데, 그것도 전문에서 딱 한 번 나왔다. 그리고 현행 헌법은 전문과 제4조 통일조항에 "자유민주적 기본 질서"를 명문화하고 있지만, 극우 반공주의에 오염된 "자유민주주의적 기본 질서"라는 용어는 쓰지 않고 있다.

대한민국헌법이 명시한 "자유민주적 기본 질서"는 '자유민주주의적 기본 질서'와 완전히 다른 것이다. 그리고 헌법재판소도 헌법의 "자유민주적"이라는 술어를 '이념'(이데올로기)의 의미가 아니라 '자유와 민주'의 의미로 해석한 바 있다. 2013년 헌법재판소는 헌법 제8조 4항에 규정된 정당의 "민주적 기본 질서"를 "자유민주적 기본 질서"와 동일한 규정으로 보고 이렇게 결정했다. "헌법 제8조 4항의 '민주적 기본 질서'는 개인의 자율적 이성을 신뢰하고 모든 정치적 견해들이 각각 상대적 진리성과 합리성을 지닌다고 전제하는 다원적 세계관에 입각한 것으로서, 모든 폭력적·자의적 지배를 배제하고, 다수를 존중하면서도 소수를 배려하는 민주적 의사결정과 자유·평등을 기본 원리로 하여 구성되고 운영되는 정치적 질서를 말하며, 구체적으로는 국민주권의 원리, 기본적 인권의 존중, 권력분립제도, 복수정당제도 등이 현행 헌법상 주요한 요소라고 볼 수 있다."[138] 현행 헌법이 의미하는 '자유민주적 기본 질서'의 주요한 요소는 "국민주권의 원리, 기본적 인권의 존중, 권력분립제도, 복수정당제도 등"이다. 따라서 "다원적 세계관"에 입각한 정당제도는 "복수정당제"일 수

---

138) 「2013헌다1 통합진보당 해산 결정문」 (통합진보당 해산 청구 사건).

밖에 없고, 따라서 민주주의도 자유민주주의만 있는 것이 아니라, '사회민주주의', '민주사회주의', '기독교민주주의', '불교민주주의' 등 다양한 민주주의, 즉 제헌헌법에서부터 제3공화국까지 명시되었던 "제諸민주주의"가 허용되는 것이다.

헌법재판소의 저 결정문에는 그간의 다수의견 및 판례와 반대로 "(자유)민주적 기본 질서"를 단연코 '자유민주주의적 기본 질서'로 간주하지 않고 있다. 그간 민주화로 개명開明된 2013년의 헌법재판소는 "자유민주적 기본 질서"를 『독일연방공화국 기본법(*Grundgesetz für die Bundesrepublik Deutschland*)』의 제10·11·18·21조에 명문화된 "자유애호적·민주적 기본 질서(freiheitliche demokratische Grundordnung)", 또는 (1955년 민주당 강령처럼) "자유와 민주"의 "기본 질서"로 해석한 것이다. 대한민국헌법의 '자유민주적 기본 질서'는 독일기본법의 이 "자유애호적·민주적 기본 질서"를 본뜬 것이다. 독일기본법이 'liberale demokratische Grundordnung'이 아니라 "freiheitliche demokratische Grundordnung"이라는 표현을 쓴 것은, 즉 'liberal'이 아니라 굳이 "freitheitlich"라는 용어를 쓴 것은 기본 질서의 의미가 '자유민주주의(liberal democratism)'로 축소·오해되는 것을 막기 위한 것이다.

그긴의 군부독재·극우 반공주의 시대의 낡은 판례들과 구태의연하고 무식한 법조계 일각에서는 이 "자유민주적 기본 질서"로부터 자유민주주의를 도출하거나 이것을 '자유민주주의'로 좁혀 이해했지만, 이것은 어디까지나 '위변조'일 뿐이고, 명문의 의미는 전혀 그렇지 않다. "자유민주적"은 '자유롭고 민주적인'을 가리키는 것이다. 그래서 법제처가 발간한 대한민국헌법의 공식 영역본도 "자유민주적 기본 질서"를 'basic order of liberal democratism'(자유민주주의 기본 질서)으로 영역하지 않고 굳이 "basic free and democratic order"(자유롭고 민주적인 기본 질서)로 영역한 것이다. (다음 영문 헌법 참조)

그리고 고등학교 1학년 사회교과서 2단원에 자유민주적 기본 질서에 대한 내용이 나오는데, 이 대목과 관련된 교사용 지도서는 "자유민주적 기본 질서"가 '자유민주주의적 기본 질서'를 뜻하는 것이 아니라는 점에 유의하라고 적혀 있다. 따라서 사회민주주의 정당이나 기독교민주주의 정당도 헌법상의 "자유민주적 기본 질서"에 위배되지 않는 것이다. 제헌 헌법 설계자 중 1인이었던 유진오는 '민주주의'를 반공 이데올로기적 '자유민주주의'보다 훨씬 폭넓게 해설했다.[139]

12·3내란 주동자들과 극우 파쇼 세력들이 그간 '자유민주주의의 수호자'인 양 설치면서 국회·법원·선거관리위원회·헌법재판소 등 헌법기관들을 파괴하려고 들고 결국 우리 헌법을 부정하는 결과로 치달은 것은 그들이 헌법상의 '자유민주적 기본 질서'를 '자유민주주의'로 왜곡·변조한 데 기인한다. 그러나 헌법상의 '자유민주적 기본 질서'는 결코 반공·파쇼독재 이데올로기인 '자유민주주의'를 뜻하는 것이 아니다. 우리 헌법의 '자유민주적 기본 질서'는 오로지 '자유롭고 민주적인 기본 질서'를 뜻할 따름이다. 그것은 나라의 주인인 국민의 자유로운 정치·경제·사회·문화활동과 학문·사상의 다원성과 다양성을 억압하는 것이 아니라 민주적으로 (자유 평등하게) 해방·고무·촉진하는 기본질서다. 한 마디로, 그것은 차라리 반공·파쇼독재를 뒷받침해 온 '자유민주주의'와 상극을 이루는 기본 질서로서 '자유민주주의'를 이 땅에서 제거하려는 지향을 갖는 것이다. 반공·극우파쇼 독재를 배격하는 '자유민주주의'도 있는가? 물론 우리나라에서도 '진짜' 보수주의자들의 자유민주주의, 즉 극우 파시즘을 멀리하고 헌법상의 '자유민주적 기본질서'를 존중하는 순수한 중도보수적 '자유

---

[139] 유진오, 『헌법해의』(서울: 명세당, 1949), 10-18쪽.

민주주의'는 친미 정서 속에서 가늘게나마 명맥을 이어왔다. 군부 파시즘에 오염되지 않은 이 순수한 자유민주주의는 당연히 우리 헌법의 인정과 보호를 받아야 할 것이다. 이것이 '자유민주적 기본 질서'의 정확한 이해이다. 이와 관련하여 한 점의 착오도, 위·변조도 있어서는 아니 될 것이다.

대한민국헌법

CONSTITUTION
OF THE REPUBLIC OF KOREA

1987년 10월 29일 제3차 전면개정
Wholly Amended
by Constitution No. 10, Oct. 29, 1987

전문

유구한 역사와 전통에 빛나는 우리 대한국민은 3·1운동으로 건립된 대한민국임시정부의 법통과 불의에 항거한 4·19민주이념을 계승하고, 조국의 민주개혁과 평화적 통일의 사명에 입각하여 정의·인도와 동포애로써 민족의 단결을 공고히 하고, 모든 사회적 폐습과 불의를 타파하며, 자율과 조화를 바탕으로 자유민주적 기본 질서를 더욱 확고히 하여 정치·경제·사회·문화의 모든 영역에 있어서 각인의 기회를 균등히 하고, 능력을 최고도로 발휘하게 하며, 자유와 권리에 따르는 책임과 의무를 완수하게 하여, 안으로는 국민 생활의 균등한 향상을 기하고 밖으로는 항구적인 세계평화와 인류공영에 이바지함으로써 우리들과 우리들의 자손의 안전과 자유와 행복을 영원히 확보할 것을 다짐하면서 1948년 7월 12일에 제정되고 8차에 걸쳐 개정된 헌법을 이제 국회의 의결을 거쳐 국민투표에 의하여 개정한다.

PREAMBLE

We, the people of Korea, proud of a resplendent history and traditions dating from time immemorial, upholding the cause of the Provisional Republic of Korea Government born of the March First Independence Movement of 1919 and the democratic ideals of the April Nineteenth Uprising of 1960 against injustice, having assumed the mission of democratic reform and peaceful unification of our homeland and having determined to consolidate national unity with justice, humanitarianism and brotherly love, and To destroy all social vices and injustice, and To afford equal opportunities to every person and provide for the fullest development of individual capabilities in all fields, including political, economic, social and cultural life by further strengthening the basic free and democratic order conducive to private initiative and public harmony, and To help each person discharge those duties and responsibilities concomitant to freedoms and rights, and To elevate the quality of life for all citizens and contribute to lasting world peace and the common prosperity of mankind and thereby to ensure security, liberty and happiness for ourselves and our posterity forever, Do hereby amend, through national referendum following a resolution by the National Assembly, the Constitution, ordained and established on the Twelfth Day of July anno Domini Nineteen hundred and forty-eight, and amended eight times subsequently.

■
제1장 총강
CHAPTER I GENERAL PROVISIONS

제1조
① 대한민국은 민주공화국이다.
② 대한민국의 주권은 국민에게 있고, 모든 권력은 국민으로부터 나온다.
Article 1
(1) The Republic of Korea shall be a democratic republic.
(2) The sovereignty of the Republic of Korea shall reside in the people, and all state authority shall emanate from the people.

제2조
① 대한민국의 국민이 되는 요건은 법률로 정한다.
② 국가는 법률이 정하는 바에 의하여 재외국민을 보호할 의무를 진다.
Article 2
(1) Nationality in the Republic of Korea shall be prescribed by Act.
(2) It shall be the duty of the State to protect citizens residing abroad as prescribed by Act.

제3조
대한민국의 영토는 한반도와 그 부속도서로 한다.
Article 3
The territory of the Republic of Korea shall consist of the Korean peninsula and its adjacent islands.

제4조
대한민국은 통일을 지향하며, 자유민주적 기본질서에 입각한 평화적 통일 정책을 수립하고 이를 추진한다.
Article 4
The Republic of Korea shall seek unification and shall formulate and carry out a policy of peaceful unification based on the basic free and democratic order.

제5조
① 대한민국은 국제 평화의 유지에 노력하

고 침략적 전쟁을 부인한다.
② 국군은 국가의 안전보장과 국토방위의 신성한 의무를 수행함을 사명으로 하며, 그 정치적 중립성은 준수된다.
Article 5
(1) The Republic of Korea shall endeavor to maintain international peace and shall renounce all aggressive wars.
(2) The Armed Forces shall be charged with the sacred mission of national security and the defense of the land and their political neutrality shall be maintained.

제6조
① 헌법에 의하여 체결·공포된 조약과 일반적으로 승인된 국제법규는 국내법과 같은 효력을 가진다.
② 외국인은 국제법과 조약이 정하는 바에 의하여 그 지위가 보장된다.
Article 6
(1) Treaties duly concluded and promulgated under the Constitution and the generally recognized rules of international law shall have the same effect as the domestic laws of the Republic of Korea.
(2) The status of aliens shall be guaranteed as prescribed by international law and treaties.

제7조
① 공무원은 국민전체에 대한 봉사자이며, 국민에 대하여 책임을 진다.
② 공무원의 신분과 정치적 중립성은 법률이 정하는 바에 의하여 보장된다.
Article 7
(1) All public officials shall be servants of the entire people and shall be responsible to the people.
(2) The status and political impartiality of public officials shall be guaranteed as prescribed by Act.

제8조
① 정당의 설립은 자유이며, 복수정당제는 보장된다.
② 정당은 그 목적·조직과 활동이 민주적이어야 하며, 국민의 정치적 의사형성에 참여하는 데 필요한 조직을 가져야 한다.
③ 정당은 법률이 정하는 바에 의하여 국가의 보호를 받으며, 국가는 법률이 정하는 바에 의하여 정당 운영에 필요한 자금을 보조할 수 있다.
④ 정당의 목적이나 활동이 민주적 기본 질서에 위배될 때에는 정부는 헌법재판소에 그 해산을 제소할 수 있고, 정당은 헌법재판소의 심판에 의하여 해산된다.
Article 8
(1) The establishment of political parties shall be free, and the plural party system shall be guaranteed.
(2) Political parties shall be democratic in their objectives, organization and activities, and shall have the necessary organizational arrangements for the people to participate in the formation of the political will.
(3) Political parties shall enjoy the protection of the State and may be provided with operational funds by the State under the conditions as prescribed by Act.
(4) If the purposes or activities of a political party are contrary to the

fundamental democratic order, the Government may bring an action against it in the Constitutional Court for its dissolution, and the political party shall be dissolved in accordance with the decision of the Constitutional Court.

제9조
국가는 전통문화의 계승·발전과 민족문화의 창달에 노력하여야 한다.
Article
The State shall strive to sustain and develop the cultural heritage and to enhance national culture.

제2장 국민의 권리와 의무
CHAPTER II RIGHTS AND DUTIES OF CITIZENS

제10조
모든 국민은 인간으로서의 존엄과 가치를 가지며, 행복을 추구할 권리를 가진다. 국가는 개인이 가지는 불가침의 기본적 인권을 확인하고 이를 보장할 의무를 진다.
Article 10
All citizens shall be assured of human dignity and worth and have the right to pursuit of happiness. It shall be the duty of the State to confirm and guarantee the fundamental and inviolable human rights of individuals.

제11조
① 모든 국민은 법 앞에 평등하다. 누구든지 성별·종교 또는 사회적 신분에 의하여 정치적·경제적·사회적·문화적 생활의 모든 영역에 있어서 차별을 받지 아니한다.
② 사회적 특수계급의 제도는 인정되지 아니하며, 어떠한 형태로도 이를 창설할 수 없다.
③ 훈장 등의 영전은 이를 받은 자에게만 효력이 있고, 어떠한 특권도 이에 따르지 아니한다.
Article 11
(1) All citizens shall be equal before the law, and there shall be no discrimination in political, economic, social or cultural life on account of sex, religion or social status.
(2) No privileged caste shall be recognized or ever established in any form.
(3) The awarding of decorations or distinctions of honor in any form shall be effective only for recipients, and no privileges shall ensue therefrom.

제12조
① 모든 국민은 신체의 자유를 가진다. 누구든지 법률에 의하지 아니하고는 체포·구속·압수·수색 또는 심문을 받지 아니하며, 법률과 적법한 절차에 의하지 아니하고는 처벌·보안처분 또는 강제노역을 받지 아니한다.
② 모든 국민은 고문을 받지 아니하며, 형사상 자기에게 불리한 진술을 강요당하지 아니한다.
③ 체포·구속·압수 또는 수색을 할 때에는 적법한 절차에 따라 검사의 신청에 의하여 법관이 발부한 영장을 제시하여야 한다. 다만, 현행범인인 경우와 장기 3년 이상의 형에 해당하는 죄를 범하고 도피 또는 증거인멸의 염려가 있을 때에는 사후에 영장을 청구할 수 있다.

④ 누구든지 체포 또는 구속을 당한 때에는 즉시 변호인의 조력을 받을 권리를 가진다. 다만, 형사피고인이 스스로 변호인을 구할 수 없을 때에는 법률이 정하는 바에 의하여 국가가 변호인을 붙인다.
⑤ 누구든지 체포 또는 구속의 이유와 변호인의 조력을 받을 권리가 있음을 고지받지 아니하고는 체포 또는 구속을 당하지 아니한다. 체포 또는 구속을 당한 자의 가족 등 법률이 정하는 자에게는 그 이유와 일시·장소가 지체없이 통지되어야 한다.
⑥ 누구든지 체포 또는 구속을 당한 때에는 적부의 심사를 법원에 청구할 권리를 가진다.
⑦ 피고인의 자백이 고문·폭행·협박·구속의 부당한 장기화 또는 기망 기타의 방법에 의하여 자의로 진술된 것이 아니라고 인정될 때 또는 정식재판에 있어서 피고인의 자백이 그에게 불리한 유일한 증거일 때에는 이를 유죄의 증거로 삼거나 이를 이유로 처벌할 수 없다.

Article 12
(1) All citizens shall enjoy personal liberty. No person shall be arrested, detained, searched, seized or interrogated except as provided by Act. No person shall be punished, placed under preventive order or subject to involuntary labor except as provided by Act and through lawful procedures.
(2) No citizen shall be tortured or be compelled to testify against himself/herself in criminal cases.
(3) Warrants issued by a judge through due procedures upon the request of a prosecutor shall be presented in case of arrest, detention, seizure or search: Provided, That in a case where a criminal suspect is an apprehended flagrante delicto, or where there is danger that a person suspected of committing a crime punishable by imprisonment of three years or more may escape or destroy evidence, investigative authorities may request an ex post facto warrant.
(4) Any person who is arrested or detained shall have the right to prompt assistance of counsel. When a criminal defendant is unable to secure counsel by his/her own efforts, the State shall assign counsel for the defendant as prescribed by Act.
(5) No person shall be arrested or detained without being informed of the reason therefor and of his/her right to assistance of counsel. The family, etc., as designated by Act, of a person arrested or detained shall be notified without delay of the reason for and the time and place of the arrest or detention.
(6) Any person who is arrested or detained, shall have the right to request the court to review the legality of the arrest or detention.
(7) In a case where a confession is deemed to have been made against a defendant's will due to torture, violence, intimidation, unduly prolonged arrest, deceit or etc., or in a case where a confession is the only evidence against a defendant in a formal trial, such a confession shall not be admitted as evidence of guilt,

nor shall a defendant be punished by reason of such a confession.

제13조
① 모든 국민은 행위시의 법률에 의하여 범죄를 구성하지 아니하는 행위로 소추되지 아니하며, 동일한 범죄에 대하여 거듭 처벌받지 아니한다.
② 모든 국민은 소급입법에 의하여 참정권의 제한을 받거나 재산권을 박탈당하지 아니한다.
③ 모든 국민은 자기의 행위가 아닌 친족의 행위로 인하여 불이익한 처우를 받지 아니한다.
Article 13
(1) No citizen shall be prosecuted for an act which does not constitute a crime under the Act in force at the time it was committed, nor shall he/she be placed in double jeopardy.
(2) No restriction shall be imposed upon the political rights of any citizen, nor shall any person be deprived of property rights by means of retroactive legislation.
(3) No citizen shall suffer unfavorable treatment on account of an act not of his/her own doing but committed by a relative.

제14조
모든 국민은 거주·이전의 자유를 가진다.
Article 14
All citizens shall enjoy freedom of residence and the right to move at will.

제15조
모든 국민은 직업선택의 자유를 가진다.
Article 15
All citizens shall enjoy freedom of occupation.

제16조
모든 국민은 주거의 자유를 침해받지 아니한다. 주거에 대한 압수나 수색을 할 때에는 검사의 신청에 의하여 법관이 발부한 영장을 제시하여야 한다.
Article 16
All citizens shall be free from intrusion into their place of residence. In case of search or seizure in a residence, a warrant issued by a judge upon request of a prosecutor shall be presented.

제17조
모든 국민은 사생활의 비밀과 자유를 침해받지 아니한다.
Article 17
The privacy of no citizen shall be infringed.

제18조
모든 국민은 통신의 비밀을 침해받지 아니한다.
Article 18
The privacy of correspondence of no citizen shall be infringed.

제19조
모든 국민은 양심의 자유를 가진다.
Article 19
All citizens shall enjoy freedom of conscience.

제20조
① 모든 국민은 종교의 자유를 가진다.
② 국교는 인정되지 아니하며, 종교와 정치는 분리된다.

Article 20
(1) All citizens shall enjoy freedom of religion.
(2) No state religion shall be recognized, and religion and state shall be separated.

제21조
① 모든 국민은 언론·출판의 자유와 집회·결사의 자유를 가진다.
② 언론·출판에 대한 허가나 검열과 집회·결사에 대한 허가는 인정되지 아니한다.
③ 통신·방송의 시설기준과 신문의 기능을 보장하기 위하여 필요한 사항은 법률로 정한다.
④ 언론·출판은 타인의 명예나 권리 또는 공중도덕이나 사회윤리를 침해하여서는 아니 된다. 언론·출판이 타인의 명예나 권리를 침해한 때에는 피해자는 이에 대한 피해의 배상을 청구할 수 있다.

Article 21
(1) All citizens shall enjoy freedom of speech and the press, and freedom of assembly and association.
(2) Licensing or censorship of speech and the press, and licensing of assembly and association shall not be recognized.
(3) The standards of news service and broadcast facilities and matters necessary to ensure the functions of newspapers shall be determined by Act.
(4) Neither speech nor the press shall violate the honor or rights of other persons or undermine public morals or social ethics. Should speech or the press violate the honor or rights of other persons, claims may be made for the damage resulting therefrom.

제22조
① 모든 국민은 학문과 예술의 자유를 가진다.
② 저작자·발명가·과학기술자와 예술가의 권리는 법률로써 보호한다.

Article 22
(1) All citizens shall enjoy freedom of learning and the arts.
(2) The rights of authors, inventors, scientists, engineers and artists shall be protected by Act.

제23조
① 모든 국민의 재산권은 보장된다. 그 내용과 한계는 법률로 정한다.
② 재산권의 행사는 공공복리에 적합하도록 하여야 한다.
③ 공공필요에 의한 재산권의 수용·사용 또는 제한 및 그에 대한 보상은 법률로써 하되, 정당한 보상을 지급하여야 한다.

Article 23
(1) The right of property of all citizens shall be guaranteed. The contents and limitations thereof shall be determined by Act.
(2) The exercise of property rights shall conform to the public welfare.
(3) Expropriation, use or restriction of private property from public necessity and compensation therefor shall be governed by Act: Provided, That in

such a case, just compensation shall be paid.

제24조
모든 국민은 법률이 정하는 바에 의하여 선거권을 가진다.
Article 24
All citizens shall have the right to vote under the conditions as prescribed by Act.

제25조
모든 국민은 법률이 정하는 바에 의하여 공무담임권을 가진다.
Article 25
All citizens shall have the right to hold public office under the conditions as prescribed by Act.

제26조
① 모든 국민은 법률이 정하는 바에 의하여 국가기관에 문서로 청원할 권리를 가진다.
② 국가는 청원에 대하여 심사할 의무를 진다.
Article 26
(1) All citizens shall have the right to petition in writing to any governmental agency under the conditions as prescribed by Act.
(2) The State shall be obligated to examine all such petitions.

제27조
① 모든 국민은 헌법과 법률이 정한 법관에 의하여 법률에 의한 재판을 받을 권리를 가진다.
② 군인 또는 군무원이 아닌 국민은 대한민국의 영역 안에서는 중대한 군사상 기밀·초병·초소·유독음식물공급·포로·군용물에 관한 죄 중 법률이 정한 경우와 비상계엄이 선포된 경우를 제외하고는 군사법원의 재판을 받지 아니한다.
③ 모든 국민은 신속한 재판을 받을 권리를 가진다. 형사피고인은 상당한 이유가 없는 한 지체 없이 공개재판을 받을 권리를 가진다.
④ 형사피고인은 유죄의 판결이 확정될 때까지는 무죄로 추정된다.
⑤ 형사피해자는 법률이 정하는 바에 의하여 당해 사건의 재판절차에서 진술할 수 있다.
Article 27
(1) All citizens shall have the right to be tried in conformity with the Act by judges qualified under the Constitution and the Act.
(2) Citizens who are not on active military service or employees of the military forces shall not be tried by a court martial within the territory of the Republic of Korea, except in case of crimes as prescribed by Act involving important classified military information, sentinels, sentry posts, the supply of harmful food and beverages, prisoners of war and military articles and facilities and in the case of the proclamation of extraordinary martial law.
(3) All citizens shall have the right to a speedy trial. The accused shall have the right to a public trial without delay in the absence of justifiable reasons to the contrary.
(4) The accused shall be presumed innocent until a judgment of guilt has

been pronounced.

(5) A victim of a crime shall be entitled to make a statement during the proceedings of the trial of the case involved as under the conditions prescribed by Act.

제28조

형사피의자 또는 형사피고인으로서 구금되었던 자가 법률이 정하는 불기소처분을 받거나 무죄판결을 받은 때에는 법률이 정하는 바에 의하여 국가에 정당한 보상을 청구할 수 있다.

Article 28

In a case where a criminal suspect or an accused person who has been placed under detention is not indicted as provided by Act or is acquitted by a court, he/she shall be entitled to claim just compensation from the State under the conditions as prescribed by Act.

제29조

① 공무원의 직무상 불법행위로 손해를 받은 국민은 법률이 정하는 바에 의하여 국가 또는 공공단체에 정당한 배상을 청구할 수 있다. 이 경우 공무원 자신의 책임은 면제되지 아니한다.

② 군인·군무원·경찰공무원 기타 법률이 정하는 자가 전투·훈련 등 직무집행과 관련하여 받은 손해에 대하여는 법률이 정하는 보상외에 국가 또는 공공단체에 공무원의 직무상 불법행위로 인한 배상은 청구할 수 없다.

Article 29

(1) In case a person has sustained damages by an unlawful act committed by a public official in the course of official duties, he/she may claim just compensation from the State or public organization under the conditions as prescribed by Act. In this case, the public official concerned shall not be immune from liabilities.

(2) In case a person on active military service or an employee of the military forces, a police official or others as prescribed by Act sustains damages in connection with the performance of official duties such as combat action, drill and so forth, he/she shall not be entitled to a claim against the State or public organization on the grounds of unlawful acts committed by public officials in the course of official duties, but shall be entitled only to compensations as prescribed by Act.

제30조

타인의 범죄행위로 인하여 생명·신체에 대한 피해를 받은 국민은 법률이 정하는 바에 의하여 국가로부터 구조를 받을 수 있다.

Article 30

Citizens who have suffered bodily injury or death due to criminal acts of others may receive aid from the State under the conditions as prescribed by Act.

제31조

① 모든 국민은 능력에 따라 균등하게 교육을 받을 권리를 가진다.

② 모든 국민은 그 보호하는 자녀에게 적어도 초등교육과 법률이 정하는 교육을 받게 할 의무를 진다.

④ 교육의 자주성·전문성·정치적 중립성 및 대학의 자율성은 법률이 정하는 바에 의하여 보장된다.
⑤ 국가는 평생교육을 진흥하여야 한다.
⑥ 학교교육 및 평생교육을 포함한 교육제도와 그 운영, 교육재정 및 교원의 지위에 관한 기본적인 사항은 법률로 정한다.

Article 31
(1) All citizens shall have an equal right to receive an education corresponding to their abilities.
(2) All citizens who have children to support shall be responsible at least for their elementary education and other education as provided by Act.
(3) Compulsory education shall be free of charge.
(4) Independence, professionalism and political impartiality of education and the autonomy of institutions of higher learning shall be guaranteed under the conditions as prescribed by Act.
(5) The State shall promote lifelong education.
(6) Fundamental matters pertaining to the educational system, including in-school and lifelong education, administration, finance, and the status of teachers shall be determined by Act.

제32조
① 모든 국민은 근로의 권리를 가진다. 국가는 사회적·경제적 방법으로 근로자의 고용의 증진과 적정 임금의 보장에 노력하여야 하며, 법률이 정하는 바에 의하여 최저임금제를 시행하여야 한다.
② 모든 국민은 근로의 의무를 진다. 국가는 근로의 의무의 내용과 조건을 민주주의 원칙에 따라 법률로 정한다.
③ 근로조건의 기준은 인간의 존엄성을 보장하도록 법률로 정한다.
④ 여자의 근로는 특별한 보호를 받으며, 고용·임금 및 근로조건에 있어서 부당한 차별을 받지 아니한다.
⑤ 연소자의 근로는 특별한 보호를 받는다.
⑥ 국가유공자·상이군경 및 전몰군경의 유가족은 법률이 정하는 바에 의하여 우선적으로 근로의 기회를 부여받는다.

Article 32
(1) All citizens shall have the right to work. The State shall endeavor to promote the employment of workers and to guarantee optimum wages through social and economic means and shall enforce a minimum wage system under the conditions as prescribed by Act.
(2) All citizens shall have the duty to work. The State shall prescribe by Act the extent and conditions of the duty to work in conformity with democratic principles.
(3) Standards of working conditions shall be determined by Act in such a way as to guarantee human dignity.
(4) Special protection shall be accorded to working women, and they shall not be subject to unjust discrimination in terms of employment, wages and working conditions.
(5) Special protection shall be accorded to working children.
(6) The opportunity to work shall be accorded preferentially, under the conditions as prescribed by Act, to

those who have given distinguished service to the State, wounded veterans and police officers, and members of the bereaved families of military service members and police officers killed in action.

제33조
① 근로자는 근로조건의 향상을 위하여 자주적인 단결권·단체교섭권 및 단체행동권을 가진다.
② 공무원인 근로자는 법률이 정하는 자에 한하여 단결권·단체교섭권 및 단체행동권을 가진다.
③ 법률이 정하는 주요 방위산업체에 종사하는 근로자의 단체행동권은 법률이 정하는 바에 의하여 이를 제한하거나 인정하지 아니할 수 있다.

Article 33
(1) To enhance working conditions, workers shall have the right to independent association, collective bargaining and collective action.
(2) Only those public officials who are designated by Act, shall have the right to association, collective bargaining and collective action.
(3) The right to collective action of workers employed by important defense industries may be either restricted or denied under the conditions as prescribed by Act.

제34조
① 모든 국민은 인간다운 생활을 할 권리를 가진다.
② 국가는 사회보장·사회복지의 증진에 노력할 의무를 진다.
③ 국가는 여자의 복지와 권익의 향상을 위하여 노력하여야 한다.
④ 국가는 노인과 청소년의 복지향상을 위한 정책을 실시할 의무를 진다.
⑤ 신체장애자 및 질병·노령 기타의 사유로 생활능력이 없는 국민은 법률이 정하는 바에 의하여 국가의 보호를 받는다.
⑥ 국가는 재해를 예방하고 그 위험으로부터 국민을 보호하기 위하여 노력하여야 한다.

Article 34
(1) All citizens shall be entitled to a life worthy of human beings.
(2) The State shall have the duty to endeavor to promote social security and welfare.
(3) The State shall endeavor to promote the welfare and rights of women.
(4) The State shall have the duty to implement policies for enhancing the welfare of senior citizens and the young.
(5) Citizens who are incapable of earning a livelihood due to a physical disability, disease, old age or other reasons shall be protected by the State under the conditions as prescribed by Act.
(6) The State shall endeavor to prevent disasters and to protect citizens from harm therefrom.

제35조
① 모든 국민은 건강하고 쾌적한 환경에서 생활할 권리를 가지며, 국가와 국민은 환경보전을 위하여 노력하여야 한다.
② 환경권의 내용과 행사에 관하여는 법률

로 정한다.
③ 국가는 주택개발정책 등을 통하여 모든 국민이 쾌적한 주거생활을 할 수 있도록 노력하여야 한다.

Article 35
(1) All citizens shall have the right to a healthy and pleasant environment. The State and all citizens shall endeavor to protect the environment.
(2) The substance of the environmental right shall be determined by Act.
(3) The State shall endeavor to ensure comfortable housing for all citizens through housing development policies and the like.

제36조
① 혼인과 가족생활은 개인의 존엄과 양성의 평등을 기초로 성립되고 유지되어야 하며, 국가는 이를 보장한다.
② 국가는 모성의 보호를 위하여 노력하여야 한다.
③ 모든 국민은 보건에 관하여 국가의 보호를 받는다.

Article 36
(1) Marriage and family life shall be entered into and sustained on the basis of individual dignity and equality of the sexes, and the State shall do everything in its power to achieve that goal.
(2) The State shall endeavor to protect mothers.
(3) The health of all citizens shall be protected by the State.

제37조
① 국민의 자유와 권리는 헌법에 열거되지 아니한 이유로 경시되지 아니한다.
② 국민의 모든 자유와 권리는 국가안전보장·질서유지 또는 공공복리를 위하여 필요한 경우에 한하여 법률로써 제한할 수 있으며, 제한하는 경우에도 자유와 권리의 본질적인 내용을 침해할 수 없다.

Article 37
(1) Freedoms and rights of citizens shall not be neglected on the grounds that they are not enumerated in the Constitution.
(2) The freedoms and rights of citizens may be restricted by Act only when necessary for national security, the maintenance of law and order or for public welfare. Even when such restriction is imposed, no essential aspect of the freedom or right shall be violated.

제38조
모든 국민은 법률이 정하는 바에 의하여 납세의 의무를 진다.

Article 38
All citizens shall have the duty to pay taxes under the conditions as prescribed by Act.

제39조
① 모든 국민은 법률이 정하는 바에 의하여 국방의 의무를 진다.
② 누구든지 병역의무의 이행으로 인하여 불이익한 처우를 받지 아니한다.

Article 39
(1) All citizens shall have the duty of national defense under the conditions as prescribed by Act.
(2) No citizen shall be treated

unfavorably on account of the fulfillment of his obligation of military service.

제3장 국회
CHAPTER III THE NATIONAL ASSEMBLY

제40조
입법권은 국회에 속한다.
Article 40
The legislative power shall be vested in the National Assembly.

제41조
① 국회는 국민의 보통·평등·직접·비밀선거에 의하여 선출된 국회의원으로 구성한다.
② 국회의원의 수는 법률로 정하되, 200인 이상으로 한다.
③ 국회의원의 선거구와 비례대표제 기타 선거에 관한 사항은 법률로 정한다.
Article 41
(1) The National Assembly shall be composed of members elected by universal, equal, direct and secret ballot by the citizens.
(2) The number of members of the National Assembly shall be determined by Act, but the number shall not be less than 200.
(3) The constituencies of members of the National Assembly, proportional representation and other matters pertaining to National Assembly elections shall be determined by Act.

제42조
국회의원의 임기는 4년으로 한다.
Article 42
The term of office of members of the National Assembly shall be four years.

제43조
국회의원은 법률이 정하는 직을 겸할 수 없다.
Article 43
Members of the National Assembly shall not concurrently hold any other office prescribed by Act.

제44조
① 국회의원은 현행범인인 경우를 제외하고는 회기 중 국회의 동의 없이 체포 또는 구금되지 아니한다.
② 국회의원이 회기 전에 체포 또는 구금된 때에는 현행범인이 아닌 한 국회의 요구가 있으면 회기 중 석방된다.
Article 44
(1) During the sessions of the National Assembly, no member of the National Assembly shall be arrested or detained without the consent of the National Assembly except in case of flagrante delicto.
(2) In case of apprehension or detention of a member of the National Assembly prior to the opening of a session, such member shall be released during the session upon the request of the National Assembly, except in case of flagrante delicto.

제45조
국회의원은 국회에서 직무상 행한 발언과

표결에 관하여 국회 외에서 책임을 지지 아니한다.

Article 45

No member of the National Assembly shall be held responsible outside the National Assembly for opinions officially expressed or votes cast in the Assembly.

제46조

① 국회의원은 청렴의 의무가 있다.
② 국회의원은 국가이익을 우선하여 양심에 따라 직무를 행한다.
③ 국회의원은 그 지위를 남용하여 국가·공공단체 또는 기업체와의 계약이나 그 처분에 의하여 재산상의 권리·이익 또는 직위를 취득하거나 타인을 위하여 그 취득을 알선할 수 없다.

Article 46

(1) Members of the National Assembly shall have the duty to maintain high standards of integrity.
(2) Members of the National Assembly shall give preference to national interests and shall perform their duties in accordance with conscience.
(3) Members of the National Assembly shall not acquire, through abuse of their positions, rights and interests in property or positions, or assist other persons to acquire the same, by means of contracts with or dispositions by the State, public organizations or industries.

제47조

① 국회의 정기회는 법률이 정하는 바에 의하여 매년 1회 집회되며, 국회의 임시회는 대통령 또는 국회 재적의원 4분의 1 이상의 요구에 의하여 집회된다.
② 정기회의 회기는 100일을, 임시회의 회기는 30일을 초과할 수 없다.
③ 대통령이 임시회의 집회를 요구할 때에는 기간과 집회 요구의 이유를 명시하여야 한다.

Article 47

(1) A regular session of the National Assembly shall be convened once every year under the conditions as prescribed by Act, and extraordinary sessions of the National Assembly shall be convened upon the request of the President or one fourth or more of the total members.
(2) The period of regular sessions shall not exceed a hundred days, and that of extraordinary sessions, thirty days.
(3) If the President requests the convening of an extraordinary session, the period of the session and the reasons for the request shall be clearly specified.

제48조

국회는 의장 1인과 부의장 2인을 선출한다.

Article 48

The National Assembly shall elect one Speaker and two Vice-Speakers.

제49조

국회는 헌법 또는 법률에 특별한 규정이 없는 한 재적의원 과반수의 출석과 출석의원 과반수의 찬성으로 의결한다. 가부동수인 때에는 부결된 것으로 본다.

Article 49

Except as otherwise provided for in the Constitution or in Act, the attendance of a majority of the total members, and the concurrent vote of a majority of the members present, shall be necessary for decisions of the National Assembly. In case of a tie vote, the matter shall be regarded as rejected.

제50조
① 국회의 회의는 공개한다. 다만, 출석의원 과반수의 찬성이 있거나 의장이 국가의 안전보장을 위하여 필요하다고 인정할 때에는 공개하지 아니할 수 있다.
② 공개하지 아니한 회의 내용의 공표에 관하여는 법률이 정하는 바에 의한다.
Article 50
(1) Sessions of the National Assembly shall be open to the public: Provided, That when it is decided so by a majority of the members present, or when the Speaker deems it necessary to do so for the sake of national security, they may be closed to the public.
(2) The public disclosure of the proceedings of sessions which were not open to the public shall be determined by Act.

제51조
국회에 제출된 법률안 기타의 의안은 회기 중에 의결되지 못한 이유로 폐기되지 아니한다. 다만, 국회의원의 임기가 만료된 때에는 그러하지 아니하다.
Article 51
Bills and other matters submitted to the National Assembly for deliberation shall not be abandoned on the ground that they were not acted upon during the session in which they were introduced, except in a case where the term of the members of the National Assembly has expired.

제52조
국회의원과 정부는 법률안을 제출할 수 있다.
Article 52
Bills may be introduced by members of the National Assembly or by the Executive.

제53조
① 국회에서 의결된 법률안은 정부에 이송되어 15일 이내에 대통령이 공포한다.
② 법률안에 이의가 있을 때에는 대통령은 제1항의 기간 내에 이의서를 붙여 국회로 환부하고, 그 재의를 요구할 수 있다. 국회의 폐회 중에도 또한 같다.
③ 대통령은 법률안의 일부에 대하여 또는 법률안을 수정하여 재의를 요구할 수 없다.
④ 재의의 요구가 있을 때에는 국회는 재의에 붙이고, 재적의원 과반수의 출석과 출석의원 3분의 2 이상의 찬성으로 전과 같은 의결을 하면 그 법률안은 법률로서 확정된다.
⑤ 대통령이 제1항의 기간 내에 공포나 재의의 요구를 하지 아니한 때에도 그 법률안은 법률로서 확정된다.
⑥ 대통령은 제4항과 제5항의 규정에 의하여 확정된 법률을 지체 없이 공포하여야 한다. 제5항에 의하여 법률이 확정된 후 또는 제4항에 의한 확정 법률이 정부에 이송된 후 5일 이내에 대통령이 공포하지 아니할

때에는 국회의장이 이를 공포한다.
⑦ 법률은 특별한 규정이 없는 한 공포한 날로부터 20일을 경과함으로써 효력을 발생한다.

Article 53
(1) Each bill passed by the National Assembly shall be sent to the Executive, and the President shall promulgate it within fifteen days.
(2) In case of objection to the bill, the President may, within the period referred to in paragraph (1), return it to the National Assembly with written explanation of his objection, and request it be reconsidered. The President may do the same during adjournment of the National Assembly.
(3) The President shall not request the National Assembly to reconsider the bill in part, or with proposed amendments.
(4) In case there is a request for reconsideration of a bill, the National Assembly shall reconsider it, and if the National Assembly repasses the bill in the original form with the attendance of more than one half of the total members, and with a concurrent vote of two thirds or more of the members present, it shall become Act.
(5) If the President does not promulgate the bill, or does not request the National Assembly to reconsider it within the period referred to in paragraph (1), it shall become Act.
(6) The President shall promulgate without delay the Act as finalized under paragraphs (4) and (5). If the President does not promulgate an Act within five days after it has become Act under paragraph (5), or after it has been returned to the Executive under paragraph (4), the Speaker shall promulgate it.
(7) Except as provided otherwise, an Act shall take effect twenty days after the date of promulgation.

제54조
① 국회는 국가의 예산안을 심의·확정한다.
② 정부는 회계연도마다 예산안을 편성하여 회계연도 개시 90일 전까지 국회에 제출하고, 국회는 회계연도 개시 30일 전까지 이를 의결하여야 한다.
③ 새로운 회계연도가 개시될 때까지 예산안이 의결되지 못한 때에는 정부는 국회에서 예산안이 의결될 때까지 다음의 목적을 위한 경비는 전년도 예산에 준하여 집행할 수 있다.
  1. 헌법이나 법률에 의하여 설치된 기관 또는 시설의 유지·운영
  2. 법률상 지출 의무의 이행
  3. 이미 예산으로 승인된 사업의 계속

Article 54
(1) The National Assembly shall deliberate and decide upon the national budget bill.
(2) The Executive shall formulate the budget bill for each fiscal year and submit it to the National Assembly within ninety days before the beginning of a fiscal year. The National Assembly shall decide upon it

within thirty days before the beginning of the fiscal year.
(3) If the budget bill is not passed by the beginning of the fiscal year, the Executive may, in conformity with the budget of the previous fiscal year, disburse funds for the following purposes until the budget bill is passed by the National Assembly:
1. The maintenance and operation of agencies and facilities established by the Constitution or Act;
2. Execution of the obligatory expenditures as prescribed by Act; and
3. Continuation of projects previously approved in the budget.

제55조
① 한 회계연도를 넘어 계속하여 지출할 필요가 있을 때에는 정부는 연한을 정하여 계속비로서 국회의 의결을 얻어야 한다.
② 예비비는 총액으로 국회의 의결을 얻어야 한다. 예비비의 지출은 차기 국회의 승인을 얻어야 한다.
Article 55
(1) In a case where it is necessary to make continuing disbursements for a period longer than one fiscal year, the Executive shall obtain the approval of the National Assembly for a specified period of time.
(2) A reserve fund shall be approved by the National Assembly in total. The disbursement of the reserve fund shall be approved during the next session of the National Assembly.
제56조
정부는 예산에 변경을 가할 필요가 있을 때에는 추가경정예산안을 편성하여 국회에 제출할 수 있다.
Article 56
When it is necessary to amend the budget, the Executive may formulate a supplementary revised budget bill and submit it to the National Assembly.

제57조
국회는 정부의 동의 없이 정부가 제출한 지출예산 각항의 금액을 증가하거나 새 비목을 설치할 수 없다.
Article 57
The National Assembly shall, without the consent of the Executive, neither increase the sum of any item of expenditure nor create any new items of expenditure in the budget submitted by the Executive.

제58조
국채를 모집하거나 예산 외에 국가의 부담이 될 계약을 체결하려 할 때에는 정부는 미리 국회의 의결을 얻어야 한다.
Article 58
When the Executive plans to issue national bonds or to conclude contracts which may incur financial obligations on the State outside the budget, it shall have the prior concurrence of the National Assembly.

제59조
조세의 종목과 세율은 법률로 정한다.
Article 59
Types and rates of taxes shall be determined by Act.

제60조

① 국회는 상호 원조 또는 안전보장에 관한 조약, 중요한 국제조직에 관한 조약, 우호통상항해조약, 주권의 제약에 관한 조약, 강화조약, 국가나 국민에게 중대한 재정적 부담을 지우는 조약 또는 입법사항에 관한 조약의 체결·비준에 대한 동의권을 가진다.

② 국회는 선전포고, 국군의 외국에의 파견 또는 외국 군대의 대한민국 영역 안에서의 주류에 대한 동의권을 가진다.

Article 60

(1) The National Assembly shall have the right to consent to the conclusion and ratification of treaties pertaining to mutual assistance or mutual security; treaties concerning important international organizations; treaties of friendship, trade and navigation; treaties pertaining to any restriction in sovereignty; peace treaties; treaties which will burden the State or people with an important financial obligation; or treaties related to legislative matters.

(2) The National Assembly shall also have the right to consent to the declaration of war, the dispatch of armed forces to foreign states, or the stationing of alien forces in the territory of the Republic of Korea.

제61조

① 국회는 국정을 감사하거나 특정한 국정사안에 대하여 조사할 수 있으며, 이에 필요한 서류의 제출 또는 증인의 출석과 증언이나 의견의 진술을 요구할 수 있다.

② 국정감사 및 조사에 관한 절차 기타 필요한 사항은 법률로 정한다.

Article 61

(1) The National Assembly may inspect affairs of state or investigate specific matters of state affairs, and may demand the production of documents directly related thereto, the appearance of a witness in person and the furnishing of testimony or statements of opinion.

(2) The procedures and other necessary matters concerning the inspection and investigation of state administration shall be determined by Act.

제62조

① 국무총리·국무위원 또는 정부위원은 국회나 그 위원회에 출석하여 국정 처리 상황을 보고하거나 의견을 진술하고 질문에 응답할 수 있다.

② 국회나 그 위원회의 요구가 있을 때에는 국무총리·국무위원 또는 정부위원은 출석·답변하여야 하며, 국무총리 또는 국무위원이 출석요구를 받은 때에는 국무위원 또는 정부위원으로 하여금 출석·답변하게 할 수 있다.

Article 62

(1) The Prime Minister, members of the State Council or government delegates may attend meetings of the National Assembly or its committees and report on the state administration or deliver opinions and answer questions.

(2) When requested by the National Assembly or its committees, the Prime Minister, members of the State

Council or government delegates shall attend any meeting of the National Assembly and answer questions. If the Prime Minister or State Council members are requested to attend, the Prime Minister or State Council members may have State Council members or government delegates attend any meeting of the National Assembly and answer questions.

제63조
① 국회는 국무총리 또는 국무위원의 해임을 대통령에게 건의할 수 있다.
② 제1항의 해임 건의는 국회 재적의원 3분의 1 이상의 발의에 의하여 국회 재적의원 과반수의 찬성이 있어야 한다.

Article 63
(1) The National Assembly may pass a recommendation for the removal of the Prime Minister or a State Council member from office.
(2) A recommendation for removal as referred to in paragraph (1) may be introduced by one third or more of the total members of the National Assembly, and shall be passed with the concurrent vote of a majority of the total members of the National Assembly.

제64조
① 국회는 법률에 저촉되지 아니하는 범위안에서 의사와 내부 규율에 관한 규칙을 제정할 수 있다.
② 국회는 의원의 자격을 심사하며, 의원을 징계할 수 있다.
④ 제2항과 제3항의 처분에 대하여는 법원에 제소할 수 없다.

Article 64
(1) The National Assembly may establish the rules of its proceedings and internal regulations: Provided, That they are not in conflict with Act.
(2) The National Assembly may review the qualifications of its members and may take disciplinary actions against its members.
(3) The concurrent vote of two thirds or more of the total members of the National Assembly shall be required for the expulsion of any member.
(4) No action shall be brought to court with regard to decisions taken under paragraphs (2) and (3).

제65조
① 대통령·국무총리·국무위원·행정각부의 장·헌법재판소 재판관·법관·중앙선거관리위원회 위원·감사원장·감사위원 기타 법률이 정한 공무원이 그 직무집행에 있어서 헌법이나 법률을 위배한 때에는 국회는 탄핵의 소추를 의결할 수 있다.
② 제1항의 탄핵소추는 국회 재적의원 3분의 1 이상의 발의가 있어야 하며, 그 의결은 국회 재적의원 과반수의 찬성이 있어야 한다. 다만, 대통령에 대한 탄핵소추는 국회 재적의원 과반수의 발의와 국회 재적의원 3분의 2 이상의 찬성이 있어야 한다.
③ 탄핵소추의 의결을 받은 자는 탄핵 심판이 있을 때까지 그 권한행사가 정지된다.
④ 탄핵 결정은 공직으로부터 파면함에 그친다. 그러나, 이에 의하여 민사상이나 형사상의 책임이 면제되지는 아니한다.

Article 65

(1) In case the President, the Prime Minister, members of the State Council, heads of Executive Ministries, Justices of the Constitutional Court, judges, members of the National Election Commission, the Chairperson and members of the Board of Audit and Inspection, and other public officials designated by Act have violated the Constitution or other Acts in the performance of official duties, the National Assembly may pass motions for their impeachment.
(2) A motion for impeachment prescribed in paragraph (1) may be proposed by one third or more of the total members of the National Assembly, and shall require a concurrent vote of a majority of the total members of the National Assembly for passage: Provided, That a motion for the impeachment of the President shall be proposed by a majority of the total members of the National Assembly and approved by two thirds or more of the total members of the National Assembly.
(3) Any person against whom a motion for impeachment has been passed shall be suspended from exercising his/her power until the impeachment has been adjudicated.
(4) A decision on impeachment shall not extend further than removal from public office: Provided, That it shall not exempt the person impeached from civil or criminal liability.

■
제4장 정부
CHAPTER IV THE EXECUTIVE

제1절 대통령
SECTION 1 The President

제66조
① 대통령은 국가의 원수이며, 외국에 대하여 국가를 대표한다.
② 대통령은 국가의 독립·영토의 보전·국가의 계속성과 헌법을 수호할 책무를 진다.
③ 대통령은 조국의 평화적 통일을 위한 성실한 의무를 진다.
④ 행정권은 대통령을 수반으로 하는 정부에 속한다.
Article 66
(1) The President shall be the Head of State and represent the State vis-a-vis foreign states.
(2) The President shall have the responsibility and duty to safeguard the independence, territorial integrity and continuity of the State and the Constitution.
(3) The President shall have the duty to pursue sincerely the peaceful unification of the homeland.
(4) Executive power shall be vested in the Executive Branch headed by the President.

제67조
① 대통령은 국민의 보통·평등·직접·비밀 선거에 의하여 선출한다.
② 제1항의 선거에 있어서 최고득표자가 2인 이상인 때에는 국회의 재적의원 과반수가 출석한 공개회의에서 다수표를 얻은 자

를 당선자로 한다.
③ 대통령 후보자가 1인일 때에는 그 득표수가 선거권자 총수의 3분의 1 이상이 아니면 대통령으로 당선될 수 없다.
④ 대통령으로 선거될 수 있는 자는 국회의원의 피선거권이 있고 선거일 현재 40세에 달하여야 한다.
⑤ 대통령의 선거에 관한 사항은 법률로 정한다.

Article 67
(1) The President shall be elected by universal, equal, direct and secret ballot by the people.
(2) In case two or more persons receive the same largest number of votes in the election as referred to in paragraph (1), the person who receives the largest number of votes in an open session of the National Assembly attended by a majority of the total members of the National Assembly shall be elected.
(3) If and when there is only one presidential candidate, he/she shall not be elected President unless he/she receives at least one third of the total eligible votes.
(4) Citizens who are eligible for election to the National Assembly, and who have reached the age of forty years or more on the date of the presidential election, shall be eligible to be elected to the presidency.
(5) Matters pertaining to presidential elections shall be determined by Act.

제68조
① 대통령의 임기가 만료되는 때에는 임기만료 70일 내지 40일전에 후임자를 선거한다.
② 대통령이 궐위된 때 또는 대통령 당선자가 사망하거나 판결 기타의 사유로 그 자격을 상실한 때에는 60일 이내에 후임자를 선거한다.

Article 68
(1) The successor to the incumbent President shall be elected seventy to forty days before his/her term expires.
(2) In case a vacancy occurs in the office of the President or the President-elect dies, or is disqualified by a court ruling or for any other reason, a successor shall be elected within sixty days.

제69조
대통령은 취임에 즈음하여 다음의 선서를 한다.
"나는 헌법을 준수하고 국가를 보위하며 조국의 평화적 통일과 국민의 자유와 복리의 증진 및 민족문화의 창달에 노력하여 대통령으로서의 직책을 성실히 수행할 것을 국민 앞에 엄숙히 선서합니다."

Article 69
The President, at the time of his/her inauguration, shall take the following oath: "I do solemnly swear before the people that I will faithfully execute the duties of the President by observing the Constitution, defending the State, pursuing the peaceful unification of the homeland, promoting the freedom and welfare of the people and endeavoring to develop national culture."

제70조
대통령의 임기는 5년으로 하며, 중임할 수 없다.
Article 70
The term of office of the President shall be five years, and the President shall not be reelected.

제71조
대통령이 궐위되거나 사고로 인하여 직무를 수행할 수 없을 때에는 국무총리, 법률이 정한 국무위원의 순서로 그 권한을 대행한다.
Article 71
If the office of the presidency is vacant or the President is unable to perform his/her duties for any reason, the Prime Minister or the members of the State Council in the order of priority as determined by Act shall act for him/her.

제72조
대통령은 필요하다고 인정할 때에는 외교·국방·통일 기타 국가안위에 관한 중요정책을 국민투표에 붙일 수 있다.
Article 72
The President may submit important policies relating to diplomacy, national defense, unification and other matters relating to the national destiny to a national referendum if he deems it necessary.

제73조
대통령은 조약을 체결·비준하고, 외교사절을 신임·접수 또는 파견하며, 선전포고와 강화를 한다.

Article 73
The President shall conclude and ratify treaties; accredit, receive or dispatch diplomatic envoys; and declare war and conclude peace.

제74조
① 대통령은 헌법과 법률이 정하는 바에 의하여 국군을 통수한다.
② 국군의 조직과 편성은 법률로 정한다.
Article 74
(1) The President shall be Commander-in-Chief of the Armed Forces under the conditions as prescribed by the Constitution and Act.
(2) The organization and formation of the Armed Forces shall be determined by Act.

제75조
대통령은 법률에서 구체적으로 범위를 정하여 위임받은 사항과 법률을 집행하기 위하여 필요한 사항에 관하여 대통령령을 발할 수 있다.
Article 75
The President may issue presidential decrees concerning matters delegated to him/her by Act with the scope specifically defined and also matters necessary to enforce Acts.

제76조
① 대통령은 내우·외환·천재·지변 또는 중대한 재정·경제상의 위기에 있어서 국가의 안전보장 또는 공공의 안녕질서를 유지하기 위하여 긴급한 조치가 필요하고 국회의 집회를 기다릴 여유가 없을 때에 한하여 최

소한으로 필요한 재정·경제상의 처분을 하거나 이에 관하여 법률의 효력을 가지는 명령을 발할 수 있다.
② 대통령은 국가의 안위에 관계되는 중대한 교전 상태에 있어서 국가를 보위하기 위하여 긴급한 조치가 필요하고 국회의 집회가 불가능한 때에 한하여 법률의 효력을 가지는 명령을 발할 수 있다.
③ 대통령은 제1항과 제2항의 처분 또는 명령을 한 때에는 지체없이 국회에 보고하여 그 승인을 얻어야 한다.
④ 제3항의 승인을 얻지 못한 때에는 그 처분 또는 명령은 그때부터 효력을 상실한다. 이 경우 그 명령에 의하여 개정 또는 폐지되었던 법률은 그 명령이 승인을 얻지 못한 때부터 당연히 효력을 회복한다.
⑤ 대통령은 제3항과 제4항의 사유를 지체없이 공포하여야 한다.

Article 76
(1) In time of internal turmoil, external menace, natural calamity or a grave financial or economic crisis, the President may take in respect to them the minimum necessary financial and economic actions or issue orders having the effect of Act, only when it is required to take urgent measures for the maintenance of national security or public peace and order, and there is no time to await the convocation of the National Assembly.
(2) In case of major hostilities affecting national security, the President may issue orders having the effect of Act, only when it is required to preserve the integrity of the nation, and it is impossible to convene the National Assembly.
(3) In case actions are taken or orders are issued under paragraphs (1) and (2), the President shall promptly notify it to the National Assembly and obtain its approval.
(4) In case no approval is obtained, the actions or orders shall lose effect forthwith. In such case, the Acts which were amended or abolished by the orders in question shall automatically regain their original effect at the moment the orders fail to obtain approval.
(5) The President shall, without delay, put on public notice developments under paragraphs (3) and (4).

제77조
① 대통령은 전시·사변 또는 이에 준하는 국가비상사태에 있어서 병력으로써 군사상의 필요에 응하거나 공공의 안녕질서를 유지할 필요가 있을 때에는 법률이 정하는 바에 의하여 계엄을 선포할 수 있다.
② 계엄은 비상계엄과 경비계엄으로 한다.
③ 비상계엄이 선포된 때에는 법률이 정하는 바에 의하여 영장제도, 언론·출판·집회·결사의자유, 정부나 법원의 권한에 관하여 특별한 조치를 할 수 있다.
④ 계엄을 선포한 때에는 대통령은 지체없이 국회에 통고하여야 한다.
⑤ 국회가 재적의원 과반수의 찬성으로 계엄의 해제를 요구한 때에는 대통령은 이를 해제하여야 한다.

Article 77
(1) When it is required to cope with a military necessity or to maintain the public safety and order by mobilization of the military forces in

time of war, armed conflict or similar national emergency, the President may proclaim martial law under the conditions as prescribed by Act.
(2) Martial law shall be of two types: extraordinary martial law and precautionary martial law.
(3) Under extraordinary martial law, special measures may be taken with respect to the necessity for warrants, freedom of speech, the press, assembly and association, or the powers of the Executive and the Judiciary under the conditions as prescribed by Act.
(4) When the President has proclaimed martial law, he shall notify it to the National Assembly without delay.
(5) When the National Assembly requests the lifting of martial law with the concurrent vote of a majority of the total members of the National Assembly, the President shall comply.

제78조
대통령은 헌법과 법률이 정하는 바에 의하여 공무원을 임면한다.
Article 78
The President shall appoint and dismiss public officials under the conditions as prescribed by the Constitution and Act.

제79조
① 대통령은 법률이 정하는 바에 의하여 사면·감형 또는 복권을 명할 수 있다.
② 일반사면을 명하려면 국회의 동의를 얻어야 한다.
③ 사면·감형 및 복권에 관한 사항은 법률로 정한다.
Article 79
(1) The President may grant amnesty, commutation and restoration of rights under the conditions as prescribed by Act.
(2) The President shall receive the consent of the National Assembly in granting a general amnesty.
(3) Matters pertaining to amnesty, commutation and restoration of rights shall be determined by Act.

제80조
대통령은 법률이 정하는 바에 의하여 훈장 기타의 영전을 수여한다.
Article 80
The President shall award decorations and other honors under the conditions as prescribed by Act.

제81조
대통령은 국회에 출석하여 발언하거나 서한으로 의견을 표시할 수 있다.
Article 81
The President may attend and address the National Assembly or express his/her views by written message.

제82조
대통령의 국법상 행위는 문서로써 하며, 이 문서에는 국무총리와 관계 국무위원이 부서한다. 군사에 관한 것도 또한 같다.
Article 82
The acts of the President under law shall be executed in writing, and such documents shall be countersigned by

the Prime Minister and the members of the State Council concerned. The same shall apply to military affairs.

제83조
대통령은 국무총리·국무위원·행정각부의 장 기타 법률이 정하는 공사의 직을 겸할 수 없다.
Article 83
The President shall not concurrently hold the office of Prime Minister, a member of the State Council, the head of any Executive Ministry, nor other public or private posts as prescribed by Act.

제84조
대통령은 내란 또는 외환의 죄를 범한 경우를 제외하고는 재직 중 형사상의 소추를 받지 아니한다.
Article 84
The President shall not be charged with a criminal offense during his tenure of office except for insurrection or treason.

제85조
전직대통령의 신분과 예우에 관하여는 법률로 정한다.
Article 85
Matters pertaining to the status and courteous treatment of former Presidents shall be determined by Act.

제2절 행정부
SECTION 2 The Executive Branch

제1관 국무총리와 국무위원
Sub-Section 1 The Prime Minister and Members of the State Council

제86조
① 국무총리는 국회의 동의를 얻어 대통령이 임명한다.
② 국무총리는 대통령을 보좌하며, 행정에 관하여 대통령의 명을 받아 행정각부를 통할한다.
③ 군인은 현역을 면한 후가 아니면 국무총리로 임명될 수 없다.
Article 86
(1) The Prime Minister shall be appointed by the President with the consent of the National Assembly.
(2) The Prime Minister shall assist the President and shall direct the Executive Ministries under order of the President.
(3) No member of the military shall be appointed Prime Minister unless he/she is retired from active duty.

제87조
①국무위원은 국무총리의 제청으로 대통령이 임명한다.
②국무위원은 국정에 관하여 대통령을 보좌하며, 국무회의의 구성원으로서 국정을 심의한다.
③ 국무총리는 국무위원의 해임을 대통령에게 건의할 수 있다.
④ 군인은 현역을 면한 후가 아니면 국무위원으로 임명될 수 없다.
Article 87
(1) The members of the State Council shall be appointed by the President on the recommendation of the Prime

Minister.
(2) The members of the State Council shall assist the President in the conduct of State affairs and, as constituents of the State Council, shall deliberate on State affairs.
(3) The Prime Minister may recommend to the President the removal of a member of the State Council from office.
(4) No member of the military shall be appointed a member of the State Council unless he/she is retired from active duty.

제2관 국무회의
Sub-Section 2 The State Council

제88조
① 국무회의는 정부의 권한에 속하는 중요한 정책을 심의한다.
② 국무회의는 대통령·국무총리와 15인 이상 30인 이하의 국무위원으로 구성한다.
③ 대통령은 국무회의의 의장이 되고, 국무총리는 부의장이 된다.
Article 88
(1) The State Council shall deliberate on important policies that fall within the power of the Executive.
(2) The State Council shall be composed of the President, the Prime Minister, and other members whose number shall be no more than thirty and no less than fifteen.
(3) The President shall be the Chairperson of the State Council, and the Prime Minister shall be the Vice Chairperson.

제89조
다음 사항은 국무회의의 심의를 거쳐야 한다.
1. 국정의 기본계획과 정부의 일반정책
2. 선전·강화 기타 중요한 대외정책
3. 헌법개정안·국민투표안·조약안·법률안 및 대통령령안
4. 예산안·결산·국유재산 처분의 기본계획·국가의 부담이 될 계약 기타 재정에 관한 중요사항
5. 대통령의 긴급명령·긴급 재정 경제 처분 및 명령 또는 계엄과 그 해제
6. 군사에 관한 중요사항
7. 국회의 임시회 집회의 요구
8. 영전 수여
9. 사면·감형과 복권
10. 행정 각부 간의 권한의 획정
11. 정부안의 권한의 위임 또는 배정에 관한 기본계획
12. 국정 처리 상황의 평가·분석
13. 행정각부의 중요한 정책의 수립과 조정
14. 정당해산의 제소
15. 정부에 제출 또는 회부된 정부의 정책에 관계되는 청원의 심사
16. 검찰총장·합동참모의장·각군참모총장·국립대학교총장·대사 기타 법률이 정한 공무원과 국영기업체관리자의 임명
17. 기타 대통령·국무총리 또는 국무위원이 제출한 사항
Article 89
The following matters shall be referred to the State Council for deliberation:
1. Basic plans for state affairs, and general policies of the Executive;
2. Declaration of war, conclusion of peace and other important matters

pertaining to foreign policy;
3. Draft amendments to the Constitution, proposals for national referendums, proposed treaties, legislative bills, and proposed presidential decrees;
4. Budgets, settlement of accounts, basic plans for disposal of state properties, contracts incurring financial obligation on the State, and other important financial matters;
5. Emergency orders and emergency financial and economic actions or orders by the President, and declaration and termination of martial law;
6. Important military affairs;
7. Requests for convening an extraordinary session of the National Assembly;
8. Awarding of honors;
9. Granting of amnesty, commutation and restoration of rights;
10. Demarcation of jurisdiction between Executive Ministries;
11. Basic plans concerning delegation or allocation of powers within the Executive;
12. Evaluation and analysis of the administration of State affairs;
13. Formulation and coordination of important policies of each Executive Ministry;
14. Action for the dissolution of a political party;
15. Examination of petitions pertaining to executive policies submitted or referred to the Executive;
16. Appointment of the Prosecutor General, the Chairperson of the Joint Chiefs of Staff, the Chief of Staff of each armed service, the presidents of national universities, ambassadors, and such other public officials and managers of important State-run enterprises as designated by Act; and
17. Other matters presented by the President, the Prime Minister or a member of the State Council.

제90조
① 국정의 중요한 사항에 관한 대통령의 자문에 응하기 위하여 국가원로로 구성되는 국가원로자문회의를 둘 수 있다.
② 국가원로자문회의의 의장은 직전 대통령이 된다. 다만, 직전 대통령이 없을 때에는 대통령이 지명한다.
③ 국가원로자문회의의 조직·직무범위 기타 필요한 사항은 법률로 정한다.

Article 90
(1) An Advisory Council of Elder Statesman, composed of elder statespersons, may be established to advise the President on important affairs of State.
(2) The immediate former President shall become the Chairperson of the Advisory Council of Elder Statesman: Provided, That if there is no immediate former President, the President shall appoint the Chairperson.
(3) The organization, function and other necessary matters pertaining to the Advisory Council of Elder Statesman shall be determined by Act.

제91조
① 국가안전보장에 관련되는 대외정책·군사정책과 국내 정책의 수립에 관하여 국무회의의 심의에 앞서 대통령의 자문에 응하기 위하여 국가안전보장회의를 둔다.
② 국가안전보장회의는 대통령이 주재한다.
③ 국가안전보장회의의 조직·직무범위 기타 필요한 사항은 법률로 정한다.
Article 91
(1) A National Security Council shall be established to advise the President on the formulation of foreign, military and domestic policies related to national security prior to their deliberation by the State Council.
(2) The meetings of the National Security Council shall be presided over by the President.
(3) The organization, function and other necessary matters pertaining to the National Security Council shall be determined by Act.

제92조
① 평화통일 정책의 수립에 관한 대통령의 자문에 응하기 위하여 민주평화통일자문회의를 둘 수 있다.
② 민주평화통일자문회의의 조직·직무범위 기타 필요한 사항은 법률로 정한다.
Article 92
(1) A National Unification Advisory Council may be established to advise the President on the formulation of peaceful unification policy.
(2) The organization, function and other necessary matters pertaining to the National Unification Advisory Council shall be determined by Act.

제93조
① 국민경제의 발전을 위한 중요정책의 수립에 관하여 대통령의 자문에 응하기 위하여 국민경제자문회의를 둘 수 있다.
② 국민경제자문회의의 조직·직무범위 기타 필요한 사항은 법률로 정한다.
Article 93
(1) A National Economic Advisory Council may be established to advise the President on the formulation of important policies for developing the national economy.
(2) The organization, function and other necessary matters pertaining to the National Economic Advisory Council shall be determined by Act.

제3관 행정각부
Sub-Section 3 The Executive Ministries

제94조
행정각부의 장은 국무위원 중에서 국무총리의 제청으로 대통령이 임명한다.
Article 94
Heads of Executive Ministries shall be appointed by the President from among members of the State Council on the recommendation of the Prime Minister.

제95조
국무총리 또는 행정각부의 장은 소관사무에 관하여 법률이나 대통령령의 위임 또는 직권으로 총리령 또는 부령을 발할 수 있다.
Article 95

The Prime Minister or the head of each Executive Ministry may, under the powers delegated by Act or Presidential Decree, or ex officio, issue ordinances of the Prime Minister or the Executive Ministry concerning matters that are within their jurisdiction.

제96조
행정각부의 설치·조직과 직무범위는 법률로 정한다.
Article 96
The establishment, organization and function of each Executive Ministry shall be determined by Act.

제4관 감사원
Sub-Section 4 The Board of Audit and Inspection

제97조
국가의 세입·세출의 결산, 국가 및 법률이 정한 단체의 회계검사와 행정기관 및 공무원의 직무에 관한 감찰을 하기 위하여 대통령 소속 하에 감사원을 둔다.
Article 97
The Board of Audit and Inspection shall be established under the direct jurisdiction of the President to inspect and examine the settlement of the revenues and expenditures of the State, the accounts of the State and other organizations specified by Act and the job performances of the executive agencies and public officials.

제98조
① 감사원은 원장을 포함한 5인 이상 11인 이하의 감사위원으로 구성한다.
② 원장은 국회의 동의를 얻어 대통령이 임명하고, 그 임기는 4년으로 하며, 1차에 한하여 중임할 수 있다.
③ 감사위원은 원장의 제청으로 대통령이 임명하고, 그 임기는 4년으로 하며, 1차에 한하여 중임할 수 있다.
Article 98
(1) The Board of Audit and Inspection shall be composed of no less than five and no more than eleven members, including the Chairperson.
(2) The Chairperson of the Board shall be appointed by the President with the consent of the National Assembly. The term of office of the Chairperson shall be four years, and he/she may be reappointed only once.
(3) The members of the Board shall be appointed by the President on the recommendation of the Chairperson. The term of office of the members shall be four years, and they may be reappointed only once.

제99조
감사원은 세입·세출의 결산을 매년 검사하여 대통령과 차년도국회에 그 결과를 보고하여야 한다.
Article 99
The Board of Audit and Inspection shall inspect the closing of accounts of revenues and expenditures each year, and report the results to the President and the National Assembly in the following year.

제100조
감사원의 조직·직무범위·감사위원의 자격·감사대상공무원의 범위 기타 필요한 사항은 법률로 정한다.

Article 100
The organization and function of the Board of Audit and Inspection, the qualifications of its members, the range of the public officials subject to inspection and other necessary matters shall be determined by Act.

■
제5장 법원
CHAPTER V THE COURTS

제101조
① 사법권은 법관으로 구성된 법원에 속한다.
② 법원은 최고법원인 대법원과 각급법원으로 조직된다.
③ 법관의 자격은 법률로 정한다.

Article 101
(1) Judicial power shall be vested in courts composed of judges.
(2) The courts shall be composed of the Supreme Court, which is the highest court of the State, and other courts at specified levels.
(3) Qualifications for judges shall be determined by Act.

제102조
① 대법원에 부를 둘 수 있다.
② 대법원에 대법관을 둔다. 다만, 법률이 정하는 바에 의하여 대법관이 아닌 법관을 둘 수 있다.
③ 대법원과 각급 법원의 조직은 법률로 정한다.

Article 102
(1) Departments may be established in the Supreme Court.
(2) There shall be Supreme Court Justices at the Supreme Court: Provided, That judges other than Supreme Court Justices may be assigned to the Supreme Court under the conditions as prescribed by Act.
(3) The organization of the Supreme Court and lower courts shall be determined by Act.

제103조
법관은 헌법과 법률에 의하여 그 양심에 따라 독립하여 심판한다.

Article 103
Judges shall rule independently according to their conscience and in conformity with the Constitution and laws.

제104조
① 대법원장은 국회의 동의를 얻어 대통령이 임명한다.
② 대법관은 대법원장의 제청으로 국회의 동의를 얻어 대통령이 임명한다.
③ 대법원장과 대법관이 아닌 법관은 대법관회의의 동의를 얻어 대법원장이 임명한다.

Article 104
(1) The Chief Justice of the Supreme Court shall be appointed by the President with the consent of the National Assembly.
(2) The Supreme Court Justices shall

be appointed by the President on the recommendation of the Chief Justice and with the consent of the National Assembly.
(3) Judges other than the Chief Justice and the Supreme Court Justices shall be appointed by the Chief Justice with the consent of the Conference of Supreme Court Justices.

제105조
① 대법원장의 임기는 6년으로 하며, 중임할 수 없다.
② 대법관의 임기는 6년으로 하며, 법률이 정하는 바에 의하여 연임할 수 있다.
③ 대법원장과 대법관이 아닌 법관의 임기는 10년으로 하며, 법률이 정하는 바에 의하여 연임할 수 있다.
④ 법관의 정년은 법률로 정한다.
Article 105
(1) The term of office of the Chief Justice shall be six years and he shall not be reappointed.
(2) The term of office of the Justices of the Supreme Court shall be six years and they may be reappointed as prescribed by Act.
(3) The term of office of judges other than the Chief Justice and Justices of the Supreme Court shall be ten years, and they may be reappointed under the conditions as prescribed by Act.
(4) The retirement age of judges shall be determined by Act.

제106조
① 법관은 탄핵 또는 금고 이상의 형의 선고에 의하지 아니하고는 파면되지 아니하며, 징계처분에 의하지 아니하고는 정직·감봉 기타 불리한 처분을 받지 아니한다.
② 법관이 중대한 심신상의 장해로 직무를 수행할 수 없을 때에는 법률이 정하는 바에 의하여 퇴직하게 할 수 있다.
Article 106
(1) No judge shall be removed from office except by impeachment or a sentence of imprisonment without prison labor or heavier punishment, nor shall he/she be suspended from office, have his/her salary reduced or suffer any other unfavorable treatment except by disciplinary action.
(2) In the event a judge is unable to discharge his/her official duties because of serious mental or physical impairment, he/she may be retired from office under the conditions as prescribed by Act.

제107조
① 법률이 헌법에 위반되는 여부가 재판의 전제가 된 경우에는 법원은 헌법재판소에 제청하여 그 심판에 의하여 재판한다.
② 명령·규칙 또는 처분이 헌법이나 법률에 위반되는 여부가 재판의 전제가 된 경우에는 대법원은 이를 최종적으로 심사할 권한을 가진다.
③ 재판의 전심절차로서 행정심판을 할 수 있다. 행정심판의 절차는 법률로 정하되, 사법절차가 준용되어야 한다.
Article 107
(1) When the constitutionality of a law is at issue in a trial, the court shall request a decision of the Constitutional Court, and shall judge

according to the decision thereof.

(2) The Supreme Court shall have the power to make a final review of the constitutionality or legality of administrative decrees, regulations or actions, when their constitutionality or legality is at issue in a trial.

(3) Administrative appeals may be conducted as a procedure prior to a judicial trial. The procedure of administrative appeals shall be determined by Act and shall be in conformity with the principles of judicial procedures.

제108조
대법원은 법률에 저촉되지 아니하는 범위 안에서 소송에 관한 절차, 법원의 내부규율과 사무처리에 관한 규칙을 제정할 수 있다.

Article 108
The Supreme Court may establish, within the scope of Act, regulations pertaining to judicial proceedings and internal discipline and regulations on administrative matters of the court.

제109조
재판의 심리와 판결은 공개한다. 다만, 심리는 국가의 안전보장 또는 안녕질서를 방해하거나 선량한 풍속을 해할 염려가 있을 때에는 법원의 결정으로 공개하지 아니할 수 있다.

Article 109
Trials and decisions of the courts shall be open to the public: Provided, That when there is a danger that such trials may undermine the national security or disturb public safety and order, or be harmful to public morals, trials may be closed to the public by court decision.

제110조
① 군사재판을 관할하기 위하여 특별법원으로서 군사법원을 둘 수 있다.
② 군사법원의 상고심은 대법원에서 관할한다.
③ 군사법원의 조직·권한 및 재판관의 자격은 법률로 정한다.
④ 비상계엄 하의 군사재판은 군인·군무원의 범죄나 군사에 관한 간첩죄의 경우와 초병·초소·유독음식물공급·포로에 관한 죄 중 법률이 정한 경우에 한하여 단심으로 할 수 있다. 다만, 사형을 선고한 경우에는 그러하지 아니하다.

Article 110
(1) Courts-martial may be established as special courts to exercise jurisdiction over military trials.
(2) The Supreme Court shall have the final appellate jurisdiction over courts-martial.
(3) The organization and authority of courts-martial, and the qualifications of their judges shall be determined by Act.
(4) Military trials under an extraordinary martial law may not be appealed in case of crimes of soldiers and employees of the military; military espionage; and crimes as defined by Act in regard to sentinels, sentry posts, supply of harmful foods and beverages, and prisoners of war, except in the case of a death sentence.

제6장 헌법재판소
CHAPTER VI THE CONSTITUTIONAL COURT

제111조
① 헌법재판소는 다음 사항을 관장한다.
  1. 법원의 제청에 의한 법률의 위헌여부 심판
  2. 탄핵의 심판
  3. 정당의 해산 심판
  4. 국가기관 상호간, 국가기관과 지방자치단체간 및 지방자치단체 상호간의 권한쟁의에 관한 심판
  5. 법률이 정하는 헌법소원에 관한 심판
② 헌법재판소는 법관의 자격을 가진 9인의 재판관으로 구성하며, 재판관은 대통령이 임명한다.
③ 제2항의 재판관중 3인은 국회에서 선출하는 자를, 3인은 대법원장이 지명하는 자를 임명한다.
④ 헌법재판소의 장은 국회의 동의를 얻어 재판관 중에서 대통령이 임명한다.

Article 111
(1) The Constitutional Court shall have jurisdiction over the following matters:
  1. The constitutionality of a law upon the request of the courts;
  2. Impeachment;
  3. Dissolution of a political party;
  4. Competence disputes between State agencies, between State agencies and local governments, and between local governments; and
  5. Constitutional complaint as prescribed by Act.
(2) The Constitutional Court shall be composed of nine Justices qualified to be court judges, and they shall be appointed by the President.
(3) Among the Justices referred to in paragraph (2), three shall be appointed from persons selected by the National Assembly, and three appointed from persons nominated by the Chief Justice of the Supreme Court.
(4) The president of the Constitutional Court shall be appointed by the President from among the Justices with the consent of the National Assembly.

제112조
① 헌법재판소 재판관의 임기는 6년으로 하며, 법률이 정하는 바에 의하여 연임할 수 있다.
② 헌법재판소 재판관은 정당에 가입하거나 정치에 관여할 수 없다.
③ 헌법재판소 재판관은 탄핵 또는 금고 이상의 형의 선고에 의하지 아니하고는 파면되지 아니한다.

Article 112
(1) The term of office of the Justices of the Constitutional Court shall be six years and they may be reappointed under the conditions as prescribed by Act.
(2) The Justices of the Constitutional Court shall not join any political party, nor shall they participate in political activities.
(3) No Justice of the Constitutional Court shall be expelled from office except by impeachment or a sentence of imprisonment without prison labor or heavier punishment.

제113조
① 헌법재판소에서 법률의 위헌결정, 탄핵의 결정, 정당해산의 결정 또는 헌법소원에 관한 인용결정을 할 때에는 재판관 6인 이상의 찬성이 있어야 한다.
② 헌법재판소는 법률에 저촉되지 아니하는 범위 안에서 심판에 관한 절차, 내부규율과 사무처리에 관한 규칙을 제정할 수 있다.
③ 헌법재판소의 조직과 운영 기타 필요한 사항은 법률로 정한다.

Article 113
(1) When the Constitutional Court makes a decision of the constitutionality of a law, a decision of impeachment, a decision of dissolution of a political party or an affirmative decision regarding the constitutional complaint, the concurrence of six Justices or more shall be required.
(2) The Constitutional Court may establish regulations relating to its proceedings and internal discipline and regulations on administrative matters within the limits of Act.
(3) The organization, function and other necessary matters of the Constitutional Court shall be determined by Act.

제7장 선거관리
CHAPTER VII ELECTION MANAGEMENT

제114조
① 선거와 국민투표의 공정한 관리 및 정당에 관한 사무를 처리하기 위하여 선거관리위원회를 둔다.
② 중앙선거관리위원회는 대통령이 임명하는 3인, 국회에서 선출하는 3인과 대법원장이 지명하는 3인의 위원으로 구성한다. 위원장은 위원 중에서 호선한다.
③ 위원의 임기는 6년으로 한다.
④ 위원은 정당에 가입하거나 정치에 관여할 수 없다.
⑤ 위원은 탄핵 또는 금고 이상의 형의 선고에 의하지 아니하고는 파면되지 아니한다.
⑥ 중앙선거관리위원회는 법령의 범위안에서 선거관리·국민투표 관리 또는 정당사무에 관한 규칙을 제정할 수 있으며, 법률에 저촉되지 아니하는 범위안에서 내부규율에 관한 규칙을 제정할 수 있다.
⑦ 각급 선거관리위원회의 조직·직무범위 기타 필요한 사항은 법률로 정한다.

Article 114
(1) Election commissions shall be established for the purpose of fair management of elections and national referenda, and dealing with administrative affairs concerning political parties.
(2) The National Election Commission shall be composed of three members appointed by the President, three members selected by the National Assembly, and three members designated by the Chief Justice of the Supreme Court. The Chairperson of the Commission shall be elected from among the members.
(3) The term of office of the members of the Commission shall be six years.
(4) The members of the Commission shall not join political parties, nor shall

they participate in political activities.
(5) No member of the Commission shall be expelled from office except by impeachment or a sentence of imprisonment without prison labor or heavier punishment.
(6) The National Election Commission may establish, within the limit of Acts and decrees, regulations relating to the management of elections, national referenda, and administrative affairs concerning political parties and may also establish regulations relating to internal discipline that are compatible with Act.
(7) The organization, function and other necessary matters of the election commissions at each level shall be determined by Act.

제115조
① 각급 선거관리위원회는 선거인명부의 작성 등 선거 사무와 국민투표 사무에 관하여 관계 행정기관에 필요한 지시를 할 수 있다.
② 제1항의 지시를 받은 당해 행정기관은 이에 응하여야 한다.
Article 115
(1) Election commissions at each level may issue necessary instructions to administrative agencies concerned with respect to administrative affairs pertaining to elections and national referenda such as the preparation of the pollbooks.
(2) Administrative agencies concerned, upon receipt of such instructions, shall comply.

제116조
① 선거운동은 각급 선거관리위원회의 관리하에 법률이 정하는 범위안에서 하되, 균등한 기회가 보장되어야 한다.
② 선거에 관한 경비는 법률이 정하는 경우를 제외하고는 정당 또는 후보자에게 부담시킬 수 없다.
Article 116
(1) Election campaigns shall be conducted under the management of the election commissions at each level within the limit set by Act. Equal opportunity shall be guaranteed.
(2) Except as otherwise prescribed by Act, expenditures for elections shall not be imposed on political parties or candidates.

제8장 지방자치
CHAPTER VIII LOCAL AUTONOMY

제117조
① 지방자치단체는 주민의 복리에 관한 사무를 처리하고 재산을 관리하며, 법령의 범위 안에서 자치에 관한 규정을 제정할 수 있다.
② 지방자치단체의 종류는 법률로 정한다.
Article 117
(1) Local governments shall deal with administrative matters pertaining to the welfare of local residents, manage properties, and may enact provisions relating to local autonomy, within the limit of Acts and subordinate statutes.
(2) The types of local governments shall be determined by Act.

제118조
① 지방자치단체에 의회를 둔다.
② 지방의회의 조직·권한·의원선거와 지방자치단체의 장의 선임방법 기타 지방자치단체의 조직과 운영에 관한 사항은 법률로 정한다.

Article 118
(1) A local government shall have a council.
(2) The organization and powers of local councils, and the election of members; election procedures for heads of local governments; and other matters pertaining to the organization and operation of local governments shall be determined by Act.

■
제9장 경제
CHAPTER IX THE ECONOMY

제119조
① 대한민국의 경제질서는 개인과 기업의 경제상의 자유와 창의를 존중함을 기본으로 한다.
② 국가는 균형 있는 국민경제의 성장 및 안정과 적정한 소득의 분배를 유지하고, 시장의 지배와 경제력의 남용을 방지하며, 경제주체 간의 조화를 통한 경제의 민주화를 위하여 경제에 관한 규제와 조정을 할 수 있다.

Article 119
(1) The economic order of the Republic of Korea shall be based on a respect for the freedom and creative initiative of enterprises and individuals in economic affairs.
(2) The State may regulate and coordinate economic affairs in order to maintain the balanced growth and stability of the national economy, to ensure proper distribution of income, to prevent the domination of the market and the abuse of economic power and to democratize the economy through harmony among the economic agents.

제120조
① 광물 기타 중요한 지하자원·수산자원·수력과 경제상 이용할 수 있는 자연력은 법률이 정하는 바에 의하여 일정한 기간 그 채취·개발 또는 이용을 특허할 수 있다.
국토와 자원은 국가의 보호를 받으며, 국가는 그 균형 있는 개발과 이용을 위하여 필요한 계획을 수립한다.

Article 120
(1) Licenses to exploit, develop or utilize minerals and all other important underground resources, marine resources, water power, and natural powers available for economic use may be granted for a period of time under the conditions as prescribed by Act.
(2) The land and natural resources shall be protected by the State, and the State shall establish a plan necessary for their balanced development and utilization.

제121조
① 국가는 농지에 관하여 경자유전의 원칙이 달성될 수 있도록 노력하여야 하며, 농지의 소작제도는 금지된다.

② 농업생산성의 제고와 농지의 합리적인 이용을 위하거나 불가피한 사정으로 발생하는 농지의 임대차와 위탁경영은 법률이 정하는 바에 의하여 인정된다.

Article 121
(1) The State shall endeavor to realize the land-to-the-tillers principle with respect to agricultural land. Tenant farming shall be prohibited.
(2) The leasing of agricultural land and the consignment management of agricultural land to increase agricultural productivity and to ensure the rational utilization of agricultural land or due to unavoidable circumstances, shall be recognized under the conditions as prescribed by Act.

제122조
국가는 국민 모두의 생산 및 생활의 기반이 되는 국토의 효율적이고 균형 있는 이용·개발과 보전을 위하여 법률이 정하는 바에 의하여 그에 관한 필요한 제한과 의무를 과할 수 있다.

Article 122
The State may impose, under the conditions as prescribed by Act, restrictions or obligations necessary for the efficient and balanced utilization, development and preservation of the land of the nation that is the basis for the productive activities and daily lives of all citizens.

제123조
① 국가는 농업 및 어업을 보호·육성하기 위하여 농·어촌종합개발과 그 지원 등 필요한 계획을 수립·시행하여야 한다.
② 국가는 지역 간의 균형 있는 발전을 위하여 지역경제를 육성할 의무를 진다.
③ 국가는 중소기업을 보호·육성하여야 한다.
④ 국가는 농수산물의 수급균형과 유통 구조의 개선에 노력하여 가격 안정을 도모함으로써 농·어민의 이익을 보호한다.
⑤ 국가는 농·어민과 중소기업의 자조조직을 육성하여야 하며, 그 자율적 활동과 발전을 보장한다.

Article 123
(1) The State shall establish and implement a plan to comprehensively develop and support the farm and fishing communities in order to protect and foster agriculture and fisheries.
(2) The State shall have the duty to foster regional economies to ensure the balanced development of all regions.
(3) The State shall protect and foster small and medium enterprises.
(4) In order to protect the interests of farmers and fishermen, the State shall endeavor to stabilize the prices of agricultural and fishery products by maintaining an equilibrium between the demand and supply of such products and improving their marketing and distribution systems.
(5) The State shall foster organizations founded on the spirit of self-help among farmers, fishers and business persons engaged in small and medium industry and shall guarantee their independent activities and

development.

제124조
국가는 건전한 소비 행위를 계도하고 생산품의 품질 향상을 촉구하기 위한 소비자보호운동을 법률이 정하는 바에 의하여 보장한다.
Article 124
The State shall guarantee the consumer protection movement intended to encourage sound consumption activities and improvement in the quality of products under the conditions as prescribed by Act.

제125조
국가는 대외무역을 육성하며, 이를 규제·조정할 수 있다.
Article 125
The State shall foster foreign trade, and may regulate and coordinate it.

제126조
국방상 또는 국민경제상 긴절한 필요로 인하여 법률이 정하는 경우를 제외하고는, 사영기업을 국유 또는 공유로 이전하거나 그 경영을 통제 또는 관리할 수 없다.
Article 126
Private enterprises shall not be nationalized nor transferred to ownership by a local government, nor shall their management be controlled or administered by the State, except in cases as prescribed by Act to meet urgent necessities of national defense or the national economy.

제127조
① 국가는 과학기술의 혁신과 정보 및 인력의 개발을 통하여 국민경제의 발전에 노력하여야 한다.
② 국가는 국가표준제도를 확립한다.
③ 대통령은 제1항의 목적을 달성하기 위하여 필요한 자문기구를 둘 수 있다.
Article 127
(1) The State shall strive to develop the national economy by developing science and technology, information and human resources and encouraging innovation.
(2) The State shall establish a system of national standards.
(3) The President may establish advisory organizations necessary to achieve the purpose referred to in paragraph (1).

제10장 헌법개정
CHAPTER X AMENDMENTS TO THE CONSTITUTION

제128조
① 헌법개정은 국회 재적의원 과반수 또는 대통령의 발의로 제안된다.
② 대통령의 임기 연장 또는 중임변경을 위한 헌법개정은 그 헌법개정 제안 당시의 대통령에 대하여는 효력이 없다.
Article 128
(1) A proposal to amend the Constitution shall be introduced either by a majority of the total members of the National Assembly or by the President.

(2) Amendments to the Constitution for the extension of the term of office of the President or for a change allowing for the reelection of the President shall not be effective for the President in office at the time of the proposal for such amendments to the Constitution.

제129조
제안된 헌법개정안은 대통령이 20일 이상의 기간 이를 공고하여야 한다.

Article 129
Proposed amendments to the Constitution shall be put before the public by the President for twenty days or more.

제130조
① 국회는 헌법개정안이 공고된 날로부터 60일 이내에 의결하여야 하며, 국회의 의결은 재적의원 3분의 2 이상의 찬성을 얻어야 한다.
② 헌법개정안은 국회가 의결한 후 30일 이내에 국민투표에 붙여 국회의원선거권자 과반수의 투표와 투표자 과반수의 찬성을 얻어야 한다.
③ 헌법개정안이 제2항의 찬성을 얻은 때에는 헌법개정은 확정되며, 대통령은 즉시 이를 공포하여야 한다.

Article 130
(1) The National Assembly shall decide upon the proposed amendments within sixty days of the public announcement, and passage by the National Assembly shall require the concurrent vote of two thirds or more of the total members of the National Assembly.
(2) The proposed amendments to the Constitution shall be submitted to a national referendum not later than thirty days after passage by the National Assembly, and shall be determined by more than one half of all votes cast by more than one half of voters eligible to vote in elections for members of the National Assembly.
(3) When the proposed amendments to the Constitution receive the concurrence prescribed in paragraph (2), the amendments to the Constitution shall be finalized, and the President shall promulgate it without delay.

■
부칙
<10, 1987. 10. 29.>

제1조
이 헌법은 1988년 2월 25일부터 시행한다. 다만, 이 헌법을 시행하기 위하여 필요한 법률의 제정·개정과 이 헌법에 의한 대통령 및 국회의원의 선거 기타 이 헌법 시행에 관한 준비는 이 헌법 시행 전에 할 수 있다.

제2조
① 이 헌법에 의한 최초의 대통령 선거는 이 헌법 시행일 40일 전까지 실시한다.
② 이 헌법에 의한 최초의 대통령의 임기는 이 헌법 시행일로부터 개시한다.

제3조
① 이 헌법에 의한 최초의 국회의원선거는 이 헌법 공포일로부터 6월 이내에 실시하

며, 이 헌법에 의하여 선출된 최초의 국회의원의 임기는 국회의원선거 후 이 헌법에 의한 국회의 최초의 집회일로부터 개시한다.
② 이 헌법 공포 당시의 국회의원의 임기는 제1항에 의한 국회의 최초의 집회일 전일까지로 한다.

제4조
① 이 헌법 시행 당시의 공무원과 정부가 임명한 기업체의 임원은 이 헌법에 의하여 임명된 것으로 본다. 다만, 이 헌법에 의하여 선임 방법이나 임명권자가 변경된 공무원과 대법원장 및 감사원장은 이 헌법에 의하여 후임자가 선임될 때까지 그 직무를 행하며, 이 경우 전임자인 공무원의 임기는 후임자가 선임되는 전일까지로 한다.
② 이 헌법 시행 당시의 대법원장과 대법원판사가 아닌 법관은 제1항 단서의 규정에 불구하고 이 헌법에 의하여 임명된 것으로 본다.
③ 이 헌법 중 공무원의 임기 또는 중임제한에 관한 규정은 이 헌법에 의하여 그 공무원이 최초로 선출 또는 임명된 때로부터 적용한다.

제5조
이 헌법 시행 당시의 법령과 조약은 이 헌법에 위배되지 아니하는 한 그 효력을 지속한다.

제6조
이 헌법 시행 당시에 이 헌법에 의하여 새로 설치될 기관의 권한에 속하는 직무를 행하고 있는 기관은 이 헌법에 의하여 새로운 기관이 설치될 때까지 존속하며 그 직무를 행한다.

ADDENDA

Article 1
This Constitution shall enter into force on the twenty-fifth day of February, anno Domini Nineteen hundred and eighty-eight: Provided, That the enactment or amendment of Acts necessary to implement this Constitution, the elections of the President and the National Assembly under this Constitution and other preparations to implement this Constitution may be carried out prior to the entry into force of this Constitution.

Article 2
(1) The first presidential election under this Constitution shall be held not later than forty days before this Constitution enters into force.
(2) The term of office of the first President under this Constitution shall commence on the date of its enforcement.

Article 3
(1) The first elections of the National Assembly under this Constitution shall be held within six months from the promulgation of this Constitution. The term of office of the members of the first National Assembly elected under this Constitution shall commence on the date of the first convening of the National Assembly under this Constitution.
(2) The term of office of the members

of the National Assembly incumbent at the time this Constitution is promulgated shall terminate the day prior to the first convening of the National Assembly under paragraph (1).

Article 4
(1) Public officials and officers of enterprises appointed by the Government, who are in office at the time of the enforcement of this Constitution, shall be considered as having been appointed under this Constitution: Provided, That public officials whose election procedures or appointing authorities are changed under this Constitution, the Chief Justice of the Supreme Court and the Chairperson of the Board of Audit and Inspection shall remain in office until such time as their successors are chosen under this Constitution, and their terms of office shall terminate the day before the installation of their successors.
(2) Judges attached to the Supreme Court who are not the Chief Justice or Justices of the Supreme Court and who are in office at the time of the enforcement of this Constitution shall be considered as having been appointed under this Constitution notwithstanding the proviso of paragraph (1).
(3) Those provisions of this Constitution which prescribe the terms of office of public officials or which restrict the number of terms that public officials may serve, shall take effect upon the dates of the first elections or the first appointments of such public officials under this Constitution.

Article 5
Acts, decrees, ordinances and treaties in force at the time this Constitution enters into force, shall remain valid unless they are contrary to this Constitution.

Article 6
Those organizations existing at the time of the enforcement of this Constitution which have been performing the functions falling within the authority of new organizations to be created under this Constitution, shall continue to exist and perform such functions until such time as the new organizations are created under this Constitution.

Last updated : 2018-06-0

3.2. 프랑스헌법(국역문+영역문)

[해설]

　프랑스 대통령의 지위와 권한 및 대통령의 연방총리 임명에 관한 규정은 프랑스헌법 제5조-제19조, 제30조, 제52조, 제54조, 제56조, 제61조, 제64-65조, 제68조, 제71-1조, 제72-4조, 제88-5조, 제89조 등에 흩어져 있다.

프랑스 제5공화국 헌법

(1958년 10월 4일 제정,
2008년 7월 23일 개정)

전문

　프랑스 국민은 1789년 인간과 시민의 권리 선언에서 규정되고 1946년 헌법 전문에서 확인·보완된 인권과 국민주권의 원리, 그리고 2004년 환경 헌장에 규정된 권리와 의무를 준수할 것을 엄숙히 선언한다.
　프랑스 공화국은 상기의 원리들과 각 국민들의 자유로운 결정에 따라, 공화국에 결합하기를 희망하는 해외영토들에게 자유·평등·박애의 보편적 이념에 입각하고 그들의 민주적 발전을 위한 새로운 제도들을 제공한다.

제1조
(1) 프랑스는 비종교적· 민주적·사회적·불가분적(indivisible) 공화국이다. 프랑스는 출신·인종·종교에 따른 차별 없이 모든 시민이 법률 앞에서 평등함을 보장한다. 프랑스는 모든 신념을 존중한다. 프랑스는 지방분권으로 이루어진다.
(2) 법률이 정하는 바에 따라, 남성과 여성의 평등한 선거직과 선출직 및 직업적·사회적 직책에 동등한 진출을 보장한다.

■ 제1장 주권

제2조
(1) 프랑스 공화국의 국어는 프랑스어이다.
(2) 국가 상징은 청·백·적의 삼색기이다.
(3) 국가(國歌)는 라 마르세예즈(La Marseillaise)이다.
(4) 프랑스 공화국은 자유·평등·박애를 국시로 한다.
(5) 프랑스 공화국은 국민의, 국민에 의한, 국민을 위한 정부를 원칙으로 한다.

제3조
(1) 국가의 주권은 국민에게 있고, 국민은 그 대표자와 국민투표를 통하여 그 주권을 행사한다.
(2) 특정인이나 일부 국민이 주권을 배타적으로 보유·행사할 수 없다.
(3) 선거는 헌법에서 정하는 바에 따라 직접 또는 간접 선거로 할 수 있다. 모든 선거는 항상 보통·평등·비밀 선거로 시행된다.
(4) 공민권과 참정권을 보유한 성년의 프랑스 국민은 법률에서 정하는 바에 따라 선거권을 가진다.

제4조
(1) 정당 및 정치단체는 선거에 협력한다. 정당 및 정치단체는 자유롭게 결성하고 활동한다. 정당 및 정치단체는 주권 및 민주주의의 원리를 준수해야 한다.
(2) 정당 및 정치단체는 법률이 정하는 바에 따라 제1조 제2항에서 정한 원칙의 실현에 기여하여야 한다.
(3) 법률이 정하는 바에 따라 다원적 의사 표명과 국가의 민주주의적 활동에 대한 정당 및 정치적 결사체의 공평한 참여를 보장한다.

■
제2장 대통령

제5조
(1) 대통령은 헌법이 준수되도록 감시한다. 대통령은 그의 중재에 의하여 공권력의 정상적 기능과 국가의 영속성을 보장한다.
(2) 대통령은 국가의 독립, 영토의 보전 및 각종 조약의 준수를 보장한다.

제6조
(1) 대통령은 직접·보통 선거에 의해 5년 임기로 선출된다.
(2) 누구도 두 번 이상 연임할 수 없다.
(3) 본 조의 시행 방법은 조직법(loi organique)으로 정한다.

제7조
(1) 대통령은 유효투표의 절대 과반수 획득에 의하여 선출한다. 제1차 투표에서 절대 과반수를 획득한 후보자가 없을 경우에는 그로부터 14일 후 제2차 투표를 실시한다. 제1차 투표에서 선순위로 득표한 후보가 사퇴한 경우에는 후순위로 득표한 후보를 포함하여 최다 득표한 2인의 후보자만 제2차 투표에 참가할 수 있다.
(2) 선거는 정부의 공고에 의해 실시된다.
(3) 후임 대통령은 현 대통령의 임기 만료 35일 내지 20일 이전에 선거한다.
(4) 어떠한 이유로 대통령이 궐위되거나 정부의 제소에 의해 헌법위원회가 재적위원 절대 과반수로 대통령이 직무를 수행할 수 없다고 확인한 경우에는, 제11조 및 제12조에서 정한 직무를 제외하고 상원의장이 대통령의 직무를 임시로 대행하며, 상원의 장도 그 직무를 수행할 수 없는 경우에는 정부가 대행한다.
(5) 대통령이 궐위되거나 헌법위원회가 대통령이 직무를 수행할 수 없다고 최종적으로 선언한 경우에는, (그 후임자를 선출하기 위한 선거가 실시된다. 선거는) 헌법위원회에서 불가항력적인 사유를 인정한 경우를 제외하고 궐위가 시작되거나 직무수행 불능이 최종적으로 선언된 날로부터 20일 내지 35일 이내에 (그 후임자를 선거한다) 실시된다.
(6) 입후보 등록 마감 전 30일 내에 입후보를 공개 선언했던 후보자가 입후보 등록 마감 전 7일 이내에 사망하거나 장해가 발생

한 경우에 헌법위원회는 선거의 연기를 결정할 수 있다.
(7) 제1차 투표 전에 후보자 중 1인이 사망하거나 장해가 발생한 경우 헌법위원회는 선거의 연기를 선언한다.
(8) 제1차 투표의 최다득표자 2인 중 1인이 사퇴한 경우는 제외하고, 그 2인 중 1인이 사망하거나 장해가 발생한 경우에 헌법위원회는 재선거를 선언한다. 제2차 투표의 후보자로 새로 정해진 2인 중 1인이 사망하거나 장해가 발생한 경우에도 같다.
(9) 모든 경우는, 제6조의 조직법의 후보자 출마에 관한 조항 또는 제61조 제2항에 따라 헌법위원회에 회부된다.
(10) 헌법위원회는 선거가 헌법위원회의 결정이 있은 날로부터 35일 이내에 실시되는 범위 내에서 제3항 및 제5항에서 정한 기한을 연장할 수 있다. 본 항의 적용으로 인해 선거가 현 대통령의 임기 만료 이후에 실시되는 경우에는 현 대통령이 그 후임자가 공포될 때까지 직무를 수행한다.
(11) 대통령이 궐위되거나 장해가 최종적으로 선언되어 그 후임자를 선출하는 기간 동안에는 제49조·제50조·제89조가 적용되지 아니한다.

제8조
(1) 대통령은 총리를 임명한다. 총리가 정부의 사퇴서를 제출하면 대통령은 총리를 해임한다.
(2) 대통령은 총리의 제청에 따라 국무위원을 임명한다.

제9조
대통령은 국무회의를 주재한다.

제10조
(1) 대통령은 최종적으로 가결되어 정부에 이송된 법안을 이송일로부터 15일 이내에 공포한다.
(2) 대통령은 이 기한이 만료되기 전에 의회에 대하여 당해 법률 또는 일부 조항의 재심의를 요구할 수 있다. 이 재심의 요구는 거부될 수 없다.

제11조
(1) 의회의 회기 중에 정부가 제안하거나 양원이 합동으로 제안하여 관보에 개재하는 경우 대통령은 공권력의 조직, 경제·사회·환경정책 개혁 및 공공서비스, 헌법에 위배되지는 않으나 제도의 운영에 영향이 있을 조약의 비준 동의에 대한 정부 제출 법안에 대한 국민투표를 시행할 수 있다.
(2) 정부의 제안에 따라 국민투표가 결정되면, 정부는 각 원에서 국민투표를 선언하고 토론한다.
(3) 제1항에 명시된 대상에 대한 국민투표는, 선거인명부에 등록된 선거인 10분의 1의 지지를 받은, 양원 의원 5분의 1의 발의로 시행될 수 있다. 이 발의는 의원발의법안의 형태를 띠며, 공포된 지 일 년 미만인 법률규정을 폐기하려는 목적을 가질 수 없다.
(4) 제출 조건과 헌법위원회의 제3항에 대한 적법성 준수 여부 심의 조건들은 조직법으로 규정한다.
(5) 의원발의 법안이 조직법이 정한 기일 내에 양원 심의를 받지 못하게 되는 경우, 대통령이 이를 국민투표에 회부할 수 있다.
(6) 의원발의 법안이 국민투표에서 가결되지 않았을 때 동 국민투표일로부터 2년이 경과하기 이전에는 동일한 안건에 대한 어떤 새로운 국민투표발의안도 제출될 수 없다.
(7) 국민투표를 통해 정부제출법안이나 의원발의법안이 가결되면, 대통령은 투표 결

과가 공포된 날로부터 15일 이내에 법률을 공포한다.

제12조
(1) 대통령은 총리, 양원의 의장과 협의한 후 하원의 해산을 선포할 수 있다.
(2) 총선거는 하원 해산 후 20일 내지 40일 이내에 실시된다.
(3) 하원은 선거 후 두 번째 목요일에 당연히 소집된다. 정기회 기간 외에 소집되는 경우에는 15일간의 회기가 당연히 개회된다.
(4) 선거가 실시된 후 1년이 지나기 전에는 다시 하원을 해산할 수 없다.

제13조
(1) 대통령은 국무회의에서 심의된 법률명령(ordonnances)과 명령(décrets)에 서명한다.
(2) 대통령은 국가의 일반공무원 및 군공무원을 임명한다.
(3) 국사원(Conseil d'État) 위원·레지옹 드 뇌르(Légion d'honneur) 상훈국 총재·대사·특사·회계감사원(Cour des Comptes) 감사관·지사(préfet)·제74조에서 규정한 해외영토 및 뉴칼레도니아 파견 정부대표·군 장성·지역별 대학구의 장(recteurs des académies)·중앙행정조직의 장은 국무회의에서 임명한다.
(4) 국무회의에서 임명하는 여타 직위 및 대통령이 임명권을 위임할 수 있는 요건에 대해서는 조직법으로 정한다.
(5) 제3항에서 언급한 것 외에, 권리와 자유 보장 또는 국가의 경제·사회활동에 대해 갖는 중요성 때문에 의회의 소관 상임위원회의 공식 의견을 구한 후 대통령이 임명권을 행사하게 되는 직위나 직무들은 조직법으로 정한다. 각 위원회에서 나온 반대표의 합계가 적어도 상,하 양원의 두 위원회에서 행사된 투표수의 5분의 3에 달하면, 대통령은 임명할 수가 없다. 관련 직위나 직무에 따른 소관 상임위원회는 법률로 정한다.

제14조
대통령은 외국에 파견하는 대사·특사에게 신임장을 수여하고, 외국의 대사·특사의 신임장을 접수한다.

제15조
대통령은 군의 통수권자이다. 대통령은 국방최고회의(conseils supérieurs de la Défense nationale) 및 국방최고위원회(comités supérieurs de la Défense nationale)를 주재한다.

제16조
(1) 공화국의 제도·국가의 독립·영토의 보전·국제협약의 집행이 심각하고 직접적으로 위협받고, 헌법에 의한 공권력의 정상적인 기능이 정지되는 경우에 대통령은 총리·양원의 의장·헌법위원장과 공식 협의를 거친 후 필요한 조치(긴급조치)를 취한다.
(2) 대통령은 교서를 통해 이를 국민에게 알린다.
(3) 이러한 조치는 헌법에 기초한 공권력이 그 직무를 완수할 수 있는 수단을 최단기에 확보하는 것을 목적으로 하여야 한다. 이와 관련하여 헌법위원회와 협의한다.
(4) 의회는 당연히 소집된다.
(5) 하원은 비상권한(pouvoirs exceptionnels)의 발동 기간 중에는 해산될 수 없다.
(6) 비상권한 발동기간 30일이 지난 후, 하원의장, 상원의장, 60명의 하원의원 및 60명의 상원의원은 제1항에 규정된 조건들이 갖추어졌는지를 심의할 목적으로 헌법

위원회에 제소할 수 있다. 헌법위원회는 최단기간 내에 공지를 통해 결정 사항을 공개 발표한다. 헌법위원회는 전권을 가지고 심의하며, 비상권한 발동 기간 60일 이내에는 상기와 같은 조건하에, 그리고 동 기간을 경과하는 경우에는 언제든지 결정한다.

제17조
대통령은 특별 사면권을 가진다.

제18조
(1) 대통령은 양원에 교서를 전달하여 낭독하게 함으로써 의회와 연락하고, 당해 교서는 어떠한 토론의 대상도 되지 아니한다.
(2) 대통령은 연설을 목적으로 소집된 양원 합동회의에서 연설할 수 있다. 동 연설은 대통령의 불참 하에 토론의 대상이 될 수 있으나, 표결에 부치지 아니한다.
(3) 의회의 회기가 아닌 경우에는 당해 목적을 위해 특별하게 상원 및 하원이 소집된다.

제19조
제8조(제1항)·제11조·제12조·제16조·제18조·제54조·제56조·제61조에서 정한 대통령의 (통치)행위 이외에 대해서는 총리가 부서하고, 경우에 따라 주무장관도 부서할 수 있다.

■
제3장 정부

제20조
(1) 정부는 국가의 정책을 결정하고 추진한다.
(2) 정부는 행정조직과 군조직으로 구성된다.

(3) 정부는 제49조·제50조에서 정한 요건 및 절차에 따라 의회에 대하여 책임을 진다.

제21조
(1) 총리는 정부의 활동을 지휘한다. 총리는 국방에 대한 책임을 가진다. 총리는 법의 집행을 보장한다. 제13조에 따라 총리는 행정입법 제정권(pouvoir réglementaire)을 행사하며, 일반공무원 및 군공무원을 임명한다.
(2) 총리는 그 권한의 일부를 장관에게 위임할 수 있다.
(3) 총리는 (경우에 따라) 대통령을 대리하여 제15조의 (국방최고)회의와 (국방최고위원회)를 주재할 수 있다.
(4) 총리는 명시적인 위임을 받아 한정된 (제한된/특정한) 의사일정에 한하여 예외적으로 대통령을 대리해서 국무회의를 주재할 수 있다.

제22조
총리의 행위(actes)에 대해 그 집행을 담당하는 장관이 부서할 수 있다.

제23조
(1) 국무위원은 의원직·전국적인 직능 대표·공직·직업 활동을 겸할 수 없다.
(2) 이러한 직무·기능·직위의 대리에 대한 요건은 조직법으로 정한다.
(3) 의원직의 대리는 제25조에서 정하는 바에 따른다.

■
제4장 의회

제24조

(1) 의회는 법을 의결한다. 의회는 정부의 활동을 감시한다. 의회는 공공정책을 평가한다.
(2) 의회는 하원과 상원(Sénat)으로 구성된다.
(3) 하원의원의 수는 577인을 초과할 수 없으며, 직접선거에 의해 선출된다.
(4) 상원의원의 수는 348인을 초과할 수 없으며, 간접선거에 의해 선출된다. 상원은 공화국의 지방자치단체들을 대표하여 구성된다.
(5) 재외 프랑스인들은 하원과 상원에 자신들을 대표할 의원을 선출한다.

제25조
(1) 각 원의 임기·의원의 정수·세비·피선거 자격요건·피선거권 상실·겸직금지에 대하여서는 조직법으로 정한다.
(2) 상원 또는 하원에 결원이 발생할 경우 해당 의원이 소속된 원의 개선 또는 총선이 실시될 때까지 그 직을 대리하거나, 의원이 정부 직책을 수락할 경우 임시로 그 직을 대리할 의원을 선출하는 요건에 대하여서도 조직법으로 정한다.
(3) 법률로 그 구성·조직 및 운영 규정이 정해질 독립 위원회가 하원의원 선거를 위한 선거구의 범위를 정하거나 하원의원 또는 상원의원 의석 분배를 수정하는 정부발의 법안과 의원발의 법안들에 대하여 공개적으로 의사를 표명한다.

제26조
(1) 의회의 의원은 직무 수행 중의 발언 및 표결과 관련하여 소추·수색·구금·재판을 받지 아니한다.
(2) 해당 의원이 소속된 원의 의장단(Bureau)의 동의 없이 범죄 또는 위법행위와 관련하여 체포되거나 자유를 박탈 또는 제한받지 아니한다. 단, 현행범이나 최종 판결이 선고된 경우는 예외로 한다.
(3) 해당의원이 소속된 원의 요구에 따라 회기 중에는 의원에 대한 구금·자유의 박탈 또는 제한·소추가 중단된다.
(4) 해당 원은 전 항의 적용을 위해 추가회의(séances supplémentaires)를 당연히 소집한다.

제27조
(1) 모든 강제 위임은 무효이다.
(2) 표결권은 각 의원에게 있다.
(3) 조직법에 따라 예외적으로 위임에 의한 대리투표를 할 수 있다. 이 경우에 어느 의원도 1인 이상의 의원의 위임을 받아 대리투표를 할 수 없다.

제28조
(1) 의회의 정기 회기는 10월 첫 번째 평일에 개회하고, 6월 마지막 평일에 폐회한다.
(2) 각 원의 정기 회기 중 개의 일수는 각각 120일을 초과할 수 없다. 회의 주간은 각 원에서 정한다.
(3) 총리는 해당 원의 의장과 협의한 후 추가 회의를 소집할 수 있다. 해당 원의 과반수 의원의 요구에 의해서도 추가 회의를 소집할 수 있다.
(4) 개의 일수 및 개의 시간은 각 원의 의사규칙(règlement)으로 정한다.

제29조
(1) 총리 또는 하원 재적의원 과반수의 요구에 따라 특정한 의사일정을 처리하기 위한 의회의 임시회(session extraordinaire)가 소집된다.
(2) 하원의 요구에 의해 임시회가 소집된 경우 당해 회의를 소집한 의사일정이 종료하면 개회 일로부터 최대 12일 이내에 폐

회 명령을 발한다. (*E : 빠른 걸로)
(3) 폐회 명령이 발하여진 후 오직 총리만 1개월이 지나기 전에 새로운 (임시)회의 소집을 요구할 수 있다.

제30조
의회가 당연 소집되는 경우 이외의 임시회는 대통령의 명령에 의해 개회 및 폐회된다.

제31조
(1) 국무위원은 양원에 출석할 수 있다. 의회에서 요구하면 발언할 수 있다.
(2) 국무위원은 정부위원(commissaires du Gouvernement)의 보좌를 받는다.

제32조
하원의장은 당해 입법회기의 기간을 임기로 하여 선출된다. 상원의장은 개선이 이루어질 때마다 선출된다.

제33조
(1) 양원의 회의는 공개한다. 전문(全文)회의록은 관보에 게재된다.
(2) 각 원은 총리 또는 소속 의원의 10분의 1의 요구에 따라 회의를 공개하지 아니할 수 있다.

■
제5장 의회와 정부의 관계

제34조
(1) 법률은 다음 사항을 규정한다.
-시민권(droits civiques), 공적 자유와 언론의 자유·다원주의 및 독립의 행사를 위하여 시민에게 부여된 기본적 보장. 국방을 위해 시민에게 과하여진 신체 및 재산상 의무.
-국적. 개인의 신분 및 법적 능력. 부부재산제. 상속 및 증여.
-중죄 및 경죄 및 위법행위의 결정과 그에 대한 형벌. 형사소송절차. 사면. 새로운 심급의 법원 설치와 사법관(magistrats)의 지위에 관한 규정.
-모든 조세의 과세 기준·세율·징수 방식. 화폐 발행제도.
(2) 법률은 다음 사항에 대해서도 규정한다.
-의회, 지방의회, 재외 프랑스인 대표기관들의 선거제도 및 지방자치 단체 심의기관위원의 선거직 및 선출직 직무수행 조건.
-공공기관의 설립.
-국가의 일반공무원 및 군공무원의 신분보장.
-기업의 국유화 및 공기업의 민영화.
(3) 법률은 다음 사항의 기본원칙을 정한다.
-국방 조직.
-지방자치단체의 자유 행정·권한·재원.
-교육.
-환경보존.
-재산권·물권·민간 채권·상업 채권.
-노동권. 노동조합권. 사회보장권.
(4) 예산법(lois de finances)은 조직법에서 정한 요건과 그 유보조항에 따라 국가의 재원과 및 부담을 정한다.
(5) 사회보장기금법(lois de financement de la sécurité sociale)은 조직법에서 정한 요건과 그 유보조항에 따라 균형재정에 대한 일반적인 요건을 정하고, 예상수입을 감안하여 지출의 용도를 정한다.
(6) 국가계획법(lois de programmation)이 국가 행위의 목적을 정한다.
(7) 중기 공공 재정 운용 방향은 국가계획법에 의해 규정되며 예산 균형 목표를 지향한다.

(8) 본 조항은 조직법으로 구체화되고 보완될 수 있다.

제34-1조
(1) 양원은 조직법이 정하는 조건하에서 결의안을 의결할 수 있다.
(2) 결의안의 채택이나 거부가 성격상 정부의 책임 문제를 제기하거나 정부에 대한 명령을 포함하는 것으로 정부가 판단하는 경우, 동 결의안은 수리되어 의사일정에 포함될 수 없다.

제35조
(1) 전쟁선포는 사전에 의회에서 승인한다.
(2) 정부는 해외파병이 개시된 이후 늦어도 3일 이내에 의회에 명확한 파병 목적과 함께 해외파병 결정 사항을 통보한다. 이는 토의 대상이 될 수 있으나 어떠한 표결도 수반되지 않는다.
(3) 해외파병 기간이 4개월을 초과할 경우 정부는 파병 연장에 대한 의회의 동의를 요청한다. 정부는 하원이 최종적으로 결정하도록 요청할 수 있다.
(4) 4개월 기간이 경과된 시점에 의회가 회기 중이 아닌 경우, 다음 회기 개회 시에 결정한다.

제36조
(1) 비상계엄령은 국무회의에서 발한다.
(2) 계엄 기간이 12일을 초과하는 경우 의회에서만 그 연장을 승인할 수 있다.

제37조
(1) 법률의 소관 사항 이외의 사항은 행정입법의 성격(caractère réglementaire)을 가진다.
(2) 행정입법의 소관에 속하는 사항에 대한 법률은 국사원의 의견 청취 후 명령을 발하여 개정할 수 있다. 헌법위원회가 본 헌법의 발효 이후에 제정된 법률이 전 항의 규정에 의해 행정입법의 소관 사항에 속한다고 선언하는 경우에 한해 명령으로써 개정할 수 있다.

제37-1조
법률과 행정입법은 제한된 목적과 기간에 한하여 실험적인 조항(dispositions à caractère expérimental)을 포함할 수 있다.

제38조
(1) 정부는 국정 수행을 위하여 법률의 소관 사항에 속하는 조치를 일정한 기간 동안 법률 명령으로써 행할 수 있도록 승인해 줄 것을 의회에 요구할 수 있다.
(2) 법률 명령은 국사원의 의견 청취 후 국무회의에서 발한다. 법률 명령은 공포 즉시 발효된다. 그러나 수권법률(loi d'habilitation)에서 정한 기한 내에 이를 승인하는 법안이 의회에 제출되지 아니하면 폐기된다.
(3) 본 조의 제1항의 기한이 만료되면 법률 명령의 법률 소관 사항은 법률에 의해서만 개정될 수 있다. 법률 명령은 명시된 방법으로만 추인될 수 있다.

제39조
(1) 의회 의원들과 총리는 법안 발의권을 가진다.
(2) 정부 제출 법안은 국사원의 의견을 청취하고 국무회의에서 심의한 후 양원 중 한 원에 제출된다. 예산법 및 사회보장기금법은 하원에 먼저 제출된다. 제44조 제1항과 별도로 지방자치단체의 구성을 주목적으로 하는 정부발의 법안은 상원에 먼저 제출된다.

(3) 하원 또는 상원에 제출된 정부법안의 제안 설명은 조직법이 정하는 조건에 따른다.
(4) 정부 제출 법안은 소집된 첫 번째 의회의 의장단 회의에서 조직법이 정한 규정들이 무시되었음을 확인한 경우 의사일정에 포함될 수 없다. 의장단 회의와 정부 간에 합의를 이루지 못하는 경우, 해당 의회의 의장이나 총리가 헌법위원회에 제소할 수 있으며, 헌법위원회는 8일 이내에 결정한다.
(5) 법률이 정한 조건하에서, 의회 의장은 발의 법안을 당사자가 반대하지 않는 한 위원회 심의 이전에 국사원에 의견을 요청할 수 있다.

제40조
공공재원(ressources publiques)의 감소 또는 공공부담(charges publiques)의 신설 내지 증가를 수반하는 의원발의 법안·개정안은 접수될 수 없다.

제41조
(1) 정부나 해당 의회의 의장은 입법 절차 중에 법안 또는 개정안이 법률의 소관 사항이 아니거나, 제38조에서 위임한 바에 위배된다고 판단되는 경우 그 접수를 거부할 수 있다.
(2) 정부와 해당 원의 의장 사이에 이견이 있을 경우, 어느 한편의 제소에 따라 헌법위원회가 8일 이내에 이에 대해 재결한다.

제42조
(1) 본회의에서 정부제출 법안과 의원발의 법안에 대한 토의는 제43조의 적용에 따라 지정된 상임위원회가 가결한 법안을 대상으로 하고, 그렇지 못한 경우에는 의회에 제출된 법안을 대상으로 한다.

(2) 그러나, 헌법개정안, 예산법안 및 사회보장기금법안에 대한 토의의 경우, 1차 독회는 양원 중 처음으로 제출된 의회에서 정부가 제출한 법안에 대해 진행하고, 그 외의 법안독회의 경우 타원에서 이송된 법안에 대해 진행한다.
(3) 1차 독회 시, 정부제출 법안 또는 의회발의 법안에 대한 본회의에서의 토의는 그 법안이 제출된 날로부터 6주가 경과한 후에 개시될 수 있고, 타원에서는 법안의 이송 후 4주가 경과하기 이전에는 토의가 개시될 수 없다.
(4) 전 항의 규정은 제45조에 지정한 조건에 따라 신속 진행 절차가 개시되는 경우에는 적용되지 않는다. 또한 예산법, 사회보장기금법 및 위기 상황 관련법안에 대해서도 적용되지 아니한다.

제43조
(1) 정부제출 법안 및 의원발의 법안은 각 원마다 8개로 그 수가 제한된 상임위원회 중 1개 상임위원회에 회부된다.
(2) 정부 또는 당해 원의 요구가 있을 경우, 정부제출 법안 및 의원발의 법안은 특별히 지정된 위원회에 회부된다.

제44조
(1) 의회 의원들과 총리는 개정권을 가진다. 이 권리는 조직법이 정한 범위내에서, 양원의 내부규정이 정하는 조건에 따라 본회의나 또는 상임위원회에서 행사된다.
(2) 일단 토론이 개시되면 정부는 사전에 위원회에 제출되지 아니한 모든 개정안의 심사를 거부할 수 있다.
(3) 개정안을 심의 중인 원은 정부의 요구에 따라 정부에서 제출하거나 수락한 개정안에 한해 그 전문 또는 일부에 대해 일괄투표한다.

제45조
(1) 동일한 법률을 채택하기 위해 모든 정부제출 법안 및 의원발의 법안은 양원에서 차례로 심의한다. 제40조나 제41조의 적용과 상관없이, 모든 수정안은 제출된 법안이나 다른 원에서 회부된 법안과 직·간접적인 관계가 있을 경우, 1차 독회에서 수리될 수 있다.
(2) 양원 간의 이견으로 인하여 정부제출 법안 또는 의원발의 법안이 각 원에서 2차 독회(lecture)를 거친 후에도 채택되지 아니하거나, 또는 각 원의 1차 독회 후 양원 의장단의 공동 반대 없이 정부가 신속 진행 절차를 사용하기로 결정할 경우 또는 의원발의 법안일 경우에는 양원 의장이 공동으로 토의 중인 조항에 대한 법안 제출을 담당할 양원동수위원회(兩院同數委員會, commission mixte paritaire)를 소집할 권한을 갖는다.
(3) 정부는 각 원에 양원동수위원회에서 작성된 의안을 채택하도록 부의할 수 있다. 정부의 동의 없이 어떠한 개정안도 접수될 수 없다.
(4) 양원동수위원회가 공동 의안을 채택하지 못하거나 그 의안이 전 항에서 정하는 바에 따라 가결되지 아니하면, 정부는 상원과 하원에서 각기 다시 독회를 한 후 하원에서 최종적으로 의결할 것을 요구할 수 있다. 이 경우에 하원은 양원동수위원회에서 작성한 의안 또는 하원에서 의결한 의안을 경우에 따라서는 상원에서 채택된 1개 또는 수개의 개정안으로 수정하여 재심의할 수 있다.

제46조
(1) 헌법에서 조직법의 성격을 부여하는 법률들은 다음 요건에서 의결되고 개정된다.
(2) 정부제출 법안 및 의원발의 법안은 제42조의 3항에 규정된 기간을 경과한 때에만 1차 독회에서 양원에서의 심의 및 표결이 가능한다. 다만, 제45조에 규정된 조건 하에서 신속 진행 절차가 개시되었을 경우 정부제출 또는 의원발의 법안은 먼저 제출된 원에서 제출일로부터 15일이 경과한 후에만 심의하고 표결할 수 있다.
(3) 제45조의 절차를 준용할 수 있다. 단, 양원 간에 이견이 있을 경우에는 하원의 최종 독회에서 재적의원 절대 과반수의 찬성에 의해서만 법안이 채택될 수 있다.
(4) 상원에 관한 조직법은 양원에서 동일한 조문으로 의결되어야 한다.
(5) 조직법은 헌법위원회의 합헌결정이 있은 이후에만 공포할 수 있다.

제47조
(1) 의회는 조직법에서 정하는 바에 따라 예산법안을 의결한다.
(2) 하원에 정부제출 법안이 제출된 날로부터 40일 이내에 제1차 독회를 통해 의결하지 아니하면 정부는 이를 상원에 부의하고, 상원은 이를 15일 이내에 의결하여야 한다. 그다음은 제45조에 따른다.
(3) 의회가 70일 이내에 의결하지 않으면, 정부제출 법안은 법률명령으로써 발효될 수 있다.
(4) 한 회계연도의 재원 및 부담을 정하는 예산법이 당해 회계연도가 개시되기 전에 공표될 수 있는 기한 내에 제출되지 아니한 경우에, 정부는 의회에 대하여 조세 징수의 승인을 긴급 요구하고, 명령으로써 의결된 항목에 대한 지출을 개시한다.
(5) 의회가 회기 중이 아닌 때에는 본 조에서 정하는 기간이 중단된다.

제47-1조
(1) 의회는 조직법에서 정하는 바에 따라

사회보장기금법안을 의결한다.
(2) 하원에 정부제출 법안이 제출된 날로부터 20일 이내에 제1차 독회를 통해 의결하지 아니하면 정부를 이를 상원에 부의하고, 상원은 이를 15일 이내에 의결하여야 한다. 그다음은 제45조에 따른다.
(3) 의회가 50일 이내에 의결하지 않으면, 정부제출 법안은 법률 명령으로써 발효될 수 있다.
(4) 의회가 회기 중이 아니거나 제28조 제2항에 의해 각 원에서 휴회 결정을 한 주간에는 본 조에서 정하는 기간이 중단된다.

제47-2조
(1) 회계감사원은 정부의 정책 감독 업무에 있어 의회를 지원한다. 회계감사원은 예산법의 집행 감독, 사회보장기금법 적용 및 공공정책의 평가에 있어 정부와 의회를 지원한다. 회계감사원은 공개보고서를 통해 국민에게 정보를 제공한다.
(2) 공공기관의 회계는 적법하고 적정하게 이루어져야 한다. 이는 동 기관들의 재정 관리, 자산 및 재정 상황 결과를 충실히 반영해야 한다.

제48조
(1) 의회의 의사일정은 제28조의 마지막 3개항(제2항·제3항·제4항)과 별도로, 양원이 각각 결정한다.
(2) 4주의 본회의 중 2주는 정부가 정하는 의사일정에 따라, 우선적으로 정부가 요청한 의안을 심의하고 토의하여야 한다.
(3) 이 외에, 예산법안과 사회보장 기금법안의 심의, 동 조 다음 항의 규정이 정하는 바에 따라, 타원에서 이송된 지 최소한 6주가 경과된 법안들, 국가 위기 상황에 관련된 정부제출 법안 및 제35조와 관련된 동의 요청은 정부의 요청에 따라 우선적으로

의사일정에 반영된다.
(4) 4주의 본회의 중 1주는 각원이 정한 의사일정에 따라, 우선적으로 정부 정책 감독 및 공공정책 평가를 한다.
(5) 1개월의 본회의 중 1일은 각 원의 결정 하에 원내 제1 야당 교섭단체 및 소수 교섭단체가 요구하는 의사일정을 진행한다.
(6) 제29조에 규정된 임시회를 포함하여 최소한 일주일의 본회의 중 1회는 우선적으로 대정부 질의답변 시간으로 할당한다.

제49조
(1) 총리는 국정운용계획 또는 일반정책 선언(시정연설?)과 관련하여 국무회의의 심의를 거친 후 하원에 대해 정부의 책임을 진다.
(2) 하원은 불신임 동의안 표결을 통해 정부의 책임을 추궁한다. 불신임 동의안은 하원 재적의원의 10분의 1이 서명하여야만 수리할 수 있다. 불신임 동의안이 제출되면 그로부터 48시간이 경과한 후에만 표결할 수 있다. 불신임 동의안에 찬성하는 투표만 집계되며, 하원 재적의원의 과반수 이상의 찬성이 있을 경우에만 가결된다. 다음 항에서 정하는 경우를 제외하고 각 의원은 동일한 정기회기 중에 3건 이상, 동일한 임시회기 중에 1건 이상의 불신임 동의안에 서명할 수 없다.
(3) 총리는 정부제출 예산법안 또는 사회보장 기금법안의 표결과 관련하여 국무회의의 심의를 거친 후 하원에 대해 책임을 진다. 정부제출 법안 제출 후 24시간 이내에 전항에서 정하는 요건에 따라 이에 대한 불신임 동의안이 가결되지 아니하는 한 그 의안은 채택된 것으로 간주한다. 또한 총리는 회기당 1회에 한하여 여타 정부제출 법안 또는 의원발의 법안에 대해 동일한 절차를 적용할 수 있다.

(4) 총리는 상원에 대하여 일반정책 선언에 대한 승인을 요구할 권한을 가진다.

제50조
하원이 불신임 동의안을 가결하거나 정부의 국정 계획 또는 일반정책 선언을 부결하는 경우에, 총리는 대통령에게 정부의 사퇴서를 제출하여야 한다.

제50-1조
정부는 직권으로, 또는 제51-1조에서 규정한 의회 교섭단체의 요구에 따라 양원 중 한 원을 대상으로 특정한 주제에 대해 토의를 수반하는 선언을 할 수 있고, 정부가 결정을 내릴 경우, 정부의 책임을 지지 않는 표결의 대상이 될 수 있다.

제51조
정기회 또는 임시회의 폐회는 경우에 따라 제49조 규정의 적용을 인정하기 위하여 당연히 연기된다. 이를 위하여 추가 회의가 당연히 개의된다.

제51-1조
각 원의 의사규정으로 원내 교섭단체의 권한을 정한다. 동 규정은 관련 원내 제1야당 교섭단체 및 소수 교섭단체에게 특별한 권한을 인정한다.

제51-2조
(1) 헌법 제24조 제1항에 정의된 평가 및 감독 업무의 수행을 위해, 법이 정한 조건 하에서 정보수집을 목적으로 각 원내에 조사위원회를 설치할 수 있다.
(2) 그 조직과 기능에 대한 사항은 법률로 정한다. 위원회의 설치 조건은 각 원의 의사규정으로 정한다.

제6장 국제조약 및 국제협정

제52조
(1) 대통령은 조약들을 협상하고 비준한다.
(2) 대통령은 비준을 요하지 아니하는 국제협정의 체결과 관련한 협상에 대해 보고를 받는다.

제53조
(1) 평화조약, 통상조약, 국제기구와 관련한 조약 또는 협정, 국가의 재정 부담, 법률의 개정, 개인의 신분 변화, 영토의 할양·교환·병합을 야기하는 조약 또는 협정은 법률에 의해서만 비준 또는 승인할 수 있다.
(2) 조약 또는 협정은 비준 또는 승인되어야만 효력을 발휘한다.
(3) 관련 국민들의 동의 없이 이루어지는 모든 영토의 할양·교환·병합은 무효이다.

제53-1조
(1) 공화국은 망명·인권 보호·근본적 자유라는 동일한 이념으로 연계된 유럽 국가들과 해당국에 제출된 망명 요청을 심사할 수 있는 권한에 대한 협정을 체결할 수 있다.
(2) 단, 상기의 협정에 따라 망명 요청이 자국의 권한에 속하지 아니할지라도 공화국은 자유를 위한 활동을 이유로 박해받거나 그 외의 다른 이유로 공화국의 보호를 필요로 하는 모든 외국인에게 망명을 허가할 수 있다.

제53-2조
공화국은 1998년 7월 18일에 체결된 조약에 따라 국제형사재판소(Cour pénale internationale)의 재판권을 인정할 수 있다.

제54조
대통령·총리·양원 중 한 원의 의장·60인의 하원의원·60인의 상원의원이 제소한 헌법위원회에서 특정한 국제협약이 헌법에 위배되는 조항을 포함한다고 선언하면, 당해 국제협약의 비준 또는 승인은 헌법개정 이후에만 허가될 수 있다.

제55조
적법하게 비준 또는 승인된 국제조약이나 국제협정은 각기 상대국에서도 시행된다는 유보하에 공포하는 즉시 법률에 우선하는 권한을 가진다.

제7장 헌법위원회

제56조
(1) 헌법위원회는 9명의 위원으로 구성되고, 그 임기는 9년이며 연임할 수 없다. 헌법위원회는 3년마다 3분의 1이 갱신된다. 대통령·하원의장·상원의장이 각각 3인의 위원을 임명한다. 제13조의 마지막 항에 규정된 절차는 위 임명 과정에 적용된다. 각 원 의장이 결정한 임명 내용은 해당 원의 소관 상임위원회만의 의견에 따른다.
(2) 상기의 9인의 위원 외에 전임 대통령들은 당연직 종신회원이 된다.
(3) 헌법위원장은 대통령이 임명한다. 헌법위원장은 가부동수(可否同數)인 경우 재결권(voix prépondérante)을 가진다.

제57조
헌법위원회 위원은 정부 각료직 또는 의원직을 겸할 수 없다. 기타 겸직금지에 대해서는 조직법으로 정한다.

제58조
(1) 헌법위원회는 대통령 선거의 적법성을 감시한다.
(2) 이의가 있을 경우 (선거 불복 시) 이를 심사하고, 투표 결과를 공표한다.

제59조
이의가 있을 경우 헌법위원회는 하원의원·상원의원 선거의 적법성 여부를 재결한다.

제60조
헌법위원회는 제11조·제89조·제15장에서 규정하는 국민투표의 적법한 시행을 감시한다.

제61조
(1) 조직법은 공포되기 전에, 제11조에 규정된 의원발의 법안은 국민투표에 회부되기 전에, 의회 의사규정은 시행되기 전에 헌법위원회에 회부되어 그 합헌성에 대한 재결을 받아야 한다.
(2) 동일한 목적으로 대통령·총리·하원의 장·상원의장·60인의 하원의원·60인의 상원의원은 법률을 공포하기 전에 헌법위원회에 회부할 수 있다.
(3) 상기의 두 항에서 정하는 경우에 헌법위원회는 1개월 이내에 재결하여야 한다. 단, 긴급한 경우에는 정부의 요구에 따라 그 기간이 8일로 단축된다.
(4) 헌법위원회에서 심의하는 경우 공포 기간은 중단된다.

제61-1조
(1) 법원에서 진행 중인 소송과 관련하여, 당사자가 법률규정이 헌법에서 보장하는 권리와 자유를 침해한다고 주장하는 경우, 국사원이나 대법원을 통해 본 문제를 헌법위원회에 제소할 수 있고, 헌법위원회는 정

해진 기한 내에 결정한다.
(2) 본 조의 적용 조건은 조직법으로 정한다.

제62조
(1) 제61조에 따라 위헌 선언된 규정은 공포·시행될 수 없다.
(2) 제61-1조에 따라 위헌 선언된 조항은 헌법위원회의 결정일 또는 동 결정이 지정한 일자로부터 폐기된다. 헌법위원회는 해당 규정으로 인해 발생한 법적 효과가 재고되어질 수 있는 조건과 범위를 정한다.
(3) 헌법위원회의 결정에 대해서는 일체의 상소를 할 수 없다. 헌법위원회의 결정은 공권력 및 모든 행정권·사법권에 우선한다.

제63조
헌법위원회의 구성 및 운영에 대한 규칙·심의 절차·(특히) 이의제기 기간은 조직법으로 정한다.

제8장 사법권

제64조
(1) 대통령은 사법권의 독립을 보장한다.
(2) 대통령은 최고사법위원회(Conseil supérieur de la magistrature)의 보좌를 받는다.
(3) 사법관(magistrats)의 신분은 조직법으로 정한다.
(4) 판사는 파면되지 아니한다.

제65조
(1) 최고사법위원회는 법관분과위원회 (formation compétente à l'égard des magistrats du siège)와 검사분과위원회 (formation compétente à l'égard des magistrats du parquet)로 구성된다.
(2) 법관분과위원회는 대법원장이 주재한다. 법관분과위원회는 판사 5인, 검사 1인, 국사원에서 지명한 국사위원 1인, 변호사 1인 및 의회나 사법부 또한 행정부에 소속되지 아니하는 일정 자격을 갖춘 6인의 인사로 구성된다. 이 6인은 대통령과 양원 의장이 각각 2인씩 지명한다. 이 지명 과정에서 제13조 마지막 항에서 규정된 절차가 적용될 수 있다. 각 의장의 지명에 대해 해당 원의 소관 상임 위원회의 의견을 구한다.
(3) 검사분과위원회는 대법원 검찰총장이 주재한다. 본 위원회는 검사 5인, 판사 1인, 국사원 국사위원, 변호사 및 전 항에서 규정한 6인의 인사로 구성된다.
(4) 최고사법위원회 법관분과위원회는 대법원 판사·고등법원장·지방법원장의 임명을 제청한다. 이 외의 판사는 법관분과위원회의 동의 하에 임명한다.
(5) 최고사법위원회 검사분과위원회는 검사 임명에 대한 의견을 제시한다.
(6) 최고사법위원회 법관분과위원회는 법관징계위원회의 권한을 행사한다. 법관분과위원회는 제2항에서 규정한 구성원 이외에 검사 분과위원회에 소속된 검사를 포함한다.
(7) 최고사법위원회 검사분과위원회는 검사 징계에 대한 의견을 제시한다. 따라서 본 위원회는 제3항에 규정한 구성원 이외에 법관분과위원회에 소속된 판사를 포함한다.
(8) 최고사법위원회는 제64조에 따라 대통령의 의견 요청에 답변하기 위해 전체회의를 소집한다. 검사분과위원회는 대법원 검찰총장이 주재한다. 본 전체회의를 통해 최

고사법위원회는 사법관의 윤리규정에 관한 모든 사항 및 법무부 장관이 최고사법위원회에 요청한 사법운용에 관한 문제들에 대해 결정한다. 전체회의는 제2항에 규정한 5인의 법관 중 3인, 제3항에서 규정한 5인의 검사 중 3인, 국사원 국사위원, 변호사 및 제2항에서 규정한 6인의 인사로 구성된다. 대법원장이 전체회의를 주재하고, 대법원 검찰총장이 대리할 수 있다.
(9) 법무부 장관은 징계와 관련된 사항을 제외하고 최고사법위원회 회의에 참석할 수 있다.
(10) 조직법이 정하는 바에 따라 이해 당사자(un justiable)는 최고사법위원회에 제소할 수 있다.
(11) 본 조의 시행 조건은 조직법으로 정한다.

제66조
(1) 어느 누구도 임의적으로 구금될 수 없다.
(2) 개인의 자유를 보장하는 사법당국은 법률이 정하는 바에 따라 이 원칙을 준수한다.

제66-1조
누구도 사형을 선고받지 아니한다.

■
제9장 최고사법법원

제67조
(1) 최고사법법원(La Haute Cour de Justice)을 설치한다.
(2) 최고사법법원은 하원·상원에 대한 총선 또는 개선이 있을 때마다 동수로 선출된 의원들로 구성된다. 최고사법법원의 장은 그 구성원 중에서 선출한다.
(3) 최고사법법원의 구성·운영규칙·제소절차는 조직법으로 정한다.

제68조
(1) 대통령은 대통령으로서의 의무를 위반하였고 그 위반이 대통령으로 계속 재직하는 것과 양립할 수 없는 경우가 아니면 면직되지 아니한다. 대통령의 면직은 의회가 고등법원으로서 주재하여 선언한다.
(2) 양원 중 하나의 의회에서 채택된 고등재판소 소집을 위한 제안은 다른 법원으로 즉시 이송되고, 이송받은 법원은 이송받은 날부터 15일 이내에 결정을 하여야 한다.
(3) 고등재판소는 하원의장이 주재한다. 고등법원은 1개월 이내에 비밀투표로 대통령의 면직에 관하여 결정한다. 고등법원의 결정은 즉시 효력을 가진다.
(4) 이 조의 결정은 해당 원 재적 의원 또는 고등재판소 구성원의 3분의 2 중에서 다수결로 의결된다. 대리투표는 허용되지 아니한다. 고등법원 소집 제안 또는 면직에 찬성하는 투표만이 조사된다.
(5) 조직법은 이 조의 적용 요건을 정한다.

■
제10장 정부구성원의 형사책임

제68-1조
(1) 정부 구성원은 그 직무 수행상의 행위에 대해 형사적 책임을 가지고, 그 행위가 행하여지는 순간에 범죄 또는 위법행위에 해당하는 지 여부가 결정된다.
(2) 정부 구성원은 공화국법원(Cour de justice de la République)*에서 재판한다.
(3) 공화국법원은 법률이 정하는 바에 따라 범죄·위법행위·처벌을 결정한다.

제68-2조
(1) 공화국법원은 15인의 재판관으로 구성된다. 하원·상원의 총선·개선 후 동수로 선출된 의원 12인·대법원 재판관 3인으로 구성되며, 그 대법원 재판관 중 1인이 주재한다.
(2) 정부 구성원이 직무수행과 관련하여 범한 범죄·위법행위로 인해 침해받았다고 주장하는 자는 심리위원회(commission de requête)에 제소할 수 있다.
(3) 심리위원회는 공소기각(classement de la procédure)을 명하거나 대법원 검사장에게 이송하여 공화국법원에의 제소를 명한다.
(4) 심리위원회의 동의 하에 대법원 검사장도 공화국법원에 자동 제소할 수 있다.
(5) 본 조의 시행 방법은 조직법으로 정한다.

제68-3조
본 장의 조항은 그 발효 이전에 범하여진 사안에 대해 소급 적용할 수 있다.

■
제11장 경제사회환경이사회

제69조
(1) 정부의 요구에 따라 경제사회환경이사회는 정부제출 법안·법률명령안·명령안 및 경제사회환경이사회에 회부된 의원발의 법안에 대한 의견을 개진한다.
(2) 경제사회환경이사회는 그 이사 1인을 지명하여 의회에서 이사회에 회부된 정부제출 법안·의원발의 법안에 대한 의견을 개진할 수 있다.
(3) 조직법이 규정하는 조건하에서 경제사회환경이사회에 청원할 수 있다. 이사회는 청원 내용의 검토 후, 조치가 필요한 사항을 정부 및 국회에 제안한다.

제70조
정부와 의회는 경제적·사회적·환경적 성격의 모든 사안에 대해 경제사회환경이사회의 자문을 구할 수 있다. 정부는 중기 재정 운용 방향을 결정하는 국가계획법안에 대해서도 동 이사회의 자문을 구할 수 있다. 모든 경제적·사회적 또는 환경적 성격을 갖는 모든 계획 또는 모든 국가법안은 동 이사회에 회부하여 그 의견을 청취한다.

제71조
경제사회환경이사회의 구성인원은 233명을 초과할 수 없으며 그 구성 및 운영 규칙은 조직법으로 정한다.

■
제 12장 시민권리 보호관

제71-1조
(1) 시민권리보호관은 국가행정기관, 지방자치단체, 공공기관 및 공공서비스 임무를 부여받은 모든 기관 또는 조직법이 권한을 부여한 모든 기관들로부터 시민의 권리와 자유가 보장되고 있는지 여부를 감독한다.
(2) 공공서비스 또는 제1항에서 규정한 기관의 직무수행과 관련하여 권리의 침해를 받았다고 판단하는 모든 사람은 조직법이 규정하는 조건하에 시민권리보호관에게 제소할 수 있다.
(3) 조직법으로 시민권리보호관의 관여방식 및 그 권한을 정한다. 또한 그의 특정한 직무수행에 있어서 시민권리보호관이 외부의 지원을 받을 수 있는 조건을 규정한다.

(4) 시민권리보호관은 제13조 마지막 항에 명시된 절차에 따라 대통령이 임명하고, 임기는 6년이며 연임이 불가하다. 동 직무는 각료 또는 의원직과 겸직할 수 없다. 기타 겸직이 불가능한 직위는 조직법으로 정한다.
(5) 시민권리보호관은 대통령과 의회에 직무수행 결과를 보고한다.

■
제13장 지방자치단체

제72조
(1) 공화국의 지방자치단체는 꼬뮌느(communes)·도(départements)·광역지방(régions)·특별지방자치단체(collectivités à statut particulier)·제74조의 해외령(collectivités d'outre-mer)으로 구성된다. 이 외의 지방자치단체는 법률로 설치하며, 경우에 따라 본 항에서 명시한 1개 또는 수개의 지방자치단체들을 대체하여 설치될 수 있다.
(2) 지방자치단체는 그 차원에서 가장 잘 시행될 수 있는 소관 사항에 대한 권한 전반에 대해 결정하여야 한다.
(3) 법률에서 정하는 바에 따라 지방자치단체는 지방의회(assemblée délibérante)를 통해 자율적으로 행정권을 행사하며, 그 권한을 행사하기 위한 행정입법권을 가진다.
(4) 공적 자유의 행사를 위한 기본 요건 또는 헌법에서 보장하는 권리에 반하는 경우를 제외하고, 지방자치단체·지방자치단체연합은 조직법·(경우에 따라) 법률 또는 규칙에서 정하는 바에 따라 제한된 목적과 기간에 한하여 실험적으로 그 권한에 대한 법률·행정입법의 조항을 위반할 수 있다.
(5) 어떠한 지방자치단체도 다른 지방자치단체에 영향력(tutelle)을 행사할 수 없다. 단, 특정한 권한이 수개의 지방자치단체의 협조를 요하는 경우에 법률은 그중 1개의 지방자치단체 또는 지방자치단체연합이 공동 활동의 방식을 정할 수 있도록 허용할 수 있다.
(6) 공화국의 지방자치단체에서 정부의 각 구성원을 대표하는 정부 대표(représentant de l'État)는 국익·행정감독·법률의 준수에 대한 책임을 가진다.

제72-1조
(1) 각 지방자치단체의 유권자들이 해당 지방의회에 그 소관에 속하는 사항을 의사일정에 포함할 것을 요구하는 청원권 행사에 대하여서는 법률로써 정한다.
(2) 조직법에서 정하는 바에 따라 지방자치단체는 그 소관에 속하는 결정안(projets de délibération)·계획안(projets d'acte)을 주민투표로 결정할 수 있다.
(3) 법률에서 정하는 바에 따라 특별지방자치단체 설치 또는 그 조직의 변화를 추진하는 경우에 해당 지방자치단체들에 등록된 유권자들의 자문을 구할 수 있다(⇒은 주민투표를 시행할 수 있다). 지방자치단체들의 경계를 변경하는 경우에도 법률에서 정하는 바에 따라 주민투표를 시행할 수 있다.

제72-2조
(1) 지방자치단체들은 법률에서 정하는 바에 따라 자유롭게 지출할 수 있는 재원을 가진다.
(2) 지방자치단체들은 각종 세금의 전부 또는 일부를 징수할 수 있다. 지방자치단체들은 법률이 정하는 범위 내에서 그 과세 기준·세율을 정할 수 있다.
(3) 지방자치단체들의 세입 및 기타 고유의 재원은 각 지방자치단체의 재원의 결정적

부분을 형성한다. 이러한 규칙의 시행 방법은 조직법으로 정한다.
(4) 국가와 지방자치단체 간의 모든 권한이양은 그 권한의 행사에 조달되었던 재원의 이양을 수반한다. 지방자치단체의 지출을 증가시키는 모든 권한의 신설 또는 확대는 법률에서 정하는 재원을 수반한다.
(5) 법률에 지방자치단체간 평등을 촉진하기 위한 조정조항(disposition de péréquation)을 둔다.

제72-3조
(1) 공화국은 자유·평등·박애의 보편적 이념에 입각하여 해외령 주민을 프랑스 국민으로 인정한다.
(2) 과데루프島(la Guadeloupe)·귀얀諸島(la Guyane)·마르티니끄島(la Martinique)·레유니옹島(la Réunion)·마이요트島(Mayotte), 생-박뗄레미島(St. Barthélemy); 생 막땡(St. Martin),·생피에르-에-미끄롱群島(Saint-Pierre-et-Miquelon)·왈리스 후투나諸島(les îles de Wallis et Futuna)·프랑스령 폴리네시아群島(la Polynésie française)는 제73조에 의한 해외 도·지역 및 제73조 마지막 항에 의해 설치된 지방자치단체로 규정하고, 그 외의 지방자치단체는 제74조로 규정한다.
(3) 뉴칼레도니아(Nouvelle-Calédonie)의 지위는 제13장에서 규정한다.
(4) 프랑스 남방남극령(Terres australes et antactiques française) 및 끌리뻬통(Clipperton)의 법제와 특수한 조직은 법률로써 정한다.

제72-4조
(1) 제72-3조 제2항의 지방자치단체들 중 한 지방자치단체 또는 그 일부는 다음 항에 따라 사전에 그 지방자치단체의 유권자 또는 상대 지방자치단체의 동의가 없는 한 제73조·제74조에서 정한 한 지위(원:제도)를 변경할 수 없다.
(2) 의회의 회기 중에 정부가 요청하거나 양원이 합동으로 요청하여 이를 관보에 게재하는 경우 대통령은 해외지방자치단체의 조직·권한·입법 제도에 대한 주민투표를 (시행할 것을) 결정할 수 있다. 정부의 제청에 따라 전 항의 지위 변경에 관한 주민투표가 시행되는 경우, 정부는 각 원에서 이를 선언하고 토론한다.

제73조
(1) 법률과 규칙들은 해외 도·지역(주)에서도 자동적으로 적용된다. 법률·행정입법들은 지방자치단체들의 특성과 제약에 따라 번안할 수 있다.
(2) 지방자치단체들은 경우에 따라 법률(la loi)이나 규칙(le règlement)에서 부여한 권한에 따라 그 소관 사항에 해당하는 법률·행정입법들을 번안할 수 있다.
(3) 각 지방자치단체들의 특성을 감안하기 위해 제1항의 예외로써, 본 조에서 규정하는 지방자치단체들은 경우에 따라 법률이나 규칙에서 정하는 바에 의해 법률이나 규칙의 소관사항 중 일정한 사항에 대해 해당 지역 내에서 적용되는 규칙(조례?)을 제정할 수 있다.
(4) 국적·시민권·공적 자유의 보장·개인의 신분 및 능력·사법조직·형법·형사소송절차·외교·국방·치안·공공질서·화폐·차관·외환·선거법에 대한 조례는 제정될 수 없다. 제외 대상은 조직법으로 구체화되고 보완될 수 있다.
(5) 상기의 2개 항은 레유니옹島에서는 적용되지 아니한다.
(6) 제2항·제3항의 권한은 조직법에서 정하는 요건과 그 유보조항에 따라 해당 지방자

치단체의 요구에 의해 부여된다. 이러한 권한이 공적 자유·헌법상 보장된 권리의 행사를 근원적으로 침해하는 경우에는 부여되지 아니한다.
(7) 제72-4조에서 정하는 바에 따라 해당 지역 유권자들의 사전 동의 없이 법률로써 해외 도·지역(주)을 지방자치단체로 대체하여 설치하거나 이 두 지방자치단체를 관할하는 단일 지방의회를 설립할 수 없다.

제74조
(1) 본 조에서 규정하는 지방자치단체들은 공화국 내에서 각각의 고유한 이익을 감안한 지위를 가진다.
(2) 지방자치단체의 지위는 지방의회의 의견 개진 후 채택된 다음의 조직법으로 정한다.
- 법률·행정입법의 적용 요건.
- 지방자치단체의 권한. 이미 해외 지방자치단체에 이양된 권한 외에, 국가는 조직법으로 구체화되고 보완되는 제73조 제4항에 열거된 권한을 이양할 수 없다.
- 지방자치단체들의 조직·제도운영에 관한 규칙. 지방의회 선거제도.
- 지방자치단체 관련 조항을 포함한 정부 제출 법안·의원발의 법안·법률명령안·명령안. 소관 사항과 관련 있는 국제협약의 비준·승인.
(3) 조직법은 자치권을 가진 지방자치단체의 다음 권한도 규정할 수 있다.
- 국사원은 법률의 소관 사항에 해당하는 지방의회의 조례(actes)에 대한 사법권을 (contrôle juridictionnel) 행사한다.
- 특히 지방자치단체가 제소한 헌법위원회가 지방자치단체의 지위가 발효된 이후에 공포된 법률이 해당 지방자치단체의 소관 사항에 해당한다고 재결하면 지방의회에서 이를 개정할 수 있다.

- 지방자치단체는 지역적 필요에 따라, 그 주민을 위한 취업·창업·택지보호(protection du patrimoine foncier)의 조치를 취할 수 있다.
- 국가의 감독 하에 지방자치단체는 전국적인(범국가적인?) 공적 자유의 보장을 준수하면서 그 권한을 행사할 수 있다.
(4) 본 조와 관련된 여타 지방자치단체의 특수한 구성 방식은 해당 지방의회와 협의한 후 법률로써 규정되고 개정된다.

제74-1조
(1) 법률에서 명시적으로 금지하지 아니하는 한, 정부는 제74조의 해외지방자치단체 및 뉴칼레도니아에서 국가의 소관 사항에 대해 본토(métropole)에서 발효 중인 입법 성격의 조항을 적절히 번안한 법률 명령으로써 확대 적용하거나 해당 자치단체의 특유한 운영 방식에 맞추어 조정할 수 있다.
(2) 법률 명령은 관련 지방의회 및 국사원의 의견 청취 후 국무회의에서 발한다. 법률 명령은 게재 즉시 발효된다. 게재 후 18개월 이내에 의회에서 비준되지 아니하면 그 법률 명령은 폐기된다.

제75조
제34조에서 규정한 보통법상의 시민의 지위를 가지지 아니한 공화국의 시민은 그가 포기하지 않는 한 개인의 신분을 가진다.

제75-1조
지역 언어는 프랑스의 유산에 속한다.

제13장 뉴칼레도니아 관련 과도적 조항

제76조
(1) 뉴칼레도니아 주민들은 1998년 5월 5일 뉴메아(Nouméa)에서 체결되고 1998년

5월 27일에 프랑스 공화국 관보에 게재된 협정에 대해 1998년 12월 31일 이전에 투표하여야 한다.
(2) 1998년 11월 9일 법률 제88-1028호 제2조의 조건을 충족시키는 자는 투표에 참가할 수 있다.
(3) 투표 조직과 관련한 조치들은 국무회의에서 심의된 후 국사원의 명령으로 발한다.

제77조
(1) 제76조의 투표에서 협정이 승인되면, 뉴칼레도니아가 본 협정에서 정하는 방침을 준수하며 그 시행에 필요한 방식에 의거하여 발전할 수 있도록 해당 지방의회의 의견을 청취한 후 조직법으로써 다음 사항을 정한다.
 -국가로부터 뉴칼레도니아에 완전 이양될 권한. 이양의 시기 및 방식. 비용 분담.
 -뉴칼레도니아의 조직 및 제도운영에 관한 규칙. 지방의회에서 가결된 조례가 공포 전에 헌법위원회의 심의의 대상이 되는 경우.
 -시민권(citoyenneté). 선거제도. 고용. 관습법에 의한 시민의 지위.
 -뉴칼레도니아 주민들이 완전 주권 달성에 대한 투표를 시행하는 요건 및 기한.
(2) 제76조의 협정을 시행하기 위한 기타 요건은 법률로써 정한다.
(3) 누벨칼레도니와 그 지방의 심의회 위원을 선출하는 유권자집단을 규정하기 위해서 이 헌법 제76조와 누벨칼레도니와 관련된 1999년 3월 19일 조직법 제188조와 제189조에 언급된 협정에서 인용된 목록은 선거권 행사가 부적합한 사람을 포함한 제76조에서 규정된 투표를 위해 작성된 것이다.

제78조~제86조

삭제

제87조
프랑스는 프랑스어를 사용하는 국가들 및 민족들 간의 연대 의식과 협력관계를 증진시킨다.

제14장 프랑스 공용어권 제휴 협정

제88조
프랑스는 그 문명을 발전시키기 위해 공화국에 제휴하기를 희망하는 국가들과 협정을 체결할 수 있다.

제15장 유럽연합

제88-1조
공화국은 2007년 12월 23일 리스본에서 체결된 조약에 따라 유럽연합조약과 유럽연합 기능 조약에 의하여 일정한 권한을 공동으로 행사하기로 자유롭게 결정한 국가로 구성된 유럽연합에 참여한다.

제88-2조
유럽연합의 기관에 의하여 채택된 법령에 따르는 유럽의 체포영장 제도에 관한 규칙을 법률로 정한다.

제88-3조
상호주의원칙 및 1992년 2월 7일에 체결된 유럽연합 조약에서 정한 방식에 따라 지방자치단체의 선거권·피선거권은 프랑스 내에 거주하는 회원국 시민에게만 부여된다. 단, 회원국 시민들은 시장·부시장직을 수임할 수 없고, 상원의원 선거인단 지명·상원의원 선거에 참여할 수 없다. 본 조의 시행 방법은 양원에서 동일한 조문으로 가결된 조직법으로 정한다.

제88-4조
(1) 정부는 유럽연합 입법안 초안과 다른 유럽연합 법령의 초안이나 제안이 유럽연합이사회에 이송되는 즉시 하원과 상원에 이를 제출한다.
(2) 각 원의 절차 규정에 따라, 유럽연합의 결의안은 유럽연합 기구가 발행한 문서뿐만 아니라 위 문단에 기재된 초안 또는 제안에 대하여 의회가 회기 중이 아닌 경우에도 가결될 수 있다.
(3) 각 원에 유럽 문제 담당위원회를 설치한다.

제88-5조
(1) 대통령은 국가의 유럽연합 가입 등을 포함하는 조약의 비준을 허가하는 모든 정부제출 법안을 국민투표에 회부한다.
(2) 제1문단의 규정에도 불구하고, 각 원에서 5분의3 이상의 결의로 동일한 내용의 동의안을 가결하는 경우에는, 제89조 제3문단에서 정한 절차에 따라 법률안의 가결을 승인할 수 있다.

제88-6조
(1) 하원 또는 상원은 보완성의 원칙으로 유럽연합 법률 제안 초안의 적합성에 대하여 합리적인 의견을 발표할 수 있다. 발표된 의견은 유럽의회, 유럽연합과 유럽공동체 위원회의 의장이 포함된 의회의 의장에 의해서 제출되어야 한다. 그 의견은 정부에 통보되어야 한다.
(2) 각 의회는 보완성의 원칙에 따라 불복종을 이유로 유럽연합 법령에 대해서 유럽연합사법재판소에 소송을 제기할 수 있다. 이러한 소송은 정부가 유럽연합사법재판소에 제출하여야 한다.
(3) 이를 위하여 의회가 회기 중이 아니라 하더라도 각 의회의 의사규칙에 정해진 발의 및 토론의 조건에 따라 결의안을 채택할 수 있다. 이러한 소송은 하원의원 또는 상원의원 60명의 신청이 의무적으로 요구된다.

제88-7조
하원과 상원에서 동일한 조건으로 채택된 동의안에 표결함으로써 의회는 2007년 12월 13일 리스본에서 서명된 조약의 결과로서 유럽연합조약 및 유럽연합기능조약에 의거하여, 간소화된 조약 개정이나 민사사법공조에 따라 규정된 경우 유럽연합 법령 채택 규칙의 개정에 반대할 수 있다.

■
제16장 개정

제89조
(1) 총리의 제안에 따라 대통령과 의회가 공동으로 헌법개정안의 발의권을 가진다.
(2) 정부제출 또는 의원발의 헌법개정안은 동일한 내용으로 양원에서 제42조 3항에 규정된 기한 내에 검토되고 표결되어야 한다. 국민투표에서 승인되면 헌법개정이 확정된다.
(3) 단, 대통령이 헌법개정안을 양원합동회의(Congrès)에 제출할 것을 결정하면 이에 대한 국민투표는 시행되지 아니한다. 이 경우에 개정안은 유효투표의 5분의 3 이상을 획득해야 가결된다. 하원의 의장단이 양원합동회의의 의장단이 된다.
(4) 영토의 보전을 침해하는 개정 절차는

일체 착수·추진될 수 없다.
(5) 정부의 공화(국체)제는 개정의 대상이 될 수 없다.

제17장
(폐지)

....

The Constitution of Fifth Republic of France
(La Constitution de la Cinquième République)

Constitution of October 4, 1958
Last Amendment: 23 July 2008

PREAMBLE

The French people solemnly proclaim their attachment to the Rights of Man and the principles of national sovereignty as defined by the Declaration of 1789, confirmed and complemented by the Preamble to the Constitution of 1946, and to the rights and duties as defined in the Charter for the Environment of 2004.

By virtue of these principles and that of the self-determination of peoples, the Republic offers to the overseas territories which have expressed the will to adhere to them new institutions founded on the common ideal of liberty, equality and fraternity and conceived for the purpose of their democratic development.

Article 1.
(1) France shall be an indivisible, secular, democratic and social Republic. It shall ensure the equality of all citizens before the law, without distinction of origin, race or religion. It shall respect all beliefs. It shall be organised on a decentralised basis.
(2) Statutes shall promote equal access by women and men to elective offices and posts as well as to position of professional and social responsibility.

TITLE I: ON SOVEREIGNTY

Article 2.
(1) The language of the Republic shall be French.
(2) The national emblem shall be the blue, white and red tricolour flag.
(3) The national anthem shall be La Marseillaise.
(4) The maxim of the Republic shall be "Liberty, Equality, Fraternity".
(5) The principle of the Republic shall be: government of the people, by the people and for the people. Article 3.
(1) National sovereignty shall vest in the people, who shall exercise it

through their representatives and by means of referendum.

(2) No section of the people nor any individual may arrogate to itself, or to himself, the exercise thereof.

(3) Suffrage may be direct or indirect as provided for by the Constitution. It shall always be universal, equal and secret.

(4) All French citizens of either sex who have reached their majority and are in possession of their civil and political rights may vote as provided for by statute. Article 4.

(1) Political parties and groups shall contribute to the exercise of suffrage. They shall be formed and carry on their activities freely. They shall respect the principles of national sovereignty and democracy.

(2) They shall contribute to the implementation of the principle set out in the second paragraph of article 1 as provided for by statute.

(3) Statutes shall guarantee the expression of diverse opinions and the equitable participation of political parties and groups in the democratic life of the Nation.

TITLE II: THE PRESIDENT OF THE REPUBLIC

Article 5.

(1) The President of the Republic shall ensure due respect for the Constitution. He shall ensure, by his arbitration, the proper functioning of the public authorities and the continuity of the State.

(2) He shall be the guarantor of national independence, territorial integrity and due respect for Treaties.

Article 6.

(1) The President of the Republic shall be elected for a term of five years by direct universal suffrage.

(2) No one may hold office for more than two consecutive terms.

(3) The manner of implementation of this article shall be determined by an Institutional Act.

Article 7.

(1) The President of the Republic shall be elected by an absolute majority of votes cast. If such a majority is not obtained on the first ballot, a second ballot shall take place on the fourteenth day thereafter. Only the two candidates polling the greatest number of votes in the first ballot, after any withdrawal of better placed candidates, may stand in the second ballot.

(2) The process of electing a President shall commence by the calling of said election by the Government.

(3) The election of the new President shall be held no fewer than twenty days and no more than thirty-five days before the expiry of the term of the President in office.

(4) Should the Presidency of the Republic fall vacant for any reason whatsoever, or should the Constitutional Council on a referral from the Government rule by an absolute majority of its members that the President of the Republic is incapacitated, the duties of the President of the Republic, with the exception of those specified in articles 11 and 12, shall be temporarily exercised by the President of the Senate or, if the latter is in turn incapacitated, by the Government.

(5) In the case of a vacancy, or where the incapacity of the President is declared to be permanent by the Constitutional Council, elections for the new President shall, except in the event of a finding by the Constitutional Council of force majeure, be held no fewer than twenty days and no more than thirty-five days after the beginning of the vacancy or the declaration of permanent incapacity.

(6) In the event of the death or incapacitation in the seven days preceding the deadline for registering candidacies of any of the persons who, fewer than thirty days prior to such deadline, have publicly announced their decision to stand for election, the Constitutional Council may decide to postpone the election.

(7) If, before the first round of voting, any of the candidates dies or becomes incapacitated, the Constitutional Council shall declare the election to be postponed.

(8) In the event of the death or incapacitation of either of the two candidates in the lead after the first round of voting before any withdrawals, the Constitutional Council shall declare that the electoral process must be repeated in full; the same shall apply in the event of the death or incapacitation of either of the two candidates still standing on the second round of voting.

(9) All cases shall be referred to the Constitutional Council in the manner laid down in the second paragraph of article 61 or in that laid down for the registration of candidates in the Institutional Act provided for in article 6.

(10) The Constitutional Council may extend the time limits set in paragraphs three and five above, provided that polling takes place no later than thirty-five days after the decision of the Constitutional Council. If the implementation of the provisions of this paragraph results in the postponement of the election beyond the expiry of the term of the President in office, the latter shall remain in office until his successor is proclaimed.

(11) Neither articles 49 and 50 nor article 89 of the Constitution shall be implemented during the vacancy of the Presidency of the Republic or during the period between the declaration of the permanent

incapacity of the President of the Republic and the election of his successor.

Article 8.
(1) The President of the Republic shall appoint the Prime Minister. He shall terminate the appointment of the Prime Minister when the latter tenders the resignation of the Government.
(2) On the recommendation of the Prime Minister, he shall appoint the other members of the Government and terminate their appointments.

Article 9.
The President of the Republic shall preside over the Council of Ministers.

Article 10.
(1) The President of the Republic shall promulgate Acts of Parliament within fifteen days following the final passage of an Act and its transmission to the Government.
(2) He may, before the expiry of this time limit, ask Parliament to reopen debate on the Act or any sections thereof. Such reopening of debate shall not be refused.

Article 11.
(1) The President of the Republic may, on a recommendation from the Government when Parliament is in session, or on a joint motion of the two Houses, published in the Journal Officiel, submit to a referendum any Government Bill which deals with the organization of the public authorities, or with reforms relating to the economic or social policy of the Nation, and to the public services contributing thereto, or which provides for authorization to ratify a treaty which, although not contrary to the Constitution, would affect the functioning of the institutions.
(2) Where the referendum is held on the recommendation of the Government, the latter shall make a statement before each House and the same shall be followed by a debate.
(3) A referendum concerning a subject mentioned in the first paragraph may be held upon the initiative of one fifth of the Members of Parliament, supported by one tenth of the voters enrolled on the electoral register. This initiative shall take the form of a Private Member's Bill and shall not be applied to the repeal of a statutory provision promulgated for less than one year.
(4) The conditions by which it is introduced and those according to which the Constitutional Council monitors the respect of the provisions of the previous paragraph, are set down by an Institutional Act.
(5) If the Private Member's Bill has not been considered by the two Houses within a period set by the Institutional Act, the President of the Republic shall submit it to a referendum.
(6) Where the decision of the French

people in the referendum is not favourable to the Private Member's Bill, no new referendum proposal on the same subject may be submitted before the end of a period of two years following the date of the vote.
(7) Where the outcome of the referendum is favourable to the Government Bill or to the Private Member's Bill, the President of the Republic shall promulgate the resulting statute within fifteen days following the proclamation of the results of the vote.

Article 12.
(1) The President of the Republic may, after consulting the Prime Minister and the Presidents of the Houses of Parliament, declare the National Assembly dissolved.
(2) A general election shall take place no fewer than twenty days and no more than forty days after the dissolution.
(3) The National Assembly shall sit as of right on the second Thursday following its election. Should this sitting fall outside the period prescribed for the ordinary session, a session shall be convened by right for a fifteen-day period.
(4) No further dissolution shall take place within a year following said election.

Article 13.
(1) The President of the Republic shall sign the Ordinances and Decrees deliberated upon in the Council of Ministers.
(2) He shall make appointments to the civil and military posts of the State.
(3) Conseillers d'État, the Grand Chancelier de la Légion d'Honneur, Ambassadors and Envoys Extraordinary, Conseillers Maîtres of the Cour des Comptes, Prefects, State representatives in the overseas communities to which article 74 applies and in New Caledonia, highest-ranking Military Officers, Recteurs des Académies and Directors of Central Government Departments shall be appointed in the Council of Ministers.
(4) An Institutional Act shall determine the other posts to be filled at meetings of the Council of Ministers and the manner in which the power of the President of the Republic to make appointments may be delegated by him to be exercised on his behalf.
(5) An Institutional Act shall determine the posts or positions, other than those mentioned in the third paragraph, concerning which, on account of their importance in the guaranteeing of the rights and freedoms or the economic and social life of the Nation, the power of appointment vested in the President of the Republic shall be exercised after public consultation with the relevant standing committee in each House. The President of the Republic shall not make an appointment when the

sum of the negative votes in each committee represents at least three fifths of the votes cast by the two committees. Statutes shall determine the relevant standing committees according to the posts or positions concerned.

Article 14.
The President of the Republic shall accredit ambassadors and envoys extraordinary to foreign powers; foreign ambassadors and envoys extraordinary shall be accredited to him.

Article 15.
The President of the Republic shall be Commander-in-Chief of the Armed Forces. He shall preside over the higher national defence councils and committees.

Article 16.
(1) Where the institutions of the Republic, the independence of the Nation, the integrity of its territory or the fulfilment of its international commitments are under serious and immediate threat, and where the proper functioning of the constitutional public authorities is interrupted, the President of the Republic shall take measures required by these circumstances, after formally consulting the Prime Minister, the Presidents of the Houses of Parliament and the Constitutional Council.

(2) He shall address the Nation and inform it of such measures.
(3) The measures shall be designed to provide the constitutional public authorities as swiftly as possible, with the means to carry out their duties. The Constitutional Council shall be consulted with regard to such measures.
(4) Parliament shall sit as of right.
(5) The National Assembly shall not be dissolved during the exercise of such emergency powers.
(6) After thirty days of the exercise of such emergency powers, the matter may be referred to the Constitutional Council by the President of the National Assembly, the President of the Senate, sixty Members of the National Assembly or sixty Senators, so as to decide if the conditions laid down in paragraph one still apply. The Council shall make its decision publicly as soon as possible. It shall, as of right, carry out such an examination and shall make its decision in the same manner after sixty days of the exercise of emergency powers or at any moment thereafter.

Article 17.
The President of the Republic is vested with the power to grant individual pardons.

Article 18.
(1) The President of the Republic shall communicate with the two Houses

of Parliament by messages which he shall cause to be read aloud and which shall not give rise to any debate.
(2) He may take the floor before Parliament convened in Congress for this purpose. His statement may give rise, in his absence, to a debate without vote.
(3) When not in session, the Houses of Parliament shall be convened especially for this purpose.

Article 19.
Instruments of the President of the Republic, other than those provided for under articles 8 (paragraph one), 11, 12, 16, 18, 54, 56 and 61, shall be countersigned by the Prime Minister and, where required, by the ministers concerned.

■
TITLE III: THE GOVERNMENT

Article 20.
(1) The Government shall determine and conduct the policy of the Nation.
(2) It shall have at its disposal the civil service and the armed forces.
(3) It shall be accountable to Parliament in accordance with the terms and procedures set out in articles 49 and 50.

Article 21.
(1) The Prime Minister shall direct the actions of the Government. He shall be responsible for national defence. He shall ensure the implementation of legislation. Subject to article 13, he shall have power to make regulations and shall make appointments to civil and military posts.
(2) He may delegate certain of his powers to Ministers.
(3) He shall deputize, if the case arises, for the President of the Republic as chairman of the councils and committees referred to in article 15.
(4) He may, in exceptional cases, deputize for him as chairman of a meeting of the Council of Ministers by virtue of an express delegation of powers for a specific agenda.

Article 22.
Instruments of the Prime Minister shall be countersigned, where required, by the ministers responsible for their implementation.

Article 23.
(1) Membership of the Government shall be incompatible with the holding of any Parliamentary office, any position of professional representation at national level, any public employment or any professional activity.
(2) An Institutional Act shall determine the manner in which the holders of such offices, positions or employment shall be replaced.
(3) The replacement of Members of Parliament shall take place in

accordance with the provisions of article 25.

■ TITLE IV: PARLIAMENT

Article 24.
(1) Parliament shall pass statutes. It shall monitor the action of the Government. It shall assess public policies.
(2) It shall comprise the National Assembly and the Senate.
(3) Members of the National Assembly, whose number shall not exceed five hundred and seventy-seven, shall be elected by direct suffrage.
(4) The Senate, whose members shall not exceed three hundred and forty-eight, shall be elected by indirect suffrage. The Senate shall ensure the representation of the territorial communities of the Republic.
(5) French nationals living abroad shall be represented in the National Assembly and in the Senate.

Article 25.
(1) An Institutional Act shall determine the term for which each House is elected, the number of its members, their allowances, the conditions of eligibility and the terms of disqualification and of incompatibility with membership.
(2) It shall likewise determine the manner of election of those persons called upon to replace Members of the National Assembly or Senators whose seats have become vacant, until the general or partial renewal by election of the House in which they sat, or have been temporarily replaced on account of having accepted a position in Government.
(3) An independent commission, whose composition and rules of organization and operation shall be set down by statute, shall publicly express an opinion on the Government and Private Members' Bills defining the constituencies for the election of Members of the National Assembly, or modifying the distribution of the seats of Members of the National Assembly or of Senators.

Article 26.
(1) No Member of Parliament shall be prosecuted, investigated, arrested, detained or tried in respect of opinions expressed or votes cast in the performance of his official duties.
(2) No Member of Parliament shall be arrested for a serious crime or other major offence, nor shall he be subjected to any other custodial or semi-custodial measure, without the authorization of the Bureau of the House of which he is a member. Such authorization shall not be required in the case of a serious crime or other major offence committed flagrante delicto or when a conviction has become final.

(3) The detention, subjecting to custodial or semi-custodial measures, or prosecution of a Member of Parliament shall be suspended for the duration of the session if the House of which he is a member so requires.

(4) The House concerned shall meet as of right for additional sittings in order to permit the application of the foregoing paragraph should circumstances so require.

Article 27.

(1) No Member shall be elected with any binding mandate.

(2) Members' right to vote shall be exercised in person.

(3) An Institutional Act may, in exceptional cases, authorize voting by proxy. In that event, no Member shall be given more than one proxy.

Article 28.

(1) Parliament shall sit as of right in one ordinary session which shall start on the first working day of October and shall end on the last working day of June.

(2) The number of days for which each House may sit during the ordinary session shall not exceed one hundred and twenty. The number of sitting weeks shall be determined by each House.

(3) The Prime Minister, after consulting the President of the House concerned or the majority of the members of each House may decide that said House shall meet for additional sitting days.

(4) The days and hours of sittings shall be determined by the Rules of Procedure of each House.

Article 29.

(1) Parliament shall meet in extraordinary session, at the request of the Prime Minister or of the majority of the Members of the National Assembly, to debate a specific agenda.

(2) Where an extraordinary session is held at the request of Members of the National Assembly, this session shall be closed by decree once all the items on the agenda for which Parliament was convened have been dealt with, or not later than twelve days after its first sitting, whichever shall be the earlier.

(3) The Prime Minister alone may request a new session before the end of the month following the decree closing an extraordinary session.

Article 30.

Except where Parliament sits as of right, extraordinary sessions shall be opened and closed by a Decree of the President of the Republic.

Article 31.

(1) Members of the Government shall have access to both Houses. They shall address either House whenever they so request.

(2) They may be assisted by

commissaires du Gouvernement.

Article 32.The President of the National Assembly shall be elected for the life of a Parliament. The President of the Senate shall be elected each time elections are held for partial renewal of the Senate.

Article 33.

(1) The sittings of the two Houses shall be public. A verbatim report of the debates shall be published in the Journal Officiel.

(2) Each House may sit in camera at the request of the Prime Minister or of one tenth of its members.

■
TITLE V: ON RELATIONS BETWEEN PARLIAMENT AND THE GOVERNMENT

Article 34.

(1) Statutes shall determine the rules concerning:

- civic rights and the fundamental guarantees granted to citizens for the exercise of their civil liberties; freedom, diversity and the independence of the media; the obligations imposed for the purposes of national defence upon the person and property of citizens;
- nationality, the status and capacity of persons, matrimonial property systems, inheritance and gifts;
- the determination of serious crimes and other major offences and the penalties they carry; criminal procedure; amnesty; the setting up of new categories of courts and the status of members of the Judiciary;
- the base, rates and methods of collection of all types of taxes; the issuing of currency.(2) Statutes shall also determine the rules governing:
- the system for electing members of the Houses of Parliament, local assemblies and the representative bodies for French nationals living abroad, as well as the conditions for holding elective offices and positions for the members of the deliberative assemblies of the territorial communities;
- the setting up of categories of public legal entities;
- the fundamental guarantees granted to civil servants and members of the Armed Forces;
- nationalisation of companies and the transfer of ownership of companies from the public to the private sector.(3) Statutes shall also lay down the basic principles of:

-the general organisation of national defence;
- the self-government of territorial communities, their powers and revenue;
- education;
- the preservation of the environment;
- systems of ownership, property rights and civil and commercial obligations;

- Employment law, Trade Union law and Social Security.

(4) Finance Acts shall determine the revenue and expenditure of the State in the conditions and with the reservations provided for by an Institutional Act.

(5) Social Security Financing Acts shall lay down the general conditions for the financial equilibrium thereof, and taking into account forecasted revenue, shall determine expenditure targets in the conditions and with the reservations provided for by an Institutional Act.

(6) Programming Acts shall determine the objectives of the action of the State.

(7) The multiannual guidelines for public finances shall be established by Programming Acts. They shall contribute to achieving the objective of balanced accounts for public administrations.

(8) The provisions of this article may be further specified and completed by an Institutional Act.

Article 34-1.

(1) The Houses of Parliament may adopt resolutions according to the conditions determined by the Institutional Act.

(2) Any draft resolution, whose adoption or rejection would be considered by the Government as an issue of confidence, or which contained an injunction to the Government, shall be inadmissible and may not be included on the agenda.

Article 35.

(1) A declaration of war shall be authorized by Parliament.

(2) The Government shall inform Parliament of its decision to have the armed forces intervene abroad, at the latest three days after the beginning of said intervention. It shall detail the objectives of the said intervention. This information may give rise to a debate, which shall not be followed by a vote.

(3) Where the said intervention shall exceed four months, the Government shall submit the extension to Parliament for authorization. It may ask the National Assembly to make the final decision.

(4) If Parliament is not sitting at the end of the four-month period, it shall express its decision at the opening of the following session.

Article 36.

(1) A state of siege shall be decreed in the Council of Ministers.

(2) The extension thereof after a period of twelve days may be authorized solely by Parliament.

Article 37.

(1) Matters other than those coming under the scope of statute law shall be matters for regulation.

(2) Provisions of statutory origin enacted in such matters may be

amended by decree issued after consultation with the Conseil d'État. Any such provisions passed after the coming into force of the Constitution shall be amended by decree only if the Constitutional Council has found that they are matters for regulation as defined in the foregoing paragraph.

Article 37-1.
Statutes and regulations may contain provisions enacted on an experimental basis for limited purposes and duration.

Article 38.
(1) In order to implement its programme, the Government may ask Parliament for authorization, for a limited period, to take measures by Ordinance that are normally the preserve of statute law.
(2) Ordinances shall be issued in the Council of Ministers, after consultation with the Conseil d'État. They shall come into force upon publication, but shall lapse in the event of failure to table before Parliament the Bill to ratify them by the date set by the Enabling Act. They may only be ratified in explicit terms.
(3) At the end of the period referred to in the first paragraph hereinabove Ordinances may be amended solely by an Act of Parliament in those areas governed by statute law.

Article 39.

(1) Both the Prime Minister and Members of Parliament shall have the right to initiate legislation.
(2) Government Bills shall be discussed in the Council of Ministers after consultation with the Conseil d'État and shall be tabled in one or other of the two Houses. Finance Bills and Social Security Financing Bills shall be tabled first before the National Assembly. Without prejudice to the first paragraph of article 44, Bills primarily dealing with the organisation of territorial communities shall be tabled first in the Senate.
(3) The tabling of Government Bills before the National Assembly or the Senate, shall comply with the conditions determined by an Institutional Act.
(4) Government Bills may not be included on the agenda if the Conference of Presidents of the first House to which the Bill has been referred, declares that the rules determined by the Institutional Act have not been complied with. In the case of disagreement between the Conference of Presidents and the Government, the President of the relevant House or the Prime Minister may refer the matter to the Constitutional Council, which shall rule within a period of eight days.
(5) Within the conditions provided for by statute, the President of either House may submit a Private Member's Bill tabled by a Member of the said

House, before it is considered in committee, to the Conseil d'État for its opinion, unless the Member who tabled it disagrees.

Article 40.
Private Members' Bills and amendments introduced by Members of Parliament shall not be admissible where their enactment would result in either a diminution of public revenue or the creation or increase of any public expenditure.

Article 41.
(1) If, during the legislative process, it appears that a Private Member's Bill or amendment is not a matter for statute or is contrary to a delegation granted under article 38, the Government or the President of the House concerned, may argue that it is inadmissible.
(2) In the event of disagreement between the Government and the President of the House concerned, the Constitutional Council, at the request of one or the other, shall give its ruling within eight days.

Article 42.
(1) The discussion of Government and Private Members' Bills shall, in plenary sitting, concern the text passed by the committee to which the Bill has been referred, in accordance with article 43, or failing that, the text which has been referred to the House.
(2) Notwithstanding the foregoing, the plenary discussion of Constitutional Revision Bills, Finance Bills and Social Security Financing Bills, shall concern, during the first reading before the House to which the Bill has been referred in the first instance, the text presented by the Government, and during the subsequent readings, the text transmitted by the other House.
(3) The plenary discussion at first reading of a Government or Private Members' Bill may only occur before the first House to which it is referred, at the end of a period of six weeks after it has been tabled. It may only occur, before the second House to which it is referred, at the end of a period of four weeks, from the date of transmission.
(4) The previous paragraph shall not apply if the accelerated procedure has been implemented according to the conditions provided for in article 45. Neither shall it appl to Finance Bills, Social Security Financing Bills, or to Bills concerning a state of emergency.

Article 43.
(1) Government and Private Members' Bills shall be referred to one of the standing committees, the number of which shall not exceed eight in each House.
(2) At the request of the Government or of the House before which such a bill has been tabled, Government and Private Members' Bills shall

be referred for consideration to a committee specially set up for this purpose.

Article 44.
(1) Members of Parliament and the Government shall have the right of amendment. This right may be used in plenary sitting or in committee under the conditions set down by the Rules of Procedure of the Houses, according to the framework determined by an Institutional Act.
(2) Once debate has begun, the Government may object to the consideration of any amendment which has not previously been referred to committee.
(3) If the Government so requests, the House before which the Bill is tabled shall proceed to a single vote on all or part of the text under debate, on the sole basis of the amendments proposed or accepted by the Government.

Article 45.
(1) Every Government or Private Member's Bill shall be considered successively in the two Houses of Parliament with a view to the passing of an identical text. Without prejudice to the application of articles 40 and 41, all amendments which have a link, even an indirect one, with the text that was tabled or transmitted, shall be admissible on first reading.
(2) If, as a result of a failure to agree by the two Houses, it has proved impossible to pass a Government or Private Member's Bill after two readings by each House or, if the Government has decided to apply the accelerated procedure without the two Conferences of Presidents being jointly opposed, after a single reading of such a Bill by each House, the Prime Minister, or in the case of a Private Members' Bill, the Presidents of the two Houses acting jointly, may convene a joint committee, composed of an equal number of members from each House, to propose a text on the provisions still under debate.
(3) The text drafted by the joint committee may be submitted by the Government to both Houses for approval. No amendment shall be admissible without the consent of the Government.
(4) If the joint committee fails to agree on a common text, or if the text is not passed as provided in the foregoing paragraph, the Government may, after a further reading by the National Assembly and by the Senate, ask the National Assembly to reach a final decision. In such an event, the National Assembly may reconsider either the text drafted by the joint committee, or the last text passed by itself, as modified, as the case may be, by any amendment(s) passed by the Senate.

Article 46.

(1) Acts of Parliament which are defined by the Constitution as being Institutional Acts shall be enacted and amended as provided for hereinafter.
(2) The Government or Private Member's Bill may only be submitted, on first reading, to the consideration and vote of the Houses after the expiry of the periods set down in the third paragraph of article 42. Notwithstanding the foregoing, if the accelerated procedure has been applied according to the conditions provided for in article 45, the Government or Private Member's Bill may not be submitted for consideration by the first House to which it is referred before the expiry of a fifteen-day period after it has been tabled.
(3) The procedure set out in article 45 shall apply. Nevertheless, failing agreement between the two Houses, the text may be passed by the National Assembly on a final reading only by an absolute majority of the Members thereof.
(4) Institutional Acts relating to the Senate must be passed in identical terms by the two Houses.
(5) Institutional Acts shall not be promulgated until the Constitutional Council has declared their conformity with the Constitution.

Article 47.
(1) Parliament shall pass Finance Bills in the manner provided for by an Institutional Act.
(2) Should the National Assembly fail to reach a decision on first reading within forty days following the tabling of a Bill, the Government shall refer the Bill to the Senate, which shall make its decision known within fifteen days. The procedure set out in article 45 shall then apply.
(3) Should Parliament fail to reach a decision within seventy days, the provisions of the Bill may be brought into force by Ordinance.
(4) Should the Finance Bill setting out revenue and expenditure for a financial year not be tabled in time for promulgation before the beginning of that year, the Government shall as a matter of urgency ask Parliament for authorization to collect taxes and shall make available by decree the funds needed to meet commitments already voted for.
(5) The time limits set by this article shall be suspended when Parliament is not in session.

Article 47-1.
(1) Parliament shall pass Social Security Financing Bills in the manner provided by an Institutional Act.
(2) Should the National Assembly fail to reach a decision on first reading within twenty days of the tabling of a Bill, the Government shall refer the Bill to the Senate, which shall make its decision known within fifteen days. The procedure set out in article 45

shall then apply.

(3) Should Parliament fail to reach a decision within fifty days, the provisions of the Bill may be implemented by Ordinance.

(4) The time limits set by this article shall be suspended when Parliament is not in session and, as regards each House, during the weeks when it has decided not to sit in accordance with the second paragraph of article 28.

Article 47-2.

(1) The Cour des Comptes shall assist Parliament in monitoring Government action. It shall assist Parliament and the Government in monitoring the implementation of Finance Acts and Social Security Financing Acts, as well in assessing public policies. By means of its public reports, it shall contribute to informing citizens.

(2) The accounts of public administrations shall be lawful and faithful. They shall provide a true and fair view of the result of the management, assets and financial situation of the said public administrations.

Article 48.

(1) Without prejudice to the application of the last three paragraphs of article 28, the agenda shall be determined by each House.

(2) During two weeks of sittings out of four, priority shall be given, in the order determined by the Government, to the consideration of texts and to debates which it requests to be included on the agenda.

(3) In addition, the consideration of Finance Bills, Social Security Financing Bills and, subject to the provisions of the following paragraph, texts transmitted by the other House at least six weeks previously, as well as Bills concerning a state of emergency and requests for authorization referred to in article 35, shall, upon Government request, be included on the agenda with priority.

(4) During one week of sittings out of four, priority shall be given, in the order determined by each House, to the monitoring of Government action and to the assessment of public policies.

(5) One day of sitting per month shall be given over to an agenda determined by each House upon the initiative of the opposition groups in the relevant House, as well as upon that of the minority groups.

(6) During at least one sitting per week, including during the extraordinary sittings provided for in article 29, priority shall be given to questions from Members of Parliament and to answers from the Government.

Article 49.

(1) The Prime Minister, after deliberation by the Council of Ministers, may make the Government's programme or possibly a general policy statement an issue

of a vote of confidence before the National Assembly.

(2) The National Assembly may call the Government to account by passing a resolution of no-confidence. Such a resolution shall not be admissible unless it is signed by at least one tenth of the Members of the National Assembly. Voting may not take place within forty-eight hours after the resolution has been tabled. Solely votes cast in favour of the no-confidence resolution shall be counted and the latter shall not be passed unless it secures a majority of the Members of the House. Except as provided for in the following paragraph, no Member shall sign more than three resolutions of no-confidence during a single ordinary session and no more than one during a single extraordinary session.

(3) The Prime Minister may, after deliberation by the Council of Ministers, make the passing of a Finance Bill or Social Security Financing Bill an issue of a vote of confidence before the National Assembly. In that event, the Bill shall be considered passed unless a resolution of no-confidence, tabled within the subsequent twenty-four hours, is carried as provided for in the foregoing paragraph. In addition, the Prime Minister may use the said procedure for one other Government or Private Members' Bill per session.

(4) The Prime Minister may ask the Senate to approve a statement of general policy.

Article 50.

When the National Assembly passes a resolution of no-confidence, or when it fails to endorse the Government programme or general policy statement, the Prime Minister shall tender the resignation of the Government to the President of the Republic.

Article 50-1.

The Government may, before either House, upon its own initiative or upon the request of a Parliamentary group, as set down in article 51-1, make a declaration on a given subject, which leads to a debate and, if it so desires, gives rise to a vote, without making it an issue of confidence.

Article 51.

The closing of ordinary or extraordinary sessions shall be automatically postponed in order to permit the application of article 49, if the case arises. Additional sittings shall be held automatically for the same purpose.

Article 51-1.

The Rules of Procedure of each House shall determine the rights of the Parliamentary groups set up within it. They shall recognize that opposition groups in the House concerned, as well as minority groups, have specific rights.

Article 51-2.
(1) In order to implement the monitoring and assessment missions laid down in the first paragraph of article 24, committees of inquiry may be set up within each House to gather information, according to the conditions provided for by statute.
(2) Statutes shall determine their rules of organization and operation. The conditions for their establishment shall be determined by the Rules of Procedure of each House.

■
TITLE VI: ON TREATIES AND INTERNATIONAL AGREEMENTS

Article 52.
(1) The President of the Republic shall negotiate and ratify treaties.
(2) He shall be informed of any negotiations for the conclusion of an international agreement not subject to ratification.

Article 53.
(1) Peace Treaties, Trade agreements, treaties or agreements relating to international organization, those committing the finances of the State, those modifying provisions which are the preserve of statute law, those relating to the status of persons, and those involving the ceding, exchanging or acquiring of territory, may be ratified or approved only by an Act of Parliament.
(2) They shall not take effect until such ratification or approval has been secured.
(3) No ceding, exchanging or acquiring of territory shall be valid without the consent of the population concerned.

Article 53-1.
(1) The Republic may enter into agreements with European States which are bound by undertakings identical with its own in matters of asylum and the protection of human rights and fundamental freedoms, for the purpose of determining their respective jurisdiction as regards requests for asylum submitted to them.
(2) However, even if the request does not fall within their jurisdiction under the terms of such agreements, the authorities of the Republic shall remain empowered to grant asylum to any foreigner who is persecuted for his action in pursuit of freedom or who seeks the protection of France on other grounds.

Article 53-2.
The Republic may recognize the jurisdiction of the International Criminal Court as provided for by the Treaty signed on 18 July 1998.

Article 54.

If the Constitutional Council, on a referral from the President of the Republic, from the Prime Minister, from the President of one or the other Houses, or from sixty Members of the National Assembly or sixty Senators, has held that an international undertaking contains a clause contrary to the Constitution, authorization to ratify or approve the international undertaking involved may be given only after amending the Constitution.

Article 55.
Treaties or agreements duly ratified or approved shall, upon publication, prevail over Acts of Parliament, subject, with respect to each agreement or treaty, to its application by the other party.

TITLE VII: THE CONSTITUTIONAL COUNCIL

Article 56.
(1) The Constitutional Council shall comprise nine members, each of whom shall hold office for a non-renewable term of nine years. One third of the membership of the Constitutional Council shall be renewed every three years. Three of its members shall be appointed by the President of the Republic, three by the President of the National Assembly and three by the President of the Senate. The procedure provided for in the last paragraph of article 13 shall apply to these appointments. The appointments made by the President of each House shall be submitted for the opinion solely of the relevant standing committee in that House.
(2) In addition to the nine members provided for above, former Presidents of the Republic shall be ex officio life members of the Constitutional Council.
(3) The President shall be appointed by the President of the Republic. He shall have a casting vote in the event of a tie.

Article 57.
The office of member of the Constitutional Council shall be incompatible with that of Minister or Member of the Houses of Parliament. Other incompatibilities shall be determined by an Institutional Act.

Article 58.
(1) The Constitutional Council shall ensure the proper conduct of the election of the President of the Republic.
(2) It shall examine complaints and shall proclaim the results of the vote.

Article 59.
The Constitutional Council shall rule on the proper conduct of the election of Members of the National Assembly

and Senators in disputed cases.

Article 60.
The Constitutional Council shall ensure the proper conduct of referendum proceedings as provided for in articles 11 and 89 and in Title XV and shall proclaim the results of the referendum.

Article 61.
(1) Institutional Acts, before their promulgation, Private Members' Bills mentioned in article 11 before they are submitted to referendum, and the Rules of Procedure of the Houses of Parliament shall, before coming into force, be referred to the Constitutional Council, which shall rule on their conformity with the Constitution.
(2) To the same end, Acts of Parliament may be referred to the Constitutional Council, before their promulgation, by the President of the Republic, the Prime Minister, the President of the National Assembly, the President of the Senate, sixty Members of the National Assembly or sixty Senators.
(3) In the cases provided for in the two foregoing paragraphs, the Constitutional Council must deliver its ruling within one month. However, at the request of the Government, in cases of urgency, this period shall be reduced to eight days.
(4) In these same cases, referral to the Constitutional Council shall suspend the time allotted for promulgation.

Article 61-1.
(1) If, during proceedings in progress before a court of law, it is claimed that a statutory provision infringes the rights and freedoms guaranteed by the Constitution, the matter may be referred by the Conseil d'État or by the Cour de Cassation to the Constitutional Council, within a determined period.
(2) An Institutional Act shall determine the conditions for the application of the present article.

Article 62.
(1) A provision declared unconstitutional on the basis of article 61 shall be neither promulgated nor implemented.
(2) A provision declared unconstitutional on the basis of article 61-1 shall be repealed as of the publication of the said decision of the Constitutional Council or as of a subsequent date determined by said decision. The Constitutional Council shall determine the conditions and the limits according to which the effects produced by the provision shall be liable to challenge.
(3) No appeal shall lie from the decisions of the Constitutional Council. They shall be binding on public authorities and on all administrative authorities and all courts.

Article 63.
An Institutional Act shall determine the rules of organization and operation of the Constitutional Council, the procedure to be followed before it and, in particular, the time limits allotted for referring disputes to it.

TITLE VIII: ON JUDICIAL AUTHORITY

Article 64.
(1) The President of the Republic shall be the guarantor of the independence of the Judicial Authority.
(2) He shall be assisted by the High Council of the Judiciary.
(3) An Institutional Act shall determine the status of members of the Judiciary.
(4) Judges shall be irremovable from office.

Article 65
(1) The High Council of the Judiciary shall consist of a section with jurisdiction over judges and a section with jurisdiction over public prosecutors.
(2) The section with jurisdiction over judges shall be presided over by the Chief President of the Cour de cassation. It shall comprise, in addition, five judges and one public prosecutor, one Conseiller d'État appointed by the Conseil d'État and one practising lawyer, as well as six qualified, prominent citizens who are not Members of Parliament, of the Judiciary or of the administration. The President of the Republic, the President of the National Assembly and the President of the Senate shall each appoint two qualified, prominent citizens. The procedure provided for in the last paragraph of article 13 shall be applied to the appointments of the qualified, prominent citizens. The appointments made by the President of each House of Parliament shall be submitted for the sole opinion of the relevant standing committee in that House.
(3) The section with jurisdiction over public prosecutors shall be presided over by the Chief Public Prosecutor at the Cour de Cassation. It shall comprise, in addition, five public prosecutors and one judge, as well as the Conseiller d'État and the practising lawyer, together with the six qualified, prominent citizens referred to in the second paragraph.
(4) The section of the High Council of the Judiciary with jurisdiction over judges shall make recommendations for the appointment of judges to the Cour de cassation, the Chief Presidents of Courts of Appeal and the Presidents of the Tribunaux de grande instance. Other judges shall be appointed after consultation with this section.
(5) The section of the High Council of the Judiciary with jurisdiction

over public prosecutors shall give its opinion on the appointment of public prosecutors.

(6) The section of the High Council of the Judiciary with jurisdiction over judges shall act as disciplinary tribunal for judges. When acting in such capacity, in addition to the members mentioned in the second paragraph, it shall comprise the judge belonging to the section with jurisdiction over public prosecutors.

(7) The section of the High Council of the Judiciary with jurisdiction over public prosecutors shall give its opinion on disciplinary measures regarding public prosecutors. When acting in such capacity, it shall comprise, in addition to the members mentioned in paragraph three, the public prosecutor belonging to the section with jurisdiction over judges.

(8) The High Council of the Judiciary shall meet in plenary section to reply to the requests for opinions made by the President of the Republic in application of article 64. It shall also express its opinion in plenary section, on questions concerning the deontology of judges or on any question concerning the operation of justice which is referred to it by the Minister of Justice. The plenary section comprises three of the five judges mentioned in the second paragraph, three of the five prosecutors mentioned in the third paragraph as well as the Conseiller d'État, the practising lawyer and the six qualified, prominent citizens referred to in the second paragraph. It is presided over by the Chief President of the Cour de cassation who may be substituted by the Chief Public Prosecutor of this court.

(9) The Minister of Justice may participate in all the sittings of the sections of the High Council of the Judiciary except those concerning disciplinary matters.

(10) According to the conditions determined by an Institutional Act, a referral may be made to the High Council of the Judiciary by a person awaiting trial.

(11) The Institutional Act shall determine the manner in which this article is to be implemented.

Article 66.

(1) No one shall be arbitrarily detained.

(2) The Judicial Authority, guardian of the freedom of the individual, shall ensure compliance with this principle in the conditions laid down by statute.

Article 66-1.

No one shall be sentenced to death.

TITLE IX: THE HIGH COURT

Article 67.

(1) The President of the Republic shall incur no liability by reason of acts carried out in his official capacity, subject to the provisions of Articles 53-2 and 68 hereof.

(2) Throughout his term of office the

President shall not be required to testify before any French Court of law or Administrative authority and shall not be the object of any civil proceedings, nor of any preferring of charges, prosecution or investigatory measures. All limitation periods shall be suspended for the duration of said term of office.

(3) All actions and proceedings thus stayed may be reactivated or brought against the President one month after the end of his term of office.

Article 68.

(1) The President of the Republic shall not be removed from office during the term thereof on any grounds other than a breach of his duties patently incompatible with his continuing in office. Such removal from office shall be proclaimed by Parliament sitting as the High Court.

(2) The proposal to convene the High Court adopted by one or other of the Houses of Parliament shall be immediately transmitted to the other House which shall make its decision known within fifteen days of receipt thereof.

(3) The High Court shall be presided over by the President of the National Assembly. It shall give its ruling as to the removal from office of the President, by secret ballot, within one month. Its decision shall have immediate effect.

(4) Rulings given hereunder shall require a majority of two thirds of the members of the House involved or of the High Court. No proxy voting shall be allowed. Only votes in favour of the removal from office or the convening of the High Court shall be counted.

(5) An Institutional Act shall determine the conditions for the application hereof.

■
TITLE X: ON THE CRIMINAL LIABILITY OF THE GOVERNMENT

Article 68-1.

(1) Members of the Government shall be criminally liable for acts performed in the holding of their office and classified as serious crimes or other major offences at the time they were committed.

(2) They shall be tried by the Court of Justice of the Republic.

(3) The Court of Justice of the Republic shall be bound by such definition of serious crimes and other major offences and such determination of penalties as are laid down by statute.

Article 68-2.

(1) The Court of Justice of the Republic shall consist of fifteen members: twelve Members of Parliament, elected in equal number from among their ranks by the National Assembly and the Senate after each general or partial renewal by election of these

Houses, and three judges of the Cour de cassation, one of whom shall preside over the Court of Justice of the Republic.
(2) Any person claiming to be a victim of a serious crime or other major offence committed by a member of the Government in the holding of his office may lodge a complaint with a petitions committee.
(3) This committee shall order the case to be either closed or forwarded to the Chief Public Prosecutor at the Cour de cassation for referral to the Court of Justice of the Republic.
(4) The Chief Public prosecutor at the Cour de cassation may also make a referral ex officio to the Court of Justice of the Republic with the assent of the petitions committee.
(5) An Institutional Act shall determine the manner in which this article is to be implemented.
Article 68-3.
The provisions of this title shall apply to acts committed before its entry into force.

■
TITLE XI: THE ECONOMIC, SOCIAL AND ENVIRONMENTAL COUNCIL

Article 69.
(1) The Economic, Social and Environmental Council, on a referral from the Government, shall give its opinion on such Government Bills, draft Ordinances, draft Decrees, and Private Members' Bills as have been submitted to it.
(2) A member of the Economic, Social and Environmental Council may be designated by the Council to present, to the Houses of Parliament, the opinion of the Council on such drafts, Government or Private Members' Bills as have been submitted to it.
(3) A referral may be made to the Economic, Social and Environmental Council by petition, in the manner determined by an Institutional Act. After consideration of the petition, it shall inform the Government and Parliament of the pursuant action it proposes.

Article 70.
The Economic, Social and Environmental Council may also be consulted by the Government or Parliament on any economic, social or environmental issue. The Government may also consult it on Programming Bills setting down the multiannual guidelines for public finances. Any plan or Programming Bill of an economic, social or environmental nature shall be submitted to it for its opinion.

Article 71.
The composition of the Economic, Social and Environmental Council, which shall not exceed two hundred and thirty-three members, and

its rules of proceeding shall be determined by an Institutional Act.

TITLE XI A: THE DEFENDER OF RIGHTS

Article 71-1
(1) The Defender of Rights shall ensure the due respect of rights and freedoms by state administrations, territorial communities, public legal entities, as well as by all bodies carrying out a public service mission or by those that the Institutional Act decides fall within his remit.
(2) Referral may be made to the Defender of Rights, in the manner determined by an Institutional Act, by every person who considers his rights to have been infringed by the operation of a public service or of a body mentioned in the first paragraph. He may act without referral.
(3) The Institutional Act shall set down the mechanisms for action and the powers of the Defender of Rights. It shall determine the manner in which he may be assisted by third parties in the exercise of certain of his powers.
(4) The Defender of Rights shall be appointed by the President of the Republic for a six-year, non-renewable term, after the application of the procedure provided for in the last paragraph of article 13. This position is incompatible with membership of the Government or membership of Parliament. Other incompatibilities shall be determined by the Institutional Act.
(5) The Defender of Rights is accountable for his actions to the President of the Republic and to Parliament.

TITLE XII: ON TERRITORIAL COMMUNITIES

Article 72.
(1) The territorial communities of the Republic shall be the Communes, the Departments, the Regions, the Special-Status communities and the Overseas Territorial communities to which article 74 applies. Any other territorial community created, if need be, to replace one or more communities provided for by this paragraph shall be created by statute.
(2) Territorial communities may take decisions in all matters arising under powers that can best be exercised at their level.
(3) In the conditions provided for by statute, these communities shall be self-governing through elected councils and shall have power to make regulations for matters coming within their jurisdiction.
(4) In the manner provided for by an Institutional Act, except where the essential conditions for the exercise

of public freedoms or of a right guaranteed by the Constitution are affected, territorial communities or associations thereof may, where provision is made by statute or regulation, as the case may be, derogate on an experimental basis for limited purposes and duration from provisions laid down by statute or regulation governing the exercise of their powers.

(5) No territorial community may exercise authority over another. However, where the exercising of a power requires the combined action of several territorial communities, one of those communities or one of their associations may be authorised by statute to organise such combined action.

(6) In the territorial communities of the Republic, the State representative, representing each of the members of the Government, shall be responsible for national interests, administrative supervision and compliance with the law.

Article 72-1.

(1) The conditions in which voters in each territorial community may use their right of petition to ask for a matter within the powers of the community to be entered on the agenda of its Deliberative Assembly shall be determined by statute.

(2) In the conditions determined by an Institutional Act, draft decisions or acts within the powers of a territorial community may, on the initiative of the latter, be submitted for a decision by voters of said community by means of a referendum.

(3) When the creation of a special-status territorial community or modification of its organisation are contemplated, a decision may be taken by statute to consult the voters registered in the relevant communities. Voters may also be consulted on changes to the boundaries of territorial communities in the conditions determined by statute.

Article 72-2.

(1) Territorial communities shall enjoy revenue of which they may dispose freely in the conditions determined by statute.

(2) They may receive all or part of the proceeds of taxes of all kinds. They may be authorised by statute to determine the basis of assessment and the rates thereof, within the limits set by such statutes.

(3) Tax revenue and other own revenue of territorial communities shall, for each category of territorial community, represent a decisive share of their revenue. The conditions for the implementation of this rule shall be determined by an Institutional Act.

(4) Whenever powers are transferred between central government and

the territorial communities, revenue equivalent to that given over to the exercise of those powers shall also be transferred. Whenever the effect of newly created or extended powers is to increase the expenditure to be borne by territorial communities, revenue as determined by statute shall be allocated to said communities.
(5) Equalisation mechanisms intended to promote equality between territorial communities shall be provided for by statute.

Article 72-3.
(1) The Republic shall recognise the overseas populations within the French people in a common ideal of liberty, equality and fraternity.
(2) Guadeloupe, Guyane, Martinique, La Réunion, Mayotte, Saint-Barthélemy, Saint-Martin, Saint-Pierre-et-Miquelon, the Wallis and Futuna Islands and French Polynesia shall be governed by article 73 as regards overseas departments and regions and for the territorial communities set up under the final paragraph of article 73, and by article 74 for the other communities.
(3) The status of New Caledonia shall be governed by title XIII.
(4) The legislative system and special organisation of the French Southern and Antarctic Territories and Clipperton shall be determined by statute.
Article 72-4.
(1) No change of status as provided for by articles 73 and 74 with respect to the whole or part of any one of the communities to which the second paragraph of article 72-3 applies, shall take place without the prior consent of voters in the relevant community or part of a community being sought in the manner provided for by the paragraph below. Such change of status shall be made by an Institutional Act.
(2) The President of the Republic may, on a recommendation from the Government when Parliament is in session or on a joint motion of the two Houses, published in either case in the Journal Officiel, decide to consult voters in an overseas territorial community on a question relating to its organisation, its powers or its legislative system. Where the referendum concerns a change of status as provided for by the foregoing paragraph and is held in response to a recommendation by the Government, the Government shall make a statement before each House which shall be followed by debate.

Article 73.
(1) In the overseas departments and regions, statutes and regulations shall be automatically applicable. They may be adapted in the light of the specific characteristics and constraints of such communities.
(2) Those adaptations may be decided

on by the communities in areas in which their powers are exercised if the relevant communities have been empowered to that end by statute.

(3) By way of derogation from the first paragraph hereof and in order to take account of their specific features, communities to which this article applies may be empowered by statute to determine themselves the rules applicable in their territory in a limited number of matters that fall to be determined by statute.

(4) These rules may not concern nationality, civic rights, the guarantees of civil liberties, the status and capacity of persons, the organisation of justice, criminal law, criminal procedure, foreign policy, defence, public security and public order, currency, credit and exchange, or electoral law. This list may be clarified and amplified by an Institutional Act.

(5) The two foregoing paragraphs shall not apply in the department and region of La Réunion.

(6) The powers to be conferred pursuant to the second and third paragraphs hereof shall be determined at the request of the relevant territorial community in the conditions and subject to the reservations provided for by an Institutional Act. They may not be conferred where the essential conditions for the exercise of civil liberties or of a right guaranteed by the Constitution are affected.

(7) The setting up by statute of a territorial community to replace an overseas department and region or a single Deliberative Assembly for the two communities shall not be carried out unless the consent of the voters registered there has first been sought as provided by the second paragraph of article 72-4.

Article 74.
(1) The Overseas territorial communities to which this article applies shall have a status reflecting their respective local interests within the Republic.

(2) This status shall be determined by an Institutional Act, passed after consultation of the Deliberative Assembly, which shall specify:

- the conditions in which statutes and regulations shall apply there;
- the powers of the territorial community; subject to those already exercised by said community the transfer of central government powers may not involve any of the matters listed in paragraph four of article 73, as specified and completed, if need be, by an Institutional Act;
- the rules governing the organisation and operation of the institutions of the territorial community and the electoral system for its Deliberative Assembly;
- the conditions in which its institutions are consulted on Government or Private Members'

Bills and draft Ordinances or draft Decrees containing provisions relating specifically to the community and to the ratification or approval of international undertakings entered into in matters within its powers.

(3) The Institutional Act may also, for such territorial communities as are self-governing, determine the conditions in which:

- the Conseil d'État shall exercise specific judicial review of certain categories of decisions taken by the Deliberative Assembly in matters which are within the powers vested in it by statute;
- the Deliberative Assembly may amend a statute promulgated after the coming into effect of the new status of said territorial community where the Constitutional Council, acting in particular on a referral from the authorities of the territorial community, has found that statute law has intervened in a field within the powers of said Assembly;
- measures justified by local needs may be taken by the territorial community in favour of its population as regards access to employment, the right of establishment for the exercise of a professional activity or the protection of land;
- the community may, subject to review by the central government, participate in the exercise of the powers vested in it while showing due respect for the guaranties given throughout national territory for the exercising of civil liberties.

(4) The other rules governing the specific organisation of the territorial communities to which this article applies shall be determined and amended by statute after consultation with their Deliberative Assembly.

Article 74-1.

(1) In the Overseas territorial communities referred to by Article 74 and in New Caledonia, the Government may, in matters which remain within the power of the State, extend by Ordinance, with any necessary adaptations, the statutory provisions applying in mainland France, or adapt the statutory provisions applying, to the specific organization of the community in question, provided statute law has not expressly excluded the use of this procedure for the provisions involved.

(2) Such Ordinances shall be issued in the Council of Ministers after receiving the opinion of the relevant Deliberative Assemblies and the Conseil d'État. They shall come into force upon publication. They shall lapse if they are not ratified by Parliament within eighteen months of their publication.

Article 75.

Citizens of the Republic who do not have ordinary civil status, the sole status referred to in Article 34, shall retain their personal status until such time as they have renounced the same.

Article 75-1.
Regional languages are part of France's heritage.

■
TITLE XIII: TRANSITIONAL PROVISIONS PERTAINING TO NEW CALEDONIA

Article 76.
(1) The population of New Caledonia is called upon to vote by 31 December, 1998 on the provisions of the agreement signed at Nouméa on 5 May, 1998, published in the Journal Officiel of the French Republic on 27 May, 1998.
(2) Persons satisfying the requirements laid down in article 2 of Act No. 88-1028 of 9 November, 1988 shall be eligible to take part in the vote.
(3) The measures required to organize the voting process shall be taken by decree adopted after consultation with the Conseil d'État and discussion in the Council of Ministers.

Article 77.
(1) After approval of the agreement by the vote provided for in article 76, the Institutional Act passed after consultation with the Deliberative Assembly of New Caledonia shall determine, in order to ensure the development of New Caledonia in accordance with the guidelines set out in that agreement and in the manner required for its implementation:
- those of the State's powers which are to be definitively transferred to the institutions of New Caledonia, the applicable time frame and the manner in which said transfer shall be proceeded with, together with the apportionment of expenditure arising in connection therewith;
- the rules governing the organization and operation of the institutions of New Caledonia, in particular the circumstances in which certain kinds of decisions taken by the Deliberative Assembly of New Caledonia may be referred to the Constitutional Council for review before publication;
- the rules concerning citizenship, the electoral system, employment, and personal status as laid down by customary law;
- the conditions and the time limits within which the population concerned in New Caledonia is to vote on the attainment of full sovereignty.

(2) Any other measures required to give effect to the agreement referred to in article 76 shall be determined by statute.
(3) For the purpose of defining the body of electors called upon to elect members of the Deliberative Assemblies of New Caledonia and the provinces, the list referred to in the

Agreement mentioned in Article 76 hereof and Sections 188 and 189 of Institutional Act n° 99-209 of March 19, 1999 pertaining to New Caledonia is the list drawn up for the ballot provided for in Article 76 hereinabove which includes those persons not eligible to vote.

Articles 78 to 86 repealed

■ TITLE XIV: ON THE FRENCH-SPEAKING WORLD AND ON ASSOCIATION AGREEMENTS

Article 87.
The Republic shall participate in the development of solidarity and cooperation between States and peoples having the French language in common.

Article 88.
The Republic may enter into agreements with States which wish to associate with it in order to develop their civilizations.

■ TITLE XV: ON THE EUROPEAN UNION

Article 88-1.
The Republic shall participate in the European Union constituted by States which have freely chosen to exercise some of their powers in common by virtue of the Treaty on European Union and of the Treaty on the Functioning of the European Union, as they result from the treaty signed in Lisbon on 13 December, 2007.

Article 88-2.
Statutes shall determine the rules relating to the European arrest warrant pursuant to acts adopted by the institutions on the European Union.

Article 88-3.
Subject to reciprocity and in accordance with the terms of the Treaty on European Union signed on 7 February 1992, the right to vote and stand as a candidate in municipal elections shall be granted only to citizens of the Union residing in France. Such citizens shall neither hold the office of Mayor or Deputy Mayor nor participate in the designation of Senate electors or in the election of Senators. An Institutional Act passed in identical terms by the two Houses shall determine the manner of implementation of this article.

Article 88-4.
(1) The government shall lay before the National Assembly and the Senate drafts of European legislative acts as well as other drafts of or proposals for

acts of the European Union as soon as they have been transmitted to the Council of the European Union.
(2) In the manner laid down by the Rules of Procedure of each House, European resolutions may be passed, even if Parliament is not in session, on the drafts or proposals referred to in the preceding paragraph, as well as on any document issuing from a European Union Institution.
(3) A committee in charge of European affairs shall be set up in each of the Houses of Parliament.

Article 88-5
(1) Any Government Bill authorizing the ratification of a treaty pertaining to the accession of a state to the European Union shall be submitted to referendum by the President of the Republic.(2) Notwithstanding the foregoing, by passing a motion adopted in identical terms in each House by a three-fifths majority, Parliament may authorize the passing of the Bill according to the procedure provided for in paragraph three of article 89.

Article 88-6
(1) The National Assembly or the Senate may issue a reasoned opinion as to the conformity of a draft proposal for a European Act with the principle of subsidiarity. Said opinion shall be addressed by the President of the House involved to the Presidents of the European Parliament, the Council of the European Union and the European Commission. The Government shall be informed of said opinion.
(2) Each House may institute proceedings before the Court of Justice of the European Union against a European Act for non-compliance with the principle of subsidiarity. Such proceedings shall be referred to the Court of Justice of the European Union by the Government.
(3) For the purpose of the foregoing, resolutions may be passed, even if Parliament is not in session, in the manner set down by the Rules of Procedure of each House for the tabling and discussion thereof. Such proceedings shall be obligatory upon the request of sixty Members of the National Assembly or sixty Senators.

Article 88-7
Parliament may, by the passing of a motion in identical terms by the National Assembly and the Senate, oppose any modification of the rules governing the passing of Acts of the European Union in cases provided for under the simplified revision procedure for treaties or under judicial cooperation on civil matters, as set forth in the Treaty on European Union and the Treaty on the Functioning of the European Union, as they result from the treaty signed in Lisbon on December 13, 2007.

TITLE XVI: ON AMENDMENTS TO THE CONSTITUTION

TITLE XVII
(Repealed.)

Article 89.
(1) The President of the Republic, on the recommendation of the Prime Minister, and Members of Parliament alike shall have the right to initiate amendments to the Constitution.
(2) A Government or a Private Member's Bill to amend the Constitution must be considered within the time limits set down in the third paragraph of article 42 and be passed by the two Houses in identical terms. The amendment shall take effect after approval by referendum.
(3) However, a Government Bill to amend the Constitution shall not be submitted to referendum where the President of the Republic decides to submit it to Parliament convened in Congress; the Government Bill to amend the Constitution shall then be approved only if it is passed by a three-fifths majority of the votes cast. The Bureau of the Congress shall be that of the National Assembly.
(4) No amendment procedure shall be commenced or continued where the integrity of national territory is placed in jeopardy.
(5) The republican form of government shall not be the object of any amendment.

3.3. 오스트리아헌법(독어원문+국역문)

[해설]

 오스트리아 연방대통령의 지위와 권한 및 연방총리의 임명권에 관한 규정은 오스트리아헌법 제18-19조, 28-29조, 39조, 47조, 60-70조, 제70-72조에 분산되어 있다.

오스트리아 연방헌법
Bundes-Verfassungsgesetz

■

Erstes Hauptstück Allgemeine Bestimmungen. Europäische Union
제1장 일반규정. 유럽연합

A. Allgemeine Bestimmungen
제A절 일반규정

Artikel 1.
Österreich ist eine demokratische Republik. Ihr Recht geht vom Volk aus.
제1조
오스트리아는 민주공화국이다. 그 권력은 국민으로부터 나온다.
Artikel 2.

(1) Österreich ist ein Bundesstaat.
(2) Der Bundesstaat wird gebildet aus den selbständigen Ländern: Burgenland, Kärnten, Niederösterreich, Oberösterreich, Salzburg, Steiermark, Tirol, Vorarlberg, Wien.
(3) Änderungen im Bestand der Länder oder eine Einschränkung der in diesem Absatz und in Art. 3 vorgesehenen Mitwirkung der Länder bedürfen auch verfassungsgesetzlicher Regelungen der Länder.
제2조
(1) 오스트리아는 연방국가이다.
(2) 연방국가는 독립적인 자치주로 구성된다. 부르겐란트, 케른텐, 니더외스터라이히, 오버외스터라이히, 잘츠부르크, 슈타이어마르크, 티롤, 포르아를베르크, 빈.
(3) 주의 수數를 변경하거나 이 항과 제3조에 따른 주의 참여를 제한함에 있어서는 주

헌법적 규정도 필요로 한다.

Artikel 3.
(1) Das Bundesgebiet umfasst die Gebiete der Bundesländer.
(2) Staatsverträge, mit denen die Bundesgrenzen geändert werden, dürfen nur mit Zustimmung der betroffenen Länder abgeschlossen werden.
(3) Grenzänderungen innerhalb des Bundesgebietes bedürfen übereinstimmender Gesetze des Bundes und der betroffenen Länder. Für Grenzbereinigungen innerhalb des Bundesgebietes genügen übereinstimmende Gesetze der betroffenen Länder.
(4) Sofern es sich nicht um Grenzbereinigungen handelt, bedürfen Beschlüsse des Nationalrates über Grenzänderungen gemäß Abs. 2 und 3 der Anwesenheit von mindestens der Hälfte der Mitglieder und einer Mehrheit von zwei Dritteln der abgegebenen Stimmen.

제3조
(1) 연방 영역은 연방 각 주의 영역을 포괄한다.
(2) 연방 국경의 변경을 가져오는 주州 간 협약은 해당 주의 동의가 있어야만 체결할 수 있다.
(3) 연방 영역 내의 경계를 변경함에 있어서는 연방과 해당 주 모두의 동의를 얻은 법률에 의하여야 한다. 연방 영역 내의 경계를 정비함에 있어서는 해당 주의 동의를 얻은 법률에 의하면 충분하다.
(4) 경계 정비의 경우가 아닌 한, 제2항과 제3항에 따른 경계변경에 관한 국민의회의 의결은 재적의원 과반수의 출석과 투표수 3분의 2 이상의 찬성에 의한다.

Artikel 4.
(1) Das Bundesgebiet bildet ein einheitliches Währungs-, Wirtschafts- und Zollgebiet.
(2) Innerhalb des Bundes dürfen Zwischenzolllinien oder sostige Veerkehrsbeschränkungen nicht errichtet werden.

제4조
(1) 연방 영역은 통일적인 통화유통구역, 경제구역 및 관세구역으로 구성된다.
(2) 연방 내에서는 중간관세선이나 그 밖의 통상 제한은 설정되어서는 아니 된다.

Artikel 5.
(1) Bundeshauptstadt und Sitz der obersten Organe des Bundes ist Wien.
(2) Für die Dauer außergewöhnlicher Verhältnisse kann der Bundespräsident auf Antrag der Bundesregierung den Sitz oberster Organe des Bundes in einen anderen Ort des Bundesgebietes verlegen.

제5조
(1) 연방 수도와 연방 최고기관의 소재지는 빈이다.
(2) 비상사태가 지속되는 경우 연방대통령은 연방 정부의 요청에 따라 연방 최고기관의 소재지를 연방 영역 내의 다른 장소로 옮길 수 있다.

Artikel 6.
(1) Für die Republik Österreich besteht eine einheitliche Staatsbürgerschaft.

(2) Jene Staatsbürger, die in einem Land den Hauptwohnsitz haben, sind dessen Landesbürger; die Landesgesetze können jedoch vorsehen, dass auch Staatsbürger, die in einem Land einen Wohnsitz, nicht aber den Hauptwohnsitz haben, dessen Landesbürger sind.

(3) Der Hauptwohnsitz einer Person ist dort begründet, wo sie sich in der erweislichen oder aus den Umständen hervorgehenden Absicht niedergelassen
hat, hier den Mittelpunkt ihrer Lebensbeziehungen zu schaffen; trifft diese sachliche Voraussetzung bei einer Gesamtbetrachtung der beruflichen, wirtschaftlichen und gesellschaftlichen Lebensbeziehungen einer Person auf
mehrere Wohnsitze zu, so hat sie jenen als Hauptwohnsitz zu bezeichnen, zu dem sie das überwiegende Naheverhältnis hat.

(4) In den Angelegenheiten der Durchführung der Wahl des Bundespräsidenten, von Wahlen zu den allgemeinen Vertretungskörpern und zum Europäischen Parlament, der Wahl des Bürgermeisters durch die zur Wahl des Gemeinderates Berechtigten, in den Angelegenheiten der Durchführung von Volksbegehren, Volksabstimmungen und Volksbefragungen auf Grund der Bundesverfassung oder einer Landesverfassung sowie in den Angelegenheiten der unmittelbaren Mitwirkung der zum Gemeinderat Wahlberechtigten an der Besorgung der Angelegenheiten des eigenen Wirkungsbereiches der Gemeinde gelten für die Dauer einer Festnahme oder Anhaltung im Sinne des Bundesverfassungsgesetzes über den Schutz der persönlichen Freiheit, BGBl. Nr. 684/1988, die letzten, außerhalb des Ortes einer Festnahme oder Anhaltung gelegenen Wohnsitze und der letzte, außerhalb des Ortes einer Festnahme oder Anhaltung gelegene Hauptwohnsitz vor der Festnahme oder Anhaltung als Wohnsitze beziehungsweise Hauptwohnsitz der festgenommenen oder angehaltenen Person.

제6조
(1) 오스트리아공화국에는 하나의 통일된 국적만이 존재한다.
(2) 어떠한 주에 주 거주지를 두고 있는 국민은 그 주의 시민이다. 특정 주 내에 거주지를 두고 있으나, 그것이 주 거주지가 아닌 경우에도 주법률에 의하여 해당 주의 시민으로 규정할 수 있다.
(3) 한 개인의 주 거주지는 그가 입증할 수 있는 의도나 사정에 의해 그곳을 생활 관계의 중심으로 삼으려는 의도로 정착한 곳이다. 한 개인의 직업적, 경제적 및 사회적 생활 관계를 전체적으로 고찰해 보았을 때, 이러한 사실적 전제조건이 여러 거주지에 해당될 경우에는 가장 가까운 관계에 있는 곳을 주 거주지로 지정하여야 한다.
(4) 연방대통령 선거 실시에 관한 사안에 있어서, 또 일반 대의기관 및 유럽의회 선거, 기초자치단체 의회 선거권자가 선출하는 시장 선거, 그리고 연방헌법 또는 주 헌

법에 근거하여 국민청원, 국민투표, 그리고 국민여론 조사를 실시하는 사안에 있어서, 아울러 기초자치단체 의회 선거권자가 해당 기초자치단체의 고유 활동 영역의 업무에 직접 참여하는 사안에 있어서, 개인의 자유 보호에 관한 연방헌법(연방법률관보 제684/1988호)의 취지에 따라, 체포 또는 구금된 자의 체포 또는 구금된 기간 중의 주소 및 주된 주거지(주소)에 관해서는, 체포 또는 구금된 장소 외에 가장 마지막으로 거처한 주소 및 주된 거주지를, 체포 또는 구금된 자의 주소 및 주 거주지인 것으로 간주한다.

Artikel 7.
(1) Alle Staatsbürger sind vor dem Gesetz gleich. Vorrechte der Geburt, des Geschlechtes, des Standes, der Klasse und des Bekenntnisses sind ausgeschlossen. Niemand darf wegen seiner Behinderung benachteiligt werden.
Die Republik (Bund, Länder und Gemeinden) bekennt sich dazu, die Gleichbehandlung von behinderten und nichtbehinderten Menschen in allen Bereichen des täglichen Lebens zu gewährleisten.
(2) Bund, Länder und Gemeinden bekennen sich zur tatsächlichen Gleichstellung von Mann und Frau. Maßnahmen zur Förderung der faktischen Gleichstellung von Frauen und Männern insbesondere durch Beseitigung tatsächlich bestehender Ungleichheiten sind zulässig.
(3) Amtsbezeichnungen können in der Form verwendet werden, die das Geschlecht des Amtsinhabers oder der Amtsinhaberin zum Ausdruck bringt. Gleiches gilt für Titel, akademische Grade und Berufsbezeichnungen.
(4) Den öffentlich Bediensteten, einschließlich der Angehörigen des Bundesheeres, ist die ungeschmälerte Ausübung ihrer politischen Rechte gewährleistet.

제7조
(1) 모든 국민은 법 앞에서 평등하다. 출신, 성별, 신분, 계급 및 신앙에 따른 특권은 인정되지 아니한다. 어느 누구도 자신의 장애를 이유로 불이익을 받아서는 아니 된다. 공화국(연방, 주 및 기초자치단체)은 장애인과 비장애인에게 일상생활의 모든 분야에서 평등한 대우를 보장한다.
(2) 연방, 주 및 기초자치단체는 남성과 여성을 실질적으로 평등하게 대우한다. 특히 사실상 존재하는 불평등을 제거함으로써 여성과 남성의 실질적인 평등을 촉진하기 위한 조치는 허용된다.
(3) 관청의 표시는 해당 공무원의 성별이 나타나는 형태로 사용될 수 있다. 칭호, 대학 학위 및 직업 표시에도 동일하게 적용한다.
(4) 연방 군인을 포함하여 공무원은 제한 없는 정치적 권리의 행사를 보장받는다.

Artikel 8.
(1) Die deutsche Sprache ist, unbeschadet der den sprachlichen Minderheiten bundesgesetzlich eingeräumten Rechte, die Staatssprache der Republik.
(2) Die Republik (Bund, Länder und Gemeinden) bekennt sich zu ihrer gewachsenen sprachlichen

und kulturellen Vielfalt, die in den autochthonen Volksgruppen zum Ausdruck kommt. Sprache und Kultur, Bestand und Erhaltung dieser Volksgruppen sind zu achten, zu sichern und zu fördern.
(3) Die Österreichische Gebärdensprache ist als eigenständige Sprache anerkannt. Das Nähere bestimmen die Gesetze.

제8조
(1) 독일어는 언어적 소수자에 대하여 연방법률상 용인된 권리에도 불구하고를 침해하지 않는 공화국의 국어이다.
(2) 공화국(연방, 주, 기초자치단체)은 토착 원주민 집단에서 나타나는 언어적·문화적 다양성을 인정한다. 이러한 토착 원주민 집단의 언어, 문화, 존속, 보존은 존중되어야 하고, 보장되어야 하며, 장려되어야 한다.
(3) 오스트리아의 수호手話언어는 독자적 언어로서 인정된다. 상세한 것은 법률로 정한다.

Artikel 8a.
(1) Die Farben der Republik Österreich sind rot-weiß-rot. Die Flagge besteht aus drei gleichbreiten waagrechten Streifen, von denen der mittlere weiß, der obere und der untere rot sind.
(2) Das Wappen der Republik Österreich (Bundeswappen) besteht aus einem freischwebenden, einköpfigen, schwarzen, golden gewaffneten und rot bezungten Adler, dessen Brust mit einem roten, von einem silbernen Querbalken durchzogenen Schild belegt ist. Der Adler trägt auf seinem Haupt eine goldene Mauerkrone mit drei sichtbaren Zinnen. Die beiden Fänge umschließt eine gesprengte Eisenkette. Er trägt im rechten Fang eine goldene Sichel mit einwärts gekehrter Schneide, im linken Fang einen goldenen Hammer.
(3) Nähere Bestimmungen, insbesondere über den Schutz der Farben und des
Wappens sowie über das Siegel der Republik werden durch Bundesgesetz getroffen.

제8a조
(1) 오스트리아공화국 국기의 색은 적색-백색-적색이다. 국기는 세 개의 같은 넓이의 가로줄로 되어 있고, 가운데는 백색이며 위와 아래는 적색이다.
(2) 오스트리아공화국의 문장(연방문장)은 자유롭게 날며, 한 개의 머리를 가졌고, 흑색이며, 황금으로 된 무기를 들고 적색의 혀를 가진 독수리이며 그 가슴에는 은빛의 가로막대를 두른 적색 방패를 갖추고 있다. 독수리는 머리 위에 세 개의 요철이 분명히 보이는 황금색의 성벽 모양의 왕관을 쓰고 있다. 두 개의 발은 끊어진 사슬을 움켜쥐고 있다. 독수리는 오른쪽 발에 날이 안쪽으로 향한 황금 낫을, 왼쪽 발에 황금 망치를 들고 있다.
(3) 상세한 규정, 특히 국기의 색, 문장의 보호와 공화국의 인장에 관한 것은 연방법률로 정한다.

Artikel 9.
(1) Die allgemein anerkannten Regeln des Völkerrechtes gelten als Bestandteile
des Bundesrechtes.

(2) Durch Gesetz oder durch einen gemäß Art. 50 Abs. 1 genehmigten Staatsvertrag können einzelne Hoheitsrechte auf andere Staaten oder zwischenstaatliche Einrichtungen übertragen werden. In gleicher Weise können die Tätigkeit von Organen anderer Staaten oder zwischenstaatlicher Einrichtungen im Inland und die Tätigkeit österreichischer Organe im Ausland geregelt sowie die Übertragung einzelner Hoheitsrechte anderer Staaten oder zwischenstaatlicher Einrichtungen auf österreichische Organe vorgesehen werden. Dabei kann auch vorgesehen werden, dass österreichische Organe der Weisungsbefugnis der Organe anderer Staaten oder zwischenstaatlicher Einrichtungen oder diese der Weisungsbefugnis österreichischer Organe unterstellt werden.

제9조
(1) 일반적으로 승인된 국제법의 규정은 연방법률의 일부분으로 효력이 있다.
(2) 법률 또는 제50조 제1항에 의해 비준된 국가 조약을 통해서 개별 주권이 다른 국가나 국제기구에 위임될 수 있다. 같은 방식으로 외국의 기관 또는 국제기구의 국내 직무와 오스트리아 기관의 외국에서의 직무가 규율될 수 있고, 외국 또는 국제기관의 개별 주권이 오스트리아 기관으로 위임될 수 있다. 그 경우에도 오스트리아 기관이 외국 또는 국제기구의 기관의 지시·통제를 받거나, 반대로 외국 또는 국제기구의 기관이 오스트리아 기관의 지시·통제를 받을 수 있다.

Artikel 9a.
(1) Österreich bekennt sich zur umfassenden Landesverteidigung. Ihre Aufgabe ist es, die Unabhängigkeit nach außen sowie die Unverletzlichkeit und
Einheit des Bundesgebietes zu bewahren, insbesondere zur Aufrechterhaltung und Verteidigung der immerwährenden Neutralität. Hiebei sind auch die verfassungsmäßigen Einrichtungen und ihre Handlungsfähigkeit sowie die demokratischen Freiheiten der Einwohner vor gewaltsamen Angriffen von außen zu schützen und zu verteidigen.
(2) Zur umfassenden Landesverteidigung gehören die militärische, die geistige, die zivile und die wirtschaftliche Landesverteidigung.
(3) Jeder männliche Staatsbürger ist wehrpflichtig. Staatsbürgerinnen können
freiwillig Dienst im Bundesheer als Soldatinnen leisten und haben das Recht,
diesen Dienst zu beenden.
(4) Wer die Erfüllung der Wehrpflicht aus Gewissensgründen verweigert und
hievon befreit wird, hat die Pflicht, einen Ersatzdienst (Zivildienst) zu leisten.

제9a조
(1) 오스트리아는 전방위적 국토방위를 선언한다. 그 임무는 대외적 독립과 연방 영

역의 불가침과 통일을 유지하는 것이며, 특히 영세중립성을 유지하고 방어하기 위한 것이다. 이 경우 헌법적 기관과 그 직무 활동 및 주민의 민주주의적 자유도 외부의 무력 공격으로부터 보호되고 방어되어야 한다.
(2) 전방위적 국토방위에는 군사적, 정신적, 시민적, 경제적인 국토방위가 포함된다.
(3) 모든 남성은 병역의 의무가 있다. 여성인 국민은 자발적으로 연방군의 여군으로 복무할 수 있고, 복무를 그만둘 권리가 있다.
(4) 양심적인 이유에서 병역의 의무 이행을 거부하여 그것이 면제된 사람은 대체복무(민간 근무)를 할 의무가 있다.

Artikel 10.
(1) Bundessache ist die Gesetzgebung und die Vollziehung in folgenden Angelegenheiten:
1. Bundesverfassung, insbesondere Wahlen zum Nationalrat, und Volksbegehren, Volksabstimmungen und Volksbefragungen auf Grund der Bundesverfassung; Verfassungsgerichtsbarkeit; Verwaltungsgerichtsbarkeit mit Ausnahme der Organisation der Verwaltungsgerichte der Länder;
1a. Wahlen zum Europäischen Parlament; Europäische Bürgerinitiativen;
2. äußere Angelegenheiten mit Einschluss der politischen und wirtschaftlichen Vertretung gegenüber dem Ausland, insbesondere Abschluss von Staatsverträgen, unbeschadet der Zuständigkeit der Länder nach Art. 16 Abs. 1; Grenzvermarkung; Waren- und Viehverkehr mit dem Ausland; Zollwesen;
3. Regelung und Überwachung des Eintrittes in das Bundesgebiet und des Austrittes aus ihm; Ein- und Auswanderungswesen einschließlich des Aufenthaltsrechtes aus berücksichtigungswürdigen Gründen; Passwesen; Aufenthaltsverbot, Ausweisung und Abschiebung; Asyl; Auslieferung;
4. Bundesfinanzen, insbesondere öffentliche Abgaben, die ausschließlich oder teilweise für den Bund einzuheben sind; Monopolwesen;
5. Geld-, Kredit-, Börse- und Bankwesen; Maß- und Gewichts-, Normen- und Punzierungswesen;
6. Zivilrechtswesen einschließlich des wirtschaftlichen Assoziationswesens, jedoch mit Ausschluss von Regelungen, die den Grundstücksverkehr für Ausländer und den Verkehr mit bebauten oder zur Bebauung bestimmten Grundstücken verwaltungsbehördlichen Beschränkungen unterwerfen, einschließlich des Rechtserwerbes von Todes wegen durch Personen, die nicht
zum Kreis der gesetzlichen Erben gehören; Privatstiftungswesen; Strafrechtswesen mit Ausschluss des Verwaltungsstrafrechtes und des Verwaltungsstrafverfahrens

in Angelegenheiten, die in den selbständigen Wirkungsbereich der Länder fallen; Justizpflege; Einrichtungen zum Schutz der Gesellschaft gegen verbrecherische oder sonstige gefährliche Personen; Urheberrecht; Pressewesen; Enteignung, soweit sie nicht Angelegenheiten betrifft, die in den selbständigen Wirkungsbereich der Länder fallen; Angelegenheiten der Notare, der Rechtsanwälte und verwandter Berufe; außergerichtliche Vermittlung von Streitigkeiten in den Angelegenheiten des Zivilrechtswesens und des Strafrechtswesens;

7. Aufrechterhaltung der öffentlichen Ruhe, Ordnung und Sicherheit einschließlich der ersten allgemeinen Hilfeleistung, jedoch mit Ausnahme der örtlichen Sicherheitspolizei; Vereins- und Versammlungsrecht; Personenstandsangelegenheiten einschließlich des Matrikenwesens und der Namensänderung; Fremdenpolizei und Meldewesen; Waffen-, Munitions- und Sprengmittelwesen, Schießwesen;

8. Angelegenheiten des Gewerbes und der Industrie; öffentliche Agentien und Privatgeschäftsvermittlungen; Bekämpfung des unlauteren Wettbewerbes; Kartellrecht; Patentwesen sowie Schutz von Mustern, Marken und anderen Warenbezeichnungen; Angelegenheiten der Patentanwälte; Ingenieur- und Ziviltechnikerwesen;

Kammern für Handel, Gewerbe und Industrie; Einrichtung beruflicher Vertretungen, soweit sie sich auf das ganze Bundesgebiet erstrecken, mit Ausnahme solcher auf land- und forstwirtschaftlichem Gebiet;

9. Verkehrswesen bezüglich der Eisenbahnen und der Luftfahrt sowie der Schifffahrt, soweit diese nicht unter Art. 11 fällt; Kraftfahrwesen; Angelegenheiten der wegen ihrer Bedeutung für den Durchzugsverkehr durch Bundesgesetz als Bundesstraßen erklärten Straßenzüge außer der Straßenpolizei; Strom- und Schifffahrtspolizei, soweit sie nicht unter Art. 11 fällt; Post- und Fernmeldewesen; Umweltverträglichkeitsprüfung für Bundesstraßen und Eisenbahn Hochleistungsstrecken, bei denen mit erheblichen Auswirkungen auf die Umwelt zu rechnen ist;

10. Bergwesen; Forstwesen einschließlich des Triftwesens; Wasserrecht; Regulierung und Instandhaltung der Gewässer zum Zweck der unschädlichen Ableitung der Hochfluten oder zum Zweck der Schifffahrt und Flößerei; Wildbachverbauung; Bau und Instandhaltung von Wasserstraßen; Normalisierung und Typisierung elektrischer Anlagen und Einrichtungen, Sicherheitsmaßnahmen auf diesem Gebiet; Starkstromwegerecht, soweit sich die Leitungsanlage

auf zwei oder mehrere Länder erstreckt; Dampfkessel- und Kraftmaschinenwesen; Vermessungswesen;
11. Arbeitsrecht, soweit es nicht unter Art. 11 fällt, jedoch einschließlich des Arbeiterrechtes sowie des Arbeiter- und Angestelltenschutzes der Dienstnehmer in Sägen, Harzverarbeitungsstätten, Mühlen und Molkereien, die von land- und forstwirtschaftlichen Erwerbs- und Wirtschaftsgenossenschaften betrieben werden, sofern in diesen eine bundesgesetzlich zu bestimmende Anzahl von Dienstnehmern dauernd beschäftigt ist; für diese Dienstnehmer gelten die für die Dienstnehmer in gewerblichen Betrieben bestehenden Rechtsvorschriften; Sozial- und Vertragsversicherungswesen; Pflegegeldwesen;
Sozialentschädigungsrecht; Ausbildungspflicht für Jugendliche; Kammern für Arbeiter und Angestellte, mit Ausnahme solcher auf land- und forstwirtschaftlichem Gebiet, jedoch auch für die Dienstnehmer in Sägen, Harzverarbeitungsstätten, Mühlen und Molkereien, die von land- und forstwirtschaftlichen Erwerbs- und Wirtschaftsgenossenschaften betrieben werden, sofern in diesen eine bundesgesetzlich zu bestimmende Anzahl von Dienstnehmern dauernd beschäftigt ist;
12. Gesundheitswesen mit Ausnahme des Leichen- und Bestattungswesens sowie des Gemeindesanitätsdienstes und Rettungswesens, hinsichtlich der Heil- und Pflegeanstalten, des Kurortewesens und der natürlichen Heilvorkommen jedoch nur die sanitäre Aufsicht; Maßnahmen zur Abwehr von gefährlichen Belastungen der Umwelt, die durch Überschreitung von Immissionsgrenzwerten entstehen; Luftreinhaltung, unbeschadet der Zuständigkeit der Länder für Heizungsanlagen; Abfallwirtschaft hinsichtlich gefährlicher Abfälle, hinsichtlich anderer Abfälle nur soweit ein Bedürfnis nach Erlassung einheitlicher Vorschriften vorhanden ist; Veterinärwesen; Ernährungswesen einschließlich der Nahrungsmittelkontrolle; Regelung des geschäftlichen Verkehrs mit Saat- und Pflanzgut, Futter-, Dünge- und Pflanzenschutzmitteln sowie mit Pflanzenschutzgeräten, einschließlich der Zulassung und bei Saat- und Pflanzgut auch der Anerkennung;
12a. Universitäts- und Hochschulwesen sowie das Erziehungswesen betreffend Studentenheime in diesen Angelegenheiten;
13. wissenschaftlicher und fachtechnischer Archiv- und Bibliotheksdienst; Angelegenheiten der künstlerischen und wissenschaftlichen Sammlungen und Einrichtungen des

Bundes; Angelegenheiten der Bundestheater mit Ausnahme der Bauangelegenheiten; Denkmalschutz; Angelegenheiten des Kultus; Volkszählungswesen sowie - unter Wahrung der Rechte der Länder, im eigenen Land jegliche Statistik zu betreiben - sonstige Statistik, soweit sie nicht nur den Interessen eines einzelnen Landes dient; allgemeine Angelegenheiten des Schutzes personenbezogener Daten; Stiftungs- und Fondswesen, soweit es sich um Stiftungen und Fonds handelt, die nach ihren Zwecken über den Interessenbereich eines Landes hinausgehen und nicht schon bisher von den Ländern autonom verwaltet wurden;

14. Organisation und Führung der Bundespolizei; Regelung der Errichtung und der Organisierung sonstiger Wachkörper mit Ausnahme der Gemeindewachkörper; Regelung der Bewaffnung der Wachkörper und des Rechtes zum Waffengebrauch;

15. militärische Angelegenheiten; Angelegenheiten des Zivildienstes; Kriegsschadenangelegenheiten; Fürsorge für Kriegsgräber; aus Anlass eines Krieges oder im Gefolge eines solchen zur Sicherung der einheitlichen Führung der Wirtschaft notwendig erscheinende Maßnahmen, insbesondere auch hinsichtlich der Versorgung der Bevölkerung mit Bedarfsgegenständen;

16. Einrichtung der Bundesbehörden und sonstigen Bundesämter; Dienstrecht und Personalvertretungsrecht der Bundesbediensteten; .

17. Bevölkerungspolitik.

(2) In Bundesgesetzen über das bäuerliche Anerbenrecht sowie in den nach Abs. 1 Z 10 ergehenden Bundesgesetzen kann die Landesgesetzgebung ermächtigt werden, zu genau zu bezeichnenden einzelnen Bestimmungen Ausführungsbestimmungen zu erlassen. Für diese Landesgesetze sind die Bestimmungen des Art. 15 Abs. 6 sinngemäß anzuwenden. Die Vollziehung der in solchen Fällen ergehenden Ausführungsgesetze steht dem Bund zu, doch bedürfen die Durchführungsverordnungen, soweit sie sich auf die Ausführungsbestimmungen des Landesgesetzes beziehen, des vorherigen Einvernehmens mit der betreffenden Landesregierung.

(3) Bevor der Bund Staatsverträge, die Durchführungsmaßnahmen im Sinne des Art. 16 erforderlich machen oder die den selbständigen Wirkungsbereich der Länder in anderer Weise berühren, abschließt, hat er den Ländern Gelegenheit zur Stellungnahme zu geben. Liegt dem Bund eine einheitliche Stellungnahme der Länder vor, so ist der Bund beim Abschluss des Staatsvertrages an diese Stellungnahme gebunden. Der Bund darf davon nur aus zwingenden

außenpolitischen Gründen abweichen; er hat diese Gründe den Ländern unverzüglich mitzuteilen.

제10조

(1) 다음 사안에 관련된 입법과 집행은 연방의 소관 사항이다.

  1. 연방헌법, 특히 국민의회 의원 선거, 연방헌법에 근거한 국민청원, 국민투표 및 국민자문, 헌법재판소의 재판권 및 주의 행정재판소 조직을 제외한 행정재판소의 재판권

  1a. 유럽의회 선거, 유럽 시민운동단체

  2. 외국에 대한 정치적·경제적 대표 사무를 포함한 외교적 업무, 특히 제16조 제1항에 따른 주의 권한을 침해하지 아니하는 국가 조약의 체결, 국경 확정, 외국과의 상품·가축 교역 및 관세 제도

  3. 연방 영역으로의 입국과 출국의 규제와 감시, 고려할 만한 근거를 바탕으로 하는 체류권을 포함한 이민과 전출제도, 여권제도, 체류 금지, 추방 및 압송, 망명, 인도

  4. 연방재정, 특히 연방을 위하여 독점적으로 또는 부분적으로 징수되는 국가조세, 전매제도

  5. 화폐제도, 신용제도, 증권거래제도, 은행제도, 도량형제도, 중량제도, 규격제도 및 순도표시제도

  6. 외국인의 부동산거래, 일정한 건물 신축을 위하여 조성되었거나 신축 부지로 지정된 토지 거래에 관하여 행정관청의 제한에 구속되도록 하는 규정을 제외한 경제적 결사제도, 사망의 경우 법률상 상속인이 아닌 사람의 권리 취득 제도를 포함한 민사적 사항 및 민간재단 제도, 주의 독립적인 활동영역에 속하는 행정 형벌과 그에 관한 절차를 제외한 나머지 형사적 사항, 사법 제도, 범죄인 또는 그 밖의 위험인물로부터 사회를 방위하기 위한 시설, 기구, 저작권제도, 언론 제도, 주의 독립적인 활동 영역에 해당하지 아니하는 공용수용 제도, 공증인, 변호사 및 이와 유사한 직책의 업무에 관한 사항, 민사적 및 형사적 사항의 분쟁에 관한 재판 외의 중재

  7. 지방 보안경찰은 제외하고 일차적 일반지원을 포함한 공공의 안정, 질서 및 안전의 유지 및 결사와 집회권, 호적 기록과 개명을 포함한 호적 업무, 외국인 관리 경찰과 등록제도, 무기, 군수품, 폭발물 및 화약 제도

  8. 영업과 산업, 공적 대리 업무와 민간 업무 중재, 부당경쟁의 방지, 특허제도와 의장, 상표 및 다른 상품 표시의 보호, 특허변호사, 기술자와 자유기술자 제도, 상업, 영업 및 산업 상공회의소, 농업과 임업 분야는 제외하고 연방 영역 전체에 분포되어 있는 경우 직업대표부의 설치

  9. 철도, 항공 및 해운 관련 교통 제도 중 제11조에 해당하지 않는 경우, 자동차제도 및 도로 경찰은 제외하고 통행 교통에 대한 중요성으로 인해 연방법률에 따라 연방 도로로 선포된 도로 운행 업무, 하천과 선박 운항 경찰 중 제11조에 해당하지 않는 경우, 우편 및 전신 제도, 환경에 심각한 영향을 미칠 가능성이 예상되는 연방 도로와 고속철도의 환경영향평가

  10. 광업 업무, 초원을 포함한 산림 제도, 용수권, 홍수 시 피해를 줄이기 위한 배수나 배와 뗏목을 운항하기 위한 물의 규제와 정비, 산골급류방제보 건설, 수로의 건설과 정비, 전기설비와 시설의 규격화, 이 분야의 안전조치, 전선이 두 개 이상의 주에 걸쳐 있는 경우의 고압 전류법, 증기기관과 동력기 제도 및 측

량 제도
11. 제11조에 해당하지 아니하는 노동권으로서, 농업과 임업의 영리 및 경제 조합이 운영하는 제재소, 수지 가공 공장, 제분소, 낙농업의 피고용인에 관한 노동자의 권리 및 노동자와 피고용인 보호가 포함되며, 연방법률상 정해진 피고용인 수가 지속적으로 유지되어야 함을 조건으로 하고 해당 피고용인에 관하여 영리기업의 피고용인에게 적용되는 법규가 적용되는 노동권 그리고 사회·계약보험제도, 가정요양급여제도, 사회적 보상법, 청소년을 위한 교육훈련 의무 및 농업과 임업 분야를 제외한 노동자와 피고용인을 위한 회의소로서, 농업과 임업의 영리 및 경제 조합이 운영하는 제재소, 수지 가공공장, 제분소, 낙농업의 피고용인도 포함되며, 연방법률상 정해진 피고용인 수가 지속적으로 유지되어야 함을 조건으로 하는 회의소
12. 시신과 장례 제도 및 보건소와 응급구조 제도를 제외한 건강 업무로서, 치료와 간호 기관, 요양지 제도와 자연치유와 관련해서는 위생적인 감독만 실시하는 업무 및 위험물질 방출한계치를 초과함으로써 발생하는 위험한 환경부담의 방지 조치, 난방시설에 대한 관할권을 해치지 않는 대기 청정유지, 통일적인 규정으로 공포할 필요가 있는 경우의 위험폐기물 처리, 수의사제도 및 식품 감독을 포함한 식량 업무, 종자, 식물, 사료, 비료, 식물보호재 및 식물보호 도구의 영업상의 거래의 규정으로서, 허가 그리고 종자와 식물의 경우에는 그 승인까지 포함하는 규정
12a. 이 사안에 관한 대학교·단과대학 제도 및 대학생 기숙사에 관한 교육제도
13. 학술적이고 전문기술적인 문서보관소와 도서관 업무, 연방의 미술과 학술 관련 수집과 시설, 건설 업무를 제외한 연방 극장 업무, 기념물 보호, 제의식 업무, 개별 주만을 위한 것이 아닌 경우의 인구조사 및 자신의 주에서 각자의 통계를 추진할 주의 권리가 유지되는 상태에서의 그 밖의 통계 업무, 그 목적에 있어서 주의 범위를 넘어서며 주에 의해 자율적으로 관리되지 않았던 재단과 기금업무
14. 연방 경찰의 조직 및 관리, 지방 경찰을 제외한 경찰의 설립 및 조직에 관한 규정, 경찰의 무장 및 무기 사용 권리에 대한 규정
15. 군대 관련 업무, 병역 대체복무 관련 업무, 전쟁 피해 관련 업무, 전몰자 장지 葬地 관리 업무, 전쟁 중 또는 전후에 경제의 통일적 지휘를 보장하기 위해 필요한 조치와 관련된 업무, 특히 주민의 생필품 공급과 관련된 업무
16. 연방정부 관청 및 그 밖의 연방 관청이 설치, 연방 공무원이 근무 규약과 대표단 규약
17. 인구정책

(2) 농업의 농지단독상속법에 관한 연방법률과 제1항 제10호에 따라 공포된 연방법률에서, 매우 정확히 표현되어야 할 각각의 법령에 대해 시행 법령을 따로 공포할 수 있는 권한이 주의 입법 시 부여될 수 있다. 이런 주법률에 있어서는 제15조 제6항의 법령이 준용될 수 있다. 그와 같은 경우에 공포되는 시행 규정 법령의 집행은 연방의 권한에 속한다. 그러나 시행 법령이 주법률의 시행 법령에도 적용되는 경우에는, 해당 주의 주정부와의 사전 합의가 필요하다.
(3) 연방은 제16조가 의미하는 시행 조치를 필요로 하거나 다른 방식으로 주의 독립적 관할 분야와 관계가 있는 국가 조약을 체결

하기 이전에, 주에 입장을 밝힐 기회를 주어야 한다. 주의 통일적인 입장이 연방에 제시되면 연방은 국가 조약을 체결함에 있어서 이 입장의 구속을 받는다. 연방은 부득이한 대외정치적인 이유에서만 이것과 다른 입장을 취할 수 있다. 연방은 그 이유를 해당 주에 지체 없이 통지하여야 한다.

Artikel 11.
(1) Bundessache ist die Gesetzgebung, Landessache die Vollziehung in folgenden Angelegenheiten:
1. Staatsbürgerschaft;
2. berufliche Vertretungen, soweit sie nicht unter Art. 10 fallen, jedoch mit Ausnahme jener auf land- und forstwirtschaftlichem Gebiet sowie auf dem Gebiet des Berg- und Schiführerwesens und des in den selbständigen Wirkungsbereich der Länder fallenden Sportunterrichtswesens;
3. Volkswohnungswesen mit Ausnahme der Förderung des Wohnbaus und der Wohnhaussanierung;
4. Straßenpolizei;
5. Assanierung;
6. Binnenschifffahrt hinsichtlich der Schifffahrtskonzessionen, Schifffahrtsanlagen und Zwangsrechte an solchen Anlagen, soweit sie sich nicht auf die Donau, den Bodensee, den Neusiedlersee und auf Grenzstrecken sonstiger Grenzgewässer bezieht; Strom- und Schifffahrtspolizei auf Binnengewässern mit Ausnahme der Donau, des Bodensees, des Neusiedlersees und der Grenzstrecken sonstiger Grenzgewässer;
7. Umweltverträglichkeitsprüfung für Vorhaben, bei denen mit erheblichen Auswirkungen auf die Umwelt zu rechnen ist; soweit ein Bedürfnis nach Erlassung einheitlicher Vorschriften als vorhanden erachtet wird, Genehmigung solcher Vorhaben;
8. Tierschutz, soweit er nicht nach anderen Bestimmungen in Gesetzgebung Bundessache ist, jedoch mit Ausnahme der Ausübung der Jagd oder der Fischerei;
9. Arbeiterrecht sowie Arbeiter- und Angestelltenschutz, soweit es sich um land- und forstwirtschaftliche Arbeiter und Angestellte handelt.
(2) Soweit ein Bedürfnis nach Erlassung einheitlicher Vorschriften als vorhanden erachtet wird, werden das Verwaltungsverfahren, die allgemeinen Bestimmungen des Verwaltungsstrafrechtes, das Verwaltungsstrafverfahren und die Verwaltungsvollstreckung auch in den Angelegenheiten, in denen die Gesetzgebung den Ländern zusteht, durch Bundesgesetz geregelt; abweichende Regelungen können in den die einzelnen Gebiete der Verwaltung regelnden Bundes- oder Landesgesetzen nur dann getroffen werden, wenn sie zur Regelung des

Gegenstandes erforderlich sind.
(3) Die Durchführungsverordnungen zu den nach den Abs. 1 und 2 ergehenden Bundesgesetzen sind, soweit in diesen Gesetzen nicht anderes bestimmt ist, vom Bund zu erlassen. Die Art der Kundmachung von Durchführungsverordnungen, zu deren Erlassung die Länder in den Angelegenheiten des Abs. 1 Z 4 und 6 bundesgesetzlich ermächtigt werden, kann durch Bundesgesetz geregelt werden.
(4) Die Handhabung der gemäß Abs. 2 ergehenden Gesetze und der hiezu erlassenen Durchführungsverordnungen steht dem Bund oder den Ländern zu, je nachdem, ob die den Gegenstand des Verfahrens bildende Angelegenheit der Vollziehung nach Bundes- oder Landessache ist.
(5) Soweit ein Bedürfnis nach Erlassung einheitlicher Vorschriften vorhanden ist, können durch Bundesgesetz einheitliche Emissionsgrenzwerte für Luftschadstoffe festgelegt werden. Diese dürfen in den die einzelnen Gebiete der Verwaltung regelnden Bundes- und Landesvorschriften nicht überschritten werden.
(6) Soweit ein Bedürfnis nach Erlassung einheitlicher Vorschriften als vorhanden erachtet wird, werden auch das Bürgerbeteiligungsverfahren für bundesgesetzlich zu bestimmende Vorhaben, die Beteiligung an den einem Bürgerbeteiligungsverfahren nachfolgenden Verwaltungsverfahren und die Berücksichtigung der Ergebnisse des Bürgerbeteiligungsverfahrens bei der Erteilung der für die betroffenen Vorhaben erforderlichen Genehmigungen sowie die Genehmigung der in Art. 10 Abs. 1 Z 9 genannten Vorhaben durch Bundesgesetz geregelt. Für die Vollziehung dieser Vorschriften gilt Abs. 4.
(7) In den in Abs. 1 Z 7 und 8 genannten Angelegenheiten stehen der Bundesregierung und den einzelnen Bundesministern gegenüber der Landesregierung die folgenden Befugnisse zu:
1. die Befugnis, durch Bundesorgane in die Akten der Landesbehörden Einsicht zu nehmen;
2. die Befugnis, die Übermittlung von Berichten über die Vollziehung der vom Bund erlassenen Gesetze und Verordnungen zu verlangen;
3. die Befugnis, alle für die Vorbereitung der Erlassung von Gesetzen und Verordnungen durch den Bund notwendigen Auskünfte über die Vollziehung zu verlangen;
4. die Befugnis, in bestimmten Fällen Auskünfte und die Vorlage von Akten zu verlangen, soweit dies zur Ausübung anderer Befugnisse

notwendig ist.
제11조
(1) 입법은 연방의 소관이고, 다음 사항에 관한 집행은 주의 소관이다.
  1. 국적
  2. 직능별 대표 중 제10조에 해당하지 않는 경우. 다만 농업과 임업 분야, 등산과 스키 안내 및 주의 독립적인 활동 영역에 속하는 스포츠 교육 분야는 예외로 한다.
  3. 주택 건설과 주택 보수 촉진을 제외한 국민주택 업무
  4. 도로 경찰
  5. 위생
  6. 도나우강, 보덴호, 노이지들러호 및 그 밖의 국경 수역 접경 부분과 관련되지 않는 선박 운항 면허, 선박 운항 시설 및 그 시설에 대한 강제권과 관련된 내수면 선박 운항 그리고 도나우강, 보덴호, 노이지들러호 및 기타 국경 수역의 접경 부분을 제외한 내수면에서의 하천 및 선박 운항 경찰
  7. 환경에 심각한 영향을 미칠 가능성이 예상되는 계획에 대한 환경영향평가, 통일적인 규정을 공포할 필요가 있는 것으로 판단되는 경우 해당 계획의 허가
  8. 연방법률에 달리 규정된 경우를 제외한 동물 보호. 단 수렵과 어업은 제외한다.
  9. 농업과 임업 노동자·피고용인과 관련된 경우 노동자의 권리 및 노동자와 피고용인 보호
(2) 입법 권한이 주에 있는 사항이라도 통일적인 규정을 공포할 필요가 있는 것으로 여겨지는 경우, 행정소송 절차, 행정벌의 총칙 규정, 행정벌 절차 및 그 집행 절차, 특히 조세제도에 관한 사항은 연방법률로 규정한다. 규율 대상을 규정할 필요가 있는 경우에만 구체적, 개별적 행정 영역을 규율하는 연방법률 또는 주법률에서 이와 다른 규정을 할 수 있다.
(3) 제1항과 제2항에 따라 공포되는 연방법률에 대한 시행 규정은 이 법에서 달리 규정되지 않는 한 연방에 의해 제정되어야 한다. 제1항 제4호 및 제6호에 관한 사항에 대하여 연방법률에 따라 주에 제정이 위임된 시행 규정의 공포 방법은 연방법률로 정할 수 있다.
(4) 제2항에 따라 공포되는 법률과 시행 규정의 집행은 집행 사항의 소관에 따라 연방이나 주에 그 권한이 있다.
(5) 통일적인 규정으로 공포할 필요가 있는 경우, 대기오염물질의 통일적인 방출 한계치는 연방법률로 정할 수 있다. 이것은 행정의 개별 영역을 규제하는 연방 규정이나 주 규정을 넘어서는 아니 된다.
(6) 통일적인 규정을 공포할 필요가 있는 것으로 여겨지는 경우, 연방법률에 따라 규정되어야 하는 계획에 대한 시민참여 절차, 시민참여 절차에 따른 행정 절차의 참여, 해당 계획에 필요한 허가 시의 시민참여 절차 및 제10조 제1항제9호에서 언급된 계획의 허가는 연방법률로 정한다. 이러한 규정의 집행에는 제4항이 적용된다.
(7) 제1항 제7호 및 제8호에 언급된 사항에서 다음의 권한은 주정부가 아니라 연방정부와 개별 연방 부처에 있다.
  1. 연방기관을 통해 주관청의 서류를 검열할 권한
  2. 연방에 의해 공포된 법률과 시행 규정의 집행에 관한 보고서 제출을 요구할 권한
  3. 연방에 의한 법률과 시행 규정의 공포 준비에 필요한 집행 관련 모든 정보를 요구할 권한
  4. 특정한 사항에서 다른 권한을 수행하

는 데 필요한 경우, 정보와 서류제출을 요구할 권한

Artikel 12.

(1) Bundessache ist die Gesetzgebung über die Grundsätze, Landessache die Erlassung von Ausführungsgesetzen und die Vollziehung in folgenden Angelegenheiten:
1. Armenwesen; Heil- und Pflegeanstalten;
2. Elektrizitätswesen, soweit es nicht unter Art. 10 fällt.

(2) Grundsatzgesetze und Grundsatzbestimmungen in Bundesgesetzen sind als solche ausdrücklich zu bezeichnen.

제12조

(1) 다음 사항의 기본 원칙에 관한 입법은 연방의 소관 사항이고 시행법의 제정과 집행은 주의 소관 사항이다.
1. 빈민구제기관, 치료기관과 간호시설
2. 제10조에 해당하지 않는 경우 전기제도

(2) 기본원칙법과 연방법률의 기본 원칙 규정은 명백하게 규정되어야 한다.

Artikel 13.

(1) Die Zuständigkeiten des Bundes und der Länder auf dem Gebiet des Abgabenwesens werden durch ein eigenes Bundesverfassungsgesetz („Finanz-Verfassungsgesetz") geregelt.

(2) Bund, Länder und Gemeinden haben bei ihrer Haushaltsführung die Sicherstellung des gesamtwirtschaftlichen Gleichgewichtes und nachhaltig geordnete Haushalte anzustreben. Sie haben ihre Haushaltsführung in Hinblick auf diese Ziele zu koordinieren.

(3) Bund, Länder und Gemeinden haben bei der Haushaltsführung die tatsächliche Gleichstellung von Frauen und Männern anzustreben.

제13조

(1) 세금 제도 영역에 대한 연방과 주의 권한은 독자적인 연방헌법("재정-헌법")으로 정한다.

(2) 연방, 주 및 기초자치단체는 예산집행을 할 때, 경제 전체에서 그리고 지속적으로 균형과 질서가 잡힌 예산을 추구하여야 한다. 위 기관들은 이러한 목적을 고려하여 각자의 예산집행을 서로 조정하여야 한다.

(3) 연방, 주 및 기초자치단체는 예산집행에서 여성과 남성을 실질적으로 평등하게 대하도록 노력하여야 한다.

Artikel 14.

(1) Bundessache ist die Gesetzgebung und die Vollziehung auf dem Gebiet des Schulwesens sowie auf dem Gebiet des Erziehungswesens in den Angelegenheiten der Studentenheime, soweit in den folgenden Absätzen nicht anderes bestimmt ist. Zum Schul- und Erziehungswesen im Sinne dieses Artikels zählen nicht die im Art. 14a geregelten Angelegenheiten.

(2) Bundessache ist die Gesetzgebung, Landessache die Vollziehung in den Angelegenheiten des Dienstrechtes und des Personalvertretungsrechtes der Lehrer für öffentliche

Pflichtschulen, soweit im Abs. 4 lit. a nicht anderes bestimmt ist. In diesen Bundesgesetzen kann die Landesgesetzgebung ermächtigt werden, zu genau zu bezeichnenden einzelnen Bestimmungen Ausführungsbestimmungen zu erlassen; hiebei finden die Bestimmungen des Art. 15 Abs. 6 sinngemäß Anwendung. Durchführungsverordnungen zu diesen Bundesgesetzen sind, soweit darin nicht anderes bestimmt ist, vom Bund zu erlassen.

(3) Bundessache ist die Gesetzgebung über die Grundsätze, Landessache die Erlassung von Ausführungsgesetzen und die Vollziehung in folgenden Angelegenheiten:

a) äußere Organisation (Aufbau, Organisationsformen, Errichtung, Erhaltung, Auflassung, Sprengel, Klassenschülerzahlen und Unterrichtszeit) der öffentlichen Pflichtschulen;

b) äußere Organisation der öffentlichen Schülerheime, die ausschließlich oder vorwiegend für Schüler von Pflichtschulen bestimmt sind;

c) fachliche Anstellungserfordernisse für die von den Ländern, Gemeinden oder von Gemeindeverbänden anzustellenden Kindergärtnerinnen und Erzieher an Horten und an Schülerheimen, die ausschließlich oder vorwiegend für Schüler von Pflichtschulen bestimmt sind.

(4) Landessache ist die Gesetzgebung und die Vollziehung in folgenden Angelegenheiten:

a) Behördenzuständigkeit zur Ausübung der Diensthoheit über die Lehrer für öffentliche Pflichtschulen auf Grund der gemäß Abs. 2 ergehenden Gesetze;

b)b) Kindergartenwesen und Hortwesen.

(5) Abweichend von den Bestimmungen der Abs. 2 bis 4 ist Bundessache die Gesetzgebung und die Vollziehung in folgenden Angelegenheiten:

a) Öffentliche Praxisschulen, Übungskindergärten, Übungshorte und Übungsschülerheime, die einer öffentlichen Schule zum Zweck lehrplanmäßig vorgesehener Übungen eingegliedert sind;

b) öffentliche Schülerheime, die ausschließlich oder vorwiegend für Schüler der in lit. a genannten Praxisschulen bestimmt sind;

c) Dienstrecht und Personalvertretungsrecht der Lehrer, Erzieher und Kindergärtnerinnen für die in lit. a und b genannten öffentlichen Einrichtungen.

(5a) Demokratie, Humanität, Solidarität, Friede und Gerechtigkeit sowie Offenheit und Toleranz gegenüber den Menschen sind Grundwerte der Schule, auf deren Grundlage sie der gesamten

Bevölkerung, unabhängig von Herkunft,
sozialer Lage und finanziellem Hintergrund, unter steter Sicherung und Weiterentwicklung bestmöglicher Qualität ein höchstmögliches Bildungsniveau sichert. Im partnerschaftlichen Zusammenwirken von Schülern, Eltern und Lehrern ist Kindern und Jugendlichen die bestmögliche geistige, seelische und körperliche Entwicklung zu ermöglichen, damit sie zu gesunden, selbstbewussten, glücklichen, leistungsorientierten, pflichttreuen, musischen und kreativen Menschen werden, die befähigt sind, an den sozialen, religiösen und moralischen Werten orientiert Verantwortung für sich selbst, Mitmenschen, Umwelt und nachfolgende Generationen zu übernehmen. Jeder Jugendliche soll seiner Entwicklung und seinem Bildungsweg entsprechend zu selbständigem Urteil und sozialem Verständnis geführt werden, dem politischen, religiösen und weltanschaulichen Denken anderer aufgeschlossen sein sowie befähigt werden, am Kultur- und Wirtschaftsleben Österreichs, Europas und der Welt teilzunehmen und in Freiheits- und Friedensliebe an den gemeinsamen Aufgaben der Menschheit mitzuwirken.

(6) Schulen sind Einrichtungen, in denen Schüler gemeinsam nach einem umfassenden, festen Lehrplan unterrichtet werden und im Zusammenhang mit der Vermittlung von allgemeinen oder allgemeinen und beruflichen Kenntnissen und Fertigkeiten ein umfassendes erzieherisches Ziel angestrebt wird. Öffentliche Schulen sind jene Schulen, die vom gesetzlichen Schulerhalter errichtet und erhalten werden. Gesetzlicher Schulerhalter ist der Bund, soweit die Gesetzgebung und Vollziehung in den Angelegenheiten der Errichtung, Erhaltung und Auflassung von öffentlichen Schulen Bundessache ist. Gesetzlicher Schulerhalter ist das Land oder nach Maßgabe der landesgesetzlichen Vorschriften die Gemeinde oder ein Gemeindeverband, soweit die Gesetzgebung oder Ausführungsgesetzgebung und die Vollziehung in den Angelegenheiten der Errichtung, Erhaltung und Auflassung von öffentlichen Schulen Landessache ist. Öffentliche Schulen sind allgemein ohne Unterschied der Geburt, des Geschlechtes, der Rasse, des Standes, der Klasse, der Sprache und des Bekenntnisses, im Übrigen im Rahmen der gesetzlichen Voraussetzungen zugänglich. Das Gleiche gilt sinngemäß für Kindergärten, Horte und Schülerheime.

(6a) Die Gesetzgebung hat ein differenziertes Schulsystem vorzusehen, das zumindest nach Bildungsinhalten in allgemeinbildende und berufsbildende Schulen und nach Bildungshöhe in Primar- und Sekundarschulbereiche gegliedert ist, wobei bei den Sekundarschulen eine weitere angemessene Differenzierung vorzusehen ist.

(7) Schulen, die nicht öffentlich sind, sind Privatschulen; diesen ist nach Maßgabe der gesetzlichen Bestimmungen das Öffentlichkeitsrecht zu verleihen.

(7a) Die Schulpflicht beträgt zumindest neun Jahre und es besteht auch Berufsschulpflicht.

(8) Dem Bund steht die Befugnis zu, sich in den Angelegenheiten, die nach Abs. 2 und 3 in die Vollziehung der Länder fallen, von der Einhaltung der auf Grund dieser Absätze erlassenen Gesetze und Verordnungen Kenntnis zu verschaffen, zu welchem Zweck er auch Organe in die Schulen und Schülerheime entsenden kann. Werden Mängel wahrgenommen, so kann dem Landeshauptmann durch Weisung (Art. 20 Abs. 1) die Abstellung der Mängel innerhalb einer angemessenen Frist aufgetragen werden. Der Landeshauptmann hat für die Abstellung der Mängel nach Maßgabe der gesetzlichen Vorschriften Sorge zu tragen und ist verpflichtet, um die Durchführung solcher Weisungen zu bewirken, auch die ihm in seiner Eigenschaft als Organ des selbständigen Wirkungsbereiches des Landes zu Gebote stehenden Mittel anzuwenden.

(9) Auf dem Gebiet des Dienstrechtes der Lehrer, Erzieher und Kindergärtnerinnen gelten für die Verteilung der Zuständigkeiten zur Gesetzgebung und Vollziehung hinsichtlich der Dienstverhältnisse zum Bund, zu den Ländern, zu den Gemeinden und zu den Gemeindeverbänden, soweit in den vorhergehenden Absätzen nicht anderes bestimmt ist, die diesbezüglichen allgemeinen Regelungen der Art. 10 und 21. Gleiches gilt für das Personalvertretungsrecht der Lehrer, Erzieher und Kindergärtnerinnen.

(10) In den Angelegenheiten der Schulgeldfreiheit sowie des Verhältnisses der Schule und Kirchen (Religionsgesellschaften) einschließlich des Religionsunterrichtes in der Schule, soweit es sich nicht um Angelegenheiten der Universitäten und Hochschulen handelt, können Bundesgesetze vom Nationalrat nur in Anwesenheit von mindestens der Hälfte der Mitglieder und mit einer Mehrheit von zwei Dritteln der abgegebenen Stimmen beschlossen werden. Das Gleiche gilt, wenn die Grundsätze des Abs. 6a verlassen werden sollen und für die Genehmigung der in vorstehenden Angelegenheiten abgeschlossenen Staatsverträge der im Art. 50 bezeichneten Art.

제14조

(1) 학제 분야 및 대학생 기숙사 사안에 관

한 교육제도 분야의 입법과 집행은, 다음 항들에서 달리 규정되지 않는 한, 연방의 소관 사항이다. 이 조항에서 의미하는 학제와 교육제도에는 제14a조에서 규정한 사항은 포함되지 아니한다.

(2) 의무교육을 담당하는 공립학교 소속 교사의 교직권 및 직원대표권과 관련된 입법은, 제4항a목에서 달리 규정하지 않는 한 연방의 소관사항이며, 그 집행은 주의 소관 사항이다. 이러한 연방법률로 개별 규정에 대해 구체적으로 명시하는 시행 규정을 공포하는 권한을 주에 위임할 수 있다. 이 경우 제15조 제6항의 규정을 준용한다. 이러한 연방법률의 시행규정은, 그 연방법률에서 달리 규정하지 않는 한, 연방이 공포한다.

(3) 기본 원칙에 관한 입법은 연방의 소관이며, 다음 업무의 시행에 있어서 시행법률의 공포와 집행은 주의 소관 사항이다.

  a) 의무교육 담당 공립학교의 외부 조직(건설, 조직 형태, 설립, 유지, 폐교, 관할 구역, 학급의 학생 수, 수업 시간

  b) 오직 또는 주로 의무교육 대상 학생들을 위해 지정된 공립기숙사의 외부 조직

  c) 주, 기초자치단체 또는 기초자치단체 연합이 고용한 유아원과 오직 또는 주로 의무교육 대상 학생들을 위해 지정된 기숙사의 유치원 교사 및 교육자에 대한 전문적인 고용 요건

(4) 다음 업무에 관한 입법과 집행은 주의 소관 사항이다.

  a) 제2항에 따라 공포된 법률에 근거한 의무교육 담당 공립학교 교사에 대해 고용자 권한을 행사할 수 있는 관청의 관할권

  b) 유치원 제도와 유아원 제도

(5) 제2항부터 제4항까지의 규정 사항에 포함되지 않은 다음 업무에 관한 입법과 집행은 연방의 소관 사항이다.

  a) 교과과정에 따라 설계된 실습을 목적으로 공립학교에 부설된 공립실습학교, 실습유치원, 실습유아원 그리고 실습 초·중·고등학교 기숙사

  b) a목에서 언급된 실습학교 학생 전용의 또는 준전용의 초·중·고등학교 기숙사

  c) a목 및 b목에서 언급된 공립교육시설에 근무하는 교사, 교육자, 유치원 교사의 근무 규약과 공공부문 종사자 평의회 규정 사항

(5a) 민주주의, 박애, 단결, 평화와 정의 및 인간에 대한 개방성과 관용은 학교 교육의 근본 가치인바, 그런 근본 가치의 토대 위에서 학교 교육은 출신, 사회적 지위 및 경제적 배경에 상관없이, 모든 국민에게 가능한 한 최고 수준의 교육을 지속적으로 보장하고 더욱 향상해서 가능한 한 최고 수준의 교육을 보장하는 것이다. 학생, 학부모 및 교사의 상호 협력을 통해 아동과 청소년으로 하여금 가능한 한 최고의 정신적, 심리적, 육체적 발달을 달성할 수 있도록 하며, 이 연방법률로 아동과 청소년이 건강하고 자의식을 갖추고, 행복하고, 성취 지향적이고, 의무에 충실하고, 음악적이며 창의적인 인간으로 도야되도록 하는 것이며, 자기 자신, 이웃, 환경과 후속 세대에 대한 사회저, 종교적, 도덕적 가치 지향적 책임을 떠맡을 수 있는 역량을 가진 인간이 되도록 하는 것이다. 모든 청소년은 자기 자신의 발전과 자신의 교육과정에 부합하게 독자적인 판단을 하고 사회에 대한 이해를 가지도록 유도되어야 하며, 다른 사람의 정치적, 종교적, 세계관적 사고방식에 대해 개방적이어야 하며, 오스트리아, 유럽 및 세계의 문화생활과 경제생활에 참여할 수 있고, 자유와 평화에 대한 애호의 심성으로 인류의 공동

과제에 공동 협력할 수 있는 능력을 갖추도록 하여야 한다.
(6) 초·중·고등학교는, 학생이 포괄적이고 확정된 교과과정에 따라 공동으로 수업하는 시설이며, 학교는 보편적인 지식 또는 보편적인 지식과 더불어 직업상 전문 지식을 전수하여 전반적인 영역을 포괄하는 교육목표를 추구하는 시설이다. 공립학교는 법적으로 정해진 학교 관리자에 의해 설립되고 운영되는 학교이다. 공립학교의 설립, 운영 및 폐교에 관한 사항의 입법과 집행이 연방 소관 사항인 경우에 공립학교의 법정 관리자는 연방이다. 공립학교의 설립, 운영 및 폐교에 관한 사항의 입법 또는 시행 규정의 제정과 집행이 주의 소관인 경우에는, 그 학교의 법정 관리자는 주 또는 주의 법령 규정에 따른 기초자치단체 또는 기초자치단체연합이 된다. 공립학교는 출신, 성별, 인종, 신분, 계급, 언어 및 종교의 차이에 상관없이 또 법적 전제조건의 범위 내에서 누구나 입학할 수 있다. 이것은 유치원, 유아원 그리고 초·중·고등학교 기숙사에도 동일하게 적용된다. 학제의 세분화에 관한 입법이 요구되며, 학제는 적어도 교육 내용에 따라 일반 교육학교와 직업교육전문학교로, 교육 수준에 따라 초등학교와 중·고등학교로 나뉜다. 이때 중·고등학교 학제는 그 밖의 적절한 기준에 따른 세분화를 정할 수 있다.
(7) 공립학교가 아닌 학교는 사립학교에 속한다. 사립학교는 법률 규정에 따라 공인을 받을 수 있다.
(7a) 의무교육은 최소 9년이며, 직업학교 의무교육 제도도 있다.
(8) 연방은, 제2항 및 제3항에 따른 주의 집행에 속하는 사안에 대해, 제2항 및 제3항에 근거하여 공포된 법률과 시행 규정의 준수 여부에 대해 조사할 수 있는 권한을 가지며, 또한 이를 위해 연방은 학교와 학교 기숙사에 관련 기관을 파견할 수 있다. 법령 규정상 위반 사항이 파악되는 경우, 연방은 지시(제20조 제1항) 하달을 통해 주지사에게 적절한 기한 내에 해당 위반 사항에 대한 시정조치를 위임할 수 있다. 주지사는 법 규정이 정한 바에 따라 위반 사항을 시정하기 위한 조치를 강구해야 하며, 주지사는 그런 지시를 관철하기 위해, 주로서 독립적인 법적 영향력 행사기관의 자격으로 자신의 명령 권한에 복속하는 수단을 사용할 의무가 있다.
(9) 교사, 교육자 및 유치원 교사의 교직권의 범위에 있어서, 연방, 주, 기초자치단체 및 기초자치단체연합과의 고용관계에 관한 입법과 집행상 권한 분장에 제10조 및 제21조의 일반규정이, 위의 규정에 달리 정한 바가 없는 한, 그대로 적용된다. 이것은 교사, 교육자 및 유치원 교사의 직원대표권에도 동일하게 적용된다.
(10) 초·중·고등학교에서의 종교교육을 포함하여 학비 면제 및 학교와 교회(종교단체)의 관계에 관한 사항에 관해서, 국민의회 재적의원 과반수 출석과 3분의 2 이상의 찬성으로 국민의회에 의해 연방법률로 의결될 수 있다. 여기에 종합대학교와 고등교육기관에 관한 사항은 해당되지 아니한다. 제6a항에 규정한 학교 교육의 기본 원칙을 변경하는 경우에도 이와 동일한 의결 조건이 적용된다. 그리고 이 의결 조건은 전술한 사항과 관련하여 체결된, 제50조에 명시된 종류의 국가조약을 비준하는 경우에도 적용된다.

Artikel 14a.
(1) Auf dem Gebiet des land- und forstwirtschaftlichen Schulwesens sowie auf dem Gebiet des land-

und forstwirtschaftlichen Erziehungswesens in den Angelegenheiten der Schülerheime, ferner in den Angelegenheiten des Dienstrechtes und des Personalvertretungsrechtes der Lehrer und Erzieher an den unter diesen Artikel fallenden Schulen und Schülerheimen sind Gesetzgebung und Vollziehung Landessache, soweit in den folgenden Absätzen nicht anderes bestimmt ist.

(2) Bundessache ist die Gesetzgebung und Vollziehung in folgenden Angelegenheiten:

a) höhere land- und forstwirtschaftliche Lehranstalten sowie Anstalten für die Ausbildung und Fortbildung der Lehrer an land- und forstwirtschaftlichen Schulen;

b) Fachschulen für die Ausbildung von Forstpersonal;

c) öffentliche land- und forstwirtschaftliche Fachschulen, die zur Gewährleistung von lehrplanmäßig vorgesehenen Übungen mit einer der unter den lit. a und b genannten öffentlichen Schulen oder mit einer land- und forstwirtschaftlichen Versuchsanstalt des Bundes organisatorisch verbunden sind;

d) Schülerheime, die ausschließlich oder vorwiegend für Schüler der unter den lit. a bis c genannten Schulen bestimmt sind;

e) Dienstrecht und Personalvertretungsrecht der Lehrer und Erzieher für die unter den lit. a bis d genannten Einrichtungen;

f) Subventionen zum Personalaufwand der konfessionellen land- und forstwirtschaftlichen Schulen;

g) land- und forstwirtschaftliche Versuchsanstalten des Bundes, die mit einer vom Bund erhaltenen land- und forstwirtschaftlichen Schule zur Gewährleistung von lehrplanmäßig vorgesehenen Übungen an dieser Schule organisatorisch verbunden sind.

(3) Soweit es sich nicht um die im Abs. 2 genannten Angelegenheiten handelt, ist Bundessache die Gesetzgebung, Landessache die Vollziehung in den Angelegenheiten

a) des Religionsunterrichtes;

b) des Dienstrechtes und des Personalvertretungsrechtes der Lehrer für öffentliche land- und forstwirtschaftliche Berufs- und Fachschulen und der Erzieher für öffentliche Schülerheime, die ausschließlich oder vorwiegend für Schüler dieser Schulen bestimmt sind, ausgenommen jedoch die Angelegenheiten der Behördenzuständigkeit zur Ausübung der Diensthoheit über diese Lehrer und Erzieher. In den auf Grund der Bestimmungen unter lit. b ergehenden

Bundesgesetzen kann die Landesgesetzgebung ermächtigt werden, zu genau zu bezeichnenden einzelnen Bestimmungen Ausführungsbestimmungen zu erlassen; hiebei finden die Bestimmungen des Art. 15 Abs. 6 sinngemäß Anwendung. Durchführungsverordnungen zu diesen Bundesgesetzen sind, soweit darin nicht anderes bestimmt ist, vom Bund zu erlassen.

(4) Bundessache ist die Gesetzgebung über die Grundsätze, Landessache die Erlassung von Ausführungsgesetzen und die Vollziehung

a) hinsichtlich der land- und forstwirtschaftlichen Berufsschulen: in den Angelegenheiten der Festlegung sowohl des Bildungszieles als auch von Pflichtgegenständen und der Unentgeltlichkeit des Unterrichtes sowie in den Angelegenheiten der Schulpflicht und des Übertrittes von der Schule eines Landes in die Schule eines anderen Landes;

b) hinsichtlich der land- und forstwirtschaftlichen Fachschulen: in den Angelegenheiten der Festlegung der Aufnahmevoraussetzungen, des Bildungszieles, der Organisationsformen, des Unterrichtsausmaßes und der Pflichtgegenstände, der Unentgeltlichkeit des Unterrichtes und des Übertrittes von der Schule eines Landes in die Schule eines anderen Landes;

c) in den Angelegenheiten des Öffentlichkeitsrechtes der privaten land- und forstwirtschaftlichen Berufs- und Fachschulen mit Ausnahme der unter Abs. 2 lit. b fallenden Schulen;

d) hinsichtlich der Organisation und des Wirkungskreises von Beiräten, die in den Angelegenheiten des Abs. 1 an der Vollziehung der Länder mitwirken.

(5) Die Errichtung der im Abs. 2 unter den lit. c und g bezeichneten land- und forstwirtschaftlichen Fachschulen und Versuchsanstalten ist nur zulässig, wenn die Landesregierung des Landes, in dem die Fachschule beziehungsweise Versuchsanstalt ihren Sitz haben soll, der Errichtung zugestimmt hat. Diese Zustimmung ist nicht erforderlich, wenn es sich um die Errichtung einer land- und forstwirtschaftlichen Fachschule handelt, die mit einer Anstalt für die Ausbildung und Fortbildung der Lehrer an land- und forstwirtschaftlichen Schulen zur Gewährleistung von lehrplanmäßig vorgesehenen Übungen organisatorisch verbunden werden soll.

(6) Dem Bund steht die Befugnis zu, in den Angelegenheiten, die nach Abs. 3 und 4 in die Vollziehung der Länder fallen, die Einhaltung der von ihm erlassenen Vorschriften

wahrzunehmen.
(7) Die Bestimmungen des Art. 14 Abs. 5a, 6, 6a, 7, 7a und 9 gelten sinngemäß auch für die im ersten Satz des Abs. 1 bezeichneten Gebiete.
(8) Art. 14 Abs. 10 gilt sinngemäß.

제14a조
(1) 농업 및 임업 학교 제도 영역과 학교 기숙사에 관한 사항, 더 나아가 이 조항에 속하는 학교와 학교 기숙사에 근무하는 교사와 교육 보조자의 근무 규약 및 공공부문 종사자 평의회 규정에 관한 사항에서 농업과 임업 교육제도 영역에서의 입법과 집행은 다음 항에서 달리 규정되지 않는 한, 주의 소관이다.
(2) 다음 사항에 대한 입법과 집행은 연방의 소관이다.
   a) 상급 농·임업 교육기관 및 농·임업 학교에 근무하는 교사의 교육과 연수를 위한 시설
   b) 산림지기를 교육할 전문학교
   c) 수업 계획에 의해 규정된 실습을 위해 a목과 b목에 언급된 공립학교 중의 하나나 연방의 농업 및 임업 실험시설과 유기적으로 연계되어 있는 공립 농·임업 전문학교
   d) 전적으로 또는 전반적으로 a목부터 c목까지에서 언급된 학교의 학생을 위한 학교기숙사
   e) a목부터 d목까지에서 언급된 시설을 위한 교사와 교육 보조자의 근무규약과 공공부문 종사자 평의회 규정
   f) 교단이 설립한 농·임업학교의 인건비에 대한 보조금
   g) 이 학교에서 수업 계획에 의해 규정된 실습을 보증하기 위해 연방에 의해 유지되는 농·임업학교와 유기적으로 연계되어 있는 연방의 농·임업 시험기관

(3) 제2항이 명시한 사항의 문제가 아닌 한, 다음 각 호의 사항에 관한 입법은 연방의 소관이고, 그 집행은 주의 소관이다.
   a) 종교수업
   b) 오로지 또는 주로 공립 농·임업 직업교육 및 전문교육을 목적으로 지정된 학교 교사의 근무 규약과 공공부문 종사자 평의회 규정, 그러나 이 교사와 교육 보조자에 대한 고용자권한을 행사할 관청의 권한 사항은 예외. b목의 규정에 근거해 공포되는 연방법률을 통해 상세히 명시되어야 할 개별 규정에 대한 세부 사항을 제정할 권한을 주에 위임할 수 있다. 이 경우 제15조제6항의 규정을 준용한다. 이러한 연방법률에 대한 시행규정은 달리 규정되지 않는 한, 연방에 의해 제정되어야 한다.
(4) 다음 각 호의 사항에 관한 기본 원칙에 대한 입법은 연방의 소관이고, 이에 관한 시행법률의 제정 및 집행은 주의 소관이다.
   a) 농·임업 직업학교: 교육목표, 수업의 의무 대상, 무상교육의 확정, 의무교육 및 한 주의 학교에서 다른 주의 학교로 전학하는 것에 대한 사항
   b) 농·임업 전문학교: 입학 조건, 교육목표, 조직 형태, 수업 범위와 의무 대상, 무상수업과 한 주의 학교에서 다른 주의 학교로의 전학
   c) 사립 농·임업 직업학교와 전문학교의 공영권에 관한 사항, 제2항b목에 속하는 학교는 예외
   d) 제1항의 사항에서 주의 집행에 참여하는 고문단의 조직과 영향권
(5) 제2항c목 및 g목에 명시된 농·임업 전문학교와 시험기관의 설치는 전문학교 또는 시험기관이 소재하고 있는 주의 주정부가 설치에 동의했을 때에만 허가된다. 수업계획에 규정된 실습을 보증하기 위해 농·임업

학교의 교육과 연수를 위한 기관과 유기적으로 결부되어 결부되어야 하는 농·임업 전문학교의 설치가 문제가 될 때에는 이러한 동의는 필요하지 않다.
(6) 연방은 제3항 및 제4항에 따라 주의 집행에 속하는 사항에서 연방이 공포한 규정의 엄수 여부를 파악할 권리가 있다.
(7) 제14조제5a항, 제6항, 제6a항 및 제9항의 규정은 제1항제1문에서 명시한 영역에 대해서도 준용된다.
(8) 제14조제10항은 준용된다.

Artikel 14b.
(1) Bundessache ist die Gesetzgebung in den Angelegenheiten des öffentlichen Auftragswesens, soweit diese nicht unter Abs. 3 fallen.
(2) Die Vollziehung in den Angelegenheiten des Abs. 1 ist
1. Bundessache hinsichtlich
   a) der Vergabe von Aufträgen durch den Bund;
   b) der Vergabe von Aufträgen durch Stiftungen, Fonds und Anstalten im Sinne des Art. 126b Abs. 1;
   c) der Vergabe von Aufträgen durch Unternehmungen im Sinne des Art. 126b
   Abs. 2, wenn die finanzielle Beteiligung oder der durch andere finanzielle oder
   sonstige wirtschaftliche oder organisatorische Maßnahmen vermittelte Einfluss des Bundes mindestens gleich groß ist wie die finanzielle Beteiligung oder der Einfluss der Länder;
   d) der Vergabe von Aufträgen durch bundesgesetzlich eingerichtete Selbstverwaltungskörperschaften;
   e) der Vergabe von Aufträgen durch in lit. a bis d und Z 2 lit. a bis d nicht genannte Rechtsträger,
   aa) die vom Bund finanziert werden, wenn der Finanzierungsanteil des Bundes
   mindestens gleich groß ist wie der der Länder;
   bb) die hinsichtlich ihrer Leitung der Aufsicht des Bundes unterliegen, soweit die Vergabe nicht unter sublit. aa oder Z 2 lit. e sublit. aa fällt;
   cc) deren Verwaltungs-, Leitungs- oder Aufsichtsorgane aus Mitgliedern bestehen, die vom Bund ernannt worden sind, wenn der Bund mindestens gleich viele Mitglieder ernannt hat wie die Länder, soweit die Vergabe nicht unter sublit. aa oder bb oder Z 2 lit. e sublit. aa oder bb fällt;
   f) der gemeinsamen Vergabe von Aufträgen durch den Bund und die Länder, wenn der Anteil des Bundes am geschätzten Gesamtauftragswert mindestens gleich groß ist wie die Summe der Anteile der Länder;
   g) der Vergabe von Aufträgen durch in lit. a bis f und Z 2 nicht genannte Rechtsträger;
2. Landessache hinsichtlich
   a) der Vergabe von Aufträgen durch das Land, die Gemeinden und die Gemeindeverbände;
   b) der Vergabe von Aufträgen durch

Stiftungen, Fonds und Anstalten im Sinne des Art. 127 Abs. 1 und des Art. 127a Abs. 1 und 8;
c) der Vergabe von Aufträgen durch Unternehmungen im Sinne des Art. 126b Abs. 2, soweit sie nicht unter Z 1 lit. c fällt, sowie der Vergabe von Aufträgen durch Unternehmungen im Sinne des Art. 127 Abs. 3 und des Art. 127a Abs. 3 und 8;
d) der Vergabe von Aufträgen durch landesgesetzlich eingerichtete Selbstverwaltungskörperschaften;
e) der Vergabe von Aufträgen durch in Z 1 lit. a bis d und lit. a bis d nicht genannte Rechtsträger,
aa) die vom Land allein oder gemeinsam mit dem Bund oder anderen Ländern finanziert werden, soweit die Vergabe nicht unter Z 1 lit. e sublit. aa fällt;
bb) die hinsichtlich ihrer Leitung der Aufsicht des Landes unterliegen, soweit die Vergabe nicht unter Z 1 lit. e sublit.
aa oder bb oder sublit. aa fällt;
cc) deren Verwaltungs-, Leitungs- oder Aufsichtsorgane aus Mitgliedern bestehen, die vom Land ernannt worden sind, soweit die Vergabe nicht unter Z 1 lit. e sublit. aa bis cc oder sublit. aa oder bb fällt;
f) der gemeinsamen Vergabe von Aufträgen durch den Bund und die Länder, soweit diese nicht unter Z 1 lit. f fällt, sowie der gemeinsamen Vergabe von Aufträgen durch mehrere Länder. Gemeinden gelten unabhängig von der Zahl ihrer Einwohner als Rechtsträger, die im Sinne der Z 1 lit. b und c und der Z 2 lit. b und c der Zuständigkeit des Rechnungshofes unterliegen. Im Rahmen der Z 1 lit. b, c, e und f werden Auftraggeber im Sinne der Z 1 dem Bund und Auftraggeber im Sinne der Z 2 dem jeweiligen Land zugerechnet. Sind nach Z 2 lit. c, e oder f mehrere Länder beteiligt, so richtet sich die Zuständigkeit zur Vollziehung nach dem Überwiegen des Merkmals, das nach der entsprechenden Litera (Sublitera) der Z 1 für die Abgrenzung der Vollziehungszuständigkeit des Bundes von jener der Länder maßgebend ist oder wäre, dann nach dem Sitz des Auftraggebers, dann nach dem Schwerpunkt der Unternehmenstätigkeit des Auftraggebers, dann nach dem Sitz (Hauptwohnsitz) der vergebenden Stelle, kann jedoch auch danach die Zuständigkeit nicht bestimmt werden, so ist dasjenige beteiligte Land zuständig, das im Zeitpunkt der Einleitung des Vergabeverfahrens zum Vorsitz im Bundesrat berufen ist oder zuletzt war.

(3) Landessache ist die Gesetzgebung und die Vollziehung in den Angelegenheiten der Nachprüfung im Rahmen der Vergabe von Aufträgen durch Auftraggeber im Sinne des Abs.

2 Z 2.
(4) Der Bund hat den Ländern Gelegenheit zu geben, an der Vorbereitung von Gesetzesvorhaben in Angelegenheiten des Abs. 1 mitzuwirken. Nach Abs. 1 ergehende Bundesgesetze, die Angelegenheiten regeln, die in Vollziehung Landessache sind, dürfen nur mit Zustimmung der Länder kundgemacht werden.
(5) Die Durchführungsverordnungen zu den nach Abs. 1 ergehenden Bundesgesetzen sind, soweit in diesen Gesetzen nicht anderes bestimmt ist, vom Bund zu erlassen. Abs. 4 und Art. 42a sind auf solche Verordnungen sinngemäß anzuwenden.
제14b조
(1) 제3항에 해당하지 않는 한, 공적위탁 제도에 관한 입법은 연방의 소관이다.
(2) 제1항의 사항의 집행은
1. 다음과 관련된 경우 연방의 소관이다.
   a) 연방에 의한 위탁
   b) 제126b조 제1항이 의미하는 재단, 펀드 및 기관에 의한 위탁
   c) 제126b조 제2항이 의미하는 재단, 펀드 및 기관에 의한 위탁의 경우, 재정적인 참여, 다른 재정적 조치나 그 밖의 경제적이거나 조직상의 조치에 의해 중재되는 연방의 영향이 적어도 주의 재정적인 참여나 영향만큼 클 경우
   d) 연방법률에 따라 설치된 자치행정단체에 의한 위탁
   e) a목부터 d목까지 및 제2호a목부터 d목까지에서 언급되지 않은 다음과 같은 주체에 대한 위탁
   aa) 연방의 재정지원을 받는 주체 중 연방의 재정지분이 적어도 주와 동일한 정도에 이르는 주체
   bb) 위탁이 하위a목a나 제2호e목 하위a목a에 속하지 않는 한에서 그 지도부가 연방의 감독을 받고 있는 주체
   cc) 하위a목a 또는 하위b목b, 제2호e목 하위a목a 또는 하위b목b에 해당하지 않는 한, 그 행정, 지휘, 감사기관의 구성원 임명이 연방에 의하여 이루어지고, 그 비율이 적어도 주에서 임명된 구성원 비율과 동일한 정도에 이르는 주체
   f) 연방과 주가 함께 일정한 사무를 위탁한 경우, 연방이 위탁한 사무량이 적어도 주가 위탁한 사무량과 동일한 경우
   g) a목부터 f목까지 및 제2호에 언급되지 않은 주체에 의한 위탁
2. 다음과 관련한 경우 주의 소관이다.
   a) 주, 기초자치단체 및 기초자치단체연합
   b) 제127조 제1항, 제127a조 제1항 및 제8항이 의미하는 재단, 펀드 및 기관에 의한 위탁
   c) 제1호c목에 속하지 않는 한에서 제126b조 제2항이 의미하는 기업에 의한 위탁 및 제127조 제3항, 제127a조 제3항 및 제8항이 의미하는 기업에 의한 위탁
   d) 주법률에 의해 설치된 자치행정단체에 의한 위탁
   e) 제1호a목부터 d목까지에 의한 주체의 위탁 및 a목부터 d목까지 언급되지 않은 다음과 같은 주체에 의한 위탁
   aa) 위탁이 제1호e목하위a목a에 해당하지 않는 한에서, 주 단독으로 또는 연방이나 다른 주와 공동으로 재정을 지원하는 주체
   bb) 위탁이 제1호e목하위a목a나 하위b목b 또는 하위a목a에 해당하지 않는 한에서, 그 지도부가 주의 감독을 받고 있는 주체

cc) 위탁이 제1호e목하위a목a부터 하위 c목c까지 또는 하위a목a나 하위b목b에 해당하지 않는 한에서, 그 행정, 지도 및 감독기관이 주에 의해서 임명된 구성원으로 이루어져 있는 주체

f) 제1호f목에 해당하지 않는 한, 연방과 주가 공동으로 사무를 위탁하는 경우 및 여러 주가 공동으로 사무를 위탁하는 경우 기초자치단체는 그 주민의 수와 관계없이 제1호b목 및 c목, 제2호b목 및 c목에 관한 경우 회계감사원의 직무감찰에 구속되는 기관으로 간주된다. 제1호 b목, c목, e목 및 f목의 범위 내에서 제1호가 의미하는 위탁자는 연방이며 제2호가 의미하는 위탁자는 각 주이다. 제2호c목, e목 또는 f목에 따라 여러 주가 관계된 경우, 그 집행 권한은 먼저 제1호의 각 목에 따라 주와 연방의 집행 권한을 구분함에 있어 결정적이거나 결정적일 수 있는 특징이 우세한 정도의 순서에 따라, 다음으로 위탁자의 소재지가 위치한 장소의 순서에 따라, 다음으로 위탁자의 기업 활동이 중점적으로 행해지는 장소의 순서에 따라, 다음으로 위탁 사무가 이루어지는 주된 장소의 순서에 따라 결정하고, 위와 같은 기준에 의하더라도 집행 관할을 확정할 수 없다면 관계된 주들 중 위닥 시점에 연빙의회의 의장직을 수행하고 있거나 가장 가까운 시점까지 의장직을 수행했던 주가 집행 권한을 가진다.

(3) 제2항 제2호가 의미하는 위탁자에 의한 위탁의 범위에서의 재심 관련 입법과 집행은 연방의 소관이다.

(4) 연방은 주에 제1항의 사항에서 법률안의 준비에 참여할 권한을 주어야 한다. 집행이 연방의 소관인 사항을 규정하며 제1항에 따라 제정되는 연방법률은 주의 동의가 있어야만 공포될 수 있다.

(5) 제1항에 따라 제정되는 연방법률에 대한 시행 규정은 이 법에서 달리 규정되지 않는 한, 연방에 의해서 제정되어야 한다. 이러한 시행 규정에는 제4항 및 제42a조가 의미에 맞게 적용되어야 한다.

Artikel 15.

(1) Soweit eine Angelegenheit nicht ausdrücklich durch die Bundesverfassung der Gesetzgebung oder auch der Vollziehung des Bundes übertragen ist, verbleibt sie im selbständigen Wirkungsbereich der Länder.

(2) In den Angelegenheiten der örtlichen Sicherheitspolizei, das ist des Teiles der Sicherheitspolizei, der im ausschließlichen oder überwiegenden Interesse der in der Gemeinde verkörperten örtlichen Gemeinschaft gelegen und geeignet ist, durch die Gemeinschaft innerhalb ihrer örtlichen Grenzen besorgt zu werden, wie die Wahrung des öffentlichen Anstandes und die Abwehr ungebührlicherweise hervorgerufenen störenden Lärmes, steht dem Bund die Befugnis zu, die Führung dieser Angelegenheiten durch die Gemeinde zu beaufsichtigen und wahrgenommene Mängel durch Weisungen an den Landeshauptmann (Art. 103) abzustellen. Zu diesem Zweck können auch Inspektionsorgane des Bundes in die Gemeinde entsendet werden; hievon ist in jedem einzelnen Fall der

Landeshauptmann zu verständigen.

(3) Die landesgesetzlichen Bestimmungen in den Angelegenheiten des Theater- und Kinowesens sowie der öffentlichen Schaustellungen, Darbietungen und Belustigungen haben für das Gebiet einer Gemeinde, in dem die Landespolizeidirektion zugleich Sicherheitsbehörde erster Instanz ist, der Landespolizeidirektion wenigstens die Überwachung der Veranstaltungen, soweit sie sich nicht auf betriebstechnische, bau- und feuerpolizeiliche Rücksichten erstreckt, und die Mitwirkung in erster Instanz bei Verleihung von Berechtigungen, die in solchen Gesetzen vorgesehen werden, zu übertragen.

(4) Inwieweit in den Angelegenheiten der Straßenpolizei mit Ausnahme der örtlichen Straßenpolizei (Art. 118 Abs. 3 Z 4) und der Strom- und Schifffahrtspolizei auf Binnengewässern mit Ausnahme der Donau, des Bodensees, des Neusiedlersees und der Grenzstrecken sonstiger Grenzgewässer für das Gebiet einer Gemeinde, in dem die Landespolizeidirektion zugleich Sicherheitsbehörde erster Instanz ist, der Landespolizeidirektion die Vollziehung übertragen wird, wird durch übereinstimmende Gesetze des Bundes und des betreffenden Landes geregelt.

(6) Soweit dem Bund bloß die Gesetzgebung über die Grundsätze Vorbehalten ist, obliegt innerhalb des bundesgesetzlich festgelegten Rahmens die nähere Ausführung der Landesgesetzgebung. Das Bundesgesetz kann für die Erlassung der Ausführungsgesetze eine Frist bestimmen, die ohne Zustimmung des Bundesrates nicht kürzer als sechs Monate und nicht länger als ein Jahr sein darf. Wird diese Frist von einem Land nicht eingehalten, so geht die Zuständigkeit zur Erlassung des Ausführungsgesetzes für dieses Land auf den Bund über. Sobald das Land das Ausführungsgesetz erlassen hat, tritt das Ausführungsgesetz des Bundes außer Kraft. Sind vom Bund keine Grundsätze aufgestellt, so kann die Landesgesetzgebung solche Angelegenheiten frei regeln. Sobald der Bund Grundsätze aufgestellt hat, sind die landesgesetzlichen Bestimmungen binnen der bundesgesetzlich zu bestimmenden Frist dem Grundsatzgesetz anzupassen.

(7) Die Kundmachung der im Landesgesetzblatt zu verlautbarenden Rechtsvorschriften (Art. 97 Abs. 1) sowie der Rechtsvorschriften der Gemeinden, der Gemeindeverbände und der sonstigen im Bereich der Vollziehung der Länder eingerichteten Behörden kann im Rahmen des Rechtsinformationssystems des Bundes erfolgen.

(8) In den Angelegenheiten,

die nach Art. 11 und 12 der Bundesgesetzgebung vorbehalten sind, steht dem Bund das Recht zu, die Einhaltung der von ihm erlassenen Vorschriften wahrzunehmen.

(9) Die Länder sind im Bereich ihrer Gesetzgebung befugt, die zur Regelung des Gegenstandes erforderlichen Bestimmungen auch auf dem Gebiet des Straf- und Zivilrechtes zu treffen.

(10) In Landesgesetzen, durch die die bestehende Organisation der Behörden der allgemeinen staatlichen Verwaltung in den Ländern geändert oder neu geregelt wird, kann eine sprengelübergreifende Zusammenarbeit von Bezirksverwaltungsbehörden einschließlich der Organe der Städte mit eigenem Statut (Art. 116 Abs. 3), insbesondere auch die Übertragung behördlicher Zuständigkeiten, vorgesehen werden.

(11) Die Sprengel der politischen Bezirke sind durch Verordnung der Landesregierung festzulegen.

제15조
(1) 연방헌법을 통하여 명시적으로 연방 입법에 위임하지 않거나 집행을 위임하지 아니한 사항은 주의 독립적인 활동 영역에 속한다.
(2) 지방 보안경찰은 연방 보안경찰의 일부로서, 기초자치단체에서 구체화되는 지역공동체의 이익만을 위하여 또는 주로 지역공동체의 이익을 위하여 존재하므로 지방 보안경찰은 해당 지역의 경계 내에 있는 공동체가 운영하기에 적합하여야 하고 공공질서의 유지 그리고 생활에 불편을 초래할 정도이며 불법으로 발생한 소음의 방지와 같은 해당 지역의 현안과 관련하여 연방은 기초자치단체가 그러한 현안과 관련된 업무를 제대로 실행하고 있는지를 감독하여 (제103조에 따른) 결함이 확인되면 주지사에게 시정조치 지시를 할 권한을 가진다. 이러한 목적을 위해 연방은 기초자치단체에 감독기관을 파견할 수 있다. 연방은 이와 같은 감독기관의 파견 시 어떠한 경우라도 해당 주의 주지사에게 알려야 한다.

(3) 연극과 영화 및 공공전시회, 연예물과 오락에 관한 주법률의 규정은 주 경찰청의 지역적 활동 영역에 속하는 경우 경영 기술, 건축감독, 소방경찰상의 문제가 아니면 관련 주 경찰청에 적어도 행사의 감시를 위임하고 주법률에 따라 하부 관청에 권한이 위임된 경우에는 제1심급 보안 관청의 사무에 참여할 권한을 위임하여야 한다.

(4) 주 경찰청이 동시에 제1심급 보안 관청의 역할을 수행하는 기초자치단체에서, 도로경찰 그리고 내륙 수로의 하천경찰과 선박운행 경찰의 업무와 관련하여 해당 경찰청에 어느 정도까지 법의 집행권을 이관할지는 연방법률과 해당 주법률이 부합하는 정도에 의하여 정해지며, 이때 (제118조제3항 제4호에 따른) 지방 도로경찰과 도나우강, 보덴호, 노이지들러호 그리고 그 밖의 국경 수역의 집경지역은 예외로 한다.

(6) 연방에 기본 원칙에 관한 입법권만이 있는 경우 연방법률에 따라 확정된 범위 내에서 보다 상세한 시행 규정을 제정하는 것은 주 입법기관의 임무이다. 연방법률은 시행법의 제정과 관련하여 연방의회의 동의 없이 6개월 이상 1년 이내로 그 기간을 정할 수 있다. 어떠한 주가 이 기한을 준수하지 아니하면 해당 주의 시행법 제정에 대한 권한이 연방으로 이관된다. 해당 주가 시행법을 제정하면 연방의 시행법은 효력을 상

실한다. 연방이 어떠한 원칙도 규정하지 않으면 주의 입법은 그러한 사항을 자유로이 규정할 수 있다. 연방이 원칙을 규정하면 주법의 규정은 연방법률에서 정한 기한 내에 기본원칙법에 따라 조정되어야 한다.
(7) 주법률관보에 고지된 법규(제97조 제1항) 및 기초자치단체, 기초자치단체연합, 주의 집행 지역에 설치된 관청의 법규는 연방정보시스템 내에서 공개될 수 있다.
(8) 제11조 및 제12조에 따라 연방입법에 유보된 사항에서 연방은 연방이 공포한 규정의 준수를 이행할 권한이 있다.
(9) 주는 형법 및 민법의 영역에 관하여도 주의 입법 범위 내에서 필요한 규정을 제정할 권한을 가진다.
(10) 주에 소재한 일반 국가행정관청의 기존 조직 체계는 주법률에 의해 변경되거나 새롭게 규정될 수 있으며, 그러한 주법률에서는 독자적인 조례 조항을 갖춘 시 단위 행정구역을 포함하여 구(區) 단위 행정구역에 소재한 관청 간의 상호 협력이 특정 관할구역을 넘어서 이루어질 수 있으며(제116조 제3항) 특히 관청의 관할권 이관도 마찬가지로 적용된다.
(11) 정치구의 관할구역은 주정부의 명령을 통해 지정한다.

Artikel 15a.
(1) Bund und Länder können untereinander Vereinbarungen über Angelegenheiten ihres jeweiligen Wirkungsbereiches schließen. Der Abschluss solcher Vereinbarungen namens des Bundes obliegt je nach dem Gegenstand der Bundesregierung oder den Bundesministern. Vereinbarungen, die auch die Organe der Bundesgesetzgebung binden sollen, dürfen nur von der Bundesregierung mit Genehmigung des Nationalrates abgeschlossen werden, wobei Art. 50 Abs. 3 auf solche Beschlüsse des Nationalrates sinngemäß anzuwenden ist; sie sind im Bundesgesetzblatt kundzumachen.
(2) Vereinbarungen der Länder untereinander können nur über Angelegenheiten ihres selbständigen Wirkungsbereiches getroffen werden und sind der Bundesregierung unverzüglich zur Kenntnis zu bringen.
(3) Die Grundsätze des völkerrechtlichen Vertragsrechtes sind auf Vereinbarungen im Sinne des Abs. 1 anzuwenden. Das Gleiche gilt auch für Vereinbarungen im Sinne des Abs. 2, soweit nicht durch übereinstimmende Verfassungsgesetze der betreffenden Länder anderes bestimmt ist.

제15a조
(1) 연방과 주는 각각의 영향권에 관한 사항에서 서로 합의할 수 있다. 그러한 합의가 연방의 이름으로 체결되기 위해서는 연방정부 또는 연방장관의 결재를 얻어야 한다. 연방입법기관까지도 구속하는 합의는 연방정부만이 국민의회의 승인을 얻어 체결할 수 있다. 그 경우 국민의회의 의결 방법에 관하여는 제50조 제3항을 준용한다. 그것은 연방법률관보에 공포되어야 한다.
(2) 주 간의 상호 합의는 주의 독자적인 직무에 속하는 사항에 대해서만 이루어질 수 있으며 연방정부에 지체 없이 통보되어야 한다.
(3) 국제법적인 조약법의 원칙은 제1항이 의미하는 합의에 적용될 수 있다. 해당 주

의 일치된 헌법에 달리 규정되지 않는 한, 제2항이 의미하는 합의에도 동일하게 적용된다.

Artikel 16.
(1) Die Länder können in Angelegenheiten, die in ihren selbständigen Wirkungsbereich fallen, Staatsverträge mit an Österreich angrenzenden Staaten oder deren Teilstaaten abschließen.
(2) Der Landeshauptmann hat die Bundesregierung vor der Aufnahme von Verhandlungen über einen solchen Staatsvertrag zu unterrichten. Vor dessen Abschluss ist vom Landeshauptmann die Zustimmung der Bundesregierung einzuholen. Die Zustimmung gilt als erteilt, wenn die Bundesregierung nicht binnen acht Wochen von dem Tage, an dem das Ersuchen um Zustimmung beim Bundeskanzleramt eingelangt ist, dem Landeshauptmann mitgeteilt hat, dass die Zustimmung verweigert wird. Die Bevollmächtigung zur Aufnahme von Verhandlungen und der Abschluss des Staatsvertrages obliegen dem Bundespräsidenten auf Vorschlag der Landesregierung und mit Gegenzeichnung des Landeshauptmannes.
(3) Auf Verlangen der Bundesregierung sind Staatsverträge nach Abs. 1 vom Land zu kündigen. Kommt ein Land dieser Verpflichtung nicht rechtzeitig nach, so geht die Zuständigkeit dazu auf den Bund über.

(4) Die Länder sind verpflichtet, Maßnahmen zu treffen, die in ihrem selbständigen Wirkungsbereich zur Durchführung von Staatsverträgen erforderlich werden; kommt ein Land dieser Verpflichtung nicht rechtzeitig nach, so geht die Zuständigkeit zu solchen Maßnahmen, insbesondere zur Erlassung der notwendigen Gesetze, auf den Bund über. Eine gemäß dieser Bestimmung vom Bund getroffene Maßnahme, insbesondere ein solcherart erlassenes Gesetz oder eine solcherart erlassene Verordnung, tritt außer Kraft, sobald das Land die erforderlichen Maßnahmen getroffen hat.
(5) Ebenso hat der Bund bei Durchführung von Staatsverträgen das Überwachungsrecht auch in solchen Angelegenheiten, die zum selbständigen Wirkungsbereich der Länder gehören. Hiebei stehen dem Bund die gleichen Rechte gegenüber den Ländern zu wie bei den Angelegenheiten der mittelbaren Bundesverwaltung (Art. 102).

제16조
(1) 주는 독자적인 영향권에 속하는 사항에서 오스트리아와 국경을 접하는 국가나 그 일부를 이루는 주와 조약을 체결할 수 있다.
(2) 주지사는 협상을 개시하기 전에 연방정부에 그러한 조약에 관해서 보고하여야 한다. 조약을 체결하기 전에 주지사는 연방정부의 동의를 얻어야 한다. 연방정부가 동의의 청원이 연방수상청에 전달된 날로부터 8일 이내에 주지사에게 동의 거부를 통지

하지 않으면 동의한 것으로 간주된다. 연방 대통령은 주정부의 제청과 주지사의 승인이 있는 경우, 조약에 관한 절차의 개시와 체결에 관한 전권을 위임할 권한을 가진다.
(3) 연방정부의 요청이 있는 경우 주는 제1항에 의해 체결한 조약을 철회하여야 한다. 어떠한 주가 이 의무를 기한 내에 지키지 못하면 그 권한은 연방으로 이관된다.
(4) 각 주는 독자적인 권한의 범위 내에서 국가조약 집행을 위하여 필요한 조치를 할 의무가 있다. 어떠한 주가 이 의무를 기한 내에 이행하지 못하면 그러한 조치를 할 권한, 특히 필요한 법률 제정 권한은 연방으로 이관된다. 이러한 규정에 의해 연방에 의해 취해진 조치, 특히 그러한 방식으로 공포된 법률이나 규정은 주가 필요한 조치를 취하자마자 효력을 상실한다.
(5) 연방은 이와 마찬가지로 국가조약을 이행할 때에도 주의 독립적인 고유권한에 속하는 업무에 대해서 감독권을 가진다. 이 경우 연방은 간접적인 연방 행정의 사안에 관한 경우와 같이 주에 대해 동일한 감독권이 성립한다(제102조).

Artikel 17.
Durch die Bestimmungen der Art. 10 bis 15 über die Zuständigkeit in Gesetzgebung und Vollziehung wird die Stellung des Bundes und der Länder als Träger von Privatrechten in keiner Weise berührt.
제17조
입법과 집행의 권한에 관한 제10조부터 제15조까지의 규정으로 인해 사권의 주체로서의 연방과 주의 지위는 어떠한 방식으로도 영향을 받지 아니한다.
Artikel 18.
(1) Die gesamte staatliche Verwaltung darf nur auf Grund der Gesetze ausgeübt werden.
(2) Jede Verwaltungsbehörde kann auf Grund der Gesetze innerhalb ihres Wirkungsbereiches Verordnungen erlassen.
(3) Wenn die sofortige Erlassung von Maßnahmen, die verfassungsgemäß einer Beschlussfassung des Nationalrates bedürfen, zur Abwehr eines offenkundigen, nicht wieder gutzumachenden Schadens für die Allgemeinheit zu einer Zeit notwendig wird, in der der Nationalrat nicht versammelt ist, nicht rechtzeitig zusammentreten kann oder in seiner Tätigkeit durch höhere Gewalt behindert ist, kann der Bundespräsident auf Vorschlag der Bundesregierung unter seiner und deren Verantwortlichkeit diese Maßnahmen durch vorläufige gesetzändernde Verordnungen treffen. Die Bundesregierung hat ihren Vorschlag im Einvernehmen mit dem vom Hauptausschuss des Nationalrates einzusetzenden ständigen Unterausschuss (Art. 55 Abs. 3) zu erstatten. Eine solche Verordnung bedarf der Gegenzeichnung der Bundesregierung.
(4) Jede nach Abs. 3 erlassene Verordnung ist von der Bundesregierung unverzüglich dem Nationalrat vorzulegen, den der Bundespräsident, falls der Nationalrat in diesem Zeitpunkt keine Tagung

hat, während der Tagung aber der Präsident des Nationalrates für einen der der Vorlage folgenden acht Tage einzuberufen hat. Binnen vier Wochen nach der Vorlage hat der Nationalrat entweder an Stelle der Verordnung ein entsprechendes Bundesgesetz zu beschließen oder durch Beschluss das Verlangen zu stellen, dass die Verordnung von der Bundesregierung sofort außer Kraft gesetzt wird. Im letzterwähnten Fall muss die Bundesregierung diesem Verlangen sofort entsprechen. Zum Zweck der rechtzeitigen Beschlussfassung des Nationalrates hat der Präsident die Vorlage spätestens am vorletzten Tag der vierwöchigen Frist zur Abstimmung zu stellen; die näheren Bestimmungen trifft das Bundesgesetz über die Geschäftsordnung des Nationalrates. Wird die Verordnung nach den vorhergehenden Bestimmungen von der Bundesregierung aufgehoben, treten mit dem Tag des Inkrafttretens der Aufhebung die gesetzlichen Bestimmungen wieder in Kraft, die durch die Verordnung aufgehoben worden waren.

(5) Die im Abs. 3 bezeichneten Verordnungen dürfen nicht eine Abänderung bundesverfassungsgesetzlicher Bestimmungen bedeuten und weder eine dauernde finanzielle Belastung des Bundes, noch eine finanzielle Belastung der Länder oder Gemeinden, noch finanzielle Verpflichtungen der Staatsbürger, noch eine Veräußerung von Bundesvermögen, noch Maßnahmen in den im Art. 10 Abs. 1 Z 11 bezeichneten Angelegenheiten, noch endlich solche auf dem Gebiet des Koalitionsrechtes oder des Mieterschutzes zum Gegenstand haben.

제18조
(1) 전체 국가행정은 법률을 근거로 해서만 행사될 수 있다.
(2) 모든 행정관청은 법률에 근거하여 자신의 영향권 내에서 시행 규정을 발할 수 있다.
(3) 국민의회가 비회기이고, 적시에 회의를 할 수 없거나 그 활동이 상위 권력에 의해서 저지된 때에, 공익을 위해 분명하고 회복이 불능인 손실을 막기 위해서 헌법에 따라 국민의회의 의결안을 필요로 하는 조치를 즉각적으로 공포할 필요가 있다면, 연방대통령은 연방정부의 제청에 의해 자신과 연방정부의 책임하에 잠정적으로 법을 개정하는 시행 규정을 통하여 그러한 조치를 취할 수 있다. 연방정부는 국민의회의 상임위원회에 의해 설치된 상설 소위원회(제55조제3항)와 협의하여 제청서를 제출한다. 이 시행규정에는 연방정부의 부서를 필요로 한다.
(4) 제3항에 의하여 규정된 각 시행 규정은 연방정부에 의하여 국민의회에 지체 없이 제출되어야 한다. 회기 중인 경우 연방대통령이 국민의회를 소집한다. 회기 중인 경우, 국민의회 의장은 제출된 시행규정을 심의하기 위하여 제출 후 8일 이내에 국민의회를 소집하여야 한다. 국민의회는 시행 규정의 제출 후 4주 이내에, 해당 시행 규정

에 상응한 연방법률을 의결하거나, 의결을 통해 연방정부의 해당 시행 규정이 즉시 실효되도록 요구하여야 한다. 후자의 경우에 연방정부는 이 요구에 즉각 응하여야 한다. 국민의회가 적시에 의결안을 제출하도록 하기 위해서 의장은 의안을 늦어도 4주 기간의 끝에서 두 번째 날까지는 표결에 부쳐야 한다. 상세한 규정은 「국민의회의 업무규정에 관한 연방법률」로 정한다. 규정이 앞서의 규정에 따라 연방정부에 의해 폐지되면 폐지의 발효일과 함께 그 규정에 의해 폐지되었던 법률 규정은 다시 효력을 가진다.

(5) 제3항에 명시된 규정은 연방헌법 규정의 변경을 의미해서는 안 되며, 연방의 지속적인 재정적 부담, 민의 재정적인 의무, 국가 자산의 양도, 제10조 제1항 제11호에 명시된 사항에서의 조치 및 동맹권이나 세입자 보호의 영역에서의 그와 같은 것을 대상으로 해서는 아니 된다.

Artikel 19.
(1) Die obersten Organe der Vollziehung sind der Bundespräsident, die Bundesminister und Staatssekretäre sowie die Mitglieder der Landesregierungen.
(2) Durch Bundesgesetz kann die Zulässigkeit der Betätigung der im Abs. 1 bezeichneten Organe und von sonstigen öffentlichen Funktionären in der Privatwirtschaft beschränkt werden.

제19조
(1) 집행의 최상급기관은 연방대통령, 연방수상, 장관, 주정부 구성원이다.
(2) 전항에 언급된 모든 기관 및 그 외의 공무원의 사기업 활동은 연방법률에 따라 제한을 받을 수 있다.

Artikel 20.
(1) Unter der Leitung der obersten Organe des Bundes und der Länder führen nach den Bestimmungen der Gesetze auf Zeit gewählte Organe, ernannte berufsmäßige Organe oder vertraglich bestellte Organe die Verwaltung. Sie sind den ihnen vorgesetzten Organen für ihre amtliche Tätigkeit verantwortlich und, soweit in Gesetzen gemäß Abs. 2 nicht anderes bestimmt ist, an deren Weisungen gebunden. Das nachgeordnete Organ kann die Befolgung einer Weisung ablehnen, wenn die Weisung entweder von einem unzuständigen Organ erteilt wurde oder die Befolgung gegen strafgesetzliche Vorschriften verstoßen würde.
(2) Durch Gesetz können Organe
  1. zur sachverständigen Prüfung,
  2. zur Kontrolle der Gesetzmäßigkeit der Verwaltung,
  3. mit Schieds-, Vermittlungs- und Interessenvertretungsaufgaben,
  4. zur Sicherung des Wettbewerbs und zur Durchführung der Wirtschaftsaufsicht,
  5. zur Aufsicht und Regulierung elektronischer Medien und zur Förderung der Medien,
  6. zur Durchführung einzelner Angelegenheiten des Dienst- und Disziplinarrechts,
  7. zur Durchführung und Leitung

von Wahlen, oder,

8. soweit dies nach Maßgabe des Rechts der Europäischen Union geboten ist, von der Bindung an Weisungen der ihnen vorgesetzten Organe freigestellt werden. Durch Landesverfassungsgesetz können weitere Kategorien weisungsfreier Organe geschaffen werden. Durch Gesetz ist ein der Aufgabe des weisungsfreien Organs angemessenes Aufsichtsrecht der obersten Organe vorzusehen, zumindest das Recht, sich über alle Gegenstände der Geschäftsführung der weisungsfreien Organe zu unterrichten, und – soweit es sich nicht um Organe gemäß den Z 2, 5 und 8 handelt – das Recht, weisungsfreie Organe aus wichtigem Grund abzuberufen.

(3) Alle mit Aufgaben der Bundes-, Landes- und Gemeindeverwaltung betrauten Organe sowie die Organe anderer Körperschaften des öffentlichen Rechts sind, soweit gesetzlich nicht anderes bestimmt ist, zur Verschwiegenheit über alle ihnen ausschließlich aus ihrer amtlichen Tätigkeit bekannt gewordenen Tatsachen verpflichtet, deren Geheimhaltung im Interesse der Aufrechterhaltung der öffentlichen Ruhe, Ordnung und Sicherheit, der umfassenden Landesverteidigung, der auswärtigen Beziehungen, im wirtschaftlichen Interesse einer Körperschaft des öffentlichen Rechts, zur Vorbereitung einer Entscheidung oder im überwiegenden Interesse der Parteien geboten ist (Amtsverschwiegenheit). Die Amtsverschwiegenheit besteht für die von einem allgemeinen Vertretungskörper bestellten Funktionäre nicht gegenüber diesem Vertretungskörper, wenn er derartige Auskünfte ausdrücklich verlangt.

(4) Alle mit Aufgaben der Bundes-, Landes- und Gemeindeverwaltung betrauten Organe sowie die Organe anderer Körperschaften des öffentlichen Rechts haben über Angelegenheiten ihres Wirkungsbereiches Auskünfte zu erteilen, soweit eine gesetzliche Verschwiegenheitspflicht dem nicht entgegensteht; berufliche Vertretungen sind nur gegenüber den ihnen jeweils Zugehörigen auskunftspflichtig und dies insoweit, als dadurch die ordnungsgemäße Erfüllung ihrer gesetzlichen Aufgaben nicht verhindert wird. Die näheren Regelungen sind hinsichtlich der Organe des Bundes sowie der durch die Bundesgesetzgebung zu regelnden Selbstverwaltung in Gesetzgebung und Vollziehung Bundessache, hinsichtlich der Organe der Länder und Gemeinden sowie der durch die Landesgesetzgebung zu regelnden Selbstverwaltung in der Grundsatzgesetzgebung Bundessache, in der Ausführungsgesetzgebung und in der Vollziehung Landessache.

(5) Alle mit Aufgaben der Bundes-, Landes- und Gemeindeverwaltung betrauten Organe haben Studien, Gutachten und Umfragen, die sie in Auftrag gegeben haben, samt deren Kosten in einer für jedermann zugänglichen Art und Weise zu veröffentlichen, solange und soweit deren Geheimhaltung nicht gemäß Abs. 3 geboten ist.

제20조

(1) 임기가 정해진 선출직 기관, 임명된 전문직 기관 또는 계약에 의해 고용된 기관이 연방 및 주 최고 기관의 지휘 아래에 법률의 규정에 따라 행정을 이행한다. 위의 기관은 제2항에 따른 법률에서 달리 정하지 않는 한 상급 기관에 대해 직무상 활동에 관한 책임을 지며, 상급 기관의 명령에 구속된다. 명령이 관할이 아닌 기관에 의해 내려졌거나, 그것의 이행이 형법 규정에 위배되는 경우 하급 기관은 명령의 준수를 거부할 수 있다.

(2) 법률에 의해 다음 기관은
 1. 전문 검사기관
 2. 행정의 적법성 제어 기관
 3. 심판, 중재 및 이익대표 임무를 가진 기관
 4. 경쟁 보장 및 경제 감독 이행 기관
 5. 전자 매체의 감독과 규제 및 매체 장려를 위한 기관
 6. 근무 규약과 징계 규약의 개별 사항의 시행기관
 7. 선거의 시행과 지휘 기관
 8. 유럽연합의 법에 따라 요구되는 한에서, 상급 기관의 명령에 대한 구속으로부터 면제될 수 있다. 주 헌법에 의해 명령에서 자유로운 다른 기관이 설립될 수 있다. 법률에 의해 명령에서 자유로운 기관의 업무에 적합한 최상급기관의 감독권, 적어도 명령에서 자유로운 기관의 업무시행의 모든 대상에 대해서 알 권리, 그리고 – 제2호, 제5호 및 제8호에 의한 기관에 관한 사안이 아닌 한 – 명령에서 자유로운 기 기관을 중요한 근거로 소환할 권리가 규정되어야 한다.

(3) 연방, 주 및 기초자치단체의 행정업무를 위임받은 기관과 공법상 단체의 기관은 법률에 달리 규정되지 않는 한 공적 활동에서 알게 된 모든 사실에 대해 그 비밀 엄수가 공공의 안정, 질서 및 안전, 포괄적인 국토방위, 외교관계에 이익이 되고 공법상 단체에 경제적 이득이 되며, 결정의 준비 또는 정당에 중대한 이득이 되는 경우 비밀을 준수할 의무가 있다(공직자 비밀 엄수). 일반 대의기관이 임명한 공무원은 해당 대의기관이 그러한 정보를 명시적으로 요구하는 경우 해당 대의기관에 대해 직무상 비밀 엄수 의무를 지지 아니한다.

(4) 연방, 주 및 기초자치단체의 행정 업무를 위임받은 모든 기관과 공법상 단체의 기관은 비밀 엄수의 법적 의무에 반하지 않는 경우 자신의 활동 영역에 관한 사안에 대한 정보를 제공하여야 한다. 직업적인 대의체는 법적인 임무를 규정에 따라 수행하는 것이 제한되지 아니하는 경우 소속 구성원에게만 정보 제공에 관한 의무를 갖는다. 연방 기관 및 연방 입법이 규정하는 입법과 집행의 자치행정에 관한 상세한 규정은 연방의 소관이며, 주와 기초자치단체의 기관, 주입법에서 규정하는 기본원칙 입법의 자치행정에 관한 상세한 규정은 연방의 소관이며, 시행 입법과 집행은 주의 소관이다.

Artikel 21.

(1) Den Ländern obliegt die

Gesetzgebung und Vollziehung in den Angelegenheiten des Dienstrechtes einschließlich des Dienstvertragsrechtes und des Personalvertretungsrechtes der Bediensteten der Länder, der Gemeinden und der Gemeindeverbände, soweit für alle diese Angelegenheiten in Abs. 2, in Art. 14 Abs. 2, Abs. 3 lit. c qund Abs. 5 lit. c und in Art. 14a Abs. 2 lit. e und Abs. 3 lit. b nicht anderes bestimmt ist. Über Streitigkeiten aus vertraglichen Dienstverhältnissen entscheiden die ordentlichen Gerichte.

(2) Den Ländern obliegt die Gesetzgebung und Vollziehung in den Angelegenheiten des Arbeitnehmerschutzes der Bediensteten (Abs. 1) und der Personalvertretung der Bediensteten der Länder, soweit die Bediensteten nicht in Betrieben tätig sind. Soweit nach dem ersten Satz nicht die Zuständigkeit der Länder gegeben ist, fallen die genannten Angelegenheiten in die Zuständigkeit des Bundes.

(3) Soweit in diesem Gesetz nicht anderes bestimmt ist, wird die Diensthoheit gegenüber den Bediensteten des Bundes von den obersten Organen des Bundes ausgeübt. Die Diensthoheit gegenüber den Bediensteten der Länder wird von den obersten Organen der Länder ausgeübt; soweit dieses Gesetz entsprechende Ausnahmen hinsichtlich der Bediensteten des Bundes vorsieht, kann durch Landesverfassungsgesetz bestimmt werden, dass die Diensthoheit gegenüber den Bediensteten des Landes von gleichartigen Organen ausgeübt wird.

(4) Die Möglichkeit des Wechsels zwischen dem Dienst beim Bund, bei den Ländern, bei den Gemeinden und bei den Gemeindeverbänden bleibt den öffentlich Bediensteten jederzeit gewahrt. Gesetzliche Bestimmungen, wonach die Anrechnung von Dienstzeiten davon abhängig unterschiedlich erfolgt, ob sie beim Bund, bei einem Land, bei einer Gemeinde oder bei einem Gemeindeverband zurückgelegt worden sind, sind unzulässig. Um eine gleichwertige Entwicklung des Dienstrechtes, des Personalvertretungsrechtes und des Arbeitnehmerschutzes bei Bund, Ländern und Gemeinden zu ermöglichen, haben Bund und Länder einander über Vorhaben in diesen Angelegenheiten zu informieren.

(5) Durch Gesetz kann vorgesehen werden, dass

1. Beamte zur Ausübung bestimmter Leitungsfunktionen oder in den Fällen, in denen dies auf Grund der Natur des Dienstes erforderlich ist, befristet ernannt werden;

2. nach Ablauf der Befristung oder bei Änderung der Organisation der Behörden oder der

dienstrechtlichen Gliederungen durch Gesetz keine Ernennung erforderlich ist;
3. es, soweit die Zuständigkeit zur Ernennung gemäß Art. 66 Abs. 1 übertragen ist, in den Fällen einer Versetzung oder einer Änderung der Verwendung keiner Ernennung bedarf.
(6) In den Fällen des Abs. 5 besteht kein Anspruch auf eine gleichwertige Verwendung.

제21조
(1) 주, 기초자치단체 그리고 기초자치단체연합에 근무하는 자의 고용 계약 체결권을 포함한 근무 규약과 공공부문 종사자 평의회 규정에 관련된 법 제정과 집행은, 이 모든 사안에 대하여 제2항, 제14조 제2항, 제3항c목 및 제5항c목과 제14a조 제2항e목 및 제3항b목에서 달리 정하지 않는 한, 주의 소관 사항이다. 계약상의 고용관계 분쟁은 법원이 판결한다.
(2) 근무자가 기업에 근무하고 있지 않는 한, 주의 근무자에 대한 노동자 보호와 공공부문 종사자 평의회 규정 사항에서 입법과 집행은 주의 의무이다. 제1문에 의해 주의 관할권이 규정되지 않는 한 언급된 사항은 연방에 권한이 있다.
(3) 이 법률에서 달리 규정되지 않는 한, 연방의 근무자에 대한 고용자 권한은 연방의 최고 기관에 의해서 행사된다. 주의 근무자에 대한 고용자 권한은 주의 최고기관에 의해서 행사된다. 이 법률이 연방의 근무자와 관련하여 상응하는 예외를 규정하는 한에서, 주의 근무자에 대한 고용자 권한이 같은 종류의 기관에 의해서 행사되도록 주 헌법을 통해 규정할 수 있다.
(4) 연방, 주, 기초자치단체 및 기초자치단체 연합 간에 전임 가능성은 항상 인정된다. 법률로 근무 기간의 산정을 연방, 주, 기초자치단체 및 기초자치단체연합에서 직책을 그만두었는지에 따라 상이하게 규정하는 것은 허용되지 아니한다. 연방, 주, 기초자치단체에서 근무 규약, 공공부문 종사자 평의회 규정 및 노동자 보호를 통일적으로 개선하기 위해 연방과 주는 이 사항에서의 계획에 대한 정보를 서로 교환한다.
(5) 법률을 통해서 다음과 같이 규정될 수 있다.
  1. 공무원은 특정 지휘기능의 행사를 위해서 또는 근무 성질상 필요한 경우 기간제로 임명될 수 있다.
  2. 기간이 경과한 후나 관청의 조직이 변경된 때나 법률에 의해 근무 규약상의 배치가 변경되었을 때에는 임명이 필요하지 않다.
  3. 임명 권한이 제66조 제1항에 의해 이관되어 있는 한에서 부상이나 근무내용의 변경의 경우에는 임명이 필요 없다.
(6) 제5항의 경우에는 등가적인 적용(임명)을 청구할 수 없다.

Artikel 22.
Alle Organe des Bundes, der Länder, der Gemeinden und der Gemeindeverbände sowie der sonstigen Selbstverwaltungskörper sind im Rahmen ihres gesetzmäßigen Wirkungsbereiches zur wechselseitigen Hilfeleistung verpflichtet.

제22조
연방, 주 및 기초자치단체 그리고 기초자치단체 연합 및 그 밖에 자치행정단체의 모든 기관은 법률에 의한 직무 권한 범위 내에서 상호 협조할 의무가 있다.

Artikel 23.

(1) Der Bund, die Länder, die Gemeinden und die sonstigen Körperschaften und Anstalten des öffentlichen Rechts haften für den Schaden, den die als ihre Organe handelnden Personen in Vollziehung der Gesetze durch ein rechtswidriges Verhalten wem immer schuldhaft zugefügt haben.

(2) Personen, die als Organe eines im Abs. 1 bezeichneten Rechtsträgers handeln, sind ihm, soweit ihnen Vorsatz oder grobe Fahrlässigkeit zur Last fällt, für den Schaden haftbar, für den der Rechtsträger dem Geschädigten Ersatz geleistet hat.

(3) Personen, die als Organe eines im Abs. 1 bezeichneten Rechtsträgers handeln, haften für den Schaden, den sie in Vollziehung der Gesetze dem Rechtsträger durch ein rechtswidriges Verhalten unmittelbar zugefügt haben.

(4) Die näheren Bestimmungen zu den Abs. 1 bis 3 werden durch Bundesgesetz getroffen.

(5) Ein Bundesgesetz kann auch bestimmen, inwieweit auf dem Gebiet des Post- und Fernmeldewesens von den in den Abs. 1 bis 3 festgelegten Grundsätzen abweichende Sonderbestimmungen gelten.

제23조

(1) 연방, 주, 기초자치단체 및 그 밖의 단체와 공법에 의한 기관은 그 기관으로서 행위한 자가 법률의 집행 중 위법하고 법률적인 책임이 있는 어떠한 자에 대하여 손해를 가한 경우는 그 손해에 대한 책임을 부담한다.

(2) 제1항에 명시된 주체의 기관으로 행위한 자에게 고의나 중대한 과실이 있었던 경우 그 자는 제1항의 주체가 피해자에게 보상한 손해에 대한 책임을 진다.

(3) 제1항에 명시된 주체의 기관으로서 행위한 자는 그가 법률의 집행 중 위법한 행위로 인하여 제1항의 주체에게 직접적인 손해를 가한 경우는 그 손해에 대한 책임을 진다.

(4) 제1항부터 제3항까지에 대한 보다 상세한 규정은 연방법률로 정한다.

(5) 연방법률은 우편과 장거리 통신의 영역에서 제1항부터 제3항까지에서 정한 원칙과 다른 특별규정을 적용할 것을 규정할 수 있다.

B. Europäische Union
제B절 유럽연합

Artikel 23a.

(1) Die Mitglieder des Europäischen Parlaments werden in Österreich auf Grund des gleichen, unmittelbaren, persönlichen, freien und geheimen Wahlrechtes der Männer und Frauen, die am Wahltag das 16. Lebensjahr vollendet haben und am Stichtag der Wahl entweder die österreichische Staatsbürgerschaft besitzen und nicht nach Maßgabe des Rechts der Europäischen Union vom Wahlrecht ausgeschlossen sind oder die Staatsangehörigkeit eines anderen Mitgliedstaates der Europäischen Union besitzen und nach Maßgabe

des Rechts der Europäischen Union wahlberechtigt sind, nach den Grundsätzen der Verhältniswahl gewählt.
(2) Das Bundesgebiet bildet für die Wahlen zum Europäischen Parlament einen einheitlichen Wahlkörper.
(3) Wählbar sind die in Österreich zum Europäischen Parlament Wahlberechtigten, die am Wahltag das 18. Lebensjahr vollendet haben.
(4) Art. 26 Abs. 5 bis 7 ist sinngemäß anzuwenden.

제23a조
(1) 유럽의회 의원은 선거일 당시 만 16세에 이르고, 선거 시행일에 오스트리아 국적을 소유하고, 유럽연합법에 따라 선거권이 배제되지 않거나 다른 한 회원국의 국적 소유자로서 유럽연합법에 따른 선거권을 부여받은 남성과 여성에 의하여 평등, 직접, 개인적, 자유, 비밀 선거의 원칙에 근거하여 비례대표제의 원칙에 따라 오스트리아에서 선출된다.
(2) 연방의 전 지역은 유럽의회의 선거에 있어 하나의 통일된 선거단체를 이룬다.
(3) 선거일 현재 만 18세에 이르고 오스트리아에서 유럽의회 선거권을 가진 자는 피선거권이 있다.
(4) 제26조 제5항부터 제7항까지의 규정을 준용한다.

Artikel 23b.
(1) Öffentlich Bediensteten ist, wenn sie sich um ein Mandat im Europäischen Parlament bewerben, die für die Bewerbung um das Mandat erforderliche freie Zeit zu gewähren. Öffentlich Bedienstete, die zu Mitgliedern des Europäischen Parlaments gewählt wurden, sind für die Dauer der Mandatsausübung unter Entfall der Dienstbezüge außer Dienst zu stellen. Das Nähere wird durch Gesetz geregelt.
(2) Universitätslehrer können eine Tätigkeit in Forschung und Lehre und die Prüfungstätigkeit auch während der Zugehörigkeit zum Europäischen Parlament fortsetzen. Die Dienstbezüge für diese Tätigkeit sind entsprechend den tatsächlich erbrachten Leistungen zu bemessen, dürfen aber 25% der Bezüge eines Universitätslehrers nicht übersteigen.
(3) Insoweit dieses Bundesverfassungsgesetz die Unvereinbarkeit von Funktionen mit der Zugehörigkeit oder mit der ehemaligen Zugehörigkeit zum Nationalrat vorsieht, sind diese Funktionen auch mit der Zugehörigkeit oder mit der ehemaligen Zugehörigkeit zum Europäischen Parlament unvereinbar.

제23b조
(1) 공무원이 유럽의회에 진출하려고 하면 신청에 필요한 자유시간이 보장되어야 한다. 유럽의회 의원으로 선출된 공무원은 의원직을 수행하는 동안 무보수이며 퇴직하여야 한다. 보다 상세한 것은 법률로 정한다.
(2) 대학교수는 유럽의회에 속해 있는 동안에도 연구와 교육활동과 심사 활동을 계속할 수 있다. 이 활동기간의 보수는 실제적인 성과에 따라 측정되며 대학교수 임금의 25퍼센트를 초과해서는 아니 된다.

(3) 이 연방헌법이 직무가 국민의회의 일원이거나 이전에 일원이었던 자와 부합되지 못한다고 규정하는 경우 이 직무는 유럽의회의 일원이거나 이전에 일원이었던 자와도 부합되지 아니한다.

Artikel 23c.

(1) Die Erstellung der österreichischen Vorschläge für die Ernennung von Mitgliedern der Europäischen Kommission, von Mitgliedern des Gerichtshofes der Europäischen Union, von Mitgliedern des Rechnungshofes, von Mitgliedern des Wirtschafts- und Sozialausschusses, von Mitgliedern des Ausschusses der Regionen und deren Stellvertretern und von Mitgliedern des Verwaltungsrates der Europäischen Investitionsbank obliegt der Bundesregierung.

(2) Vor der Erstellung der Vorschläge für die Ernennung von Mitgliedern der Europäischen Kommission, des Gerichtshofes der Europäischen Union, des Rechnungshofes und des Verwaltungsrates der Europäischen Investitionsbank hat die Bundesregierung dem Nationalrat und dem Bundespräsidenten mitzuteilen, wen sie vorzuschlagen beabsichtigt. Die Bundesregierung hat über die Vorschläge das Einvernehmen mit dem Hauptausschuss des Nationalrates herzustellen.

(3) Vor der Erstellung der Vorschläge für die Ernennung von Mitgliedern des Wirtschafts- und Sozialausschusses hat die Bundesregierung Vorschläge der gesetzlichen und sonstigen beruflichen Vertretungen der verschiedenen Gruppen des wirtschaftlichen und sozialen Lebens einzuholen.

(4) Die Vorschläge für die Ernennung von Mitgliedern des Ausschusses der Regionen und deren Stellvertretern hat die Bundesregierung auf Grund von Vorschlägen der Länder sowie des Österreichischen Gemeindebundes und des Österreichischen Städtebundes zu erstellen. Jedes Land hat ein Mitglied und dessen Stellvertreter vorzuschlagen; die sonstigen Mitglieder und deren Stellvertreter sind vom Österreichischen Gemeindebund und vom Österreichischen Städtebund gemeinsam vorzuschlagen.

(5) Die Bundesregierung hat dem Nationalrat mitzuteilen, wen sie nach Abs. 3 und 4 vorgeschlagen hat, und dem Bundesrat mitzuteilen, wen sie nach Abs. 2, 3 und 4 vorgeschlagen hat.

제23c조

(1) 유럽연합의 범위에서 위원회, 재판소, 1심 법원, 회계감사원, 행정위원회, 유럽투자은행, 경제사회위원회 및 지역위원회의 구성원의 임명에 오스트리아가 참여하는 것은 연방정부의 의무이다.

(2) 유럽의회의 위원회, 재판소, 1심 법원, 회계감사원, 행정위원회의 구성원에 대해서, 연방정부는 국민의회의 상임위원회 동

의를 얻어야 한다. 연방정부는 국민의회의 상임위원회와 연방대통령에게 동시에 연방정부가 의도한 결정에 대해서 통지하여야 한다.
(3) 경제사회위원회의 위원에 대해서, 연방정부는 경제적, 사회적으로 상이한 집단을 대표하는 법적이며 직업적 대표의 제청을 얻어야 한다.
(4) 지역위원회의 위원과 그 대리자를 임명하는 데 오스트리아가 참여하는 것은 주 및 오스트리아 도시연합과 오스트리아 기초자치단체연합의 제청에 근거해서 이루어져야 한다. 이 경우 주는 각각 한 명씩, 오스트리아 도시연합과 오스트리아 기초자치단체연합은 공동으로 3명의 대표를 제청하여야 한다.
(5) 제3항 및 제4항에 따라 거명된 구성원에 대해서, 연방정부는 국민의회에 통지하여야 한다. 제2항, 제3항 및 제4항에 의해 거명된 구성원에 대해서 연방정부는 연방의회에 통지하여야 한다.

Artikel 23d.
(1) Der Bund hat die Länder unverzüglich über alle Vorhaben im Rahmen der Europäischen Union, die den selbständigen Wirkungsbereich der Länder berühren oder sonst für sie von Interesse sein könnten, zu unterrichten und ihnen Gelegenheit zur Stellungnahme zu geben. Solche Stellungnahmen sind an das Bundeskanzleramt zu richten. Gleiches gilt für die Gemeinden, soweit der eigene Wirkungsbereich oder sonstige wichtige Interessen der Gemeinden berührt werden. Die Vertretung der Gemeinden obliegt in diesen Angelegenheiten dem Österreichischen Städtebund und dem Österreichischen Gemeindebund (Art. 115 Abs.3).
(2) Haben die Länder eine einheitliche Stellungnahme zu einem Vorhaben erstattet, das Angelegenheiten betrifft, in denen die Gesetzgebung Landessache ist, so darf der Bund bei Verhandlungen und Abstimmungen in der Europäischen Union nur aus zwingenden integrations- und außenpolitischen Gründen von dieser Stellungnahme abweichen. Der Bund hat den Ländern diese Gründe unverzüglich mitzuteilen.
(3) Betrifft ein Vorhaben auch Angelegenheiten, in denen die Gesetzgebung Landessache ist, so kann die Bundesregierung die Befugnis, an den Tagungen des Rates teilzunehmen und in
diesem Rahmen zu diesem Vorhaben die Verhandlungen zu führen und die Stimme abzugeben, einem von den Ländern namhaft gemachten Mitglied einer Landesregierung übertragen. Die Wahrnehmung dieser Befugnis durch den Vertreter der Länder erfolgt unter
Beteiligung des zuständigen Bundesministers und in Abstimmung mit diesem; Abs. 2 gilt auch für ihn. Der Vertreter der Länder ist dabei in Angelegenheiten der Bundesgesetzgebung dem Nationalrat, in Angelegenheiten der Landesgesetzgebung den Landtagen

gemäß Art. 142 verantwortlich.
(4) Die näheren Bestimmungen zu den Abs. 1 bis 3 sind in einer Vereinbarung zwischen dem Bund und den Ländern (Art. 15a Abs. 1) festzulegen.
(5) Die Länder sind verpflichtet, Maßnahmen zu treffen, die in ihrem selbständigen Wirkungsbereich zur Durchführung von Rechtsakten im Rahmen der Europäischen Union erforderlich werden; kommt ein Land dieser Verpflichtung nicht rechtzeitig nach und wird dies vom Gerichtshof der Europäischen Union gegenüber Österreich festgestellt, so geht die Zuständigkeit zu solchen Maßnahmen, insbesondere zur Erlassung der notwendigen Gesetze, auf den Bund über. Eine gemäß dieser Bestimmung vom Bund getroffene Maßnahme, insbesondere ein solcherart erlassenes Gesetz oder eine solcherart erlassene Verordnung, tritt außer Kraft, sobald das Land die erforderlichen Maßnahmen getroffen hat.

제23d조
(1) 연방은 주의 독자적인 영향권에 관련되거나 주에 이해관계가 있을 수도 있는 유럽연합의 범위에서의 모든 계획에 대하여 지체 없이 주에 통지하고 주의 입장을 밝힐 기회를 주어야 한다. 그러한 입장표명은 연방수상청에게 하여야 한다. 그 영향권이나 그 외의 중요한 이해관계와 관련된 경우 기초자치단체에도 동일하게 적용된다. 이 사항에서 기초자치단체를 대표할 의무는 오스트리아 도시연합과 오스트리아 기초자치단체연합에 있다(제115조 제3항).

(2) 유럽연합의 범위에서 그 입법이 주의 소관인 사항과 관련된 계획에 대한 주의 입장이 연방에 제시되면, 연방은 유럽연합에서의 협상과 투표에서 이 입장에 구속된다. 연방은 부득이한 대외적이며 통합 정치적 이유에서만 주의 입장과 달리 할 수 있다. 연방은 그 이유를 지체 없이 주에 전달하여야 한다.
(3) 유럽연합 범위 내의 계획에서 그 입법이 주의 소관인 사항과 관련되는 경우, 연방정부는 주에 의해 거명된 대표자에게 위원회에서 의사결정에 참여하는 임무를 위임할 수 있다. 이 권한의 행사는 연방정부의 관할 구성원의 참여하에 이 대표자와의 합의로 이루어진다. 그러한 주의 대표에 대해서는 제2항이 적용된다. 주의 대표는 그 경우 제142조에 따라 연방입법 사항에 있어서는 국민의회에, 주입법 사항에 있어서는 주의회에 대해 책임을 진다.
(4) 제1항부터 제3항까지에 대한 보다 상세한 규정은 연방과 주 간의 합의를 통해 확정되어야 한다(제15a조 제1항).
(5) 주는 유럽통합의 범위에서 법률행위를 시행하는 데 있어서 자신의 독자적인 활동범위 내에서 필요한 조치를 취할 의무가 있다. 주가 이러한 의무를 적시에 이행하지 못하고 유럽연합재판소가 이러한 내용을 오스트리아에 대해 확인한 때에는 그러한 조치에 대한 권한, 특히 필요한 법률을 제정할 권한은 연방으로 이관된다. 이러한 규정에 의해 연방에 의해 취해진 조치, 특히 그러한 방식으로 공포된 법률과 규정은 주가 필요한 조치를 취하면 효력이 상실된다.

Artikel 23e.
(1) Der zuständige Bundesminister hat den Nationalrat und den Bundesrat unverzüglich über alle Vorhaben im

Rahmen der Europäischen Union zu unterrichten und ihnen Gelegenheit zur Stellungnahme zu geben.

(2) Der zuständige Bundesminister hat den Nationalrat und den Bundesrat über einen bevorstehenden Beschluss des Europäischen Rates oder des Rates betreffend

1. den Übergang von der Einstimmigkeit zur qualifizierten Mehrheit oder

2. den Übergang von einem besonderen Gesetzgebungsverfahren zum ordentlichen Gesetzgebungsverfahren

ausdrücklich und so rechtzeitig zu unterrichten, dass dem Nationalrat und dem Bundesrat die Wahrnehmung der Zuständigkeiten nach diesem Artikel ermöglicht wird.

(3) Hat der Nationalrat eine Stellungnahme zu einem Vorhaben erstattet, das auf die Erlassung eines verbindlichen Rechtsaktes gerichtet ist, der sich auf die Erlassung von Bundesgesetzen auf dem im Rechtsakt geregelten Gebiet auswirken würde, so darf der zuständige Bundesminister bei Verhandlungen und Abstimmungen in der Europäischen Union nur aus zwingenden integrations- und außenpolitischen Gründen von dieser Stellungnahme abweichen. Beabsichtigt der zuständige Bundesminister, von der Stellungnahme des Nationalrates abzuweichen, so hat er den Nationalrat neuerlich zu befassen. Ist das Vorhaben auf die Erlassung eines verbindlichen Rechtsaktes gerichtet, der entweder die Erlassung bundesverfassungsgesetzlicher Bestimmungen erfordern würde oder Regelungen enthält, die nur durch solche Bestimmungen getroffen werden könnten, so ist eine Abweichung jedenfalls nur zulässig, wenn ihr der Nationalrat innerhalb angemessener Frist nicht widerspricht. Der zuständige Bundesminister hat dem Nationalrat nach der Abstimmung in der Europäischen Union unverzüglich Bericht zu erstatten und ihm gegebenenfalls die Gründe mitzuteilen, aus denen er von der Stellungnahme abgewichen ist.

(4) Hat der Bundesrat eine Stellungnahme zu einem Vorhaben erstattet, das auf die Erlassung eines verbindlichen Rechtsaktes gerichtet ist, der entweder die Erlassung bundesverfassungsgesetzlicher Bestimmungen erfordern würde, durch die die Zuständigkeit der Länder in Gesetzgebung oder Vollziehung gemäß Art. 44 Abs. 2 eingeschränkt wird, oder Regelungen enthält, die nur durch solche Bestimmungen getroffen werden könnten, so darf der zuständige Bundesminister bei Verhandlungen und Abstimmungen in der Europäischen Union nur

aus zwingenden integrations- und außenpolitischen Gründen von dieser Stellungnahme abweichen. Eine Abweichung ist jedenfalls nur zulässig, wenn ihr der Bundesrat innerhalb angemessener Frist nicht widerspricht. Der zuständige Bundesminister hat dem Bundesrat nach der Abstimmung in der Europäischen Union unverzüglich Bericht zu erstatten und ihm gegebenenfalls die Gründe mitzuteilen, aus denen er von der Stellungnahme abgewichen ist.

제23e조

(1) 관할 연방장관은 유럽연합의 범위에서 이루어지는 모든 계획에 대해 국민의회와 연방의회에 지체 없이 통지해야 하며, 그들의 입장을 밝힐 기회를 주어야 한다.

(2) 관할 연방장관은 다음과 관련하여 유럽연합이사회 또는 유럽이사회가 앞으로 내릴 결정에 대해 국민의회와 연방의회에 명시적으로 보고하여야 한다.
  1. 만장일치에서 가중다수결로의 이행
  2. 특별입법 절차에서 정규입법 절차로의 이행. 이때 연방장관은 국민의회와 연방의회가 시간적 여유를 가지고 해당 법 조항에 따른 관할권을 충분히 숙지할 수 있도록 유럽연합이사회 노는 유럽이사회의 결정 사항을 보고하여야 한다.

(3) 국민의회가 연방법률의 제정으로 법률행위의 해당 지역에 영향을 미칠 수도 있는 구속력 있는 법률행위를 예정하고 있는 계획에 대하여 입장을 표명하는 경우, 관할 연방장관은 유럽연합에서의 심리와 표결에 있어서 부득이한 통합 및 외교 정책적 근거에 의해서만, 국민의회의 입장표명과 다른 의견을 가질 수 있다. 관할 연방장관이 국민의회의 입장표명과 다른 의견을 가질 의도를 가지고 있는 경우, 관할 연방장관은 해당 안건을 국민의회에 새로이 위임하여야 한다. 국민의회가 적절한 기간 이내에 이의를 제기하지 않는 경우에만, 연방헌법 규정이나 그러한 규정을 통해서만 관련될 수 있는 규율의 제정이 필요 없으면서 구속력 있는 법률행위의 시행에 관한 계획은 다른 의견을 가지는 것이 허용된다. 관할 연방장관은 유럽연합에서의 표결 이후 지체 없이 국민의회에 보고하여야 하고, 경우에 따라서는 그가 국민의회와 의견을 달리한 이유를 통지하여야 한다.

(4) 연방의회가 제44조 제2항에 따른 주의 입법과 법 집행의 관할권을 제한하는 주 헌법의 공포를 필요로 하거나, 그러한 법령에 의해서만 결정될 수 있는 규정을 포함하는, 구속력 있는 법 행위의 허용에 대해 입장을 표명했다면, 관할 연방장관은 유럽연합의 차원에서 협상을 벌이고 의결할 때 통합정책과 외교정책의 부득이한 이유로만 연방의회와 다른 입장을 취할 수 있다. 이때의 전제조건은 연방의회가 합당한 기간 내에 그것에 대해 반대를 하지 않는 것이다. 관할 연방장관은 유럽연합 차원에서의 의결이 있은 후 그 결과를 연방의회에 지체 없이 보고해야 하며, 경우에 따라서는 그가 연방의회와 의견을 달리한 이유에 대해서도 밝혀야 한다.

Artikel 23f.

(1) Der Nationalrat und der Bundesrat üben die im Vertrag über die Europäische Union, im Vertrag über die Arbeitsweise der Europäischen Union und in den diesen Verträgen beigegebenen Protokollen in der jeweils geltenden Fassung

vorgesehenen Zuständigkeiten der nationalen Parlamente aus.

(2) Jeder Bundesminister berichtet dem Nationalrat und dem Bundesrat zu Beginn jedes Jahres über die in diesem Jahr zu erwartenden Vorhaben des Rates und der Europäischen Kommission sowie über die voraussichtliche österreichische Position zu diesen Vorhaben.

(3) Weitere Unterrichtungsverpflichtungen sind durch Bundesgesetz vorzusehen.

(4) Der Nationalrat und der Bundesrat können ihren Wünschen über Vorhaben der Europäischen Union in Mitteilungen an die Organe der Europäischen Union Ausdruck geben.

제23f조

(1) 국민의회와 연방의회는 유럽연합 조약, 유럽연합 기능에 관한 조약, 그리고 이 두 조약에 첨부된 의정서에서 규정된 국민의회의 관할권을 행사한다.

(2) 모든 연방장관은 매년 초 해당 연도에 예상되는 유럽이사회와 유럽집행위원회의 계획과 이 계획에서 오스트리아가 차지할 것으로 예상되는 위상에 대해 국민의회와 연방의회에 보고한다.

(3) 그 밖의 보고의무는 연방법률에 따라 정해진다.

(4) 국민의회와 연방의회는 유럽연합의 계획에 대한 그들의 요청 사항을 유럽연합의 기구에 보내는 고시(告示)에서 표현할 수 있다.

Artikel 23g.

(1) Der Nationalrat und der Bundesrat können zu einem Entwurf eines Gesetzgebungsakts im Rahmen der Europäischen Union in einer begründeten Stellungnahme darlegen, weshalb der Entwurf nicht mit dem Subsidiaritätsprinzip vereinbar ist.

(2) Der Nationalrat und der Bundesrat können vom zuständigen Bundesminister eine Äußerung zur Vereinbarkeit von Entwürfen gemäß Abs. 1 mit dem Subsidiaritätsprinzip verlangen, die im Regelfall innerhalb von zwei Wochen nach Einlangen des Verlangens vorzulegen ist.

(3) Der Bundesrat hat die Landtage unverzüglich über alle Entwürfe gemäß Abs. 1 zu unterrichten und ihnen Gelegenheit zur Stellungnahme zu geben. Bei Beschlussfassung einer begründeten Stellungnahme gemäß Abs. 1 hat der Bundesrat die Stellungnahmen der Landtage zu erwägen und die Landtage über solche Beschlüsse zu unterrichten.

제23g조

(1) 국민의회와 연방의회는 유럽연합의 범위에서 어떠한 입법 행위의 초안에 대한 상세한 의견을 제시하면서, 해당 초안이 보충성원칙과 일치하지 않는 이유를 설명할 수 있다.

(2) 국민의회와 연방의회는 관할 연방장관에게 제1항에 따른 입법 행위의 초안과 보충성원칙과의 일치와 관련된 발언을 요구할 수 있는데, 그 발언은 통상 요구서가 제출된 지 2주 이내에 행해져야 한다.

(3) 연방회의는 제1항에 따른 모든 법률행위의 초안을 주의회에 지체 없이 보고해야 하며, 주가 그 초안에 대한 입장을 표명할 수 있는 기회를 주어야 한다. 제1항에 따라

타당한 근거를 제시하면서 표명한 입장에 대한 의결 시, 연방의회는 주의회의 입장표명을 고려해야 하며, 의결된 결과에 대해 주의회에 보고하여야 한다.

Artikel 23h.

(1) Der Nationalrat und der Bundesrat können beschließen, dass gegen einen Gesetzgebungsakt im Rahmen der Europäischen Union beim Gerichtshof der Europäischen Union Klage wegen Verstoßes gegen das Subsidiaritätsprinzip erhoben wird.

(2) Das Bundeskanzleramt übermittelt die Klage im Namen des Nationalrates oder des Bundesrates unverzüglich an den Gerichtshof der Europäischen Union.

제23h조

(1) 국민의회와 연방의회는 유럽연합의 어떠한 입법 행위가 보충성원칙을 위반했다는 이유로 유럽재판소에 제소할 것을 결정할 수 있다.

(2) 연방수상청은 그 고소장을 국민의회 또는 연방의회의 이름으로 유럽재판소에 지체 없이 송달한다.

Artikel 23i.

(1) Das österreichische Mitglied im Europäischen Rat darf einer Initiative gemäß Art. 48 Abs. 7 des Vertrags über die Europäische Union in der Fassung des Vertrags von Lissabon nur dann zustimmen, wenn es der Nationalrat mit Zustimmung des Bundesrates auf Grund eines Vorschlages der Bundesregierung dazu ermächtigt hat. Diese Beschlüsse des Nationalrates und des Bundesrates bedürfen jeweils der Anwesenheit von mindestens der Hälfte der Mitglieder und einer Mehrheit von zwei Dritteln der abgegebenen Stimmen.

(2) Soweit nach dem Recht der Europäischen Union für die nationalen Parlamente die Möglichkeit der Ablehnung einer Initiative oder eines Vorschlages betreffend

1. den Übergang von der Einstimmigkeit zur qualifizierten Mehrheit oder

2. den Übergang von einem besonderen Gesetzgebungsverfahren zum ordentlichen Gesetzgebungsverfahren

vorgesehen ist, kann der Nationalrat mit Zustimmung des Bundesrates diese Initiative oder diesen Vorschlag innerhalb der nach dem Recht der Europäischen Union vorgesehenen Fristen ablehnen.

(3) Beschlüsse des Rates, durch die neue Kategorien von Eigenmitteln der Europäischen Union eingeführt werden, bedürfen der Genehmigung des Nationalrates und der Zustimmung des Bundesrates; Art. 50 Abs. 4 zweiter Satz ist sinngemäß anzuwenden. Andere Beschlüsse des Rates, mit denen Bestimmungen über das System der Eigenmittel der Europäischen Union festgelegt werden, bedürfen der Genehmigung des Nationalrates. Art. 23e Abs. 2 gilt

sinngemäß.

(4) Auf andere Beschlüsse des Europäischen Rates oder des Rates, die nach dem Recht der Europäischen Union erst nach Zustimmung der Mitgliedstaaten im Einklang mit ihren jeweiligen verfassungsrechtlichen Vorschriften in Kraft treten, ist Art. 50 Abs. 4 sinngemäß anzuwenden.

(5) Beschlüsse des Nationalrates und des Bundesrates nach diesem Artikel sind vom Bundeskanzler im Bundesgesetzblatt kundzumachen.

제23i조

(1) 유럽연합이사회에서 오스트리아를 대표하는 자는 리스본 조약의 유럽연합 조약 제48조 제7항에 따른 발의에 대해 동의할 수 있는 권한을 부여받는다. 이때 국민의회가 연방정부의 제안을 토대로 연방의회의 동의를 얻어 그러한 권한을 부여해 준다. 이와 관련된 사항에 대한 국민의회와 연방의회의 의결은 재적의원 과반수의 출석과, 출석의원 3분의 2 이상의 찬성을 필요로 한다.

(2) 국민의회는 연방의회의 동의를 얻어 다음과 관련된 발의 또는 제안을 유럽연합법에서 정해진 기간 내에 거부할 수 있다.

　1. 만장일치에서 가중다수결로의 이행 또는

　2. 특별입법 절차에서 정규입법 절차로의 이행. 이때의 전제는 해당 발의 또는 제안을 거부할 수 있는 가능성이 국민의회와 관련한 유럽연합법에 정해져 있어야 한다.

(3) 유럽연합이 자기 자금을 확보하기 위해 새로운 범주의 도입을 추진하려는 유럽이사회의 의결은 국민의회의 인가와 연방의회의 동의를 필요로 한다. 제50조 제4항 제2문을 준용한다. 유럽연합의 자기 자금 체계에 대한 법령을 정하려는 유럽이사회의 의결은 국민의회의 인가를 필요로 한다. 제23e조 제2항을 준용한다.

(4) 회원국의 동의로 회원국의 헌법과 조화를 이루면서 효력을 발생하는 유럽연합법을 따르는 유럽연합이사회 또는 유럽이사회의 의결은 제50조 제4항을 준용한다.

(5) 이 조항에 따른 국민의회와 연방의회의 의결은 연방총리에 의해 연방법률관보에 공포되어야 한다.

Artikel 23j.

(1) Österreich wirkt an der Gemeinsamen Außen- und Sicherheitspolitik der Europäischen Union auf Grund des Titels V Kapitel 1 und 2 des Vertrags über die Europäische Union in der Fassung des Vertrags von Lissabon mit, der in Art. 3 Abs. 5 und in Art. 21 Abs. 1 insbesondere die Wahrung beziehungsweise Achtung der Grundsätze der Charta der Vereinten Nationen vorsieht. Dies schließt die Mitwirkung an Aufgaben gemäß Art. 43 Abs. 1 dieses Vertrags sowie an Maßnahmen ein, mit denen die Wirtschafts- und Finanzbeziehungen zu einem oder mehreren Drittländern ausgesetzt, eingeschränkt oder vollständig eingestellt werden. Auf Beschlüsse des Europäischen Rates über eine gemeinsame Verteidigung ist Art. 50 Abs. 4 sinngemäß anzuwenden.

(2) Für Beschlüsse im Rahmen der Gemeinsamen Außen- und

Sicherheitspolitik der Europäischen Union auf Grund des Titels V Kapitel 2 des Vertrags über die Europäische Union in der Fassung des Vertrags von Lissabon gilt Art. 23e Abs. 3 sinngemäß.

(3) Bei Beschlüssen über die Einleitung einer Mission außerhalb der Europäischen Union, die Aufgaben der militärischen Beratung und Unterstützung, Aufgaben der Konfliktverhütung und der Erhaltung des Friedens oder Kampfeinsätze im Rahmen der Krisenbewältigung einschließlich Frieden schaffender Maßnahmen und Operationen zur Stabilisierung der Lage nach Konflikten umfasst, sowie bei Beschlüssen gemäß Art. 42 Abs. 2 des Vertrags über die Europäische Union in der Fassung des Vertrags von Lissabon betreffend die schrittweise Festlegung einer gemeinsamen Verteidigungspolitik ist das Stimmrecht im Einvernehmen zwischen dem Bundeskanzler und dem für auswärtige Angelegenheiten zuständigen Bundesminister auszuüben.

(4) Eine Zustimmung zu Maßnahmen gemäß Abs. 3 darf, wenn der zu fassende Beschluss eine Verpflichtung Österreichs zur Entsendung von Einheiten oder einzelnen Personen bewirken würde, nur unter dem Vorbehalt gegeben werden, dass es diesbezüglich noch der Durchführung des für die Entsendung von Einheiten oder einzelnen Personen in das Ausland verfassungsrechtlich vorgesehenen Verfahrens bedarf.

제23j조

(1) 오스트리아는 리스본 조약에 명시된 유럽연합에 관한 조약 제5편 제1장 및 제2장을 바탕으로 한 유럽연합의 외교 및 안보 정책에 협력한다. 리스본 조약은 제3조 제5항 및 제21조 제1항에서 특히 국제연합헌장의 기본 원칙을 준수하고 존중할 것을 규정한다. 이는 리스본 조약 제43조 제1항에 따른 임무 및 하나 또는 다수의 제3국과의 경제 관계 및 재정 관계를 유예하거나, 제한 또는 완전히 단절하는 조치에 협력하는 것을 포함한다. 공동 방위에 관한 유럽연합 이사회의 의결에는 제50조 제4항을 준용한다.

(2) 조약의 제5편 제2장을 바탕으로 한 공동 외교 및 안보 정책에 관한 유럽연합의 공동 의결에 있어서 리스본 조약 제23e조 제3항을 준용한다.

(3) 파견군의 군사고문과 관련된 임무, 분쟁 방지의 임무와 평화유지 또는 갈등 이후의 혼란 상황을 안정시키고 평화를 가져오려는 조치와 작전의 일환으로 위기 극복의 차원에서의 병력 투입을 포함하는 유럽연합 밖으로의 군사 파견에 대한 의결 시, 그리고 공동 방위 정책의 단계적 확정에 관련하여 리스본 조약문에서 명시된 유럽연합 조약 제42조 제2항에 따른 의결 시, 표결권은 연방총리와 외무장관 간의 협조 속에서 행사되어야 한다.

(4) 제3항에 따른 결의 내용이 오스트리아로 하여금 단체나 개인을 파견하는 것을 의미하는 것이라면, 그에 대한 동의는 오스트리아 헌법에 규정된 절차에 따라 시행되어

야 한다는 제한을 유보하는 전제에서만 이루어질 수 있다. 이때 결정된 의결 사항의 전제조건은 군부대 또는 군 관련자를 외국으로 파견하는 일이 오스트리아의 의무에 속하여야 한다는 것이다.

Artikel 23k.
(1) Nähere Bestimmungen zu den Art. 23e, 23f Abs. 1, 2 und 4 sowie 23g bis 23j treffen das Bundesgesetz über die Geschäftsordnung des Nationalrates und die Geschäftsordnung des Bundesrates.
(2) Die Zuständigkeiten des Nationalrates nach den Art. 23e, 23f Abs. 4, 23g und 23j Abs. 2 obliegen dessen Hauptausschuss. Das Bundesgesetz über die Geschäftsordnung des Nationalrates kann vorsehen, dass der Hauptausschuss einen ständigen Unterausschuss wählt, für den Art. 55 Abs. 3 sinngemäß gilt. Der Hauptausschuss kann diesem ständigen Unterausschuss Zuständigkeiten nach dem ersten Satz übertragen. Eine solche Übertragung kann jederzeit ganz oder teilweise widerrufen werden. Durch das Bundesgesetz über die Geschäftsordnung des Nationalrates können Zuständigkeiten des Hauptausschusses nach dem ersten Satz dem Nationalrat oder dem ständigen Unterausschuss des Hauptausschusses gemäß dem zweiten Satz übertragen werden.
(3) Zuständigkeiten des Bundesrates nach den Art. 23e, 23f Abs.4 und 23g können durch die Geschäftsordnung des Bundesrates einem von diesem zu wählenden Ausschuss übertragen werden.

제23k조
(1) 제23e조, 제23f조 제1항, 제2항 및 제4항, 제23g조부터 제23j조까지에 대한 상세한 규정은 국민의회의 업무규정 및 연방의회의 업무규정에 관한 연방법률에서 정한다.
(2) 제23e조, 제23f조 제4항, 제23g조 및 제23j조 제2항에 따른 국민의회의 관할권은 국민의회 상임위원회의 책임에 속한다. 국민의회의 업무규정에 관한 연방법률은 상임위원회가 상임소위원회를 선택하도록 규정할 수 있다. 이때 제55조제3항이 상임소위원회에 유추적으로 적용된다. 상임위원회는 제1문에 따라 상임소위원회에 관할권을 이관할 수 있다. 그러한 관할권의 이관은 언제든지 전부 또는 일부가 철회될 수 있다. 국민의회의 업무규정에 관한 연방법률에 따라, 상임위원회의 관할권은 제1문에 따라 국민의회로 이관될 수 있거나, 제2문에 따라 상임위원회의 상임소위원회로 이관될 수 있다.
(3) 제23e조, 제23f조 제4항 및 제23g조에 따른 연방의회의 관할권은 연방의회의 업무규정에 따라, 연방의회가 선택한 위원회로 이관될 수 있다.

■
Zweites Hauptstück Gesetzgebung des Bundes
제2장 연방의 입법
A. Nationalrat
제A절 국민의회

Artikel 24.
Die Gesetzgebung des Bundes übt der Nationalrat gemeinsam mit dem Bundesrat aus.
제24조
연방의 입법은 국민의회가 연방의회와 공동으로 행사한다.

Artikel 25.
(1) Der Sitz des Nationalrates ist die Bundeshauptstadt Wien.
(2) Für die Dauer außerordentlicher Verhältnisse kann der Bundespräsident auf Antrag der Bundesregierung den Nationalrat in einen anderen Ort des Bundesgebietes berufen.
제25조
(1) 국민의회의 소재지는 연방수도인 빈이다.
(2) 비상상황이 지속되면 연방대통령은 연방정부의 신청에 따라 국민의회를 연방영역의 다른 지역으로 옮길 수 있다.

Artikel 26.
(1) Der Nationalrat wird vom Bundesvolk auf Grund des gleichen, unmittelbaren, persönlichen, freien und geheimen Wahlrechtes der Männer und Frauen, die am Wahltag das 16. Lebensjahr vollendet haben, nach den Grundsätzen der Verhältniswahl gewählt.
(2) Das Bundesgebiet wird in räumlich geschlossene Wahlkreise geteilt, deren Grenzen die Landesgrenzen nicht schneiden dürfen; diese Wahlkreise sind in räumlich geschlossene Regionalwahlkreise zu untergliedern. Die Zahl der Abgeordneten wird auf die Wahlberechtigten der Wahlkreise (Wahlkörper) im Verhältnis der Zahl der Staatsbürger, die nach dem Ergebnis der letzten Volkszählung im jeweiligen Wahlkreis den Hauptwohnsitz hatten, vermehrt um die Zahl der Staatsbürger, die am Zähltag im Bundesgebiet zwar nicht den Hauptwohnsitz hatten, aber in einer Gemeinde des jeweiligen Wahlkreises in der Wählerevidenz eingetragen waren, verteilt; in gleicher Weise wird die Zahl der einem Wahlkreis zugeordneten Abgeordneten auf die Regionalwahlkreise verteilt. Die Wahlordnung zum Nationalrat hat ein abschließendes Ermittlungsverfahren im gesamten Bundesgebiet vorzusehen, durch das sowohl ein Ausgleich der den wahlwerbenden Parteien in den Wahlkreisen zugeteilten als auch eine Aufteilung der noch nicht zugeteilten Mandate nach den Grundsätzen der Verhältniswahl erfolgt. Eine Gliederung der Wählerschaft in andere Wahlkörper ist nicht zulässig.
(3) Der Wahltag muss ein Sonntag oder ein gesetzlicher Feiertag sein. Treten Umstände ein, die den Anfang, die Fortsetzung oder die Beendigung der Wahlhandlung verhindern, so kann die Wahlbehörde die Wahlhandlung auf den nächsten Tag verlängern oder

verschieben.

(4) Wählbar sind die zum Nationalrat Wahlberechtigten, die am Stichtag die österreichische Staatsbürgerschaft besitzen und am Wahltag das 18. Lebensjahr vollendet haben.

(5) Ein Ausschluss vom Wahlrecht oder von der Wählbarkeit kann, auch in jeweils unterschiedlichem Umfang, nur durch Bundesgesetz als Folge rechtskräftiger gerichtlicher Verurteilung vorgesehen werden.

(6) Wahlberechtigte, die voraussichtlich am Wahltag verhindert sein werden, ihre Stimme vor der Wahlbehörde abzugeben, etwa wegen Ortsabwesenheit, aus gesundheitlichen Gründen oder wegen Aufenthalts im Ausland, können ihr Wahlrecht auf Antrag unter Angabe des Grundes durch Briefwahl ausüben. Die Identität des Antragstellers ist glaubhaft zu machen. Der Wahlberechtigte hat durch Unterschrift an Eides statt zu erklären, dass die Stimmabgabe persönlich und geheim erfolgt ist.

(7) Die näheren Bestimmungen über das Wahlverfahren werden durch Bundesgesetz getroffen.

제26조

(1) 국민의회는 선거일에 만 16세에 이른 남성과 여성의 평등·직접·개인·자유·비밀 선거권에 근거하여 연방 국민에 의하여 비례선거의 원칙에 따라 선출된다.

(2) 오스트리아 전 영토는 제한된 공간적 범위의 선거구로 나뉘는데, 이때 해당 선거구의 경계가 주의 경계를 넘어서는 아니 된다. 선거구는 제한된 공간적 범위의 지역선거구로 다시 나뉠 수 있다. 의원의 수는 국민의 수에 비례하여 선거구(선거단체)의 유권자에게 배당된다. 이때 배당되는 의원 수의 기준이 되는 국민의 수는 지난 인구조사에서 해당 선거구에 주 거주지를 두었던 국민의 수와 선거일에 오스트리아에 주 거주지를 두고 있지 않으나, 해당 선거구가 속하는 기초자치단체의 유권자명부에 등록을 마친 국민의 수를 더한 것으로 한다. 특정 선거구에 배당된 의원의 수는 동일한 방식으로 지역선거구에 다시 배당된다. 국민의회와 관련된 선거 규정은 오스트리아 전 영토에서 행해지는 최종 조사절차를 규정하여야 한다. 이 조사절차를 통해 선거구에 후보를 내는 정당에 배정된 의석의 수가 조정될 뿐만 아니라, 비례대표제의 기본 원칙에 따라 아직 배정되지 않은 의석의 수가 분배된다. 유권자를 다른 선거구로 배정하는 것은 허용되지 아니한다.

(3) 선거일은 일요일이나 법정 공휴일이어야 한다. 선거 행위의 시작, 속개 및 종결에 지장을 초래하는 상황이 발생하면 선거 관청은 선거를 다음 날로 연장하거나 연기할 수 있다.

(4) 선거시행일에 오스트리아 국적을 소지하고 선거일에 만 18세가 된 국민의회 선거권자는 피선거권이 있다.

(5) 선거권 또는 피선거권의 박탈은, 개별 사안별로 서로 다른 범위에서, 유죄 확정판결의 결과로써 오로지 연방법률에 따라 규정될 수 있다.

(6) 부재중이거나 건강상의 이유 또는 외국 체류 등으로 선거일에 투표할 수 없는 유권자는 선거 관청에 이유를 제시하고 신청하여 서면으로 투표권을 행사할 수 있다. 신청자의 신원은 신뢰할 수 있는 절차를 통해 확인되어야 한다. 유권자는 직접·비밀 투표

가 이루어졌다고 선서를 하는 대신에 서명을 통해 선언하여야 한다.
(7) 선거 절차에 대한 상세 규정은 연방법률로 정한다.

Artikel 26a.

(1) Die Durchführung und Leitung der Wahlen zum Europäischen Parlament, der Wahlen zum Nationalrat, der Wahl des Bundespräsidenten, von Volksabstimmungen und Volksbefragungen, die Mitwirkung bei der Überprüfung von Volksbegehren sowie die Mitwirkung bei der Durchführung von Europäischen Bürgerinitiativen obliegt Wahlbehörden, die vor jeder Wahl zum Nationalrat neu gebildet werden. Diesen haben als stimmberechtigte Beisitzer Vertreter der wahlwerbenden Parteien anzugehören, der Bundeswahlbehörde auch Richter des Dienst- oder Ruhestandes; die Zahl der Beisitzer ist in der Wahlordnung zum Nationalrat festzusetzen. Die nichtrichterlichen Beisitzer werden auf Grund von Vorschlägen der wahlwerbenden Parteien entsprechend ihrer bei der letzten Wahl zum Nationalrat festgestellten Stärke berufen. Im zuletzt gewählten Nationalrat vertretene wahlwerbende Parteien, die danach keinen Anspruch auf Berufung von Beisitzern hätten, sind jedoch berechtigt, einen Beisitzer für die Bundeswahlbehörde vorzuschlagen.
(2) Die Führung der Wählerevidenz und die Anlegung der entsprechenden Verzeichnisse bei einer Wahl zum Europäischen Parlament, einer Wahl zum Nationalrat, einer Wahl des Bundespräsidenten, einer Volksabstimmung und einer Volksbefragung obliegt der Gemeinde im übertragenen Wirkungsbereich. Die Speicherung der Daten der Wählerevidenzen erfolgt in einem zentralen Wählerregister, in dem auch Wählerevidenzen aufgrund der Landesgesetzgebung gespeichert werden können; die Länder und Gemeinden können diese Daten für solche Verzeichnisse in ihrem Zuständigkeitsbereich verwenden.

제26a조
(1) 유럽의회 선거, 국민의회 선거, 연방대통령 선거, 국민투표와 국민여론조사 등의 시행 및 관리, 국민 청원의 검토에 대한 참여, 그리고 유럽 시민 발의에 대한 참여는 모든 국민의회 선거 전에 새로 구성된 선거 관청의 의무에 속한다. 이 선거 관청의 참관인은 해당 선거에 참여하는 정당의 대표자이어야 하며, 연방선거관청의 참관인은 재임 중인 판사 또는 퇴임 판사여야 한다. 국민회의의 선거 규정에서 참관인의 수를 정하여야 한다. 판사 출신이 아닌 참관인은 선거에 참여하는 정당의 추천을 근거로 하여 지난 국민의회 선거에서 얻은 의석의 수에 비례하여 임명된다. 지난 국민의회 선거에서 의원을 당선시킨 정당이지만 참관인의 임명 권한을 얻지 못한 경우라 하더라도, 해당 정당은 연방선거관청에 한 명의 참관인을 추천할 수 있는 권한을 가진다.
(2) 유럽의회의 선거, 국민의회의 선거, 연방대통령의 선거와 국민투표 및 국민여론

조사에 대한 유권자명부 등록 및 이에 따른 명부 작성의 의무는 관할권을 위임받은 기초자치단체에 있다. 유권자명부의 자료 저장은 중앙선거인명부에서 이루어지며, 주의 입법에 근거한 유권자명부도 중앙선거인명부에 저장될 수 있다. 주와 기초자치단체는 관할 지역의 유권자명부 자료를 사용할 수 있다.

Artikel 27.
(1) Die Gesetzgebungsperiode des Nationalrates dauert fünf Jahre, vom Tag seines ersten Zusammentrittes an gerechnet, jedenfalls aber bis zu dem Tag, an dem der neue Nationalrat zusammentritt.
(2) Der neugewählte Nationalrat ist vom Bundespräsidenten längstens innerhalb dreißig Tagen nach der Wahl einzuberufen. Diese ist von der Bundesregierung so anzuordnen, dass der neugewählte Nationalrat am Tag nach dem Ablauf des fünften Jahres der Gesetzgebungsperiode zusammentreten kann.

제27조
(1) 국민의회의 입법 기간은 5년으로, 첫 번째 집회일로부터 계산되며, 다음 국민의회의 첫 번째 집회일에 종료된다.
(2) 새로 선출된 국민의회는 연방대통령에 의해 늦어도 선거 후 30일 이내에 집회하여야 한다. 연방정부는 새로 선출된 국민의회가 전 국민의회의 입법 기간 중 다섯 번째 해가 끝나는 날 뒤에 집회할 수 있도록 일정을 조율하여야 한다.

Artikel 28.
(1) Der Bundespräsident beruft den Nationalrat in jedem Jahr zu einer ordentlichen Tagung ein, die nicht vor dem 15. September beginnen und nicht länger als bis zum 15. Juli des folgenden Jahres währen soll.
(2) Der Bundespräsident kann den Nationalrat auch zu außerordentlichen Tagungen einberufen. Wenn es die Bundesregierung oder mindestens ein Drittel der Mitglieder des Nationalrates oder der Bundesrat verlangt, ist der Bundespräsident verpflichtet, den Nationalrat zu einer außerordentlichen Tagung einzuberufen, und zwar so, dass der Nationalrat spätestens binnen zwei Wochen nach Eintreffen des Verlangens beim Bundespräsidenten zusammentritt;
die Einberufung bedarf keiner Gegenzeichnung. Zur Einberufung einer außerordentlichen Tagung auf Antrag von Mitgliedern des Nationalrates oder auf Antrag des Bundesrates ist ein Vorschlag der Bundesregierung nicht erforderlich.
(3) Der Bundespräsident erklärt die Tagungen des Nationalrates auf Grund Beschlusses des Nationalrates für beendet.
(4) Bei Eröffnung einer neuen Tagung des Nationalrates innerhalb der gleichen Gesetzgebungsperiode werden die Arbeiten nach dem Stand fortgesetzt, in dem sie sich bei der Beendigung der letzten Tagung befunden haben. Bei Beendigung einer Tagung können einzelne Ausschüsse

vom Nationalrat beauftragt werden, ihre Arbeiten fortzusetzen. Mit dem Beginn einer neuen Gesetzgebungsperiode gelten vom Nationalrat der vorangegangenen Gesetzgebungsperiode nicht erledigte Volksbegehren und an den Nationalrat gerichtete Bürgerinitiativen als Verhandlungsgegenstände des neu gewählten Nationalrates. Durch das Bundesgesetz über die Geschäftsordnung des Nationalrates kann dies auch für weitere Verhandlungsgegenstände des Nationalrates bestimmt werden.

(5) Innerhalb einer Tagung beruft der Präsident des Nationalrates die einzelnen Sitzungen ein. Wenn innerhalb einer Tagung die im Bundesgesetz über die Geschäftsordnung des Nationalrates festgesetzte Anzahl der Mitglieder des Nationalrates oder die Bundesregierung
es verlangt, ist der Präsident verpflichtet, eine Sitzung einzuberufen. Nähere Bestimmungen trifft das Bundesgesetz über die Geschäftsordnung des Nationalrates, das auch eine Frist festzusetzen hat, innerhalb derer der Nationalrat zusammenzutreten hat.

(6) Für den Fall, dass die gewählten Präsidenten des Nationalrates an der Ausübung ihres Amtes verhindert oder deren Ämter erledigt sind, hat das Bundesgesetz über die Geschäftsordnung des Nationalrates Sonderbestimmungen über die Einberufung des Nationalrates zu treffen.

제28조

(1) 연방대통령은 매년 한 번 국민의회의 정기회를 소집한다. 정기회는 9월 15일 이전에 개시되어서는 아니 되며 다음 해 7월 15일을 넘겨서는 아니 된다.

(2) 연방대통령은 또한 임시회를 위해서도 국민의회를 소집할 수 있다. 연방정부, 국민의회 재적의원 3분의 1 또는 연방의회가 요구하는 경우, 연방대통령은 임시회를 소집할 의무가 있고, 그 경우 국민의회의 요구가 연방대통령에게 도달된 후 늦어도 2주 이내에 임시회를 소집해야 한다. 국민의회 의원이나 연방의회의 신청에 의한 임시회 소집은 연방정부의 제청을 필요로 하지 아니한다.

(3) 연방대통령은 국민의회의 회의가 국민의회의 결의에 따라 폐회되었음을 공고하여야 한다.

(4) 동일한 입법 기간 내에 국민의회가 새로 개회되는 경우에는 최종 회의의 결과로 인정된 상황에 의한 과업은 승계된다. 폐회의 경우 국민의회의 각 상임위원회에 위임하여 자신의 활동을 승계하도록 할 수 있다. 새로운 입법 기간이 시작되면 앞의 입법 기간의 국민의회에 의해 처리되지 못한 국민발안과 국민의회에 청원된 시민 발의는 새로 선출된 국민의회의 심리 대상으로 인정된다. 이것은 국민의회의 업무규정에 관한 연방법률을 통해 국민의회의 추가적인 심리 대상으로 규정될 수 있다.

(5) 국민의회의 의장은 한 회기 내에서 개별적인 회의를 소집할 수 있다. 한 회기 내에서 국민의회의 업무규정에 관한 연방법률에 규정된 국민의회 일정 수의 의원이나 연방정부가 회의 소집을 요청하면, 대통령

은 회의를 소집할 의무가 있다. 상세한 규정은 국민의회의 업무규정에 관한 연방법률로 정하며 이 연방법률은 국민의회의 회의 기간도 확정하여야 한다.
(6) 선출된 국민의회의 의장이 직무의 수행에 지장을 받거나 공석인 경우를 위해, 국민의회의 업무규정에 관한 연방법률에서는 국민의회의 소집에 관한 특별규정을 두어야 한다.

Artikel 29.
(1) Der Bundespräsident kann den Nationalrat auflösen, er darf dies jedoch nur einmal aus dem gleichen Anlass verfügen. Die Neuwahl ist in diesem Fall von der Bundesregierung so anzuordnen, dass der neugewählte Nationalrat längstens am hundertsten Tag nach der
Auflösung zusammentreten kann. (2) Vor Ablauf der Gesetzgebungsperiode kann der Nationalrat durch einfaches Gesetz seine Auflösung beschließen.
(3) Nach einer gemäß Abs. 2 erfolgten Auflösung sowie nach Ablauf der Zeit, für die der Nationalrat gewählt ist, dauert die Gesetzgebungsperiode bis zum Tag, an dem der neugewählte Nationalrat zusammentritt.

제29조
(1) 연방대통령은 국민의회를 해산할 수 있다. 다만, 대통령이 동일한 원인으로 해산을 명하는 것은 1회에 한하여 인정된다. 이 경우 연방정부는 해산일로부터 늦어도 100일 이내에 새로운 국민의회가 집회를 가질 수 있도록 선거 일정을 정하여야 한다.
(2) 입법 기간이 끝나기 전에 국민의회는 단순 법률을 통해서 자체 해산을 의결할 수 있다.

Artikel 30.
(1) Der Nationalrat wählt aus seiner Mitte den Präsidenten, den zweiten und dritten
Präsidenten.
(2) Die Geschäfte des Nationalrates werden auf Grund eines besonderen Bundesgesetzes geführt. Das Bundesgesetz über die Geschäftsordnung des Nationalrates kann nur bei Anwesenheit von mindestens der Hälfte der Mitglieder und mit einer Mehrheit von zwei Dritteln der abgegebenen Stimmen beschlossen werden.
(3) Zur Unterstützung der parlamentarischen Aufgaben und zur Besorgung der Verwaltungsangelegenheiten im Bereich der Organe der Gesetzgebung des Bundes sowie gleichartiger Aufgaben und Verwaltungsangelegenheiten, die die in Österreich gewählten Mitglieder des Europäischen Parlaments betreffen, ist die Parlamentsdirektion berufen, die dem Präsidenten des Nationalrates untersteht. Für den Bereich des Bundesrates ist die innere Organisation der Parlamentsdirektion im Einvernehmen mit dem Vorsitzenden des Bundesrates zu regeln, dem bei Besorgung der auf Grund dieses Gesetzes dem Bundesrat übertragenen Aufgaben auch das

Weisungsrecht zukommt.

(4) Dem Präsidenten des Nationalrates stehen insbesondere auch die Ernennung der Bediensteten der Parlamentsdirektion und alle übrigen Befugnisse in Personalangelegenheiten dieser Bediensteten zu.

(5) Der Präsident des Nationalrates kann den parlamentarischen Klubs zur Erfüllung parlamentarischer Aufgaben Bedienstete der Parlamentsdirektion zur Dienstleistung zuweisen.

(6) Bei der Vollziehung der nach diesem Artikel dem Präsidenten des Nationalrates zustehenden Verwaltungsangelegenheiten ist dieser oberstes Verwaltungsorgan und übt diese Befugnisse allein aus. Die Erlassung von Verordnungen steht dem Präsidenten des Nationalrates insoweit zu, als diese ausschließlich in diesem Artikel geregelte Verwaltungsangelegenheiten betreffen.

제30조

(1) 국민의회는 의원 중에서 의장, 부의장, 부부의장을 선출한다.

(2) 국민의회의 의사는 별도의 연방법률에 따라 수행된다. 국민의회의 업무규정에 관한 연방법률은 재적의원 과반수의 출석과 투표수 3분의 2 이상의 찬성으로 의결될 수 있다.

(3) 의회 업무의 지원과 연방의 입법기관 영역에서 행정 사항의 처리 및 오스트리아에서 선출된 유럽의회 의원과 관련된 유사한 업무와 행정사항의 처리는 국민의회 의장 직속의 의회사무국이 맡는다. 연방의회의 경우 의회사무국의 내부 조직은 이 법률을 근거로 연방의회에 위임된 임무를 처리할 때 명령권도 가지게 되는 연방의회 의장과 합의하여 규정되어야 한다.

(4) 국민의회의 의장에게는 의회사무국의 근무자의 임명과 근무자의 인적 사항에 대한 모든 권한이 부여되어 있다.

(5) 국민의회 의장은 의회 업무의 수행을 위해 의회의 클럽에 의회사무국의 근무자를 근무하도록 배정할 수 있다.

(6) 이 조항에 따라 국민의회 의장에게 권한이 부여된 행정 사항을 수행함에 있어서 의장은 최고행정기관이며 이 권한을 단독으로 행사한다. 규정의 제정은 이 조항에서 규정된 행정사항과 관련이 있는 한에서 국민의회 의장에게 그 권한이 있다.

Artikel 30a.

Der besondere Schutz und die Geheimhaltung von Informationen im Bereich des Nationalrates und des Bundesrates werden auf Grund eines besonderen Bundesgesetzes geregelt. Das Bundesgesetz über die Informationsordnung des Nationalrates und des Bundesrates kann vom Nationalrat nur in Anwesenheit von mindestens der Hälfte der Mitglieder und mit einer Mehrheit von zwei Dritteln der abgegebenen Stimmen beschlossen werden. Es bedarf überdies der in Anwesenheit von mindestens der Hälfte der Mitglieder und mit einer Mehrheit von zwei Dritteln der abgegebenen Stimmen zu erteilenden

Zustimmung des Bundesrates.
제30a조
국민의회와 연방의회 영역에서의 정보에 대한 특별한 보호와 비밀 유지 조치는 특별 연방법률에 근거하여 규율된다. 국민의회 및 연방의회의 정보 규율에 관한 연방법률은 국민의회에서 재적의원 과반수 출석과 3분의 2 이상의 찬성에 의해 의결될 수 있다. 더 나아가 이 법률안 성립에는 연방의회에서 재적의원 과반수 출석과 3분의 2 이상의 찬성에 의한 의결을 요한다.

Artikel 30b.
(1) Zur Erlassung von Disziplinarerkenntnissen und zur Entscheidung über Suspendierungen hinsichtlich der Beamten der Parlamentsdirektion, des Rechnungshofes und der Volksanwaltschaft wird bei der Parlamentsdirektion eine Disziplinarkommission eingerichtet.
(2) Die Mitglieder der Disziplinarkommission und die Disziplinaranwälte sind vom Präsidenten des Nationalrates, vom Präsidenten des Rechnungshofes und vom Vorsitzenden der Volksanwaltschaft zu bestellen.
(3) Die näheren Bestimmungen über die Organisation und das Verfahren der Disziplinarkommission sowie die Stellung und Bestellung der Disziplinaranwälte werden durch Bundesgesetz getroffen.
제30b조
(1) 의회사무국, 회계감사원, 연방호민변호인의 공무원에 대해 징계 결과를 공포하고 정직에 대한 결정을 위해 의회사무국에 징계위원회가 설치된다.
(2) 징계위원회의 위원 및 징계 신청 대리인은 국민의회 의장, 회계감사원장, 연방호민변호인 대표가 임명한다.
(3) 징계위원회의 조직 및 절차, 징계 변호사의 지위 및 선임에 관한 상세 규정은 연방법으로 정한다.

Artikel 31.
Zu einem Beschluss des Nationalrates ist, soweit in diesem Gesetz nicht anderes bestimmt oder im Bundesgesetz über die Geschäftsordnung des Nationalrates für einzelne Angelegenheiten nicht anderes festgelegt ist, die Anwesenheit von mindestens einem Drittel der Mitglieder und die unbedingte Mehrheit der abgegebenen Stimmen erforderlich.
제31조
국민의회의 의결을 위해서는 이 법에서 달리 규정되지 않거나 국민의회의 업무규정에 관한 연방법률의 개별사항에서 달리 규정되지 않는 한 재적의원 3분의 1 이상의 출석과 투표수의 절대다수가 필요하다.

Artikel 31.
Zu einem Beschluss des Nationalrates ist, soweit in diesem Gesetz nicht anderes bestimmt oder im Bundesgesetz über die Geschäftsordnung des Nationalrates für einzelne Angelegenheiten nicht anderes festgelegt ist, die Anwesenheit von mindestens einem Drittel der

Mitglieder und die unbedingte Mehrheit der abgegebenen Stimmen erforderlich.

제31조
국민의회의 의결을 위해서는 이 법에서 달리 규정되지 않거나 국민의회의 업무규정에 관한 연방법률의 개별사항에서 달리 규정되지 않는 한 재적의원 3분의 1 이상의 출석과 투표수의 절대다수가 필요하다.

Artikel 32.
(1) Die Sitzungen des Nationalrates sind öffentlich.
(2) Die Öffentlichkeit wird ausgeschlossen, wenn es vom Vorsitzenden oder von der im Bundesgesetz über die Geschäftsordnung des Nationalrates festgesetzten Anzahl der Mitglieder verlangt und vom Nationalrat nach Entfernung der Zuhörer beschlossen wird.

제32조
(1) 국민의회의 회의는 공개한다.
(2) 의장이나 국민의회의 업무규정에 관한 연방법률이 정하는 일정 수의 의원이 요구하는 경우 및 국민의회가 방청자의 퇴정을 결의한 경우에는 비공개로 한다.

Artikel 33.
Wahrheitsgetreue Berichte über die Verhandlungen in den öffentlichen Sitzungen des Nationalrates und seiner Ausschüsse bleiben von jeder Verantwortung frei.

제33조
국민의회 및 그 위원회의 공개회의에서 심의에 관한 진실한 보고는 면책된다.

B. Bundesrat
제B절 연방의회

Artikel 34.
(1) Im Bundesrat sind die Länder im Verhältnis zur Bürgerzahl im Land gemäß den folgenden Bestimmungen vertreten.
(2) Das Land mit der größten Bürgerzahl entsendet zwölf, jedes andere Land so viele Mitglieder, als dem Verhältnis seiner Bürgerzahl zur erstangeführten Bürgerzahl entspricht, wobei Reste über die Hälfte der Verhältniszahl als voll gelten. Jedem Land gebührt jedoch eine Vertretung von wenigstens drei Mitgliedern. Für jedes Mitglied wird ein Ersatzmitglied bestellt.
(3) Die Zahl der demnach von jedem Land zu entsendenden Mitglieder wird vom Bundespräsidenten nach jeder allgemeinen Volkszählung festgesetzt.

제34조
(1) 연방의회에서 주는 다음 규정에 따라 주의 주민에 비례해서 대표된다.
(2) 가장 주민수가 많은 주는 12명, 다른 주는 그 주민 수와 최다수의 주민 수를 보유한 주의 주민 수를 비례한 상당한 수의 의원을 파견하며, 이 경우 비례수의 2분의 1을 초과하는 수는 1로 간주한다. 그러나 각 주에는 최소한 3명의 의원을 대표로 보내는 것이 보장된다. 각 의원에 대해서는 한 명의 예비의원이 임명된다.
(3) 각 주에 의해 파견될 의원의 수는 연방대통령이 모든 일반 인구조사에 따라 확정

한다.

Artikel 35.
(1) Die Mitglieder des Bundesrates und ihre Ersatzmitglieder werden von den Landtagen für die Dauer ihrer Gesetzgebungsperiode nach dem Grundsatz der Verhältniswahl gewählt, jedoch muss wenigstens ein Mandat der Partei zufallen, die die zweithöchste Anzahl von Sitzen im Landtag oder, wenn mehrere Parteien die gleiche Anzahl von Sitzen haben, die zweithöchste Zahl von Wählerstimmen bei der letzten Landtagswahl aufweist. Bei gleichen Ansprüchen mehrerer Parteien entscheidet das Los.
(2) Die Mitglieder des Bundesrates müssen nicht dem Landtag angehören, der sie entsendet; sie müssen jedoch zu diesem Landtag wählbar sein.
(3) Nach Ablauf der Gesetzgebungsperiode eines Landtages oder nach seiner Auflösung bleiben die von ihm entsendeten Mitglieder des Bundesrates so lange in Funktion, bis der
neue Landtag die Wahl in den Bundesrat vorgenommen hat.
(4) Die Bestimmungen der Art. 34 und 35 können nur abgeändert werden, wenn im Bundesrat - abgesehen von der für seine Beschlussfassung überhaupt erforderlichen Stimmenmehrheit - die Mehrheit der Vertreter von wenigstens vier Ländern

die Änderung angenommen hat.
제35조
(1) 입법 기간 동안 활동할 연방의회의 의원과 그 예비 의원은 연방의회에 의해 비례선거의 원칙에 따라 선출된다. 그러나 그 경우 적어도 주의회에서 두 번째로 많은 의석을 보유하거나 여러 정당이 같은 의석을 보유한 경우에는 최근 의회 선거에서 두 번째로 많은 득표수를 얻는 정당에 적어도 한 의석이 배정되어야 한다. 여러 정당이 같은 요구를 할 경우에는 추첨으로 결정한다.
(2) 연방의회의 의원은 자신을 파견한 주의회에 소속해서는 아니 된다. 그러나 연방의회 의원은 주의회의 피선거권이 있어야 한다.
(3) 주의회의 입법 기간이 끝난 후이거나 해산한 후에는 주에 의해 파견된 연방의회의 의원은 새로운 주의회가 연방의회 선거를 실시할 때까지 계속 근무한다.
(4) 제34조 및 제35조의 규정은 연방의회에서의 의결을 위해 일반적으로 요구되는 다수결을 제외하고 적어도 4개 주 이상 대표자의 과반수 의원이 개정안을 수용하는 경우에만 개정될 수 있다.

Artikel 36.
(1) Im Vorsitz des Bundesrates wechseln die Länder halbjährlich in alphabetischer
Reihenfolge.
(2) Als Vorsitzender fungiert der an erster Stelle entsendete Vertreter des zum Vorsitz berufenen Landes, dessen Mandat auf jene Partei zu entfallen hat, die die höchste Anzahl von Sitzen im Landtag oder, wenn mehrere Parteien die gleiche Anzahl von Sitzen haben, die höchste Zahl

von Wählerstimmen bei der letzten Landtagswahl aufweist; bei gleichen Ansprüchen mehrerer Parteien entscheidet das Los. Der Landtag kann jedoch beschließen, dass der Vorsitz von einem anderen Vertreter des Landes geführt werden soll, dessen Mandat im Bundesrat auf diese Partei entfällt; ein solcher Beschluss bedarf jedenfalls der Zustimmung der Mehrheit jener Mitglieder des Landtages, deren Mandate im Landtag auf diese Partei entfallen. Die Bestellung der Stellvertreter des Vorsitzenden wird durch die Geschäftsordnung des Bundesrates geregelt. Der Vorsitzende führt den Titel „Präsident des Bundesrates", seine Stellvertreter führen den Titel „Vizepräsident des Bundesrates".

(3) Der Bundesrat wird von seinem Vorsitzenden an den Sitz des Nationalrates einberufen. Der Vorsitzende ist verpflichtet, den Bundesrat sofort einzuberufen, wenn wenigstens ein Viertel seiner Mitglieder oder die Bundesregierung es verlangt.

(4) Die Landeshauptmänner sind berechtigt, an allen Verhandlungen des Bundesrates teilzunehmen. Sie haben nach den näheren Bestimmungen der Geschäftsordnung des Bundesrates das Recht, auf ihr Verlangen jedes Mal zu Angelegenheiten ihres Landes gehört zu werden.

제36조

(1) 연방의회의 의장은 주마다 돌아가면서 반년씩 알파벳순으로 맡는다.

(2) 의장을 맡을 주의 1순위로 파견된 대표자가 의장을 맡으며, 그의 의석은 주의회에서 가장 많은 의석을 보유하거나 여러 정당이 같은 의석수를 보유한 경우에는 최근 주의회 선거에서 최다 득표를 한 정당에 돌아가야 한다. 그러나 주의회는 의장이 주의 다른 대표에 의해 수행되고 연방의회에서의 의석이 그 정당으로 돌아가도록 의결할 수 있다. 이 의결은 어느 경우에나 주의회의 의원 중 의석을 주의회에서 그 정당에 주어야 하는 의원의 과반수의 동의를 필요로 한다. 의장 대리의 임명은 연방의회의 업무규정에 의해 규정된다. 의장은 "연방의회 의장"이라는 칭호를 가지며 그의 대리인은 "연방의회 부의장"이라는 칭호를 가진다.

(3) 연방의회는 그 의장에 의해 국민의회의 소재지로 소집된다. 의장은 재적의원 4분의 1 이상이나 연방정부가 요구하면 즉시 연방의회를 소집할 의무가 있다.

(4) 주지사는 연방의회의 모든 협상에 참여할 권한이 있다. 주지사는 연방의회의 업무규정의 상세규정에 따라 해당 주의 사항에 대해서 언제나 요청하여 청문할 권리를 가진다.

Artikel 37.

(1) Zu einem Beschluss des Bundesrates ist, soweit in diesem Gesetz nicht anders bestimmt ist oder in der Geschäftsordnung des Bundesrates für einzelne Angelegenheiten nicht anders festgelegt ist, die Anwesenheit von mindestens einem Drittel der Mitglieder und die unbedingte

Mehrheit der abgegebenen Stimmen erforderlich. (2) Der Bundesrat gibt sich seine Geschäftsordnung durch Beschluss. Dieser Beschluss kann nur bei Anwesenheit der Hälfte der Mitglieder mit einer Mehrheit von mindestens zwei Dritteln der abgegebenen Stimmen gefasst werden. In der Geschäftsordnung können auch über den inneren Bereich des Bundesrates hinauswirkende Bestimmungen getroffen werden, sofern dies für die Regelung der Geschäftsbehandlung im Bundesrat erforderlich ist. Der Geschäftsordnung kommt die Wirkung eines Bundesgesetzes zu; sie ist durch den Bundeskanzler im Bundesgesetzblatt kundzumachen.
(3) Die Sitzungen des Bundesrates sind öffentlich. Die Öffentlichkeit kann jedoch gemäß den Bestimmungen der Geschäftsordnung durch Beschluss aufgehoben werden. Die Bestimmungen des Art. 33 gelten auch für öffentliche Sitzungen des Bundesrates und seiner Ausschüsse.
제37조
(1) 연방의회의 결정에는 이 법률에서 달리 규정되지 않거나 개별 사항에 대한 연방의회 업무규정에서 달리 규정되지 않는 한, 최소한 재적의원 3분의 1의 출석과 투표수의 절대다수의 찬성이 필요하다.
(2) 연방의회는 의결을 통해 업무규정을 제정한다. 이 결정은 최소한 재적의원 과반수의 출석과 투표수 3분의 2의 찬성으로 확정될 수 있다. 업무규정에는 연방의회의 업무처리의 규정을 위해 필요한 경우 연방의회의 내부 영역을 넘어서는 규정에 대해서도 규정될 수 있다. 업무규정에는 연방법률의 효력이 부여된다. 그것은 연방총리에 의해 연방법률관보에 공포된다.
(3) 연방의회의 회의는 공개한다. 그러나 공개성은 업무규정에 따라 의결을 통해 폐지될 수 있다. 제33조의 규정은 연방의회와 그 위원회의 공개회의에도 적용된다.

C. Bundesversammlung
제C절 연방총회

Artikel 38.
Der Nationalrat und der Bundesrat treten als Bundesversammlung in gemeinsamer öffentlicher Sitzung zur Angelobung des Bundespräsidenten, ferner zur Beschlussfassung über eine Kriegserklärung am Sitz des Nationalrates zusammen.
제38조
국민의회와 연방의회는 연방대통령의 서약을 위한 공동 공개회의를 할 때와 국민의회의 소재지에서 전쟁선포에 관한 의결을 할 때 연방총회를 개최한다.

Artikel 39.
(1) Die Bundesversammlung wird - abgesehen von den Fällen des Art. 60 Abs. 6, des Art. 63 Abs. 2, des Art. 64 Abs. 4 und des Art. 68 Abs. 2 - vom Bundespräsidenten einberufen. Der Vorsitz wird abwechselnd vom Präsidenten des Nationalrates und vom Vorsitzenden des Bundesrates, das erste Mal von jenem, geführt.
(2) In der Bundesversammlung

wird das Bundesgesetz über die Geschäftsordnung des Nationalrates sinngemäß angewendet.
(3) Die Bestimmungen des Art. 33 gelten auch für die Sitzungen der Bundesversammlung.

제39조
(1) 연방총회는 - 제60조 제6항, 제63조 제2항, 제64조 제4항 및 제68조 제2항의 경우를 제외하면 - 연방대통령에 의해서 소집된다. 의장은 국민의회의 의장과 연방의회의 의장이 교대로 맡으며, 첫 번째는 국민의회 의장이 맡는다.
(2) 연방총회에서는 국민의회의 업무규정에 관한 연방법률을 준용한다.
(3) 제33조의 규정은 연방총회의 회의에도 적용된다.

Artikel 40.
(1) Die Beschlüsse der Bundesversammlung werden von ihrem Vorsitzenden beurkundet und vom Bundeskanzler gegengezeichnet.
(2) Die Beschlüsse der Bundesversammlung über eine Kriegserklärung sind vom Bundeskanzler amtlich kundzumachen.

제40조
(1) 연방총회의 의결은 의장에 의해서 서명되고 연방총리에 의해서 부서된다.
(2) 전쟁 선포에 관한 연방총회의 의결은 연방총리에 의해 공식적으로 공표되어야 한다.

D. Der Weg der Bundesgesetzgebung

제D절 연방의 입법 방법

Artikel 41.
(1) Gesetzesvorschläge gelangen an den Nationalrat als Anträge seiner Mitglieder, des Bundesrates oder eines Drittels der Mitglieder des Bundesrates sowie als Vorlagen der Bundesregierung.
(2) Jedes von 100 000 Stimmberechtigten oder von je einem Sechstel der Stimmberechtigten dreier Länder unterstützte Volksbegehren ist von der Bundeswahlbehörde dem Nationalrat zur Behandlung vorzulegen. Stimmberechtigt ist, wer am letzten Tag des Eintragungszeitraums das Wahlrecht zum Nationalrat besitzt. Das Volksbegehren muss eine durch Bundesgesetz zu regelnde Angelegenheit betreffen und kann in Form eines Gesetzesantrages gestellt werden. Bundesgesetzlich kann eine elektronische Unterstützung eines Volksbegehrens durch die Stimmberechtigten vorgesehen werden, wobei zu gewährleisten ist, dass sie nur persönlich und nur einmal erfolgt.
(3) Die näheren Bestimmungen über das Verfahren für das Volksbegehren werden durch Bundesgesetz getroffen.

제41조
(1) 입법 제안은 국민의회 의원, 연방의회, 연방의회 의원 3분의 1의 발의안과 연방정부의 법률안으로 국민의회에 제출된다.
(2) 10만 명의 유권자나 3개 주 유권자의 각

6분의 1이 지지하는 국민발안은 연방선거관청에 의하여 국민의회에 제출되어 심의되어야 한다. 등록 마지막 날에 국민의회 선거권자는 표결권이 있다. 국민발안은 연방법률에 따라 규정되어야 하는 사항과 관련되며 입법 제안 형태로 제기될 수 있다. 유권자에 의한 국민발안을 전자방식으로 지원하도록 연방법률로 정할 수 있다. 이 경우 그와 같은 전자상의 지원은 개인적이고, 한 차례만 실시되도록 하여야 한다.
(3) 국민발안 절차에 대한 상세 규정은 연방법률로 정한다.

Artikel 42.
(1) Jeder Gesetzesbeschluss des Nationalrates ist unverzüglich von dessen Präsidenten dem Bundesrat zu übermitteln.
(2) Ein Gesetzesbeschluss kann, soweit nicht verfassungsgesetzlich anderes bestimmt ist, nur dann beurkundet und kundgemacht werden, wenn der Bundesrat gegen diesen Beschluss keinen mit Gründen versehenen Einspruch erhoben hat.
(3) Dieser Einspruch muss dem Nationalrat binnen acht Wochen nach Einlangen des Gesetzesbeschlusses beim Bundesrat von dessen Vorsitzenden schriftlich übermittelt werden; er ist dem Bundeskanzler zur Kenntnis zu bringen.
(4) Wiederholt der Nationalrat seinen ursprünglichen Beschluss bei Anwesenheit von mindestens der Hälfte der Mitglieder, so ist dieser zu beurkunden und kundzumachen. Beschließt der Bundesrat, keinen

Einspruch zu erheben, oder wird innerhalb der im Abs. 3 festgesetzten Frist kein mit Begründung versehener Einspruch erhoben, so ist der Gesetzesbeschluss zu beurkunden und kundzumachen.
(5) 생략
제42조
(1) 국민의회의 모든 법률안 의결은 지체없이 그 의장에 의해 연방의회에 통지되어야 한다.
(2) 법률안 의결은 헌법에 의해 달리 규정되지 않는 한, 연방의회가 의결에 대해 이의서를 첨부하여 이의를 제기하지 않을 때만 서명되고 공포될 수 있다.
(3) 이 이의는 연방의회에 법률의결안이 제출된 후 8주 이내에 연방의회 의장에 의해 국민의회에 서면으로 전달되어야 한다. 그 이의는 연방총리에게 통보되어야 한다.
(4) 국민의회가 재적의원 과반수의 출석으로 재의결하면 법률의결안은 승인되고 공포되어야 한다. 연방의회가 이의를 제기하지 않기로 의결하거나 제3항에 규정된 기간 내에 이의서를 첨부하여 이의를 제기하지 않으면 법률의결안은 서명되고 공포되어야 한다.
(5) 생략

제43-46조 생략

Artikel 47.
(1) Das verfassungsmäßige Zustandekommen der Bundesgesetze wird durch den Bundespräsidenten beurkundet.
(2) Die Vorlage zur Beurkundung erfolgt durch den Bundeskanzler.
(3) Die Beurkundung ist vom

Bundeskanzler gegenzuzeichnen.
제47조
(1) 합헌적으로 이루어진 연방법률은 연방대통령에 의해 서명된다.
(2) 서명을 위한 제출은 연방총리가 한다.
(3) 서명에는 연방총리의 부서가 있어야 한다.

제48조 생략

Artikel 49.
(1) Die Bundesgesetze sind vom Bundeskanzler im Bundesgesetzblatt kundzumachen. Soweit nicht ausdrücklich anderes bestimmt ist, treten sie mit Ablauf des Tages ihrer Kundmachung in Kraft und gelten für das gesamte Bundesgebiet.

제49조
(1) 연방법률은 연방총리에 의해 연방법률관보에 공포되어야 한다. 법률은 명시적으로 달리 규정되지 않는 한 공포일이 지나면 발효되며 전 연방 영역에 적용된다.
(2), (3), (4) 생략.

제49a조와 제50-59조 생략

■
Drittes Hauptstück Vollziehung des Bundes
제3장 연방의 집행

A. Verwaltung
제A절 행정

1. Bundespräsident
제1관 연방대통령

Artikel 60.
(1) Der Bundespräsident wird vom Bundesvolk auf Grund des gleichen, unmittelbaren, persönlichen, freien und geheimen Wahlrechtes der zum Nationalrat wahlberechtigten Männer und Frauen gewählt; stellt sich nur ein Wahlwerber der Wahl, so ist die Wahl in
Form einer Abstimmung durchzuführen. Art. 26 Abs. 5 bis 7 ist sinngemäß anzuwenden.
(2) Gewählt ist, wer mehr als die Hälfte aller gültigen Stimmen für sich hat. Ergibt sich keine solche Mehrheit, so findet ein zweiter Wahlgang statt. Bei diesem können gültigerweise nur für einen der beiden Wahlwerber, die im ersten Wahlgang die meisten Stimmen erhalten
haben, Stimmen abgegeben werden.
(3) Zum Bundespräsidenten kann nur gewählt werden, wer zum Nationalrat wählbar ist und am Wahltag das 35. Lebensjahr vollendet hat.
(4) Das Ergebnis der Wahl des Bundespräsidenten ist vom Bundeskanzler amtlich kundzumachen.
(5) Das Amt des Bundespräsidenten dauert sechs Jahre. Eine Wiederwahl für die unmittelbar folgende Funktionsperiode ist nur einmal zulässig.
(6) Vor Ablauf der Funktionsperiode kann der Bundespräsident durch Volksabstimmung abgesetzt

werden. Die Volksabstimmung ist durchzuführen, wenn die Bundesversammlung es verlangt. Die Bundesversammlung ist zu diesem Zweck vom Bundeskanzler einzuberufen, wenn der Nationalrat einen solchen Antrag beschlossen hat. Zum Beschluss des Nationalrates ist die Anwesenheit von mindestens der Hälfte der Mitglieder und eine Mehrheit von zwei Dritteln der abgegebenen Stimmen erforderlich. Durch einen derartigen Beschluss des Nationalrates ist der Bundespräsident an der ferneren Ausübung seines Amtes verhindert. Die Ablehnung der Absetzung durch die Volksabstimmung gilt als neue Wahl und
hat die Auflösung des Nationalrates (Art. 29 Abs. 1) zur Folge. Auch in diesem Fall darf die gesamte Funktionsperiode des Bundespräsidenten nicht mehr als zwölf Jahre dauern.

제60조
(1) 연방대통령은 국민의회 선거권을 가진 남성과 여성의 평등, 직접, 개인적, 자유 및 비밀 선거권을 통해 연방국민이 선출한다. 단 단독 후보인 경우 선거는 표결의 형태로 이루어져야 한다. 제26조 제5항부터 제7항까지를 준용한다.
(2) 유효투표의 과반수를 얻은 후보는 선출된다. 그러한 과반수가 나오지 않으면 두 번째 선거가 이루어진다. 두 번째 선거에서는 첫 번째 선거에서 최다득표를 한 2명 중 1명에게 투표를 해야 유효하다.
(3) 국민의회에 대한 선거권이 있고 선거일

에 만 35세가 된 사람만이 대통령에 선출될 수 있다.
(4) 연방대통령 선거의 결과는 연방총리에 의해 공식적으로 공표되어야 한다.
(5) 연방대통령 임기는 6년이다. 연임은 한 번만 허용된다.
(6) 임기 만료 전에 연방대통령은 국민투표에 의해 파면될 수 있다. 국민투표는 연방총회가 요구하면 실시된다. 연방총회는 국민의회가 그러한 신청을 의결하면 이 목적을 위해서 연방총리에 의해서 소집되어야 한다. 국민의회의 의결을 위해서는 최소한 재적의원 과반수의 출석과 투표수의 3분의 2 이상의 찬성이 필요하다. 국민의회가 의결하면 연방대통령은 더 이상 그 직을 수행하지 못한다. 국민투표에 의해 파면을 거부하는 것은 새로운 선거로서의 효력이 있고 국민의회의 해산(제29조 제1항)으로 이어진다. 이 경우에도 연방대통령의 전체 임기는 12년을 넘을 수 없다.

제61-64조(대통령 겸직 불허 조항, 대통령 소추, 대통령 유고 조항) 생략.

Artikel 65.
(1) Der Bundesprasident vertritt die Republik nach außen, empfangt und beglaubigt die Gesandten, genehmigt die Bestellung der fremden Konsuln, bestellt die konsularischen Vertreter der Republik im Ausland und schließt die Staatsvertrage ab. Er kann anlasslich des Abschlusses eines nicht unter Art. 50 fallenden Staatsvertrages oder eines Staatsvertrages gemaß Art. 16 Abs. 1, der weder gesetzandernd noch gesetzesergänzend ist, anordnen, dass dieser Staatsvertrag

durch Erlassung von Verordnungen zu erfullen ist.

(2) Weiter stehen ihm - außer den ihm nach anderen Bestimmungen dieser Verfassung ubertragenen Befugnissen - zu:

a) die Ernennung der Bundesbeamten, einschließlich der Offiziere, und der sonstigen Bundesfunktionare, die Verleihung von Amtstiteln an solche;

b) die Schaffung und Verleihung von Berufstiteln;

c) fur Einzelfalle: die Begnadigung der von den Gerichten rechtskraftig Verurteilten, die Milderung und Umwandlung der von den Gerichten ausgesprochenen Strafen, die Nachsicht von Rechtsfolgen und die Tilgung von Verurteilungen im Gnadenweg, ferner die Niederschlagung des strafgerichtlichen Verfahrens bei den von Amts wegen zu verfolgenden strafbaren Handlungen;

d) die Erklarung unehelicher Kinder zu ehelichen auf Ansuchen der Eltern.

(3) Inwieweit dem Bundesprasidenten außerdem noch Befugnisse hinsichtlich Gewahrung von Ehrenrechten, außerordentlichen Zuwendungen, Zulagen und Versorgungsgenussen, Ernennungs- oder Bestatigungsrechten und sonstigen Befugnissen in Personalangelegenheiten

zustehen, bestimmen besondere Gesetze.

제65조

(1) 연방대통령은 대외적으로 공화국을 대표하고, 외교사절을 영접하고 승인하며, 외국 영사의 임명을 수락하고, 외국에서 공화국을 대표할 영사를 임명하며, 국가 조약을 체결한다. 연방대통령은 제50조에 해당하지 않는 국가 조약이나 제16조 제1항에 따른 국가 조약을 체결할 때 그 국가 조약이 법률을 개정하거나 보충하는 것이 아니면 그 국가 조약이 명령의 제정을 통해 시행되도록 명할 수 있다.

(2) 나아가 연방대통령에게는 - 이 헌법의 다른 규정에 의해 그에게 이관된 권한 이외에 - 다음과 같은 권한이 있다.

a) 장교를 포함한 연방 관리, 그 외의 연방 근무자의 임명, 그러한 사람에 대한 직책 부여

b) 직책의 설정과 부여

c) 개별적인 경우에 있어서, 법원의 확정 판결을 받은 사람의 사면, 법원에 의해 선고된 형의 감경 또는 변경, 사면 단계에서 형 집행의 유예와 유죄판결의 파기 및 직권으로 소추되어야 하는 가벌 행위에 대한 형사소송절차의 중지

d) 부모의 신청에 따라 혼외자를 혼인 중의 자로 선언

(3) 그 외에 친권, 특별 기부금, 수당 및 양육 수당의 승인과 관련한 임명권이나 인가권 및 인사에 관한 그 밖의 권한이 연방대통령에게 어느 정도 속하는지는 특별법으로 정한다.

Artikel 66.

(1) Der Bundesprasident kann das ihm zustehende Recht der Ernennung von Bundesbeamten bestimmter

Kategorien den zuständigen Mitgliedern der Bundesregierung übertragen und sie ermächtigen, ihrerseits diese Befugnis für bestimmte Kategorien von Bundesbeamten an ihnen nachgeordnete Organe weiter zu übertragen.

(2) Der Bundespräsident kann zum Abschluss bestimmter Kategorien von Staatsverträgen, die weder unter Art. 16 Abs. 1 noch unter Art. 50 fallen, die Bundesregierung oder die zuständigen Mitglieder der Bundesregierung ermächtigen; eine solche Ermächtigung erstreckt sich auch auf die Befugnis zur Anordnung, dass diese Staatsverträge durch Erlassung von Verordnungen zu erfüllen sind.

(3) Der Bundespräsident kann zum Abschluss von Staatsverträgen nach Art. 16 Abs. 1, die weder gesetzändernd noch gesetzesergänzend sind, auf Vorschlag der Landesregierung und mit Gegenzeichnung des Landeshauptmannes die Landesregierung ermächtigen; eine solche Ermächtigung erstreckt sich auch auf die Befugnis zur Anordnung, dass dieser Staatsvertrag durch Erlassung von Verordnungen zu erfüllen ist.

제66조
(1) 연방대통령은 연방정부의 관할 구성원에게 그에게 부여된 연방 공무원의 임명권을 일정한 범위 내에서 위임하고 일정한 범위의 연방 관리에 대한 임명권을 다시 그들의 하위 기관에 위임할 권리를 부여할 수 있다.
(2) 연방대통령은 연방정부나 연방정부의 관할 구성원에게 제16조제1항이나 제50조에 해당되지 않는 일정한 범위의 국가 조약의 체결을 위임할 수 있다. 그러한 위임은 이러한 국가 조약이 명령의 제정에 의해 이행되어야 한다는 명령에 대한 권한까지도 포함한다.
(3) 연방대통령은 주정부의 제안과 주지사의 부서에 의해 주정부에 법률을 개정하거나 보충하지 않는 제16조 제1항에 따른 국가 조약의 체결을 위임할 수 있다. 그러한 위임은 이러한 조약이 명령의 제정에 의해 이행되어야 한다는 명령에 대한 권한까지도 포함한다.

Artikel 67.
(1) Alle Akte des Bundespräsidenten erfolgen, soweit nicht verfassungsmäßig anderes bestimmt ist, auf Vorschlag der Bundesregierung oder des von ihr ermächtigten Bundesministers. Inwieweit die Bundesregierung oder der zuständige Bundesminister hiebei selbst an Vorschläge anderer Stellen gebunden ist, bestimmt das Gesetz.
(2) Alle Akte des Bundespräsidenten bedürfen, soweit nicht verfassungsgesetzlich anderes bestimmt ist, zu ihrer Gültigkeit der Gegenzeichnung des Bundeskanzlers oder der zuständigen Bundesminister.

제67조
(1) 연방대통령의 모든 행위는 헌법에 달리 규정되지 않는 한, 연방정부나 연방정부에 의해 위임받은 연방장관의 제청에 따라 행

하여진다. 이 경우 연방정부나 관할 연방장관이 다른 기관의 제청에 얼마나 구속되는지에 대해서는 법률로 정한다.
(2) 연방대통령의 모든 행위는 헌법에 의해 달리 규정되지 않는 한, 연방총리나 관할 연방장관의 부서가 있어야 유효하다.

Artikel 67a.
(1) Zur Unterstützung des Bundespräsidenten bei der Besorgung seiner Amtsgeschäfte ist die Präsidentschaftskanzlei berufen, die dem Bundespräsidenten untersteht. Das Nähere über den Geschäftsgang in der Präsidentschaftskanzlei kann durch eine vom Bundespräsidenten zu erlassende Geschäftsordnung geregelt werden.
(2) Art. 67 gilt nicht für die Erlassung der Geschäftsordnung der Präsidentschaftskanzlei, für die Ernennung von Bediensteten der Präsidentschaftskanzlei und die Verleihung von Amtstiteln an diese sowie für Akte des Bundespräsidenten in Ausübung der Diensthoheit diesen gegenüber.

제67a조
(1) 연방대통령의 직무 처리를 지원하기 위해 연방대통령 소속의 대통령사무처가 설치된다. 대통령사무처의 업무 과정에 대한 상세한 사항은 대통령이 제정하는 업무규정으로 정할 수 있다.
(2) 제67조는 연방대통령사무처 업무규정의 제정, 연방대통령사무처 직원의 임명과 이 직원에 대한 직책 부여 및 이들에 대한 고용자 권한의 행사와 같은 연방대통령의 행위에 대해서는 적용되지 아니한다.

Artikel 68.
(1) Der Bundespräsident ist für die Ausübung seiner Funktionen der Bundesversammlung gemäß Art. 142 verantwortlich.
(2) Zur Geltendmachung dieser Verantwortung ist die Bundesversammlung auf Beschluss des Nationalrates oder des Bundesrates vom Bundeskanzler einzuberufen.
(3) Zu einem Beschluss, mit dem eine Anklage im Sinne des Art. 142 erhoben wird, bedarf es der Anwesenheit von mehr als der Hälfte der Mitglieder jedes der beiden Vertretungskörper und einer Mehrheit von zwei Dritteln der abgegebenen Stimmen.
(4) Auf das Verfahren gemäß Art. 141 Abs. 1 lit. d sind die Abs. 2 und 3 sinngemäß anzuwenden.

제68조
(1) 연방대통령은 자신의 직무 수행에 관해 제142조에 따라 연방총회에 대해 책임을 진다.
(2) 이러한 책임의 행사를 위해 국민의회 또는 연방의회의 의결에 따라 연방총리에 의해 연방총회가 소집되어야 한다.
(3) 제142조에 따른 기소를 위한 의결에 대해서는 양 대의기관 재적의원 과반수 출석과 투표수 3분의 2 이상의 찬성이 필요하다.
(4) 제141조 제1항d목에 따른 절차에 대해서는 제2항 및 제3항을 준용한다.

2. Bundesregierung
제2관 연방정부

Artikel 69.
(1) Mit den obersten Verwaltungsgeschäften des Bundes sind, soweit diese nicht dem Bundespräsidenten übertragen sind, der Bundeskanzler, der Vizekanzler und die übrigen Bundesminister betraut. Sie bilden in ihrer Gesamtheit die Bundesregierung unter dem Vorsitz des Bundeskanzlers.
(2) Der Vizekanzler ist zur Vertretung des Bundeskanzlers in dessen gesamtem Wirkungsbereich berufen. Sind der Bundeskanzler und der Vizekanzler gleichzeitig verhindert, so wird der Bundeskanzler durch das dienstälteste, bei gleichem Dienstalter durch das an Jahren älteste, nicht verhinderte Mitglied der Bundesregierung vertreten.
(3) Die Bundesregierung fasst ihre Beschlüsse einstimmig. Eine Beschlussfassung im Umlaufweg ist zulässig. Tritt die Bundesregierung in persönlicher Anwesenheit ihrer Mitglieder zusammen, ist sie beschlussfähig, wenn mehr als die Hälfte ihrer Mitglieder anwesend ist.

제69조
(1) 연방의 최고 행정사무가 연방대통령에게 이전된 경우가 아니라면, 이는 연방총리, 부총리 및 그 외의 연방장관에게 위임되어 있다. 이들은 연방총리를 의장으로 하는 연방정부를 구성한다.
(2) 부총리는 연방총리의 전체 활동 영역 내에서 연방총리를 대리하기 위하여 임명된다. 연방총리와 부총리가 동시에 직무 수행이 불가능한 경우 연방총리는 연방정부의 최장 근무자에 의해, 근무연수가 동일한 경우 최고 연장자에 의해 대리된다.
(3) 연방정부는 만장일치로 결정을 내린다. 침묵 절차 내의 의결은 허용된다. 구성원의 참석 하에 연방정부가 소집되는 경우 구성원의 절반 이상이 참석한다면 의결정족수가 채워진다.

Artikel 70.
(1) Der Bundeskanzler und auf seinen Vorschlag die übrigen Mitglieder der Bundesregierung werden vom Bundespräsidenten ernannt. Zur Entlassung des Bundeskanzlers oder der gesamten Bundesregierung ist ein Vorschlag nicht erforderlich; die Entlassung einzelner Mitglieder der Bundesregierung erfolgt auf Vorschlag des Bundeskanzlers. Die Gegenzeichnung erfolgt, wenn es sich um die Ernennung des Bundeskanzlers oder der gesamten Bundesregierung handelt, durch den neubestellten Bundeskanzler; die Entlassung bedarf keiner Gegenzeichnung.
(2) Die Mitglieder der Bundesregierung müssen nicht dem Nationalrat angehören, aber zum Nationalrat wählbar sein.
(3) Wird vom Bundespräsidenten eine neue Bundesregierung zu einer Zeit bestellt, in welcher der Nationalrat nicht tagt, so hat er den Nationalrat zum Zweck der Vorstellung der neuen Bundesregierung zu einer außerordentlichen Tagung (Art. 28

Abs. 2) einzuberufen, und zwar so, dass der Nationalrat binnen einer Woche zusammentritt.

제70조
(1) 연방대통령은 연방총리를, 그리고 연방총리의 제청으로 기타 연방정부 구성원을 임명한다. 연방총리 또는 연방정부 전체를 면직하는 경우에는 제청을 필요로 하지 아니한다. 연방정부 개별 구성원의 면직은 연방총리의 제청으로 이루어진다. 연방총리 또는 연방정부 전체를 임명할 경우에는 신임 연방총리가 부서한다. 면직 시에는 부서가 필요 없다.
(2) 연방정부의 구성원은 국민의회에 소속되어서는 안 되지만, 국민의회 피선거권이 있어야 한다.
(3) 새 연방정부가 연방대통령에 의해 국민의회의 비회기 중에 임명되면, 연방대통령은 새 연방정부를 소개할 목적으로 임시회(제28조 제2항)를 소집해야 하고, 이 경우 국민의회는 일주일 이내에 회의를 갖도록 한다.

Artikel 71.
Ist die Bundesregierung aus dem Amt geschieden, hat der Bundespräsident bis zur Bildung der neuen Bundesregierung Mitglieder der scheidenden Bundesregierung mit der Fortführung der Verwaltung und einen von ihnen mit dem Vorsitz in der einstweiligen Bundesregierung zu betrauen. Mit der Fortführung der Verwaltung kann auch ein dem ausgeschiedenen Bundesminister beigegebener Staatssekretär oder ein leitender Beamter des betreffenden Bundesministeriums betraut werden.

Diese Bestimmung gilt sinngemäß, wenn einzelne Mitglieder aus der Bundesregierung ausgeschieden sind. Der mit der Fortführung der Verwaltung Beauftragte trägt die gleiche Verantwortung wie ein Bundesminister (Art. 76).

제71조
연방정부가 사임하면 연방대통령은 새 연방정부가 구성될 때까지 사임한 연방정부의 구성원에게 행정의 계속적 수행을, 그리고 그들 중의 1명에게는 잠정적인 연방정부의 의장을 위임하여야 한다. 행정의 계속적 수행은 사임한 연방장관을 보좌하는 차관이나 해당 연방정부의 고위공무원에게 위임될 수도 있다. 이러한 규정은 개별 구성원이 연방정부로부터 물러날 때 준용된다. 행정의 계속적 수행을 위임받은 자는 연방장관과 같은 책임을 진다(제76조).

Artikel 72.
(1) Die Mitglieder der Bundesregierung werden vor Antritt ihres Amtes vom Bundespräsidenten angelobt. Die Beifügung einer religiösen Beteuerung ist zulässig.
(2) Die Bestallungsurkunden des Bundeskanzlers, des Vizekanzlers und der übrigen Bundesminister werden vom Bundespräsidenten mit dem Tag der Angelobung ausgefertigt und vom neubestellten Bundeskanzler gegengezeichnet.
(3) Diese Bestimmungen sind auch auf die Fälle des Art. 71 sinngemäß anzuwenden.

제72조
(1) 연방정부의 구성원은 그 직에 취임하기

에 앞서 연방대통령에게 선서를 한다. 종교적인 선서의 부가는 허용된다.
(2) 연방총리, 부총리 및 그 외의 연방장관의 임명 서류는 선서 당일에 연방대통령에 의해 서명되고 새로 임명된 연방총리에 의해 부서 된다.
(3) 이 규정은 제71조의 경우에도 준용된다.

제73-152조 및 부록 생략.

3.4. 핀란드헌법(국역문 + 영역문)

[해설]

　핀란드 대통령의 지위와 권한 및 대통령 선출에 관한 규정은 핀란드헌법 제3조, 제26조, 제33조, 제54-58조, 제61조(대통령의 총리 임명), 제64조(대통령의 장관 해임권), 제69조(대통령의 법무장관·차관임명권), 제77-78조(법률안 거부권), 제80조(대통령의 명령권), 제93조(외교·전쟁), 제102조(종시판사 임명권), 제104조(검찰총장 임명권), 제105조(대통령의 사면권), 제113조(대통령 탄핵), 제126조(대통령비서실장 및 외교사절의 장 임명권), 제126조(대통령의 군 통수권 및 군 장교 임사권), 제129조(군 동원령 발동권) 등에 흩어져 있다.

핀란드헌법
(핀란드어: Suomen perustuslaki)

핀란드 헌법 1999년 6월 11일
(2018. 10. 5 개정)

■
제1장 총강

제1조 (헌법)
(1) 핀란드는 독립 공화국이다.
(2) 핀란드 헌법은 이 법률에 규정되어 있다. 헌법은 인간 존엄의 불가침성과 개인의 자유와 권리를 보장하고 사회정의를 촉진한다.
(3) 핀란드는 평화와 인권의 보호 및 사회 발전을 위해 국제 협력에 동참한다. 핀란드는 유럽연합의 회원국이다.

제2조 (민주주의와 법치주의)
(1) 핀란드의 주권은 의회에 의해 대표되는 국민에게 있다.
(2) 민주주의는 개인이 사회 발전과 본인의 생활 조건 개선에 참여하고 영향을 줄 권리를 포함한다.
(3) 공권력 행사는 법률에 근거한다. 모든 공적 활동에서 법률은 엄격히 준수되어야 한다.

제3조 (의회주의와 권력분립)
(1) 입법권은 의회가 행사하고 의회는 국가 재정에 관한 결정권도 갖는다.
(2) 행정권은 대통령과 정부가 행사하고 정부 구성원은 의회의 신임을 받아야 한다.
(3) 사법권은 독립된 법원이 행사하고, 최

고심은 대법원과 최고행정법원이 맡는다.

제4조 (핀란드의 영토)
핀란드의 영토는 분할할 수 없다. 의회의 동의 없이 국경을 변경할 수 없다.

제5조 (핀란드 국적)
(1) 자녀는 출생 시 부모의 국적에 따라 핀란드 국적을 취득하고 세부 사항은 법률로 정한다. 국적은 법률이 정한 기준에 따라 통지나 신청에 의해 부여될 수도 있다.
(2) 누구도 핀란드 국적을 박탈당하거나 포기할 수 없다. 다만, 법률로 정한 사유에 해당하고 그가 다른 국적을 보유하거나 취득한 경우에는 예외로 한다.

제2장 기본권과 자유

제6조 (평등)
(1) 모든 국민은 법 앞에 평등하다.
(2) 누구도 정당한 이유 없이 성별, 연령, 출신, 언어, 종교, 신념, 의견, 건강, 장애나 그 신상에 관한 기타 이유를 근거로 차별 대우를 받지 않는다.
(3) 어린이는 개인으로서 평등한 대우를 받고, 각자의 발달 단계에 따라 본인과 관련된 문제에 대해 영향을 미칠 수 있다.
(4) 양성평등이 사회활동과 직장 생활, 특히 보수와 기타 고용 조건 결정에 있어서 장려되고 세부 사항은 법률로 정한다.

제7조 (생명, 개인적 자유, 완결성에 관한 권리)
(1) 모든 국민은 생명, 개인적 자유, 완결성, 안전에 관한 권리가 있다.
(2) 누구도 사형 선고나 고문 또는 인간의 존엄성에 위배되는 방식의 대우를 받지 않는다.
(3) 개인의 완결성은 불가침이며 누구도 자의적으로나 법률에 부합하지 않는 한, 자유를 박탈당하지 않는다. 자유를 박탈하는 처벌은 법원에 의해서만 부과될 수 있다. 기타 자유를 박탈하는 사례들의 합법성에 관해서는 법원에 심사를 청구할 수 있다. 자유권이 박탈된 개인의 권리는 법률에 의해 보장된다.

제8조 (형사 사건의 적법 원칙)
누구도 행위 당시의 법률에 의하여 처벌받지 않는 행위로 인해 유죄 판결이나 형사처벌을 받지 않는다. 범죄에 대한 처벌은 범죄 행위 당시의 법률에 규정된 형량보다 무거울 수 없다.

제9조 (이동의 자유)
(1) 핀란드 국민과 핀란드에 합법적으로 거주하는 외국인은 국내에서 자유롭게 이동하고 거주 장소를 선택할 권리가 있다.
(2) 누구나 핀란드를 떠날 권리가 있다. 이 권리에 대한 제한은 법적 절차 보호나 형벌 집행 또는 국방 의무의 이행을 위해서 필요한 경우 법률로써 정할 수 있다.
(3) 핀란드 국민은 본인의 의사에 반해 핀란드 입국을 저지당하거나 핀란드에서 추방되거나 다른 나라로 인도 또는 이송되지 않는다. 단, 형법에 기하거나 법적 절차 목적상 또는 어린이 보육에 관한 결정을 집행하기 위해 핀란드 국민을 인권과 법적 보호가 보장되는 국가로 인도하거나 이송할 수 있도록 법률로 정할 수 있다.
(4) 외국인이 핀란드에 입국하고 국내에 체류할 권리는 법률로 정한다. 외국인이 궁극적으로 사형을 선고받거나 고문, 인간의 존엄성에 위배되는 기타 처우를 받을 위험이

있는 경우에는 다른 나라로 추방, 인도, 송환 당하지 않는다.

제10조 (사생활의 권리)
(1) 모든 국민의 사생활, 명예와 주거의 불가침성이 보장된다. 개인 정보 보호에 관한 세부 사항은 법률로 정한다.
(2) 서신, 전화, 기타 기밀 통신의 비밀은 불가침이다.
(3) 기본권과 자유 보장 또는 범죄 수사 목적을 위하여 주거의 불가침성을 침해하는 조치에 대해서는 법률로 정할 수 있다.
(4) 또한 개인이나 사회 또는 주거의 안전을 위태롭게 하는 범죄의 수사를 위하여 재판과 보안 검사 시 및 자유 박탈 기간 중의 통신 비밀 제한에 관한 규정 역시 법률로 정할 수 있다.

제11조 (종교와 양심의 자유)
(1) 모든 국민은 종교와 양심의 자유를 가진다.
(2) 종교와 양심의 자유에는 신앙을 고백하고 실천할 권리, 본인의 신념을 표현할 권리, 종교단체에 가입하거나 가입하지 않을 권리가 포함된다. 누구도 본인의 양심에 반해 종교 행사에 참가할 의무가 없다.

제12조 (표현의 자유와 정보 접근법)
(1) 모든 국민은 표현의 자유를 가진다. 표현의 자유에는 타인의 사전 제한 없이 정보, 의견, 기타 통신을 표현하고 유포하고 받을 권리가 포함된다. 표현의 자유 행사에 관한 세부 사항은 법률로 정한다. 어린이 보호를 위해 필요한 사진·영상 프로그램에 관한 제한 규정은 법률로 정할 수 있다.
(2) 공공기관이 보유한 문서와 기록은 부득이한 이유로 공개가 법률에 의해 구체적으로 제한되지 않는 한 공개한다. 모든 국민은 공개된 문서와 기록에 접근할 권리가 있다.

제13조 (집회와 결사의 자유)
(1) 모든 국민은 허가 없이 집회와 시위를 계획하고 이에 참가할 권리가 있다.
(2) 모든 국민은 결사의 자유를 가진다. 결사의 자유에는 허가 없이 단체를 결성하고, 단체에 가입하거나 가입하지 않으며, 단체 활동에 참가할 수 있는 권리가 포함된다. 노동조합을 만들 자유와 다른 이익을 도모하기 위해 단결할 자유도 보장된다.
(3) 집회와 결사의 자유 행사에 관한 세부 사항은 법률로 정한다.

제14조 (선거권과 참정권)
(1) 18세가 된 모든 국민은 전국 선거와 국민투표에서 투표할 권리가 있다. 헌법의 구체적 조항으로 전국 선거에서 공직에 출마할 자격을 규율한다.
(2) 18세가 된 모든 국민과 핀란드에 거주하는 모든 유럽연합 국민은 법률이 정하는 바에 따라 유럽의회 선거에서 투표할 권리가 있다.
(3) 18세가 된 모든 국민과 핀란드에 영주하는 모든 외국인은 법률이 정한 바에 따라 지방자치단체 선거와 주민 투표에서 투표할 권리가 있다. 지방정부에 다른 방식으로 참가할 권리에 관해서는 법률로 정한다.
(4) 공공기관은 개인이 사회 활동에 참가하고 본인과 관계되는 결정에 영향을 미칠 기회를 증진한다.

제15조 (재산의 보호)
(1) 모든 국민의 재산은 보호된다.
(2) 공적 필요성에 기한 완전 보상에 의한 재산 수용에 관해서는 법률로 정한다.

제16조 (교육을 받을 권리)
(1) 모든 국민은 무상으로 기본 교육을 받을 권리가 있다. 교육을 받을 의무에 관해서는 법률로 정한다.
(2) 공공기관은 법률이 정한 세부 사항에 따라 모든 사람으로 하여금 본인의 능력과 특별 요구에 따라 다른 교육 서비스를 받을 평등한 기회뿐 아니라 경제적 곤란에 구애받지 않고 자기를 개발할 기회를 보장한다.
(3) 과학과 예술 및 고등교육의 자유도 보장한다.

제17조 (언어와 문화에 관한 권리)
(1) 핀란드의 국어는 핀란드어와 스웨덴어이다.
(2) 모든 국민이 핀란드어나 스웨덴어 중 자국어를 법원과 기타 공공기관에서 사용하고, 그 언어로 된 공식 문서를 받을 권리는 법률로 보장한다. 공공기관은 핀란드어를 쓰는 사람과 스웨덴어를 쓰는 사람의 문화적, 사회적 요구를 평등하게 처리한다.
(3) 원주민인 사미족과 로마족 및 기타 종족은 자국어와 문화를 유지하고 발전시킬 권리가 있다. 사미족이 공공기관에서 사미어를 사용할 권리에 관해서는 법률로 정한다. 수화를 사용하는 사람과 장애로 인해 통역이나 번역 도움이 필요한 사람의 권리는 법률로 보장한다.

제18조 (근로권과 상업 활동에 참가할 자유)
(1) 모든 국민은 법률이 정한 바에 따라, 본인이 선택한 고용, 직업, 상업 활동으로 생계를 이어 나갈 권리가 있다. 공공기관은 노동 인력을 보호할 책임이 있다.
(2) 공공기관은 모든 국민에게 일할 권리를 보장하는 방향으로 고용과 일자리를 촉진한다. 직업훈련을 받을 권리에 관해서는 법률로 정한다.
(3) 누구도 합법적 사유 없이 해고당하지 않는다.

제19조 (사회보장의 권리)
(1) 품위 있는 삶에 필요한 수단을 얻을 수 없는 사람은 필수 생계 지원과 보호를 받을 권리가 있다.
(2) 모든 국민은 실업, 질병, 장애, 노령뿐 아니라 자녀 출산이나 부양자를 잃은 경우 기초 생계에 대한 권리를 법률에 의해 보장받는다.
(3) 공공기관은 법률이 정한 세부 사항에 따라 모든 국민에게 적절한 사회, 보건, 의료 서비스를 보장하고 국민의 건강을 증진한다. 또한 공공기관은 어린이를 양육하는 가정 및 기타 보호자를 지원하여 그들이 어린이의 복지와 개인 발달을 보장할 수 있게 한다.
(4) 공공기관은 모든 국민의 주거 관련 권리와 본인의 주거를 마련할 기회를 확대한다.

제20조 (환경에 대한 책임)
(1) 자연과 그 생물학적 다양성, 환경과 국가 문화유산은 모든 국민의 책임이다.
(2) 공공기관은 모든 국민에게 건강한 환경에 대한 권리와 본인의 생활환경과 관계되는 결정에 영향을 미칠 가능성을 보장하도록 노력한다.

제21조 (법률에 따른 보호)
(1) 모든 국민은 본인에 관한 사건을 관할 법원이나 기타 기관에서 적절하게 그리고 부당한 지체 없이 처리 받고 본인의 권리나 의무에 관한 판결을 법원이나 사법부의 기타 독립된 기관에서 심사받을 권리가 있다.
(2) 절차 공개, 의견이 청취 되어야 할 권리,

정당한 판결을 받을 권리, 상소할 권리뿐 아니라 공정한 재판과 올바른 통치의 기타 보장에 관해서는 법률로 정한다.

제22조 (기본권과 자유의 보호)
공공기관은 기본권과 자유 및 인권의 준수를 보장한다.

제23조 (비상사태 시 기본권과 자유)
(1) 핀란드의 국제적 인권 의무와 조화되며 핀란드에 대한 무력 공격 시 또는 국가에 대한 심각한 위협을 제시하는 법률로 정하는 비상사태 발생 시 필요하다고 간주되는 기본권과 자유에 대한 임시적 예외는 특별한 이유에 대하여 엄격하게 제한된 적용 범위를 조건으로 법률 또는 법률의 위임에 따라 공포되는 정부시행령으로 정할 수 있다. 다만, 임시적 예외의 근거는 법률로 정하여야 한다.
(2) 임시적 예외에 관한 정부 시행령은 지체 없이 의회에 제출하여 심의하도록 하여야 한다. 의회는 그 시행령의 타당성을 결정할 수 있다.

■
제3장 의회 및 의원

제24조 (의회의 구성과 임기)
(1) 의회는 단원제이고 4년의 한 임기로 선출된 의원 200명으로 구성한다.
(2) 의회의 임기는 의회 선거 결과가 확정된 때부터 시작하여 다음 의회 선거가 실시된 때까지 계속된다.

제25조 (의회 선거)
(1) 의원은 직접·비례·비밀 투표로 선출된다. 투표권이 있는 모든 국민은 선거에서 평등한 선거권을 가진다.
(2) 의회 선거 시 전국을 핀란드 국민 수에 따라 최소 12개에서 최대 18개의 선거구로 나눈다. 올란드제도는 독자적 선거구가 되어 의원 1명을 선출한다.
(3) 의회 선거에 후보를 지명할 권리는 등록된 정당과 법률이 정한 바에 따라 투표권자가 모인 단체에 속한다.
(4) 의회 선거의 시기, 후보 지명, 선거 실시 및 선거구에 관한 세부 사항은 법률로 정한다.

제26조 (특별의회 선거)
(1) 대통령은 국무총리의 정당한 제안에 따라 원내 단체의 의견을 들은 후 의회 개회 중에 특별의회 선거의 실시를 명령할 수 있다. 그 후 의회는 그 선거 이전까지 업무를 마칠 시기를 결정한다.
(2) 특별의회 선거 후 의회는 조기 소집일을 정하지 않은 한, 선거 명령 90일 후에 시작하는 역월의 첫날에 개회한다.

제27조 (의원 자격 및 조건)
(1) 투표권이 있고 피후견인이 아닌 모든 국민은 의회 선거에서 후보가 될 수 있다.
(2) 단, 군인은 의원으로 선출될 수 없다.
(3) 정부 법무장관, 의회 옴부즈맨, 대법관, 최고행정법원 판사, 검찰총장은 의원이 될 수 없다. 의원이 대통령으로 선출되거나 전술한 공직 중 하나에 임명 또는 선출될 경우 임명일 또는 선출 일부터 의원직을 마치게 된다. 의원이 자격을 상실하는 경우에도 의원직이 종료된다.

제28조 (의원직 정지와 사임 또는 해임)
(1) 유럽의회 의원으로 재직하는 기간 동안에는 의원직이 정지된다. 그 기간 동안 해당 의원의 보좌관이 직무를 대행한다. 의원

임기는 군복무 기간에도 정지된다.
(2) 의회는 사임을 허가할 정당한 이유가 있으면 의원의 요청에 따라 의원직 사임을 허가할 수 있다.
(3) 의원이 반복하여 본질적 직무에 태만할 경우 의회는 헌법위원회의 의견을 들은 후 투표수 3분의 2 이상의 찬성으로 영구히 또는 일정 기간 동안 해당 의원을 해임할 수 있다.
(4) 의원으로 선출된 자가 집행 가능한 판결로 고의적 범죄에 대해 징역형을 선고받거나 선거 관련 범죄에 대한 처벌을 받으면 의회는 해당자가 계속 의원으로 재임할 수 있는지 조사할 수 있다. 의원직을 유지할 수 있는 신뢰와 존경을 받지 못할 정도의 범죄인 경우, 의회는 헌법위원회의 의견을 들은 후 투표수 3분의 2 이상의 찬성으로 의원직이 종료되었음을 선언할 수 있다.

제29조 (의원의 독립성)
의원은 재임하는 동안 정의와 진실을 따를 의무가 있다. 의원은 헌법을 준수하며 다른 어떠한 명령도 의원을 구속할 수 없다.

제30조 (의회의 면책특권)
(1) 의원은 직무를 수행하는 것을 방해받지 않는다.
(2) 의원은 의회가 투표수 6분의 5 이상의 찬성으로 동의하지 않는 한 의회에서의 발언이나 직무상 행위로 인해 법원에 기소되거나 자유를 박탈당하지 않는다. 의원이 체포 또는 구금되면, 이 사실을 즉시 의회 의장에게 통지한다.
(3) 의원은 처벌이 6개월 이상 징역인 범죄를 저질렀다고 상당한 이유로 의심되지 않는 한, 의회의 동의 없이 재판 시작 전에 체포되거나 구금되지 않는다.

제31조 (의원의 발언 및 행위의 자유)
(1) 각 의원은 심의 중인 모든 의제와 그 처리 방법에 관해 의회에서 자유롭게 발언할 수 있다.
(2) 의원은 품위 있고 예의 바르게 행동하고 다른 사람에게 무례하게 굴지 않는다. 의원이 그 행동 수칙을 위반하면 의장은 이를 지적하거나 의원이 계속 발언하는 것을 금지할 수 있다. 의회는 명령을 반복적으로 위반한 의원에게 경고하거나 최대 2주간 의회 회의에서 제외시킬 수 있다.

제32조 (이해 갈등)
의원은 개인적으로 관련된 의제의 심의 및 의사 결정으로부터 배제된다. 단, 해당자는 의회 본회의에서 그 의제에 관한 토론에 참가할 수 있다. 또한 의원은 본인의 공무에 대한 조사와 관련된 의제를 다루는 위원회에서의 심의로부터 배제된다.

■
제4장 의회 활동

제33조 (의회 회기)
(1) 의회는 의회가 정한 시간에 매년 회의를 소집하고 그 후 대통령은 의회 개회를 선언한다.
(2) 회기는 의회가 다음 회의를 소집할 때까지 계속된다. 단, 임기 중 마지막 회기는 의회가 업무 종결을 결정할 때까지 계속된다. 그 후 대통령은 해당 임기의 의회 업무가 끝났음을 선언한다. 단, 의회 의장은 새로운 선거가 실시되기 전에 필요하면 의회를 재소집할 수 있다.

제34조 (의장과 의장단)
(1) 의회는 각 회기에 의원 중에서 의장 1명

과 부의장 2명을 선출한다.
(2) 의장과 부의장 선출은 비밀 투표로 한다. 과반수를 득표한 의원이 당선된다. 두 번째 표결까지 과반수 득표자가 없으면 세 번째 표결에서 가장 많이 득표한 의원이 당선된다.
(3) 의장, 부의장, 의회 위원회 위원장은 의장단을 구성한다. 의장단은 의회 업무 편성에 관한 지침을 내리고 이 헌법이나 의회 절차 규칙에 구체적으로 규정된 대로 의회에서 의제를 심의할 때 따를 절차를 정한다. 의장단은 의회 공무원을 규율하는 법률이나 의회절차규칙의 제정 또는 개정안뿐 아니라 의회 업무를 규율하는 기타 규정안을 제출할 수 있다.

제35조 (의회 위원회)
(1) 각 임기 동안 의회는 대위원회, 헌법위원회, 외무위원회, 재무위원회, 감사위원회, 의회 절차 규칙에 규정된 기타 상임위원회를 설립한다. 또한 의회는 특정 의제의 준비나 조사를 위한 특별위원회도 설립한다.
(2) 대위원회의 구성원은 25명이다. 헌법위원회, 외무위원회, 재정위원회의 구성원은 각각 17명 이상이다. 기타 상임위원회의 구성원은 각각 11명 이상이다. 그 외에도 각 위원회는 필요한 수의 여분의 위원을 둔다.
(3) 위원회는 특정 의제에 관하여 더 많은 정족수가 구체적으로 요구되지 않는 한, 위원의 3분의 2 이상의 출석으로 정족수가 충족된다.

제36조 (의회가 선출하는 기타 기관과 대표)
(1) 의회는 사회보험기관의 관리 및 운영을 감시할 대행자를 선출하고 세부 사항은 법률로 정한다.
(2) 의회는 헌법이나 다른 법률 또는 의회 절차 규칙에 따라 기타 필요한 기관을 선출한다.
(3) 국제협약에 의해 설립된 기관이나 다른 국제기관에 설치된 기관에 파견할 의회 대표 선출은 법률이나 의회 절차 규칙으로 정한다.

제37조 (의회 조직의 선출)
(1) 헌법이나 의회 절차 규칙 또는 해당 의회 기관에 대해 의회가 정한 구체적 절차 규칙에 다른 규정이 없으면, 위원회와 기타 의회 기관은 임기의 첫 회기 동안에 해당 임기에 관하여 설치된다. 단, 의장단의 제안에 따라 의회는 임기 중 위원회나 기관의 재설치에 동의할 수 있다.
(2) 의회는 위원회와 기타 기관의 구성원을 선출한다. 선출은 합의가 되지 않으면 비례투표로 한다.

제38조 (의회 옴부즈맨)
(1) 의회는 법률에 정통한 의회 옴부즈맨 1명과 부옴부즈맨 2명을 4년 임기로 임명한다. 부옴부즈맨은 법률이 정한 세부 사항에 따라 대리인을 둘 수 있다. 옴부즈맨에 관한 규정은 필요한 경우 부옴부즈맨과 그 대리인에게도 적용된다.
(2) 의회는 헌법위원회의 의견을 들은 후 극히 중대한 이유로, 투표수 3분의 2 이상의 찬성으로 옴부즈맨을 임기 만료 전에 해임할 수 있다.

제39조 (의회의 의제 심의 개시 방식)
(1) 의회에서 의제 심의는 정부안이나 의원이 제출한 발의를 근거로 하거나, 헌법 또는 의회 절차 규칙에 규정된 다른 방식으로 시작된다.

(2) 의원은 다음을 제출할 수 있다.
   1) 법률 제정에 관한 제안이 담긴 입법 발의
   2) 예산이나 추가예산에 포함될 세출예산 또는 다른 예산 결정에 관한 제안이 담긴 예산 발의
   3) 법률 입안이나 기타 조치에 관한 제안이 담긴 청원 발의

제40조 (의안 준비)
헌법이나 의회 절차 규칙에 따라 정부안, 의원 발의, 의회에 제출된 보고서, 기타 의제는 의회의 본회의에서 최종 심의하기 전에 위원회에서 준비한다.

제41조 (본회의에서의 의제 심의)
(1) 법안과 의회 절차 규칙안은 본회의에서 2번의 독회로 심의한다. 단, 미결로 남긴 법안과 미확정 법률은 1번의 독회로만 심의한다. 기타 의제는 본회의에서 1번의 독회로 심의한다.
(2) 헌법에 구체적으로 다른 규정이 없으면 본회의에서 의결은 단순 다수결로 한다. 가부동수이면 제비뽑기로 결정하되, 표결에 특별한 정족수를 요구하는 경우를 제외한다. 투표 절차에 관한 세부 사항은 의회 절차 규칙에서 정한다.

제42조 (본회의에서의 의장의 직무)
(1) 의장은 본회의를 소집하고, 의제를 상정하고 토론을 감시하고 본회의에서 의제를 심의하는 과정에서의 헌법 준수를 보장한다.
(2) 의장은 의제를 상정하거나 발의를 표결에 붙이는 것을 거부할 수 없으나 헌법이나 다른 법률 또는 의회의 이전 결정에 반한다고 판단되는 경우는 예외이다. 이 경우 의장은 거부의 이유를 설명해야 한다. 의회는 의장의 결정을 수용하지 않을 경우 그 안건을 헌법위원회에 넘겨 의장의 행위가 옳았는지 지체 없이 판단하게 한다.
(3) 의장은 본회의에서 토론이나 투표에 참가하지 않는다.

제43조 (질의)
(1) 20명 이상의 의원으로 이루어진 단체는 정부나 장관의 관할에 속하는 문제에 관해 정부나 각부 장관에게 질의할 수 있다. 질의가 정부에 전달된 날로부터 15일 내에 의회 본회의에서 질의에 대한 답변이 이루어져야 한다.
(2) 의회는 질의 심의 끝에 신임 투표를 하되 정부나 장관에 대한 불신임안은 토론 중에 제출되어야 한다.

제44조 (정부의 성명서와 보고서)
(1) 정부는 국가 운영이나 국제관계와 관련된 문제에 관한 성명서나 보고서를 의회에 제출할 수 있다.
(2) 성명서에 대한 심의 끝에 정부나 장관에 대한 신임 투표를 하되, 정부나 장관에 대한 불신임안은 토론 중에 제출되어야 한다. 보고서의 심의 중에는 정부나 정부 구성원에 대한 신임 여부의 결정을 할 수 없다.

제45조 (질문, 발표, 토론)
(1) 각 의원은 장관의 관할에 속하는 문제에 관해 장관에게 질문할 수 있다. 질문과 답변에 관해서는 의회 절차 규칙에서 정한다.
(2) 국무총리나 그가 지정한 장관은 어떤 주제에 대해서도 그에 관한 발표문을 의회에 제출할 수 있다.
(3) 본회의에서는 어떤 주제에 대해서도 토론을 열 수 있는데, 세부 사항은 의회 절차

규칙에서 정한다.
(4) 의회는 본 조에서 언급된 사항에 관해서는 어떠한 결정도 하지 않는다. 이러한 사항을 심의함에 있어서는 발언권에 관한 제31조 제1문의 규정에 예외가 생길 수 있다.

제46조 (의회에 제출하는 보고서)
(1) 정부는 정부 활동과 의회 결정에 따라 취한 조치에 관한 연례 보고서 및 국가 재정 및 예산 엄수에 관한 연례 보고서를 의회에 제출한다.
(2) 기타 보고서는 헌법이나 다른 법률 또는 의회 절차 규칙에 따라 의회에 제출한다.

제47조 (정보를 받을 의회의 권리)
(3) 의회는 의제 심의에 필요한 정보를 정부로부터 받을 권리가 있다. 해당 장관은 위원회와 기타 의회 기관이 공공기관이 보유한 필요 문서와 기타 정보를 지체 없이 받을 수 있도록 보장한다.
(4) 위원회는 정부나 해당 부처로부터 그 관할에 속하는 문제에 관한 정보를 받을 권리가 있다. 위원회는 그 정보를 토대로 정부나 부처에 성명서를 제출할 수 있다.
(5) 의원은 기밀 정보가 아니고 준비 중인 국가 예산안과 무관한 경우, 공공기관이 보유하는 의원의 직무 수행에 필요한 정보를 받을 권리가 있다.
(6) 그 외에도 국제 문제에 관한 정보를 받을 의회의 권리에 대해서는 헌법의 다른 곳에 포함된 규정이 적용된다.

제48조 (장관, 옴부즈맨, 법무장관의 출석 권리)
(1) 장관은 의원이 아니어도 의회 본회의에 출석하고 토론에 참가할 권리가 있다. 장관은 의회 위원회의 구성원이 될 수 없다. 제59조에 따른 대통령 직무 수행 시 장관은 의회 업무에 참여할 수 없다.
(2) 의회 옴부즈맨과 정부 법무장관은 각자의 보고서나 해당자가 발의한 의안에 관한 기타 사항이 심의 중일 때에는 의회 본회의에 출석하고 토론에 참가할 수 있다.

제49조 (심의 계속)
한 회기에 끝나지 않은 의제 심의는 그사이에 의회 선거가 실시되지 않는 한, 다음 회기에 계속된다. 필요시 의회에 계류 중인 국제 문제 심의는 의회 선거 후의 회기에 계속할 수 있다.

제50조 (의회 활동의 공개)
(1) 의회가 매우 중대한 이유로 특정 문제에 대하여 공개하지 않기로 결정하지 않는 한 본회의는 일반에게 공개된다. 의회는 의회 절차 규칙의 세부 규정에 따라 문서를 발간한다.
(2) 위원회 회의는 일반에게 공개하지 않는다. 단, 위원회는 어떤 의제 준비를 위해 정보를 수집하는 기간 동안에는 그 회의를 일반에게 공개할 수 있다. 위원회가 부득이한 이유로 특정 문제에 대해 공개하지 않기로 결정하지 않는 한 위원회 회의록과 기타 관련 문서는 일반에게 공개된다.
(3) 위원회의 구성원은 해당 위원회가 필요하다고 판단한 기밀 등급을 준수한다. 단, 핀란드의 국제관계나 유럽연합 문제와 관련된 의제를 심의할 때, 위원회의 구성원은 외무위원회나 대위원회가 정부의 의견을 들은 후 필요하다고 판단한 기밀 등급을 준수한다.

제51조 (의회 업무에 사용되는 언어)
(1) 의회 업무에는 핀란드어와 스웨덴어가

사용된다.
(2) 정부와 기타 공공기관은 의회 심의에 들어갈 문제에 필요한 문서를 핀란드어와 스웨덴어로 제출한다. 이와 마찬가지로 의회 회신과 통신, 위원회의 보고서와 성명서, 의장단의 제안서도 핀란드어와 스웨덴어로 작성한다.

제52조 (의회 절차 규칙과 기타 지침 및 절차 규칙)
(1) 의회에서 따를 절차, 의회 기관 및 의회 업무에 관한 세부 사항은 의회 절차 규칙에서 정한다. 의회 절차 규칙은 법안 심의 절차에 따라 본회의에서 채택되어 핀란드 법령집에 공포된다.
(2) 의회는 세부적인 내부적 행정 준비, 의회에서 진행되는 선거, 기타 의회 업무에 관한 지침을 내릴 수 있다. 그 외에도 의회는 의회가 임명하는 기관에 대한 절차 규칙을 정할 수 있다.

제53조 (국민투표 및 국민발안)
(1) 국민의 의견을 묻는 국민투표를 조직하는 결정은 법률로 하고 국민투표 시기와 유권자에게 제시할 투표용지에 관한 규정을 포함시킨다.
(2) 국민투표 실시에 관해서는 법률로 정한다.
(3) 투표권이 있는 5만 명 이상의 핀란드 국민은 법률이 정하는 바에 따라 의회에 법률 제정을 위한 발안을 제출할 권리를 가진다.

■
제5장 대통령과 정부

제54조 (대통령 선거)
(1) 대통령은 6년 임기로 하여 직접 투표로 선출한다. 대통령은 핀란드 태생 국민이어야 한다. 동일인이 대통령으로 2회를 초과하여 연임할 수 없다.
(2) 선거에서 과반수 득표한 후보가 대통령이 된다. 과반수 득표한 후보가 없으면, 최다 득표한 두 후보 간에 선거를 새로 실시한다. 새 선거에서 최다 득표한 후보가 대통령이 된다. 지명된 대통령 후보가 1명뿐이면 선거 없이 대통령으로 임명된다.
(3) 대통령 선거에서 후보를 지명할 권리는 최근 의회 선거에서 그 후보 명단에서 1명 이상의 의원이 당선된 등록 정당과 투표권이 있는 국민 2만 명이 모인 단체가 가진다. 대통령 선거 시기와 절차는 법률로 정한다.

제55조 (대통령 임기)
(1) 대통령은 당선 후 역월의 첫날에 취임한다.
(2) 대통령의 임기는 다음 선거에 당선된 대통령이 취임할 때 끝난다.
(3) 대통령이 사망하거나 대통령의 직무를 영구히 수행할 수 없다고 정부가 선언할 경우에는 가급적 빨리 새 대통령을 선출한다.

제56조 (대통령의 엄숙한 선서)
대통령은 취임할 때 의회 앞에서 다음과 같이 엄숙히 선서한다.
"핀란드 국민에 의해 대통령으로 선출된 저는 대통령 직무 수행 시 공화국의 헌법과 법률을 성실하게 준수하고, 제 능력을 다하여 핀란드 국민의 복지를 증진할 것을 선서합니다."

제57조 (대통령의 직무)
대통령은 헌법이나 다른 법률에 구체적으로 규정된 직무를 수행한다.

제58조 (대통령의 결정)
(1) 대통령은 정부가 제안한 발의를 토대로 정부에 관한 결정을 한다.
(2) 대통령이 정부의 발의에 대한 결정을 하지 않는 경우, 그 사안은 정부로 회송하여 새로 준비한다. 이 경우, 법률의 확인 또는 공직자의 선임에 관한 것 이외의 사항인 경우, 정부는 그 사항에 대한 보고서를 의회에 제출할 수 있다. 그 후 그 사안은 정부의 제안이 있는 경우, 당해 보고서에 기초하여 의회가 채택한 입장에 따라 결정한다.
(3) 제1문의 규정에도 불구하고, 대통령은 정부의 발의 없이 다음 사항을 결정한다.
　1) 정부나 장관 임명, 정부나 장관의 사표 수리
　2) 특별의회 선거에 관한 명령 공포
　3) 법률의 구체적 규정에 따라 국무회의 심의가 불필요한 개인이나 사안에 대한 대통령 사면과 기타 문제
　4) 올란드제도의 재정과 관련된 것을 제외하고 올란드제도 자치에 관한 법에 언급된 문제
(4) 해당 장관이 안건을 대통령에게 제출한다. 단, 이 문제가 정부 전체와 관련된 경우 해당 정부 보고관이 정부 조직 개편안을 제출한다.
(5) 대통령은 법률이 정한 세부 사항에 따라 장관과 함께 군사명령 관련 문제에 관해 결정한다. 대통령은 군부 임명과 법률로 정한 대통령실 관련 문제에 대해 결정한다.
(6) 군사 위기관리에 대한 참가에 관한 결정은 법률에서 따로 정하는 바에 의한다.

제59조 (대통령 직무대행)
대통령이 직무를 수행할 수 없는 경우 국무총리가 이를 대행하고 국무총리도 직무수행이 불가능하면 부총리 역할을 하는 장관이 대행한다.

제60조 (정부)
(1) 정부는 국무총리와 일정 수의 장관들로 구성한다. 장관은 정직하고 유능하다고 알려진 핀란드 국민이어야 한다.
(2) 장관은 직무상 행위에 대해 의회에 책임을 진다. 정부 회의에서 안건 심의에 참가한 모든 장관은 결정에 대해 책임지나, 이의를 제기하여 그 내용이 회의록에 기재된 경우는 그렇지 않다.

제61조 (정부 구성)
(1) 국무총리는 의회가 선출한 후 대통령이 임명한다. 기타 장관은 국무총리의 제청으로 대통령이 임명한다.
(2) 국무총리 선출 전에 원내에 진출한 단체는 정치적 계획과 정부 구성에 관해 협상한다. 이 협상 결과를 토대로 의회 의장과 원내 단체의 의견을 들은 후, 대통령은 국무총리 내정자를 의회에 통지한다. 내정자는 의회의 기명투표에서 과반수 이상 득표하면 국무총리로 선출된다.
(3) 내정자가 필요한 과반수를 얻지 못하면, 동일한 절차에 따라 다른 내정자를 내세운다. 두 번째 내정자도 과반수 득표를 얻지 못하면 국무총리 선출은 의회에서 기명투표로 진행된다. 이 경우 최다 득표자가 선출된다.
(4) 정부 임명 시와 정부 조직의 근본적 개편 시에는 의회가 개회 중이어야 한다.

제62조 (정부의 계획에 관한 성명서)
정부는 지체 없이 국정 계획을 성명서 형태로 의회에 제출한다. 정부 조직의 근본적 개편 시에도 이와 같다.

제63조 (장관의 개인적 이해관계)
(1) 장관으로 재직하는 동안 정부 구성원은 다른 공직을 맡거나 장관직 수행을 방해하

거나 장관으로서의 직무수행의 신뢰성을 위태롭게 할 수 있는 기타 임무를 맡을 수 없다.
(2) 장관은 임명된 후 지체 없이 본인의 상업 활동, 보유 주식 및 기타 중요 자산뿐 아니라 장관의 공무 이외의 직무와, 장관으로서의 직무를 평가함에 있어서 관계가 있을 수 있는 기타 이해관계에 대한 설명서를 의회에 제출한다.

제64조 (정부나 장관의 사임)
(1) 대통령은 요청이 있을 경우 정부나 장관의 사임을 허가한다. 대통령은 국무총리의 제청으로 장관의 사임을 허가할 수 있다.
(2) 대통령은 요청이 없을 시에도 더 이상 의회의 신임을 받을 수 없는 경우에는 정부나 장관을 해임할 수 있다.
(3) 장관이 대통령이나 의회 의장으로 선출되면 당선 일부터 당해 장관직을 사임한 것으로 간주된다.

제65조 (정부의 직무)
(1) 정부는 헌법에 구체적으로 규정된 직무뿐 아니라, 정부나 장관에게 할당되거나 대통령 또는 다른 공공기관의 관할에 속하지 않는 기타 정부 및 행정상 직무를 가진다.
(2) 정부는 대통령의 결정을 이행한다.

제66조 (국무총리의 직무)
(1) 국무총리는 정부의 활동을 지휘하고 정부의 권한에 속하는 사항의 준비와 심의를 감독한다. 국무총리는 국무회의를 주재한다.
(2) 국무총리는 유럽이사회에서 핀란드를 대표한다. 정부가 달리 정하지 않는 한, 국무총리는 국가 최고위급의 참가를 요구하는 기타 유럽연합 활동에서 핀란드를 대표한다.
(3) 국무총리가 직무를 수행할 수 없으면 부총리로 지정된 장관이 이를 대행하고 부총리가 본인의 다른 직무를 수행할 수 없으면 최고위급 장관이 대행한다.

제67조 (정부의 의사 결정)
(1) 정부의 권한에 속하는 문제는 국무회의나 소관 부처에서 결정한다. 광범위하게 중요하거나 원칙상의 이유로 중요한 문제와 그 중요성이 명백한 문제는 국무회의에서 결정한다. 정부의 의사 결정권에 관한 세부 사항은 법률로 정한다.
(2) 정부가 심의할 안건은 해당 부처에서 준비한다. 정부는 안건 준비를 위해 장관으로 구성된 위원회를 설치할 수 있다.
(3) 국무회의는 장관 5명이 출석하면 정족수가 충족된다.

제68조 (부처)
(1) 정부는 필요한 수의 부처를 둔다. 각 부처는 적절한 권한 범위 내에서 정부가 심의할 안건 준비와 적절한 행정 기능에 대해 책임진다.
(2) 각 부처의 책임자는 장관이다.
(3) 부처의 최대 수와 부처 설치의 일반 원칙에 관해서는 법률로 정한다. 부처의 권한과 부처 간 업무 분담뿐 아니라 정부 조직의 기타 형태에 관해서는 법률이나 정부가 공표한 명령으로 정한다.

제69조 (정부 법무장관)
(1) 정부 소속으로서 법률에 정통한 법무장관과 법무차관을 대통령이 임명한다. 대통령은 5년 이하의 임기로 법무차관 대행도 임명한다. 법무차관이 직무를 수행할 수 없으면 그 대행이 책임진다.
(2) 적절한 경우 법무장관에 관한 규정이

법무차관과 그 대행에게 적용된다.

■
제6장 입법

제70조 (입법 발의)
법률 제정에 관한 제안은 정부가 제출한 정부안에 의해 개시되거나 의원의 입법 발의를 통해 의회에서 시작된다. 입법 발의는 의회가 개회 중일 때 제출할 수 있다.

제71조 (정부안 추가 및 철회)
정부안은 새 보충안을 통해 추가하거나 철회할 수 있다. 해당 안건을 준비하는 위원회가 보고서를 발행하면 보충안을 제출할 수 없다.

제72조 (의회에서의 법안 심의)
(1) 해당 안건을 준비하는 위원회의 관련 보고서가 발행되면, 법안은 의회 본회의에서 2번의 독회로 심의한다.
(2) 법안의 첫 번째 독회에서 위원회 보고서를 제출하고 토론을 거친 다음 법안 내용에 관해 결정한다. 빨라도 첫 번째 독회가 끝난 3일 후에 하는 두 번째 독회에서 의회는 법안의 채택이나 기각 여부를 결정한다.
(1) 첫 번째 독회 중에 법안을 대위원회에 보내 심의할 수 있다.
(2) 법안 심의에 관한 세부 사항은 의회 절차 규칙에서 정한다.

제73조 (헌법 제정 절차)
(1) 헌법의 제정, 개정, 폐지나 한시적 제한에 관한 제안 심의는 두 번째 독회에서 다수결로, 다음 의회 선거 후 첫 회기까지 정지된다. 그 후 제안은 위원회가 보고서를 발행하면 본회의 첫 번째 독회에서 중대한 변경 사항 없이 투표수 3분의 2 이상의 찬성으로 채택된다.
(2) 단, 제안은 투표수 6분의 5 이상의 찬성으로 긴급한 것으로 선언될 수 있다. 이 경우 제안은 정지되지 않고 투표수 3분의 2 이상의 찬성으로 채택될 수 있다.

제74조 (합헌성 감독)
헌법위원회는 심의 대상 법안과 기타 안건의 합헌성뿐 아니라 국제 인권 조약과의 관계에 대한 성명서를 발행한다.

제75조 (올란드제도 관련 특별 입법)
(1) 올란드제도 자치에 관한 법과 올란드제도 내의 부동산 취득에 관한 법의 입법 절차는 그 법의 구체적 규정에 따른다.
(2) 올란드제도 의회가 법안을 제출할 권리와 올란드제도 의회에서 통과된 법률 제정은 올란드제도 자치에 관한 법의 규정에 따른다.

제76조 (교회법)
(1) 복음주의 루터교회의 조직 및 관리에 관해서는 교회법으로 정한다.
(2) 교회법 제정에 관한 입법 절차와 교회법과 관련된 법안을 제출할 권리는 교회법의 구체적 규정에 따른다.

제77조 (법률 확정)
(1) 의회에서 채택된 법률은 대통령에게 제출되어 확정된다. 대통령은 법률 제출 후 3개월 내에 확정 여부를 결정한다. 대통령은 대법원이나 최고행정법원으로부터 법률에 관한 의견서를 받을 수 있다.
(2) 대통령이 법률을 확정하지 않으면 의회 심의로 회부된다. 의회가 중대한 변경 없이 법률을 다시 채택하면 이는 확정 없이 시행된다. 의회가 법률을 다시 채택하지 않으면

이는 폐기된 것으로 간주된다.

제78조 (미확정 법률심의)
대통령이 정해진 기간 내에 법률을 확정하지 않으면, 의회에서 지체 없이 재의한다. 위원회의 관련 보고서가 발행되면, 법률은 중대한 변경 없이 채택되거나 기각되어야 한다. 채부의 결정은 본회의에서 1번의 독회로 다수결에 따라 이루어진다.

제79조 (법률의 공포 및 시행)
(1) 헌법상 법률제정 절차에 따라 법률이 제정되면, 이것은 그 법률에 기재된다.
(2) 확정되거나 확정 없이 시행되는 법률에는 대통령이 서명하고 해당 장관이 부서한다. 그 후 정부는 지체 없이 법률을 핀란드 법령집에 공포한다.
(3) 법률에 시행일을 명시한다. 특별한 이유가 있는 경우 명령에 따라 시행한다고 법률에 규정할 수 있다. 명시된 시행일까지 공포하지 않은 법률은 공포일부터 시행한다. 법률은 핀란드어와 스웨덴어로 제정하여 공포한다.

제80조 (명령 공포와 입법권 위임)
(1) 대통령, 정부, 부처는 헌법이나 다른 법률에서 그들에게 부여한 권한을 근거로 명령을 공포할 수 있다. 단, 개인의 권리와 의무를 규율하는 원칙과 헌법에 따라 입법적 성격을 지닌 기타 사항에 대해서는 법률로 규율한다. 명령 공포 주체에 관한 구체적 규정이 없으면 정부가 공포한다.
(2) 또 일정한 문제와 관련하여 특별한 이유가 있고 규칙의 실질적 중요성에 비추어 그 내용을 법률이나 명령으로 정해야 할 필요가 없는 경우에는 기타 기관이 법률의 위임에 따라 그 문제에 관한 규칙을 정할 수 있다. 그 위임의 범위는 명확히 규정되어야

한다.
(3) 명령과 기타 법적 규범의 공포 및 시행에 관한 일반사항은 법률로 정한다.

제7장 국가 재정

제81조 (국세와 요금)
(1) 국세는 법률로 정하되 세금의 근거와 세액뿐 아니라 납세의무자가 이용할 수 있는 법적 구제 수단이 포함되어야 한다.
(2) 국가기관의 공식 기능, 서비스, 기타 활동에 대해 부과되는 요금과 그 액수에 관한 일반적 기준은 법률로 정한다.

제82조 (국채와 보증)
(1) 국채 발행 시에는 의회의 동의를 받되, 의회 동의는 새 국채의 상한 내지 국채의 총액을 명시하여야 한다.
(2) 국가 담보와 국가 보증은 의회의 동의에 따라 제공할 수 있다.

제83조 (국가 예산)
(1) 의회는 한 번에 한 회계연도의 국가 예산을 결정한다. 결정된 국가 예산은 핀란드 법령집에 공포한다.
(2) 국가 예산에 관한 정부안과 그에 관한 기타 제안은 다음 회계연도가 시작되기 전에 의회에 제출한다. 예산안의 추가 및 철회에는 제71조의 규정이 적용된다.
(3) 의원은 예산안을 토대로 예산 발의를 통해 국가 예산에 포함될 세출안이나 기타 결정안을 제출할 수 있다.
(4) 의회 재무위원회의 관련 보고서가 발행되면, 예산은 의회 본회의에서 1번의 독회로 채택된다. 의회의 예산안 심의에 관한 세부 사항은 의회 절차 규칙에서 정한다.

(5) 국가 예산 공포가 새 회계연도를 지나서까지 지연되면, 의회가 정한 방식에 따라 정부의 예산안이 가예산으로 적용된다.

제84조 (예산 내용)
(1) 국가의 연간 세입과 세출의 추산, 예산의 지출 이유와 기타 정당성을 국가 예산에 포함시킨다. 서로 직접적으로 연결된 특정 세입과 지출의 경우, 그 차액에 해당하는 세입 예측이나 세출을 예산에 포함시킬 수 있다고 법률로 정할 수 있다.
(2) 예산의 세입 예측으로 예산에 포함된 세출이 충당되어야 한다. 세출을 정함에 있어서 법률 규정에 따라 국가의 최종 계정상의 흑자나 적자를 고려할 수 있다.
(3) 연결된 세입과 지출에 관련된 세입 예측 또는 세출은 법률 규정에 따라 여러 회계연도 동안의 예산에 포함시킬 수 있다.
(4) 공기업의 기능과 재정에 관한 일반 원칙은 법률로 정한다. 공기업에 관해서는 법률에 규정된 경우에만 세입 예측이나 세출을 예산에 반영한다. 의회는 예산을 심의할 때 공기업의 가장 중요한 서비스 목표와 기타 목표를 승인한다.

제85조 (예산의 세출)
(1) 세출은 고정 세출, 추계 세출, 이전 가능 세출로 예산에 반영된다. 추계 세출은 법률 규정에 따라 초과할 수 있고 이전 가능 세출은 차후 회계연도로 이월하여 사용할 수 있다. 법률이 허용하지 않는 한 고정 세출과 이전 가능 세출은 초과할 수 없고 고정 세출은 이전할 수 없다.
(2) 예산에서 허용되지 않는 한 세출은 한 예산 항목에서 다른 항목으로 전용할 수 없다. 단, 세출을 그 사용이 밀접하게 연결된 예산 항목으로 전용하는 것은 법률에 의해 허용될 수 있다.

(3) 지출 발생 시 그 세출을 다음 회계연도의 예산에서 가져올 권한은, 그 금액과 용도를 제한하여 예산에서 정한다.

제86조 (추가예산)
(1) 예산을 변경할 정당한 이유가 있으면 정부는 추가 예산안을 의회에 제출한다.
(2) 의원은 추가예산과 직접적으로 연결된 예산 변경에 관한 발의를 제출할 수 있다.

제87조 (예산 외 자금)
국가의 항구적인 의무 이행에 반드시 필요한 경우 법률에 따라 예산 외 자금을 조성할 수 있다. 단, 의회가 예산 외 자금 조성이나 그 자금 또는 용도 확대에 관한 법안을 채택하는 결정을 함에 있어서는 투표수 3분의 2 이상의 찬성이 있어야 한다.

제88조 (개인이 국가로부터 합법적으로 받은 금원)
예산과 관계없이 모든 국민은 국가에 대하여 합법적인 채권을 추심할 권리가 있다.

제89조 (국가 공무원 복무 조건 승인)
의회의 해당 위원회는 의회의 동의가 필요한 경우 의회의 명의로 국가 공무원 복무 조건에 관한 계약을 승인한다.

제90조 (국가 재정 감독과 감사)
(1) 의회는 국가 재정과 국가 예산 준수를 감독한다. 이를 위해 의회에 감사위원회를 둔다. 감사위원회는 모든 중요한 감사 결과를 의회에 보고한다.
(2) 국가 재정과 국가 예산 준수를 감사하기 위해 의회와 관련하여 독립된 감사원을 둔다. 감사원의 지위와 직무에 관한 세부 사항은 법률로 정한다.
(3) 감사위원회와 감사원은 관할 공공기관

과 그 통제하에 있는 자들로부터 직무 수행에 필요한 정보를 받을 권한이 있다.

제91조 (핀란드은행)
(1) 핀란드은행은 법률 규정에 따라 의회의 보증과 감독에 따라 운영된다. 핀란드은행 운영을 감독하기 위해 의회는 총재를 선출한다.
(2) 의회의 해당 위원회와 총재는 핀란드은행 운영 감독에 필요한 정보를 받을 수 있다.

제92조 (국가 자산)
(1) 국가의 유효한 지배를 받는 회사에 대한 주주 권한 행사 자격과 절차에 관해서는 법률로 정한다. 국가의 회사에 대한 유효 지배권 취득이나 포기에 대하여 의회의 동의를 받을 필요성에 관해서도 법률로 정한다.
(2) 국유지는 의회의 동의나 법률 규정에 따라서만 양도할 수 있다.

■
제8장 국제관계

제93조 (외교정책 분야의 권한)
(1) 핀란드의 외교정책은 대통령이 정부와 협력하여 정한다. 단, 의회는 핀란드의 국제 의무와 그 폐기를 승인하고 이 헌법에 규정된 범위에서 핀란드의 국제 의무 이행에 관해 결정한다. 대통령은 의회의 동의를 받아 전쟁과 평화에 관한 사항을 결정한다.
(2) 정부는 유럽연합에서 결정될 문제의 국가적 준비를 책임지고, 그에 따른 핀란드의 조치에 관해 의회의 승인을 요하지 않는 경우 결정한다. 의회는 헌법 규정에 따라 유럽연합에서 결정될 문제의 국가적 준비에 참여한다.
(3) 중요한 외교정책 입장을 외국과 국제기구에 통지하는 것은 외무장관의 책임이다.

제94조 (국제 의무와 그 폐기 승인)
(1) 입법의 성격을 띠는 조항이 들어있거나 다른 식으로 중요하거나 헌법상 다른 식으로 의회의 승인이 필요한 조약과 기타 국제 의무에는 의회의 승인이 필요하다. 그 의무의 폐기에도 의회 승인이 필요하다.
(2) 국제 의무나 그 폐기의 승인에 관한 결정은 다수결로 한다. 단, 헌법이나 국경 변경, 또는 핀란드의 주권에 관하여 중요한 의미를 가지는 유럽연합, 국제조직 또는 국제기구에 대한 권한위양에 관한 결정은 3분의 2 이상의 찬성이 있어야 한다.
(3) 국제 의무는 헌법의 민주적 기반을 위태롭게 하면 안 된다.

제95조 (국제 의무 발효)
(1) 입법적 성격의 조약과 기타 국제 의무 조항은 법률에 의하여 발효된다. 그 밖의 국제 의무는 시행령에 의하여 발효된다.
(2) 국제 의무를 이행하기 위한 정부 법안은 법률에 관한 통상적인 입법 절차에 따라 심의한다. 단, 의회는 헌법이나 국경 변경 또는 핀란드의 주권에 관하여 중요한 의미를 가지는 유럽연합, 국제조직 또는 국제기구에 대한 권한위양에 관한 법안을 미결로 남길 수 없고, 3분의 2의 이상의 찬성으로 채택한다.
(3) 법률은 국제 의무의 발효를 시행령으로 정하도록 할 수 있다. 조약과 기타 국제 의무의 공포에 관한 일반사항은 법률로 정한다.

제96조 (유럽연합 문제의 국가적 준비에의 의회 참여)

(1) 의회는 유럽연합에서 결정되고 헌법에 따라 의회의 권한에 속하는 법률, 협약, 기타 조치에 대한 제안을 심의한다.
(2) 정부는 의회가 입장을 결정하도록 제1문의 제안에 대한 통지를 받은 후 지체 없이 정식으로 그 제안을 의회에 전달한다. 그 제안은 대위원회와 대위원회에 성명서를 제출하는 통상 하나 이상의 다른 위원회에서 심의한다. 단, 외무위원회는 외교 안보 정책에 관한 제안을 심의한다. 필요한 경우 대위원회나 외무위원회는 제안에 관한 성명서를 정부에 발행할 수 있다. 또한 의장단은 그 문제를 본회의에서 토론에 부칠 것인지 여부를 결정할 수 있으나, 그 토론에서 의회는 어떠한 결정도 내리지 않는다.
(3) 정부는 유럽연합의 문제에 대한 심의 관련 정보를 해당 위원회에 제공한다. 대위원회나 외무위원회에는 그 문제에 관한 정부의 입장도 알려준다.

제97조 (국제 문제에 관한 정보를 받을 의회의 권리)
(1) 의회 외무위원회는 정부에 요청하거나 기타 필요할 때 외교 및 안보 정책에 관한 문제의 보고서를 정부로부터 받는다. 이에 따라 의회 대위원회는 유럽연합의 기타 문제의 준비에 관한 보고서를 받는다. 의장단은 보고서를 본회의에서 토론에 부칠 것인지 여부를 결정할 수 있으나 그 토론에서 의회는 어떠한 결정도 내리지 않는다.
(2) 국무총리는 유럽이사회에서 다룰 문제에 관한 정보를 유럽이사회 회의 전에 또는 그 후에 지체 없이 의회나 위원회에 제공한다. 유럽연합 설립에 관한 조약의 개정을 준비할 때도 동일한 규정이 적용된다.
(3) 의회의 해당 위원회는 위에 언급된 보고서나 정보를 토대로 정부에 성명서를 발행할 수 있다.

제9장 사법

제98조 (법원)
(1) 대법원, 항소법원, 지방법원은 일반 법원이다.
(2) 최고행정법원과 지방행정법원은 일반 행정법원이다.
(3) 특정 분야에서 사법 업무를 관할하는 특별법원에 관해서는 법률로 정한다.
(4) 임시 법원은 설치하지 않는다.

제99조 (대법원과 최고행정법원의 직무)
(1) 민사, 상사, 형사 사건의 최종심은 대법원이 맡는다. 행정 사건의 최종심은 최고행정법원이 맡는다.
(2) 대법원과 최고행정법원은 각자 맡은 분야의 사법 업무를 감독한다. 대법원과 최고행정법원은 입법 발의안을 정부에 제출할 수 있다.

제100조 (대법원과 최고행정법원의 구성)
(1) 대법원과 최고행정법원은 각 법원장과 정해진 수의 법관으로 구성한다.
(2) 대법원과 최고행정법원은 법률에 달리 규정되지 않는 한 구성원 5명이 참석하면 정족수가 충족된다.

제101조 (고등탄핵재판소)
(1) 고등탄핵재판소는 정부 구성원, 법무장관, 의회 옴부즈맨, 대법원 또는 최고행정법원 구성원의 직무상 위법행위에 대해 제기된 고발을 처리한다. 탄핵재판소는 아래의 제113조에 언급된 고발도 처리한다.
(2) 고등탄핵재판소는 재판장을 맡는 대법

원장, 최고행정법원장, 최고위급 항소법원장 3명, 의회에서 4년 임기로 선출된 5명으로 구성한다.
탄핵재판소의 구성, 정족수, 절차에 관한 세부 사항은 법률로 정한다.

제102조 (판사 임명)
종신직 판사는 법률이 정한 절차에 따라 대통령이 임명한다. 다른 판사의 임명에 관해서는 법률로 정한다.

제103조 (판사의 재직권)
(1) 판사는 법원 판결에 의한 경우를 제외하고는 정직당하지 않는다. 또한 사법부 개편의 결과인 경우를 제외하고 판사 본인의 동의 없이 다른 법원에 전보시킬 수 없다.
(2) 판사의 정년퇴직이나 근무 능력 상실 후 사직할 의무에 관해서는 법률로 정한다.
(3) 판사의 기타 복무 조건에 관한 세부 사항은 법률로 정한다.

제104조 (검사)
검찰 업무의 책임자는 최고 검사로서, 대통령이 임명한 검찰총장이다. 검찰 업무에 관한 세부 사항은 법률로 정한다.

제105조 (대통령 사면)
(1) 개별 사건에서 대통령은 대법원의 의견서를 받은 후 법원에서 내린 처벌이나 기타 형벌을 전부 또는 일부 사면할 수 있다.
(2) 일반사면은 법률로만 주어질 수 있다.

■
제10장 합법성 감독

제106조 (헌법의 최고 지위)
법원이 재판 중인 사안에서 어떤 법률의 적용이 헌법과 명백히 충돌할 경우 헌법이 우선한다.

제107조 (하위 법령의 종속)
명령이나 기타 법률보다 하위인 법령의 어떤 조항이 헌법이나 다른 법률과 충돌하는 경우에는, 법원이나 기타 공공기관은 그 조항을 적용하지 아니한다.

제108조 (정부 법무장관의 직무)
(1) 법무장관은 정부와 대통령의 직무상 행위의 합법성을 감독한다. 법무장관은 또한 법원, 기타 공공기관과 공무원, 공공부문 종사자 및 다른 사람이 공무를 수행함에 있어서 법률을 준수하고 의무를 이행하도록 한다. 법무장관은 직무 수행 시 기본권과 자유 및 인권이 보장되는지 여부를 감시한다.
(2) 법무장관은 요청이 있을 경우 대통령, 정부, 부처에 법적 문제에 관한 정보와 의견을 제공한다.
(3) 법무장관은 본인의 활동과 준법 상황 소견에 대한 연례 보고서를 의회와 정부에 제출한다.

제109조 (의회 옴부즈맨의 직무)
(1) 옴부즈맨은 법원, 기타 공공기관과 공무원, 공공부문 종사자 및 다른 사람이 공무를 수행함에 있어서 법률을 준수하고 의무를 이행하도록 한다. 옴부즈맨은 직무 수행 시 기본권과 자유 및 인권이 보장되는지 여부를 감시한다.
(2) 옴부즈맨은 사법 상황과 입법 결함에 대한 소견을 포함하여 본인의 업무에 관한 연례 보고서를 의회에 제출한다.

제110조 (법무장관과 옴부즈맨의 고발권과 책임 분담)
(1) 판사의 직무상 위법행위에 대해 고발하

는 결정은 법무장관이나 옴부즈맨이 한다. 법무장관과 옴부즈맨은 그들의 합법성 감독 권한에 속하는 기타 문제에서도 기소하거나 고발을 명령할 수 있다.
(2) 법무장관과 옴부즈맨의 책임 분담에 관해서는 법률로 정할 수 있으나, 합법성을 감독하는 각자의 권한을 제약하면 아니 된다.

제111조(법무장관과 옴부즈맨이 정보를 받을 권리)
(1) 법무장관과 옴부즈맨은 공공기관이나 기타 공무 수행자로부터 합법성 감독에 필요한 정보를 받을 수 있다.
(2) 법무장관은 정부 회의와 대통령 주재 정부 회의에서 대통령에게 안건이 보고될 때 출석한다. 옴부즈맨은 이러한 회의와 보고회에 출석할 수 있다.

제112조(정부와 대통령의 직무상 행위에 대한 합법성 감독)
(1) 법무장관은 정부, 장관, 대통령이 한 결정이나 조치의 합법성에 논란이 있음을 알게 된 경우 그 결정 또는 조치에 관한 의견을 이유와 함께 제출한다. 그 의견이 받아들여지지 않을 경우, 법무장관은 그 의견을 정부의 회의록에 포함시키고 필요한 경우 다른 조치를 취한다. 옴부즈맨도 이와 마찬가지로 의견을 내고 조치를 취할 수 있다.
(2) 대통령의 결정이 위법일 경우, 정부는 법무장관의 의견서를 받은 후 그 결정을 이행할 수 없음을 대통령에게 알리고 그 결정을 변경하거나 취소할 것을 대통령에게 제안한다.

제113조(대통령의 형사 책임)
법무장관이나, 옴부즈맨 또는 정부는 대통령이 반역죄, 반인도적 범죄를 저지른 것으로 판단되면 이를 의회에 통지한다. 이 경우 의회가 투표수 4분의 3의 찬성으로 고발하기로 결정하면 검찰총장은 고등탄핵재판소에 대통령을 기소하고 그 절차가 진행되는 동안 대통령은 직무를 중단한다. 여타의 경우에는 대통령의 직무상 행위에 대해 고발할 수 없다.

제114조(장관의 기소)
(1) 정부 구성원의 직무상 위법행위에 대한 고발은 고등탄핵재판소에서 심리하되, 세부 사항은 법률로 정한다.
(2) 고발 여부의 결정은 의회가 장관 행위의 위법 여부에 관해 헌법위원회의 의견서를 받은 후에 한다. 의회는 고발 여부를 결정하기 전에 장관에게 해명할 기회를 준다. 위원회가 이런 종류의 사안을 심의할 때에는 전원 출석해야 정족수가 충족된다.
(3) 정부 구성원은 검찰총장이 기소한다.

제115조(장관의 법적 책임에 관한 조사 시작)
(1) 헌법위원회에서 다음을 근거로 장관의 직무상 행위의 합법성에 대한 조사를 시작할 수 있다.
  1) 법무장관이나 옴부즈맨이 헌법위원회에 제출한 통지서
  2) 10명 이상의 의원이 서명한 청원서
  3) 의회의 다른 위원회가 헌법위원회에 제출한 조사 요청서
(2) 헌법위원회가 직권으로 장관의 직무상 행위의 합법성에 대한 조사를 시작할 수도 있다.

제116조(장관 기소의 전제 조건)
정부 구성원에 대한 고발 여부의 결정은 장관이 고의나 중과실로 장관의 의무를 근본적으로 위반하거나 기타 직무상 명백히 위

법행위를 저지른 경우에 할 수 있다.

제117조 (법무장관과 옴부즈맨의 법적 책임)
정부 구성원에 관한 제114조와 제115조의 규정은 법무장관과 옴부즈맨의 직무상 행위의 합법성에 대한 조사, 직무상 위법행위에 대한 고발과 그 고발의 심리 절차에 적용된다.

제118조 (직무상 책임)
(1) 공무원은 직무상 행위의 합법성에 대해 책임진다. 공무원은 본인이 일원으로서 찬성한 공식적 다수 구성원 조직의 결정에 대해서도 책임진다.
(2) 보고관은 본인의 보고를 토대로 이루어진 결정에 이의를 제기하지 않는 한, 그 결정에 대해 책임진다.
(3) 공무원이나 기타 공무 수행자의 불법행위나 직무 유기를 통해 권리를 침해당했거나 손해를 입은 사람은 법률이 정하는 바에 따라 해당 공무원이나 기타 공무 수행자를 처벌하고 공공기관, 공무원, 기타 공무 수행자가 손해를 배상할 것을 청구할 수 있다. 단, 헌법상 고발 사건을 고등탄핵재판소가 심리해야 할 경우에는 고발할 권리가 없다.

■
제11장 행정 및 자치

제119조 (국가 행정기관)
(1) 국가의 중앙 행정기관은 정부와 부처 외에 청, 원, 기타 기관으로 구성될 수 있다. 국가기관에는 지역 및 지방 기관도 있을 수 있다. 의회 소속 행정기관에 관한 세부 사항은 법률로 정한다.
(2) 국가 행정기관을 규율하는 일반 원칙은 그들의 직무가 공권력 행사와 관련될 경우 법률로 정한다. 국가의 지역 및 지방 기관을 규율하는 원칙도 법률로 정한다. 국가 행정기관의 기타에 관해서는 명령으로 정할 수 있다.

제120조 (올란드제도의 특별 지위)
올란드제도는 올란드제도 자치에 관한 법의 구체적 규정에 따라 자치정부를 가진다.

제121조 (시 및 기타 지역 자치정부)
(1) 핀란드는 지방자치단체들로 나누어지고, 그 행정은 주민자치를 토대로 한다. 지방자치단체의 행정과 직무를 규율하는 일반 원칙은 법률로 정한다.
(2) 지방자치단체는 지방세를 부과할 수 있다. 세금의 근거와 납세의무뿐 아니라 과세 대상자가 이용할 수 있는 법적 구제 수단을 규율하는 일반 원칙은 법률로 정한다.
(3) 시보다 큰 행정구역의 자치에 관해서는 법률로 정한다. 사미족은 그들의 토착 지역에서 법률에 따라 언어적, 문화적 자치정부를 갖는다.

제122조 (행정구역의 획정)
(1) 행정구역 획정의 목표는 구역을 적절히 분할함으로써 핀란드어를 쓰는 국민과 스웨덴어를 쓰는 국민이 평등하게 자국어로 서비스받을 기회를 보장하는 것이다.
(2) 시를 나누는 원칙은 법률로 정한다.

제123조 (대학과 기타 교육기관)
(1) 대학의 자치는 보장되며, 세부 사항은 법률로 정한다.
(2) 국가와 지방자치단체가 규율하는 기타 교육 서비스뿐 아니라 사립교육기관에서의 그에 상응하는 교육을 규율할 권한에 관한 원칙은 법률로 정한다.

제124조 (행정 업무의 공공기관이 아닌 곳에의 위임)
업무의 적절한 수행에 필요하고, 기본권과 자유, 법적 구제 수단과 올바른 통치의 기타 요건이 위태롭지 않는 한 법률 또는 법률의 권능에 의하여 행정 업무를 공공기관이 아닌 곳에 위임할 수 있다. 단, 공권력의 중요한 행사와 관련된 업무는 공공기관에만 위임할 수 있다.

제125조 (공직에 대한 일반 자격과 기타 임명 근거)
(1) 핀란드 국민만이 특정 공직이나 공무에 임명될 자격이 있다고 법률로 정할 수 있다.
(2) 공직에 대한 일반적인 자질은 기술, 능력과 시민으로서 입증된 공로이다.

제126조 (공직 임명)
(1) 정부는 그 임명권이 대통령, 부처, 다른 공공기관의 특권으로 지정되지 않은 공직자를 임명한다.
(2) 대통령은 대통령 비서실장 및 외교사절의 장을 임명한다.

■
제12장 국방

제127조 (국방 의무)
(1) 모든 국민은 법률에 따라 국방에 참여하거나 이를 지원해야 할 의무를 진다.
(2) 양심상 이유로 병역을 면제받을 권리에 관해서는 법률로 정한다.

제128조 (국군 총사령관)
(1) 대통령은 국군 총사령관이 된다. 긴급 사태 발생 시 정부가 제안하는 경우, 대통령은 이 임무를 다른 국민에게 이양할 수 있다.
(2) 대통령은 국군 장교를 임명한다.

제129조 (동원)
정부의 제안에 따라 대통령은 국군 동원에 관해 결정한다. 의회가 개회 중이 아닌 경우에는 즉시 의회를 소집한다.

■
제13장 최종 조항

제130조 (시행)
(1) 이 헌법은 2000년 3월 1일부터 시행한다.
(2) 헌법 시행에 필요한 세칙은 법률로 정한다.

제131조 (헌법의 폐지)
이 헌법은 다음의 헌법 및 그 개정법을 폐지한다.
1) 1919년 7월 17일 자 핀란드 헌법
2) 1928년 1월 13일 자 의회법
3) 1922년 11월 25일 자 최고탄핵재판소법
4) 1922년 11월 25일 자 국무위원, 법무장관, 의회 옴부즈맨의 직무상 행위의 합법성을 조사할 의회의 권리에 관한 법

....

⚜
The Constitution of Finland
11 June 1999
(Last Amendment: 15 October 2018)

Chapter 1
Fundamental provisions

Section 1 The Constitution
(1) Finland is a sovereign republic.
(2) The constitution of Finland is established in this constitutional act. The constitution shall guarantee the inviolability of human dignity and the freedom and rights of the individual and promote justice in society.
(3) Finland participates in international co-operation for the protection of peace and human rights and for the development of society. Finland is a Member State of the European Union.

Section 2 Democracy and the rule of law
(1) The powers of the State in Finland are vested in the people, who are represented by the Parliament.
(2) Democracy entails the right of the individual to participate in and influence the development of society and his or her living conditions.
(3) The exercise of public powers shall be based on an Act. In all public activity, the law shall be strictly observed.

Section 3 Parliamentarism and the separation of powers
(1) The legislative powers are exercised by the Parliament, which shall also decide on State finances.
(2) The governmental powers are exercised by the President of the Republic and the Government, the members of which shall have the confidence of the Parliament.
(3) The judicial powers are exercised by independent courts of law, with the Supreme Court and the Supreme Administrative Court as the highest instances.

Section 4 The Territory of Finland
The territory of Finland is indivisible. The national borders cannot be altered without the consent of the Parliament.

Section 5 Finnish citizenship
(1) A child acquires Finnish citizenship at birth and through the citizenship of its parents, as provided in more detail by an Act. Citizenship may also be granted upon notification or application, subject to the criteria determined by an Act.
(2) No one can be divested of or released from his or her Finnish citizenship except on grounds determined by an Act and only if he or she is in possession of or will be granted the citizenship of another State.

Chapter 2
Basic rights and liberties

Section 6 Equality

(1) Everyone is equal before the law.
(2) No one shall, without an acceptable reason, be treated differently from other persons on the ground of sex, age, origin, language, religion, conviction, opinion, health, disability or other reason that concerns his or her person.
(3) Children shall be treated equally and as individuals and they shall be allowed to influence matters pertaining to themselves to a degree corresponding to their level of development.
(4) Equality of the sexes is promoted in societal activity and working life, especially in the determination of pay and the other terms of employment, as provided in more detail by an Act.

Section 7 The right to life, personal liberty and integrity
(1) Everyone has the right to life, personal liberty, integrity and security.
(2) No one shall be sentenced to death, tortured or otherwise treated in a manner violating human dignity.
(3) The personal integrity of the individual shall not be violated, nor shall anyone be deprived of liberty arbitrarily or without a reason prescribed by an Act. A penalty involving deprivation of liberty may be imposed only by a court of law. The lawfulness of other cases of deprivation of liberty may be submitted for review by a court of law. The rights of individuals deprived of their liberty shall be guaranteed by an Act.

Section 8 The principle of legality in criminal cases
No one shall be found guilty of a criminal offence or be sentenced to a punishment on the basis of a deed, which has not been determined punishable by an Act at the time of its commission. The penalty imposed for an offence shall not be more severe than that provided by an Act at the time of commission of the offence.

Section 9 Freedom of movement
(1) Finnish citizens and foreigners legally resident in Finland have the right to freely move within the country and to choose their place of residence.
(2) Everyone has the right to leave the country. Limitations on this right may be provided by an Act, if they are necessary for the purpose of safeguarding legal proceedings or for the enforcement of penalties or for the fulfilment of the duty of national defence.
(3) Finnish citizens shall not be prevented from entering Finland or deported or extradited or transferred from Finland to another country against their will. However, it may be laid down by an Act that due to a criminal act, for the purpose of legal proceedings, or in order to enforce a decision concerning the custody or care of a child, a Finnish citizen

can be extradited or transferred to a country in which his or her human rights and legal protections are guaranteed.
(4) The right of foreigners to enter Finland and to remain in the country is regulated by an Act. A foreigner shall not be deported, extradited or returned to another country, if in consequence he or she is in danger of a death sentence, torture or other treatment violating human dignity.

Section 10 The right to privacy
(1) Everyone's private life, honour and the sanctity of the home are guaranteed. More detailed provisions on the protection of personal data are laid down by an Act.
(2) The secrecy of correspondence, telephony and other confidential communications is inviolable.
(3) Measures encroaching on the sanctity of the home which are necessary for the purpose of guaranteeing basic rights and liberties or for the investigation of crime may be laid down by an Act.
(4) Limitations of the secrecy of communications may be imposed by an Act if they are necessary in the investigation of crimes that jeopardise the security of the individual or society or the sanctity of the home, at trials and security checks, during the deprivation of liberty, and for the purpose of obtaining information activities or other such activities that pose a serious threat national security.

Section 11 Freedom of religion and conscience
(1) Everyone has the freedom of religion and conscience.
(2) Freedom of religion and conscience entails the right to profess and practice a religion, the right to express one's convictions and the right to be a member of or decline to be a member of a religious community. No one is under the obligation, against his or her conscience, to participate in the practice of a religion.

Section 12 Freedom of expression and right of access to information
(1) Everyone has the freedom of expression. Freedom of expression entails the right to express, disseminate and receive information, opinions and other communications without prior prevention by anyone. More detailed provisions on the exercise of the freedom of expression are laid down by an Act. Provisions on restrictions relating to pictorial programmes that are necessary for the protection of children may be laid down by an Act.
(2) Documents and recordings in the possession of the authorities are public, unless their publication has for compelling reasons been specifically restricted by an Act. Everyone has the right of access to public documents

and recordings.

Section 13 Freedom of assembly and freedom of association
(1) Everyone has the right to arrange meetings and demonstrations without a permit, as well as the right to participate in them.
(2) Everyone has the freedom of association. Freedom of association entails the right to form an association without a permit, to be a member or not to be a member of an association and to participate in the activities of an association. The freedom to form trade unions and to organise in order to look after other interests is likewise guaranteed.
(3) More detailed provisions on the exercise of the freedom of assembly and the freedom of association are laid down by an Act.

Section 14 Electoral and participatory rights
(1) Every Finnish citizen who has reached eighteen years of age has the right to vote in national elections and referendums. Specific provisions in this Constitution shall govern the eligibility to stand for office in national elections.
(2) Every Finnish citizen and every other citizen of the European Union resident in Finland, having attained eighteen years of age, has the right to vote in the European Parliamentary elections, as provided by an Act.
(3) Every Finnish citizen and every foreigner permanently resident in Finland, having attained eighteen years of age, has the right to vote in municipal elections and municipal referendums, as provided by an Act. Provisions on the right to otherwise participate in municipal government are laid down by an Act.
(4) The public authorities shall promote the opportunities for the individual to participate in societal activity and to influence the decisions that concern him or her.

Section 15 Protection of property
(1) The property of everyone is protected.
(2) Provisions on the expropriation of property, for public needs and against full compensation, are laid down by an Act.

Section 16 Educational rights
(1) Everyone has the right to basic education free of charge. Provisions on the duty to receive education are laid down by an Act.
(2) The public authorities shall, as provided in more detail by an Act, guarantee for everyone equal opportunity to receive other educational services in accordance with their ability and special needs, as well as the opportunity to develop themselves without being prevented by economic hardship.
(3) The freedom of science, the arts

and higher education is guaranteed.

Section 17 Right to one's language and culture

(1) The national languages of Finland are Finnish and Swedish.

(2) The right of everyone to use his or her own language, either Finnish or Swedish, before courts of law and other authorities, and to receive official documents in that language, shall be guaranteed by an Act. The public authorities shall provide for the cultural and societal needs of the Finnish-speaking and Swedish-speaking populations of the country on an equal basis.

(3) The Sami, as an indigenous people, as well as the Roma and other groups, have the right to maintain and develop their own language and culture. Provisions on the right of the Sami to use the Sami language before the authorities are laid down by an Act. The rights of persons using sign language and of persons in need of interpretation or translation aid owing to disability shall be guaranteed by an Act.

Section 18 The right to work and the freedom to engage in commercial activity

(1) Everyone has the right, as provided by an Act, to earn his or her livelihood by the employment, occupation or commercial activity of his or her choice. The public authorities shall take responsibility for the protection of the labour force.

(2) The public authorities shall promote employment and work towards guaranteeing for everyone the right to work. Provisions on the right to receive training that promotes employability are laid down by an Act.

(3) No one shall be dismissed from employment without a lawful reason.

Section 19 The right to social security

(1) Those who cannot obtain the means necessary for a life of dignity have the right to receive indispensable subsistence and care.

(2) Everyone shall be guaranteed by an Act the right to basic subsistence in the event of unemployment, illness, and disability and during old age as well as at the birth of a child or the loss of a provider.

(3) The public authorities shall guarantee for everyone, as provided in more detail by an Act, adequate social, health and medical services and promote the health of the population. Moreover, the public authorities shall support families and others responsible for providing for children so that they have the ability to ensure the wellbeing and personal development of the children.

(4) The public authorities shall promote the right of everyone to housing and the opportunity to arrange their own housing.

Section 20 Responsibility for the environment
(1) Nature and its biodiversity, the environment and the national heritage are the responsibility of everyone.
(2) The public authorities shall endeavour to guarantee for everyone the right to a healthy environment and for everyone the possibility to influence the decisions that concern their own living environment.

Section 21 Protection under the law
(1) Everyone has the right to have his or her case dealt with appropriately and without undue delay by a legally competent court of law or other authority, as well as to have a decision pertaining to his or her rights or obligations reviewed by a court of law or other independent organ for the administration of justice.
(2) Provisions concerning the publicity of proceedings, the right to be heard, the right to receive a reasoned decision and the right of appeal, as well as the other guarantees of a fair trial and good governance shall be laid down by an Act.

Section 22 Protection of basic rights and liberties
The public authorities shall guarantee the observance of basic rights and liberties and human rights.

Section 23 Basic rights and liberties in situations of emergency
(1) Such provisional exceptions to basic rights and liberties that are compatible with Finland's international human rights obligations and that are deemed necessary in the case of an armed attack against Finland or in the event of other situations of emergency, as provided by an Act, which pose a serious threat to the nation may be provided by an Act or by a Government Decree to be issued on the basis of authorization given in an Act for a special reason and subject to a precisely circumscribed scope of application. The grounds for provisional exceptions shall be laid down by an Act, however.
(2) Government Decrees concerning provisional exceptions shall without delay be submitted to the Parliament for consideration. The Parliament may decide on the validity of the Decrees.

■
Chapter 3
The Parliament and the Representatives

Section 24 Composition and term of the Parliament
(1) The Parliament is unicameral. It consists of two hundred Representatives, who are elected for a term of four years at a time.
(2) The term of the Parliament begins when the results of the parliamentary

elections have been confirmed and lasts until the next parliamentary elections have been held.

Section 25 Parliamentary elections
(1) The Representatives shall be elected by a direct, proportional and secret vote. Every citizen who has the right to vote has equal suffrage in the elections.
(2) For the parliamentary elections, the country shall be divided, on the basis of the number of Finnish citizens, into at least twelve and at most eighteen constituencies. In addition, the Aland Islands shall form their own constituency for the election of one Representative.
(3) The right to nominate candidates in parliamentary elections belongs to registered political parties and, as provided by an Act, to groups of persons who have the right to vote.
(4) More detailed provisions on the timing of parliamentary elections, the nomination of candidates, the conduct of the elections and the constituencies are laid down by an Act.

Section 26 Extraordinary parliamentary elections
(1) The President of the Republic, in response to a reasoned proposal by the Prime Minister, and after having heard the parliamentary groups, and while the Parliament is in session, may order that extraordinary parliamentary elections shall be held. Thereafter, the Parliament shall decide the time when it concludes its work before the elections.
(2) After extraordinary parliamentary elections, the Parliament shall convene in session on the first day of the calendar month that begins ninety days after the election order, unless the Parliament has decided on an earlier date of convocation.

Section 27 Eligibility and qualifications for the office of Representative
(1) Everyone with the right to vote and who is not under guardianship can be a candidate in parliamentary elections.
(2) A person holding military office cannot, however, be elected as a Representative.
(3) The Chancellor of Justice of the Government, the Parliamentary Ombudsman, a Justice of the Supreme Court or the Supreme Administrative Court, and the Prosecutor-General cannot serve as representatives. If a Representative is elected President of the Republic or appointed or elected to one of the aforesaid offices, he or she shall cease to be a Representative from the date of appointment or election. The office of a Representative shall cease also if the Representative forfeits his or her eligibility.

Section 28 Suspension of the office of a Representative and release or dismissal from office

(1) The office of a Representative is suspended for the time during which the Representative is serving as a Member of the European Parliament. During that time a deputy of the Representative shall replace the Representative. The tenure of office of a Representative is suspended also for the duration of military service.

(2) The Parliament may grant a release from office for a Representative upon his or her request if it deems there is an acceptable reason for granting such release.

(3) If a Representative essentially and repeatedly neglects his or her duties as a Representative, the Parliament may, after having obtained the opinion of the Constitutional Law Committee, dismiss him or her from office permanently or for a given period by a decision supported by at least two thirds of the votes cast.

(4) If a person elected as a Representative has been sentenced by an enforceable judgement to imprisonment for a deliberate crime or to a punishment for an electoral offence, the Parliament may inquire whether he or she can be allowed to continue to serve as a Representative. If the offence is such that the accused does not command the trust and respect necessary for the office of a Representative, the Parliament may, after having obtained the opinion of the Constitutional Law Committee, declare the office of the Representative terminated by a decision supported by at least two thirds of the votes cast.

Section 29 Independence of Representatives

A Representative is obliged to follow justice and truth in his or her office. He or she shall abide by the Constitution and no other orders are binding on him or her.

Section 30 Parliamentary immunity

(1) A Representative shall not be prevented from carrying out his or her duties as a Representative.

(2) A Representative shall not be charged in a court of law nor be deprived of liberty owing to opinions expressed by the Representative in the Parliament or owing to conduct in the consideration of a matter, unless the Parliament has consented to the same by a decision supported by at least five sixths of the votes cast.

(3) If a Representative has been arrested or detained, the Speaker of the Parliament shall be immediately notified of this. A Representative shall not be arrested or detained before the commencement of a trial without the consent of the Parliament, unless he or she is for substantial reasons suspected of having committed a crime for which the minimum punishment is imprisonment for at least six months.

Section 31 Freedom of speech and

conduct of Representatives

(1) Each Representative has the right to speak freely in the Parliament on all matters under consideration and on how they are dealt with.

(2) A Representative shall conduct himself or herself with dignity and decorum, and not behave offensively to another person. If a Representative is in breach of such conduct, the Speaker may point this out or prohibit the Representative from continuing to speak. The Parliament may caution a Representative who has repeatedly breached the order or suspend him or her from sessions of the Parliament for a maximum of two weeks.

Section 32 Conflict of interest

A Representative is disqualified from consideration of and decision-making in any matter that concerns him or her personally. However, he or she may participate in the debate on such matters in a plenary session of the Parliament. In addition, a Representative shall be disqualified from the consideration in a Committee of a matter pertaining to the inspection of his or her official duties.

Chapter 4 Parliamentary activity

Section 33 Parliamentary session

(1) The Parliament convenes in session every year at a time decided by the Parliament, after which the President of the Republic shall declare the parliamentary session open.

(2) The parliamentary session continues until the time when the Parliament convenes for the following parliamentary session. However, the last parliamentary session of an electoral term shall continue until the Parliament decides to conclude its work. Thereafter, the President shall declare the work of the Parliament finished for that electoral term. However, the Speaker of the Parliament has the right to reconvene the Parliament, when necessary, before new elections have been held.

Section 34 The Speaker and the Speaker's Council

(1) The Parliament elects from among its members a Speaker and two Deputy Speakers for each parliamentary session.

(2) The election of the Speaker and the Deputy Speakers is conducted by secret ballot. The Representative receiving more than one half of the votes cast is deemed elected. If no one has received the required majority of the votes cast in the first two ballots, the Representative receiving the most votes in the third ballot is deemed elected.

(3) The Speaker, the Deputy Speakers and the chairpersons of parliamentary Committees form the Speaker's Council. The Speaker's Council issues instructions on

the organisation of parliamentary work and decides, as specifically provided in this Constitution or in the Parliament's Rules of Procedure, on the procedures to be followed in the consideration of matters in the Parliament. The Speaker's Council may put forward initiatives for the enactment or amendment of Acts governing parliamentary officials or the Parliament's Rules of Procedure, as well as proposals for other provisions governing the work of the Parliament.

Section 35 Committees of the Parliament
(1) For each electoral term, the Parliament appoints the Grand Committee, the Constitutional Law Committee, the Foreign Affairs Committee, the Finance Committee, the Audit Committee and the other standing Committees provided in the Parliament's Rules of Procedure. In addition, the Parliament appoints Committees ad hoc for the preparation of, or inquiry into, a given matter.
(2) The Grand Committee shall have twenty-five members. The Constitutional Law Committee, the Foreign Affairs Committee and the Finance Committee shall have at least seventeen members each. The other standing Committees shall have at least eleven members each. In addition, each Committee shall have the necessary number of alternate members.
(3) A Committee has a quorum when at least two thirds of its members are present, unless a higher quorum has been specifically required for a given matter.

Section 36 Other bodies and delegates to be elected by the Parliament
(1) The Parliament elects the trustees for monitoring the administration and operations of the Social Insurance Institution, as provided in more detail by an Act.
(2) The Parliament elects the other necessary bodies, as provided in this Constitution, in another Act or in the Parliament's Rules of Procedure.
(3) The election of the parliamentary delegates in a body established under an international agreement or in another international body shall be governed by an Act or by the Parliament's Rules of Procedure.

Section 37 Election of the parliamentary organs
(1) The Committees and the other parliamentary organs are appointed during the first parliamentary session of an electoral term for the duration of that term, unless otherwise provided in this Constitution, or in the Parliament's Rules of Procedure or in the specific rules of procedure laid down by the Parliament for a given parliamentary organ. However,

on the proposal of the Speaker's Council, the Parliament may agree to the reappointment of a committee or organ during the electoral term.

(2) The Parliament elects the members of the Committees and the other organs. Unless the election is by consensus, it is held by proportional vote.

Section 38 Parliamentary Ombudsman

(1) The Parliament appoints for a term of four years a Parliamentary Ombudsman and two Deputy Ombudsmen, who shall have outstanding knowledge of law. A Deputy Ombudsman may have a substitute as provided in more detail by an Act. The provisions on the Ombudsman apply, in so far as appropriate, to the Deputy Ombudsman and Deputy Ombudsman's substitute.

(2) The Parliament, after having obtained the opinion of the Constitutional Law Committee, may, for extremely weighty reasons, dismiss the Ombudsman before the end of his or her term by a decision supported by at least two thirds of the votes cast.

Section 39 How matters are initiated for consideration in the Parliament

(1) Matters are initiated for consideration in the Parliament on the basis of a government proposal or a motion submitted by a Representative, or in another manner provided in this Constitution or in the Parliament's Rules of Procedure.

(2) Representatives may put forward:

1) Legislative motions, containing a proposal for the enactment of an Act;

2) Budgetary motions, containing a proposal for an appropriation to be included in the budget or a supplementary budget, or for another budgetary decision; and

3) Petitionary motions, containing a proposal for the drafting of a law or for taking other measures.

Section 40 Preparation of matters

Government proposals, motions by Representatives, reports submitted to the Parliament and other matters, as provided for in this Constitution or in the Parliament's Rules of Procedure, shall be prepared in Committees before their final consideration in a plenary session of the Parliament.

Section 41 Consideration of matters in plenary session

(1) A legislative proposal and a proposal on the Parliament's Rules of Procedure are considered in plenary session in two readings. However, a legislative proposal left in abeyance and an Act left unconfirmed are considered in one reading only. Other matters are considered in the plenary session in a single reading.

(2) Decisions in plenary session are made by a simple majority of the votes cast, unless specifically otherwise

provided in this Constitution. In the event of a tie, the decision is made by drawing lots, except where a qualified majority is required for the adoption of a motion. More detailed provisions on voting procedure are laid down in the Parliament's Rules of Procedure.

Section 42 Duties of the Speaker in a plenary session
(1) The Speaker convenes the plenary sessions, presents the matters on the agenda, oversees the debate and ensures that the Constitution is complied with in the consideration of matters in plenary session.
(2) The Speaker shall not refuse to include a matter on the agenda or a motion in a vote, unless he or she considers it to be contrary to the Constitution, another Act or a prior decision of the Parliament. In this event, the Speaker shall explain the reasons for the refusal. If the Parliament does not accept the decision of the Speaker, the matter is referred to the Constitutional Law Committee, which shall without delay rule whether the action of the Speaker has been correct.
(3) The Speaker does not participate in debates or votes in plenary sessions.

Section 43 Interpellations
(1) A group of at least twenty Representatives may address an interpellation to the Government or to an individual Minister on a matter within the competence of the Government or the Minister. The interpellation shall be replied to in a plenary session of the Parliament within fifteen days of the date when the interpellation was brought to the attention of the Government.
(2) At the conclusion of the consideration of the interpellation, a vote of confidence shall be taken by the Parliament, provided that a motion of no confidence in the Government or the Minister has been put forward during the debate.

Section 44 Statements and reports of the Government
(1) The Government may present a statement or report to the Parliament on a matter relating to the governance of the country or its international relations.
(2) At the conclusion of the consideration of a statement, a vote of confidence in the Government or a Minister shall be taken, provided that a motion of no confidence in the Government or the Minister has been put forward during the debate. No decision on confidence in the Government or its Member shall be made in the consideration of a report.

Section 45 Questions, announcements and debates
(1) Each Representative has the right to address questions to a Minister on matters within the Minister's

competence. Provisions on the questions and the answers are laid down in the Parliament's Rules of Procedure.

(2) The Prime Minister or a Minister designated by the Prime Minister may present an announcement to the Parliament on any topical issue.

(3) A debate on any topical issue may be held in a plenary session, as provided in more detail in the Parliament's Rules of Procedure.

(4) The Parliament makes no decisions on matters referred to in this section. In the consideration of these matters, exceptions may be made to the provision in section 31 (1) on the right to speak.

Section 46 Reports to be submitted to the Parliament

(1) The Government shall submit to the Parliament annual reports on governmental activities and on the measures undertaken in response to parliamentary decisions, as well as annual reports on State finances and adherence to the budget.

(2) Other reports shall be submitted to the Parliament, as provided in this Constitution, or in another Act or in the Parliament's Rules of Procedure.

Section 47 Parliamentary right to receive information

(1) The Parliament has the right to receive from the Government the information it needs in the consideration of matters. The appropriate Minister shall ensure that Committees and other parliamentary organs receive without delay the necessary documents and other information in the possession of the authorities.

(2) A Committee has the right to receive information from the Government or the appropriate Ministry on a matter within its competence. The Committee may issue a statement to the Government or the Ministry on the basis of the information.

(3) A Representative has the right to information which is in the possession of authorities and which is necessary for the performance of the duties of the Representative, in so far as the information is not secret or it does not pertain to a State budget proposal under preparation.

(4) In addition, the right of the Parliament to information on international affairs is governed by the provisions included elsewhere in this Constitution.

Section 48 Right of attendance of Ministers, the Ombudsman and the Chancellor of Justice

(1) Minister has the right to attend and to participate in debates in plenary sessions of the Parliament even if the Minister is not a Representative. A Minister may not be a member of a Committee of the Parliament. When

performing the duties of the President of the Republic under section 59, a Minister may not participate in parliamentary work.

(2) The Parliamentary Ombudsman and the Chancellor of Justice of the Government may attend and participate in debates in plenary sessions of the Parliament when their reports or other matters taken up on their initiative are being considered.

Section 49 Continuity of consideration
Consideration of matters unfinished in one parliamentary session continues in the following parliamentary session, unless parliamentary elections have been held in the meantime. When necessary, the consideration of an international matter pending in the Parliament may continue in the parliamentary session following parliamentary elections.

Section 50 Public nature of parliamentary activity
(1) The plenary sessions of the Parliament are open to the public, unless the Parliament for a very weighty reason decides otherwise for a given matter. The Parliament publishes its papers, as provided in more detail in the Parliament's Rules of Procedure.
(2) The meetings of Committees are not open to the public. However, a Committee may open its meeting to the public during the time when it is gathering information for the preparation of a matter. The minutes and other related documents of the Committees shall be made available to the public, unless a Committee for a compelling reason decides otherwise for a given matter.
(3) The members of a Committee shall observe the level of confidentiality considered necessary by the Committee. However, when considering matters relating to Finland's international relations or European Union affairs, the members of a Committee shall observe the level of confidentiality considered necessary by the Foreign Affairs Committee or the Grand Committee after having heard the opinion of the Government.

Section 51 Languages used in parliamentary work
(1) The Finnish or Swedish languages are used in parliamentary work.
(2) The Government and the other authorities shall submit the documents necessary for a matter to be taken up for consideration in the Parliament both in Finnish and Swedish. Likewise, the parliamentary replies and communications, the reports and statements of the Committees, as well as the written proposals of the Speaker's Council, shall be written in Finnish and Swedish.

Section 52 Parliament's Rules of

Procedure and other instructions and rules of procedure

(1) More detailed provisions on the procedures to be followed in the Parliament, as well as on parliamentary organs and parliamentary work are issued in the Parliament's Rules of Procedure. The Parliament's Rules of Procedure shall be adopted in plenary session following the procedure for the consideration of legislative proposals and published in the Statute Book of Finland.

(2) The Parliament may issue instructions for the detailed arrangement of internal administration, for elections to be carried out by the Parliament and for other parliamentary work. In addition, the Parliament may issue rules of procedure for the organs appointed by it.

Section 53 Referendum and citizens' initiative

(1) The decision to organise a consultative referendum is made by an Act, which shall contain provisions on the time of the referendum and on the choices to be presented to the voters.

(2) Provisions concerning the conduct of a referendum are laid down by an Act.

(3) At least fifty thousand Finnish citizens entitled to vote have the right to submit an initiative for the enactment of an Act to the Parliament, as provided by an Act.

Chapter 5
The President of the Republic and the Government

Section 54 Election of the President of the Republic

(1) The President of the Republic is elected by a direct vote for a term of six years. The President shall be a native-born Finnish citizen. The same person may be elected President for no more than two consecutive terms of office.

(2) The candidate who receives more than half of the votes cast in the election shall be elected President. If none of the candidates has received a majority of the votes cast, a new election shall be held between the two candidates who have received most votes. In the new election, the candidate receiving the most votes is elected President. If only one presidential candidate has been nominated, he or she is appointed President without an election.

(3) The right to nominate a candidate in the election for President is held by any registered political party from whose candidate list at least one Representative was elected to the Parliament in the most recent parliamentary elections, as well as by

any group of twenty thousand persons who have the right to vote. The time of the election and the procedure in the election of a President are laid down by an Act.

Section 55 The presidential term
(1) The President of the Republic assumes office on the first day of the calendar month following his or her election into office.
(2) The term of the President ends when the President elected in the next election assumes office.
(3) If the President dies or if the Government declares that the President is permanently unable to carry out the duties of the presidency, a new President shall be elected as soon as possible.

Section 56 Solemn affirmation of the President
When the President of the Republic assumes office, he or she shall make the following solemn affirmation before the Parliament:
"I, ..., elected by the people of Finland as the President of the Republic, hereby affirm that in my presidential duties I shall sincerely and conscientiously observe the Constitution and the laws of the Republic, and to the best of my ability promote the wellbeing of the people of Finland."

Section 57 Duties of the President
The President of the Republic carries out the duties stated in this Constitution or specifically stated in another Act.

Section 58 Decisions of the President
(1) The President of the Republic makes decisions in Government on the basis of proposals for decisions put forward by the Government.
(2) If the President does not make the decision in accordance with the motion proposed by the Government, the matter is returned to the Government for preparation. In such a case, in matters other than those concerning confirmation of an Act or appointment to an office or position, the Government may present to the Parliament a report on the matter. Thereafter, the matter will be decided in accordance with the position adopted by the Parliament on the basis of the report, if this is proposed by the Government.
(3) Notwithstanding the provision in paragraph (1), the President makes decisions on the following matters without a proposal for a decision from the Government:
1) The appointment of the Government or a Minister, as well as the acceptance of the resignation of the Government or a Minister;
2) The issuance of an order concerning extraordinary parliamentary elections;
3) Presidential pardons and other

matters, as specifically laid down by Acts, concerning private individuals or matters not requiring consideration in a plenary meeting of the Government; and

4) Matters referred to in the Act on the Autonomy of the Aland Islands, other than those relating to the finances of the Aland Islands.

(4) The appropriate Minister presents matters to the President. However, the appropriate government rapporteur presents a proposal concerning the alteration of the composition of the Government, where this concerns the entire Government.

(5) The President makes decisions on matters relating to military orders in conjunction with a Minister, as provided for in more detail by an Act. The President makes decisions on military appointments and matters pertaining to the Office of the President of the Republic as provided by an Act.

(6) Decisions on Finland's participation in military crisis management are made as specifically provided by an Act.

Section 59 Substitutes of the President

When the President of the Republic is prevented from carrying out of his or her duties, these are taken over by the Prime Minister or, if the Prime Minister too is incapacitated, by the Minister acting as Deputy Prime Minister.

Section 60 The Government

(1) The Government consists of the Prime Minister and the necessary number of Ministers. The Ministers shall be Finnish citizens known to be honest and competent.

(2) The Ministers are responsible before the Parliament for their actions in office. Every Minister participating in the consideration of a matter in a Government meeting is responsible for any decision made, unless he or she has expressed an objection that has been entered in the minutes.

Section 61 Formation of the Government

(1) The Parliament elects the Prime Minister, who is thereafter appointed to the office by the President of the Republic. The President appoints the other Ministers in accordance with a proposal made by the Prime Minister.

(2) Before the Prime Minister is elected, the groups represented in the Parliament negotiate on the political programme and composition of the Government. On the basis of the outcome of these negotiations, and after having heard the Speaker of the Parliament and the parliamentary groups, the President informs the Parliament of the nominee for Prime Minister. The nominee is elected Prime Minister if his or her election has been supported by more than half of the votes cast in an open vote in the

Parliament.

(3) If the nominee does not receive the necessary majority, another nominee shall be put forward in accordance with the same procedure. If the second nominee fails to receive the support of more than half of the votes cast, the election of the Prime Minister shall be held in the Parliament by open vote. In this event, the person receiving the most votes is elected.

(4) The Parliament shall be in session when the Government is being appointed and when the composition of the Government is being essentially altered.

Section 62 Statement on the programme of the Government

The Government shall without delay submit its programme to the Parliament in the form of a statement. The same applies when the composition of the Government is essentially altered.

Section 63 Ministers' personal interests

(1) While holding the office of a Minister, a member of the Government shall not hold any other public office or undertake any other task which may obstruct the performance of his or her ministerial duties or compromise the credibility of his or her actions as a Minister.

(2) A Minister shall, without delay after being appointed, present to the Parliament an account of his or her commercial activities, shareholdings and other significant assets, as well as of any duties outside the official duties of a Minister and of other interests which may be of relevance when his or her performance as a member of the Government is being evaluated.

Section 64 Resignation of the Government or a Minister

(1) The President of the Republic grants, upon request, the resignation of the Government or a Minister. The President may also grant the resignation of a Minister on the proposal of the Prime Minister.

(2) The President shall in any event dismiss the Government or a Minister, if either no longer enjoys the confidence of Parliament, even if no request is made.

(3) If a Minister is elected President of the Republic or the Speaker of Parliament, he or she shall be considered to have resigned the office of Minister as from the day of election.

Section 65 Duties of the Government

(1) The Government has the duties specifically provided in this Constitution, as well as the other governmental and administrative duties which have been assigned to the Government or a Minister or which have not been attributed to the competence of the President of the Republic or another public authority.

(2) The Government implements the decisions of the President.

Section 66 Duties of the Prime Minister
(1) The Prime Minister directs the activities of the Government and oversees the preparation and consideration of matters that come within the mandate of the Government. The Prime Minister chairs the plenary meetings of the Government.
(2) The Prime Minister represents Finland on the European Council. Unless the Government exceptionally decides otherwise, the Prime Minister also represents Finland in other activities of the European Union requiring the participation of the highest level of State.
(3) When the Prime Minister is prevented from attending to his or her duties, the duties are taken over by the Minister designated as Deputy Prime Minister and, when the Deputy Prime Minister is prevented from attending to his other duties, by the most senior ranking Minister.

Section 67 Decision-making in the Government
(1) The matters within the authority of the Government are decided at the plenary meetings of the Government or at the Ministry to which the matter belongs. Matters of wide importance or matters that are significant for reasons of principle, as well as matters whose significance so warrants, are decided by the Government in plenary meeting. More detailed provisions relating to the decision-making powers of the Government are laid down by an Act.
(2) The matters to be considered by the Government shall be prepared in the appropriate Ministry. The Government may have Committees of Ministers for the preparation of matters.
(3) The plenary meeting of the Government is competent with a quorum of five Ministers present.

Section 68 The Ministries
(1) The Government has the requisite number of Ministries. Each Ministry, within its proper purview, is responsible for the preparation of matters to be considered by the Government and for the appropriate functioning of administration.
(2) Each Ministry is headed by a Minister.
(3) Provisions on the maximum number of Ministries and on the general principles for the establishment of Ministries are laid down by an Act. Provisions on the purviews of the Ministries and on the distribution of matters among them, as well as on the other forms of organisation of the Government are laid down by an Act or by a Decree issued by the Government.

Section 69 The Chancellor of Justice of the Government
(1) Attached to the Government, there is a Chancellor of Justice and a Deputy Chancellor of Justice, who are appointed by the President of the Republic, and who shall have outstanding knowledge of law. In addition, the President appoints a substitute for the Deputy Chancellor of Justice for a term of office not exceeding five years. When the Deputy Chancellor of Justice is prevented from performing his or her duties, the substitute shall take responsibility for them.
(2) The provisions on the Chancellor of Justice apply, in so far as appropriate, to the Deputy Chancellor of Justice and the substitute.

Chapter 6
Legislation

Section 70 Legislative initiative
The proposal for the enactment of an Act is initiated in the Parliament through a government proposal submitted by the Government or through a legislative motion submitted by a Representative. Legislative motions can be submitted when the Parliament is in session.

Section 71 Supplementation and withdrawal of a government proposal
A government proposal may be supplemented through a new complementary proposal or it may be withdrawn. A complementary proposal cannot be submitted once the Committee preparing the matter has issued its report.

Section 72 Consideration of a legislative proposal in the Parliament
(1) Once the relevant report of the Committee preparing the matter has been issued, a legislative proposal is considered in two readings in a plenary session of the Parliament.
(2) In the first reading of the legislative proposal, the report of the Committee is presented and debated, and a decision on the contents of the legislative proposal is made. In the second reading, which at the earliest takes place on the third day after the conclusion of the first reading, the Parliament decides whether the legislative proposal is accepted or rejected.
(3) While the first reading is in progress, the legislative proposal may be referred to the Grand Committee for consideration.
(4) More detailed provisions on the consideration of a legislative proposal are laid down in the Parliament's Rules of Procedure.

Section 73 Procedure for constitutional enactment
(1) A proposal on the enactment,

amendment or repeal of the Constitution or on the enactment of a limited derogation of the Constitution shall in the second reading be left in abeyance, by a majority of the votes cast, until the first parliamentary session following parliamentary elections. The proposal shall then, once the Committee has issued its report, be adopted without material alterations in one reading in a plenary session by a decision supported by at least two thirds of the votes cast.

(2) However, the proposal may be declared urgent by a decision that has been supported by at least five sixths of the votes cast. In this event, the proposal is not left in abeyance and it can be adopted by a decision supported by at least two thirds of the votes cast.

Section 74 Supervision of constitutionality

The Constitutional Law Committee shall issue statements on the constitutionality of legislative proposals and other matters brought for its consideration, as well as on their relation to international human rights treaties.

Section 75 Special legislation for the Aland Islands

(1) The legislative procedure for the Act on the Autonomy of the Aland Islands and the Act on the Right to Acquire Real Estate in the Aland Islands is governed by the specific provisions in those Acts.

(2) The right of the Legislative Assembly of the Aland Islands to submit proposals and the enactment of Acts passed by the Legislative Assembly of Aland are governed by the provisions in the Act on the Autonomy of the Aland Islands.

Section 76 The Church Act

(1) Provisions on the organisation and administration of the Evangelic Lutheran Church are laid down in the Church Act.

(2) The legislative procedure for enactment of the Church Act and the right to submit legislative proposals relating to the Church Act are governed by the specific provisions in that Code.

Section 77 Confirmation of Acts

(1) An Act adopted by the Parliament shall be submitted to the President of the Republic for confirmation. The President shall decide on the confirmation within three months of the submission of the Act. The President may obtain a statement on the Act from the Supreme Court or the Supreme Administrative Court.

(2) If the President does not confirm the Act, it is returned for the consideration of the Parliament. If the Parliament readopts the Act without material alterations, it enters into force without confirmation. If the

Parliament does not readopt the Act, it shall be deemed to have lapsed.

Section 78 Consideration of an unconfirmed Act

If the President of the Republic has not confirmed an Act within the time provided, it shall without delay be taken up for reconsideration in the Parliament. Once the pertinent report of the Committee has been issued, the Act shall be adopted without material alterations or rejected. The decision is made in plenary session in one reading with the majority of the votes cast.

Section 79 Publication and entry into force of Acts

(1) If an Act has been enacted in accordance with the procedure for constitutional enactment, this is indicated in the Act.

(2) An Act which has been confirmed or which enters into force without confirmation shall be signed by the President of the Republic and countersigned by the appropriate Minister. The Government shall thereafter without delay publish the Act in the Statute Book of Finland.

(3) The Act shall indicate the date when it enters into force. For a special reason, it may be stated in an Act that it is to enter into force by means of a Decree. If the Act has not been published by the date provided for its entry into force, it shall enter into force on the date of its publication. Acts are enacted and published in Finnish and Swedish.

Section 80 Issuance of Decrees and delegation of legislative powers

(1) The President of the Republic, the Government and a Ministry may issue Decrees on the basis of authorisation given to them in this Constitution or in another Act. However, the principles governing the rights and obligations of private individuals and the other matters that under this Constitution are of a legislative nature shall be governed by Acts. If there is no specific provision on who shall issue a Decree, it is issued by the Government.

(2) Moreover, other authorities may be authorised by an Act to lay down legal rules on given matters, if there is a special reason pertinent to the subject matter and if the material significance of the rules does not require that they be laid down by an Act or a Decree. The scope of such an authorisation shall be precisely circumscribed.

(3) General provisions on the publication and entry into force of Decrees and other legal norms are laid down by an Act.

∎

Chapter 7
State finances

Section 81 State taxes and charges
(1) The state tax is governed by an Act, which shall contain provisions on the grounds for tax liability and the amount of the tax, as well as on the legal remedies available to the persons or entities liable to taxation.
(2) The general criteria governing the charges to be levied on the official functions, services and other activities of State authorities and on the amount of the charges are laid down by an Act.

Section 82 State debt and guarantees
(1) The incurrence of State debt shall be based on the consent of the Parliament, which indicates the maximum level of new debt or the total level of State debt.
(2) A State security and a State guarantee may be given on the basis of the consent of the Parliament.

Section 83 State budget
(1) The Parliament decides on the State budget for one budgetary year at a time. It is published in the Statute Book of Finland.
(2) The government proposal concerning the State budget and the other proposals pertaining to it shall be submitted to the Parliament well in advance of the next budgetary year. The provisions in section 71 apply to the supplementation and withdrawal of the budget proposal.
(3) A Representative may, on the basis of the budget proposal, through a budgetary motion initiate a proposal for an appropriation or other decision to be included in the State budget.
(4) Once the pertinent report of the Finance Committee of the Parliament has been issued, the budget is adopted in a single reading in a plenary session of the Parliament. More detailed provisions on the consideration of the budget proposal in the Parliament are laid down in the Parliament's Rules of Procedure.
(5) If the publication of the State budget is delayed beyond the new budgetary year, the budget proposal of the Government shall be applied as a provisional budget in a manner decided by the Parliament.

Section 84 Contents of the budget
(1) Estimates of the annual revenues and appropriations for the annual expenditures of the State, the reasons for the appropriations and other justifications of the budget shall be included in the State budget. It may be provided by an Act that, for certain revenues and expenditures immediately linked one to another, a revenue forecast or appropriation corresponding to their difference may be included in the budget.
(2) The revenue forecasts in the budget shall cover the appropriations included in it. When covering the appropriations, the surplus or deficit in the State's final accounts may be

taken into account, as provided by an Act.
(3) The revenue forecasts or appropriations pertaining to linked revenues and expenditures may be included in the budget for several budgetary years, as provided by an Act.
(4) The general principles on the functions and finances of state enterprises are laid down by an Act. As regards state enterprises, revenue forecasts or appropriations are taken into the budget only in so far as they are provided by an Act. When considering the budget, the Parliament approves the most important service objectives and other objectives of state enterprises.

Section 85 Appropriations in the budget
(1) The appropriations are taken up in the budget as fixed appropriations, estimated appropriations or transferable appropriations. An estimated appropriation may be exceeded and a transferable appropriation transferred to be used in later budgetary years, as provided by an Act. A fixed appropriation and a transferable appropriation shall not be exceeded nor a fixed appropriation transferred, unless this has been allowed by an Act.
(2) An appropriation shall not be moved from one budget item to another, unless this has been allowed in the budget. However, the transfer of an appropriation to a budget item to which its use is closely linked may be allowed by an Act.
(3) An authorisation, limited in its amount and purpose, may be given in the budget for the incurrence of expenditure, the appropriations for which are to be taken from budgets of following budgetary years.

Section 86 Supplementary budget
(1) A proposal of the Government for a supplementary budget shall be submitted to the Parliament, if there is a justified reason for amending the budget.
(2) A Representative may submit budgetary motions for a budget amendment immediately linked to the supplementary budget.

Section 87 Extra-budgetary funds
An extra-budgetary fund may be created by an Act, if the performance of a permanent duty of the State requires this in an essential manner. However, the decision of the Parliament to adopt a legislative proposal for the creation of an extra-budgetary fund or the extension of such a fund or its purpose must be supported by at least two thirds of the votes cast.

Section 88 Legitimate receivables from the State to private parties
Regardless of the budget, everyone

has the right to collect his or her legitimate receivables from the State.

Section 89 Approval of the terms of service of State officials and employees
The appropriate Committee of the Parliament accepts, in the name of the Parliament, agreements on the terms of service of State officials and employees, in so far as this requires the consent of the Parliament.

Section 90 Supervision and audit of State finances
(1) The Parliament supervises finances and compliance with the State budget. For this purpose, the Parliament shall have an Audit Committee. The Audit Committee shall report any significant supervisory findings to the Parliament.
(2) For the purpose of auditing State finances and compliance with the State budget, there shall be an independent National Audit Office in connection with the Parliament. More detailed provisions on the status and duties of the National Audit Office are laid down by an Act.
(3) The Audit Committee and the National Audit Office have the right to receive information needed for the performance of their duties from public authorities and other entities that are subject to their control.

Section 91 The Bank of Finland
(1) The Bank of Finland operates under the guarantee and supervision of the Parliament, as provided by an Act. For the purpose of supervising the operations of the Bank of Finland, the Parliament elects its governors.
(2) The appropriate Committee of the Parliament and the governors have the right to receive the information needed for the supervision of the operations of the Bank of Finland.

Section 92 State assets
(1) Provisions on the competence and procedure in the use of shareholder authority in companies effectively controlled by the State are laid down by an Act. Provisions on the necessity for the consent of the Parliament for the acquisition or relinquishment of effective control by the State in a company are likewise laid down by an Act.
(2) State real estate may be conveyed only with the consent of the Parliament or as provided by an Act.

■
Chapter 8
International relations

Section 93 Competence in the area of foreign policy issues
(1) The foreign policy of Finland is directed by the President of the Republic in co-operation with the Government. However, the Parliament

accepts Finland's international obligations and their denouncement and decides on the bringing into force of Finland's international obligations in so far as provided in this Constitution. The President decides on matters of war and peace, with the consent of the Parliament.

(2) The Government is responsible for the national preparation of the decisions to be made in the European Union, and decides on the concomitant Finnish measures, unless the decision requires the approval of the Parliament. The Parliament participates in the national preparation of decisions to be made in the European Union, as provided in this Constitution.

(3) The communication of important foreign policy positions to foreign States and international organisations is the responsibility of the Minister with competence in foreign affairs.

Section 94 Acceptance of international obligations and their denouncement

(1) The acceptance of the Parliament is required for such treaties and other international obligations that contain provisions of a legislative nature, are otherwise significant, or otherwise require approval by the Parliament under this Constitution. The acceptance of the Parliament is required also for the denouncement of such obligations.

(2) A decision concerning the acceptance of an international obligation or the denouncement of it is made by a majority of the votes cast. However, if the proposal concerns the Constitution or an alteration of the national borders, or such transfer of authority to the European Union, an international organization or an international body that is of significance with regard to Finland's sovereignty, the decision shall be made by at least two third of the votes cast.

(3) An international obligation shall not endanger the democratic foundations of the Constitution.

Section 95 Bringing into force of international obligations

(1) The provisions of treaties and other international obligations, in so far as they are of a legislative nature, are brought into force by an Act. Otherwise, international obligations are brought into force by a Decree.

(2) A Government bill for the bringing into force of an international obligation is considered in accordance with the ordinary legislative procedure pertaining to an Act. However, if the proposal concerns the Constitution or a change to the national territory, or such transfer of authority to the European Union, an international organisation or an international body that is of significance with regard to Finland's sovereignty, the Parliament

shall adopt it, without leaving it in abeyance, by a decision supported by at least two thirds of the votes cast.

(3) An Act may state that for the bringing into force of an international obligation its entry into force is provided by a Decree. General provisions on the publication of treaties and other international obligations are laid down by an Act.

Section 96 Participation of the Parliament in the national preparation of European Union matters

(1) The Parliament considers those proposals for acts, agreements and other measures which are to be decided in the European Union and which otherwise, according to the Constitution, would fall within the competence of the Parliament.

(2) The Government shall, for the determination of the position of the Parliament, communicate a proposal referred to in paragraph (1) to the Parliament by a communication of the Government, without delay, after receiving notice of the proposal. The proposal is considered in the Grand Committee and ordinarily in one or more of the other Committees that issue statements to the Grand Committee. However, the Foreign Affairs Committee considers a proposal pertaining to foreign and security policy. Where necessary, the Grand Committee or the Foreign Affairs Committee may issue to the Government a statement on the proposal. In addition, the Speaker's Council may decide that the matter be taken up for debate in plenary session, during which, however, no decision is made by the Parliament.

(3) The Government shall provide the appropriate Committees with information on the consideration of the matter in the European Union. The Grand Committee or the Foreign Affairs Committee shall also be informed of the position of the Government on the matter.

Section 97 Parliamentary right to receive information on international affairs

(1) The Foreign Affairs Committee of the Parliament shall receive from the Government, upon request and when otherwise necessary, reports of matters pertaining to foreign and security policy. Correspondingly, the Grand Committee of the Parliament shall receive reports on the preparation of other matters in the European Union. The Speaker's Council may decide on a report being taken up for debate in plenary session, during which, however, no decision is made by the Parliament.

(2) The Prime Minister shall provide the Parliament or a Committee with information on matters to be dealt with in a European Council beforehand and without delay after a meeting of the Council. The same applies when

amendments are being prepared to the treaties establishing the European Union.
(3) The appropriate Committee of the Parliament may issue a statement to the Government on the basis of the reports or information referred to above.

■
Chapter 9
Administration of justice

Section 98 Courts of law
(1) The Supreme Court, the Courts of Appeal and the District Courts are the general courts of law.
(2) The Supreme Administrative Court and the regional Administrative Courts are the general courts of administrative law.
(3) Provisions on special courts of law, administering justice in specifically defined fields, are laid down by an Act.
(4) Provisional courts shall not be established.

Section 99 Duties of the Supreme Court and the Supreme Administrative Court
(1) Justice in civil, commercial and criminal matters is in the final instance administered by the Supreme Court. Justice in administrative matters is in the final instance administered by the Supreme Administrative Court.
(2) The highest courts supervise the administration of justice in their own fields of competence. They may submit proposals to the Government for the initiation of legislative action.

Section 100 Composition of the Supreme Court and the Supreme Administrative Court
(1) The Supreme Court and the Supreme Administrative Court are composed of the President of the Court and the requisite number of Justices.
(2) The Supreme Court and the Supreme Administrative Court have a competent quorum when five members are present, unless a different quorum has been laid down by an Act.

Section 101 High Court of Impeachment
(1) The High Court of Impeachment deals with charges brought against a member of the Government, the Chancellor of Justice, the Parliamentary Ombudsman or a member of the Supreme Court or the Supreme Administrative Court for unlawful conduct in office. The Court of Impeachment deals also with the charges referred to in section 113 below.
(2) The High Court of Impeachment consists of the President of the Supreme Court, presiding, and the President of the Supreme Administrative Court, the three most

senior-ranking Presidents of the Courts of Appeal and five members elected by the Parliament for a term of four years.

(3) More detailed provisions on the composition, quorum and procedure of the Court of Impeachment are laid down by an Act.

Section 102 Appointment of judges
Tenured judges are appointed by the President of the Republic in accordance with the procedure laid down by an Act. Provisions on the appointment of other judges are laid down by an Act.

Section 103 The right of judges to remain in office
(1) A judge shall not be suspended from office, except by a judgement of a court of law. In addition, a judge shall not be transferred to another office without his or her consent, except where the transfer is a result of a reorganisation of the judiciary.
(2) Provisions on the duty of a judge to resign at the attainment of a given age or after losing capability to work are laid down by an Act.
(3) More detailed provisions on the other terms of service of a judge are laid down by an Act.

Section 104 The prosecutors
The prosecution service is headed by the highest prosecutor, the Prosecutor-General, who is appointed by the President of theRepublic. More detailed provisions on the prosecution service are laid down by an Act.

Section 105 Presidential pardon
(1) In individual cases, the President of the Republic may, after obtaining a statement from the Supreme Court, grant full or partial pardon from a penalty or other criminal sanction imposed by a court of law.
(2) A general amnesty may be provided only by an Act.

■
Chapter 10
Supervision of legality

Section 106 Primacy of the Constitution
If, in a matter being tried by a court of law, the application of an Act would be in evident conflict with the Constitution, the court of law shall give primacy to the provision in the Constitution.

Section 107 Subordination of lower-level statutes
If a provision in a Decree or another statute of a lower level than an Act is in conflict with the Constitution or another Act, it shall not be applied by a court of law or by any other public authority.

Section 108 Duties of the Chancellor of Justice of the Government

(1) The Chancellor of Justice shall oversee the lawfulness of the official acts of the Government and the President of the Republic. The Chancellor of Justice shall also ensure that the courts of law, the other authorities and the civil servants, public employees and other persons, when the latter are performing a public task, obey the law and fulfil their obligations. In the performance of his or her duties, the Chancellor of Justice monitors the implementation of basic rights and liberties and human rights.
(2) The Chancellor of Justice shall, upon request, provide the President, the Government and the Ministries with information and opinions on legal issues.
(3) The Chancellor of Justice submits an annual report to the Parliament and the Government on his or her activities and observations on how the law has been obeyed.

Section 109 Duties of the Parliamentary Ombudsman
(1) The Ombudsman shall ensure that the courts of law, the other authorities and civil servants, public employees and other persons, when the latter are performing a public task, obey the law and fulfil their obligations. In the performance of his or her duties, the Ombudsman monitors the implementation of basic rights and liberties and human rights.
(2) The Ombudsman submits an annual report to the Parliament on his or her work, including observations on the state of the administration of justice and on any shortcomings in legislation.

Section 110 The right of the Chancellor of Justice and the Ombudsman to bring charges and the division of responsibilities between them
(1) A decision to bring charges against a judge for unlawful conduct in office is made by the Chancellor of Justice or the Ombudsman. The Chancellor of Justice and the Ombudsman may prosecute or order that charges be brought also in other matters falling within the purview of their supervision of legality.
(2) Provisions on the division of responsibilities between the Chancellor of Justice and the Ombudsman may be laid down by an Act, without, however, restricting the competence of either of them in the supervision of legality.

Section 111 The right of the Chancellor of Justice and Ombudsman to receive information
(1) The Chancellor of Justice and the Ombudsman have the right to receive from public authorities or others performing public duties the information needed for their supervision of legality.

(2) The Chancellor of Justice shall be present at meetings of the Government and when matters are presented to the President of the Republic in a presidential meeting of the Government. TheOmbudsman has the right to attend these meetings and presentations.

Section 112 Supervision of the lawfulness of the official acts of the Government and the President of the Republic
(1) If the Chancellor of Justice becomes aware that the lawfulness of a decision or measure taken by the Government, a Minister or the President of the Republic gives rise to a comment, the Chancellor shall present the comment, with reasons, on the aforesaid decision or measure. If the comment is ignored, the Chancellor of Justice shall have the comment entered in the minutes of the Government and, where necessary, undertake other measures. The Ombudsman has the corresponding right to make a comment and to undertake measures.
(2) If a decision made by the President is unlawful, the Government shall, after having obtained a statement from the Chancellor of Justice, notify the President that the decision cannot be implemented, and propose to the President that the decision be amended or revoked.

Section 113 Criminal liability of the President of the Republic
If the Chancellor of Justice, the Ombudsman or the Government deem that the President of the Republic is guilty of treason or high treason, or a crime against humanity, the matter shall be communicated to the Parliament. In this event, if the Parliament, by three fourths of the votes cast, decides that charges are to be brought, the Prosecutor-General shall prosecute the President in the High Court of Impeachment and the President shall abstain from office for the duration of the proceedings. In other cases, no charges shall be brought for the official acts of the President.

Section 114 Prosecution of Ministers
(1) A charge against a Member of the Government for unlawful conduct in office is heard by the High Court of Impeachment, as provided in more detail by an Act.
(2) The decision to bring a charge is made by the Parliament, after having obtained an opinion from the Constitutional Law Committee concerning the unlawfulness of the actions of the Minister. Before the Parliament decides to bring charges or not it shall allow the Minister an opportunity to give an explanation. When considering a matter of this kind the Committee shall have a quorum when all of its members are present.

(3) A Member of the Government is prosecuted by the Prosecutor-General.

Section 115 Initiation of a matter concerning the legal responsibility of a Minister

(1) An inquiry into the lawfulness of the official acts of a Minister may be initiated in the Constitutional Law Committee on the basis of:

1) A notification submitted to the Constitutional Law Committee by the Chancellor of Justice or the Ombudsman;
2) A petition signed by at least ten Representatives; or
3) A request for an inquiry addressed to the Constitutional Law Committee by another Committee of the Parliament.

(2) The Constitutional Law Committee may open an inquiry into the lawfulness of the official acts of a Minister also on its own initiative.

Section 116 Preconditions for the prosecution of a Minister

A decision to bring charges against a Member of the Government may be made if he or she has, intentionally or through gross negligence, essentially contravened his or her duties as a Minister or otherwise acted clearly unlawfully in office.

Section 117 Legal responsibility of the Chancellor of Justice and the Ombudsman

The provisions in sections 114 and 115 concerning a member of the Government apply to an inquiry into the -lawfulness of the official acts of the Chancellor of Justice and the Ombudsman, the bringing of charges against them for unlawful conduct in office and the procedure for the hearing of such charges.

Section 118 Official accountability

(1) A civil servant is responsible for the lawfulness of his or her official actions. He or she is also responsible for a decision made by an official multi-member body that he or she has supported as one of its members.

(2) A rapporteur shall be responsible for a decision made upon his or her presentation, unless he or she has filed an objection to the decision.

(3) Everyone who has suffered a violation of his or her rights or sustained loss through an unlawful act or omission by a civil servant or other person performing a public task shall have the right to request that the civil servant or other person in charge of a public task be sentenced to a punishment and that the public organisation, official or other person in charge of a public task be held liable for damages, as provided by an Act. However, there is no such right to bring charges, if, under the Constitution, the charges are to be heard by the High Court of Impeachment.

Chapter 11
Administration and self-government

Section 119 State administration
(1) In addition to the Government and the Ministries, the central administration of the State may consist of agencies, institutions and other bodies. The State may also have regional and local public authorities. More detailed provisions on the administration subordinate to the Parliament are laid down by an Act.
(2) The general principles governing the bodies of State administration shall be laid down by an Act, if their duties involve the exercise of public powers. The principles governing the regional and local authorities of the State shall likewise be governed by an Act. In other respects, provisions on the entities of State administration may be laid down by a Decree.

Section 120 Special Status of the Aland Islands
The Aland Islands have self-government in accordance with what is specifically stipulated in the Act on the Autonomy of the Aland Islands.

Section 121 Municipal and other regional self-government
(1) Finland is divided into municipalities, whose administration shall be based on the self-government of their residents.
(2) Provisions on the general principles governing municipal administration and the duties of the municipalities are laid down by an Act.
(3) The municipalities have the right to levy municipal tax. Provisions on the general principles governing tax liability and the grounds for the tax as well as on the legal remedies available to the persons or entities liable to taxation are laid down by an Act.
(4) Provisions on self-government in administrative areas larger than a municipality are laid down by an Act. In their native region, the Sami have linguistic and cultural self-government, as provided by an Act.

Section 122 Administrative divisions
(1) In the organisation of administration, the objective shall be suitable territorial divisions, so that the Finnish-speaking and Swedish-speaking populations have an opportunity to receive services in their own language on equal terms.
(2) The principles governing the municipal divisions are laid down by an Act.

Section 123 Universities and other education providers
(1) The universities are self-governing, as provided in more detail by an Act.
(2) Provisions on the principles governing the other educational services arranged by the State and the

municipalities, as well as on the right to arrange corresponding education in private educational institutions, are laid down by an Act.

Section 124 Delegation of administrative tasks to others than the authorities

A public administrative task may be delegated to others than public authorities only by an Act or by virtue of an Act, if this is necessary for the appropriate performance of the task and if basic rights and liberties, legal remedies and other requirements of good governance are not endangered. However, a task involving significant exercise of public powers can only be delegated to public authorities.

Section 125 General qualifications for public office and other grounds for appointment

(1) It may be stated in an Act that only Finnish citizens are eligible for appointment to certain public offices or duties.

(2) The general qualifications for public office shall be skill, ability and proven civic merit.

Section 126 Appointment to State offices

(1) The Government appoints state officials unless the appointment has been designated as a prerogative of the President of the Republic, a Ministry or another public authority.

(2) The President appoints the permanent secretary of the Office of the President of the Republic and the heads of Finnish diplomatic missions abroad.

■
Chapter 12
National defence

Section 127 National defence obligation

(1) Every Finnish citizen is obligated to participate or assist in national defence, as provided by an Act.

(2) Provisions on the right to exemption, on grounds of conscience, from participation in military national defence are laid down by an Act.

Section 128 Commander-in-chief of the defence forces

(1) The President of the Republic is the commander-in-chief of the defence forces. On the proposal of the Government in situations of emergency, the President may relinquish this task to another Finnish citizen.

(2) The President appoints the officers of the defence forces.

Section 129 Mobilisation

On the proposal of the Government, the President of the Republic decides on the mobilisation of the defence forces. If the Parliament is not in session at that moment, it shall be convened at once.

■
Chapter 13
Final provisions

Section 130 Entry into force
(1) This Constitution shall enter into force on 1 March 2000.
(2) Detailed provisions necessary for the implementation of the Constitution are laid down by an Act.

Section 131 Repeal of Constitutional Acts
This Constitution repeals the following constitutional Acts, as amended:
1) The Constitution Act of Finland, of 17 July 1919;
2) The Parliament Act, of 13 January 1928;
3) The Act on the High Court of Impeachment, of 25 November 1922 (273/1922); and
4) The Act on the Right of Parliament to Inspect the Lawfulness of the Official Acts of the Members of the Council of State, the Chancellor of Justice and the Parliamentary Ombudsman, of 25 November 1922 (274/1922).

3.5. 이탈리아헌법(국역문+영역문)

[해설]

이탈리아 대통령의 지위와 권한 및 국무총리임명권에 관한 규정은 이탈리아헌법 제59조, 제62조, 제73-74조, 제83-93조, 제104조, 제126조 등에 분산되어 있다. 7년 임기 이탈리아 대통령의 (교황 선출 방식의) 특이한 선출 방법은 제83-84조에 규정되어 있다.

이탈리아 공화국 헌법
(COSTITUZIONE DELLA REPUBBLICA ITALIANA)
이탈리아공화국 헌법 [이탈리아]
이탈리아공화국 헌법 (2023년 개정)

■
기본원칙

제1조
(1) 이탈리아는 노동에 기초한 민주공화국이다.
(2) 주권은 국민에게 있으며, 헌법에 따라 그리고 헌법의 한계 내에서 국민에 의해 행사된다.

제2조
국가는 인간이 개인의 인격이 표현되는 사회의 구성원으로서 그리고 개인으로서 갖는 불가침의 권리를 인정하고 보장한다. 국가는 정치적, 경제적, 사회적 연대의 기본적인 의무가 이행되도록 하여야 한다.

제3조
(1) 모든 국민은 동등한 사회적 존엄성을 가지며 성별, 인종, 언어, 종교, 정치적 견해, 개인적 및 사회적 조건의 차별 없이 법 앞에 평등하다.
(2) 국민의 자유와 평등을 제약하여 인격의 완전한 발현과 모든 노동자가 국가의 정치, 경제, 사회 조직에 효과적으로 참여하는 것을 방해하는 경제적, 사회적 장애물을 제거하는 것은 국가의 의무이다.

제4조
(1) 국가는 모든 국민의 일할 권리를 확인하고 이 권리를 가능하게 만드는 환경을 촉진시킨다.
(2) 모든 국민은 개인의 잠재력과 개별적 선택에 따라 사회의 물질적, 정신적 발전에 기여하는 활동이나 역할을 수행할 의무가

있다.

제5조
국가는 하나이며 분할될 수 없다. 국가는 지방자치를 인정 및 촉진하고, 국가에 의존하는 서비스에 있어서 최대한의 행정적 분권화를 이행한다. 국가는 자치와 분권화의 요구에 따른 입법 원칙과 방식을 채택한다.

제6조
국가는 적절한 조치로 언어적 소수집단을 보호한다.

제7조
(1) 국가와 가톨릭교회는 각각 자기 영역 내에서 독립적이며 주권을 가진다.
(2) 국가와 교회의 관계는 라테란협정으로 정한다. 쌍방당사자가 승인한 본협정의 개정 시에 헌법 개정 절차는 불필요하다.

제8조
(1) 모든 종파는 법 앞에 평등하게 자유롭다.
(2) 가톨릭을 제외한 종파는 자체 규약에 따라 스스로 조직할 권리가 있으나, 이탈리아 법률과 충돌해서는 안 된다.
(3) 종파들과 국가의 관계는 그들 각각의 대표와 합의한 내용에 따라 법률로 정한다.

제9조
(1) 국가는 문화의 발전과 과학기술 연구를 진흥한다.
(2) 국가는 자연 경관과 예술사적 문화유산을 보호한다.
(3) 국가는 미래 세대의 이익을 포함하여 환경, 생물다양성 및 생태계를 보호한다. 동물 보호의 방법과 형태는 국법으로 규제한다.

제10조
(1) 이탈리아의 법률제도는 일반적으로 인정된 국제법 원칙에 따른다.
(2) 외국인의 법적 지위는 국제법과 조약에 따라 법률로 정한다.
(3) 본국에서 이탈리아 헌법에 보장된 민주적 자유의 실제적 행사를 거부당한 외국인은 법률에서 정하는 조건에 따라 비호권을 누릴 수 있다.
(4) 외국인은 정치적 범죄를 이유로 송환되지 않는다.

제11조
이탈리아는 타국민의 자유를 침해하는 수단으로서의 전쟁과 국제분쟁 해결로서의 전쟁을 거부한다. 이탈리아는 타국과 동등한 조건으로 국가 간의 평화와 정의를 보장하는 세계 질서에 필요한 주권 제한에 동의한다. 이탈리아는 그런 목적을 추진하는 국제기구를 촉진 및 장려한다.

제12조
국기는 녹색과 흰색, 빨강 세 가지 색의 세로줄 무늬로 이루어진 이탈리아 삼색기이다.

■
제1부
시민의 권리와 의무

제1편 시민적 관계

제13조
(1) 개인의 자유는 불가침이다.
(2) 누구도 법률에서 규정된 경우에 한하여 법률에 따른 방식으로 이유를 명시한 법원

의 명령에 의하지 아니하고는 누구도 구금, 조사, 수색당하거나 기타 방식으로 개인의 자유를 제한받지 아니한다.
(3) 예외 상황 및 법률에 확실히 규정된 필요하고 긴급한 조건하에서 경찰은 임시조치를 취할 수 있고, 48시간 이내에 사안을 법원에 제출하여 정당성을 인정받되, 이후 48시간 이내에 그 정당성을 인정받지 못한 조치는 취소되며 무효로 간주된다.
(4) 개인의 자유가 제한된 자에 대한 신체적, 정신적 폭력행위는 처벌된다.
(5) 예방구금의 최대 기간은 법률로 정한다.

제14조
(1) 주거는 불가침이다.
(2) 개인 주거지는 불가침이다.
(3) 개인의 자유를 보호하기 위한 조치에 따른 경우와 방식에 의하지 아니한 가택 조사, 수색, 압수는 허용되지 않는다. 공중보건 및 공공안전이나 경제적, 재정적 목적의 규제와 검사에 관해서는 적절한 법률로 정한다.

제15조
(1) 서신과 기타 모든 형태의 통신의 자유와 비밀은 불가침이다.
(2) 이유를 명시한 법원 결정에 의해서 그리고 법률에 규정된 보장이 있는 경우에만 제한 할 수 있다.

제16조
(1) 모든 국민은 국내에서 거주·이전의 자유를 가진다. 예외적으로 보건이나 안전을 이유로 일반적인 제한을 법률로 정할 수 있다. 거주·이전의 자유는 정치적 이유로 제한할 수 없다.
(2) 모든 국민은 법적 의무와 상관없이 자유롭게 출국 및 귀국할 수 있다.

제17조
(1) 국민은 평화적이고 무기를 휴대하지 아니하는 집회를 할 권리를 가진다.
(2) 공중에게 개방된 장소에서 열리는 집회를 포함한 집회에 대한 사전 통지는 불필요하다.
(3) 공공장소에서 열리는 집회의 경우 당국에 사전 통지하고, 당국은 입증된 안보나 공공 안전을 이유로만 집회를 금지할 수 있다.

제18조
(1) 국민은 형법상 금지되지 않은 목적을 위해서는 허가 없이 자유롭게 단체를 설립할 수 있다.
(2) 비밀 결사와 간접적이라도 군사적 성격을 띤 조직으로 정치적 목적을 추구하는 단체는 금지한다.

제19조
누구든지 공중도덕을 위반하지 않는 한, 어떤 형태로든 종교적 신앙을 개별적 또는 집단적으로 자유롭게 고백하고, 촉진하고 공적 또는 사적으로 의식을 거행할 수 있다.

제20조
종교적 특성이나 종교적 목적을 근거로 어떤 단체에 대해 법적 능력, 설립 및 활동에 대해 특별한 제한이나 세금을 부과할 수 없다.

제21조
(1) 누구든지 연설, 서면 또는 기타 형태의 의사소통을 통하여 자신의 생각을 자유롭게 표현할 권리를 갖는다.
(2) 언론은 어떠한 허가나 검열을 받지 않는다.

(3) 언론에 관한 법률에 규정된 범죄를 저지르거나 그 범죄에 대한 책임자의 신원을 확인할 의무를 위반한 경우에 한해 이유를 기재한 법원 명령으로 압수가 허용된다.
(4) 절대적으로 긴급하고 법원의 개입이 불가능한 경우, 경찰은 정기간행물을 압수할 수 있고, 즉시 그리고 어떤 경우에도 24시간 이내에 그 사안을 법원에 제출하여 정당성을 인정받도록 한다. 이후 24시간 내에 그 정당성을 인정받지 못한 조치는 취소되며 무효로 간주된다.
(5) 정기간행물 출판 재원 공개에 관한 일반규정을 법률로 정할 수 있다.
(6) 공중도덕을 위반하는 출판, 공연, 기타 전시는 금지된다. 위반에 대한 예방 및 규제 조치는 법률로 정한다.

제22조
누구도 정치적 이유로 법적 능력, 시민권과 이름을 박탈당하지 않는다.

제23조
법률에 의하지 않으면 누구에게도 개인적 또는 재정적 성격의 의무를 부과할 수 없다.

제24조
(1) 누구든지 민법과 행정법에 따른 권리를 보호하기 위해 법원에 제소할 수 있다.
(2) 변호는 법적 절차의 모든 단계와 심급에서 불가침 권리이다.
(3) 빈곤층은 법률에 의해 모든 법원에서 소송이나 변호를 위한 적절한 방법을 지원받을 수 있다.
(4) 사법적 오류에 대한 배상의 조건과 형식은 법률로 정한다.

제25조
(1) 어느 사건도 법률에 따라 그것을 심리하는 법원에서 이송할 수 없다.
(2) 범죄 당시 유효한 법률에 의하지 않으면처 벌할 수 없다.
(3) 법률에 규정된 경우가 아니면 개인의 자유는 제한되지 않는다.

제26조
(1) 국제 협정에 명시된 경우에만 국민을 송환할 수 있다.
(2) 정치적 범죄로 인한 송환은 어떠한 경우에도 허용될 수 없다.

제27조
(1) 형사책임은 일신 전속적이다.
(2) 피고인은 최종 선고가 날 때까지 무죄로 추정된다.
(3) 형벌은 비인간적일 수 없으며 유죄를 선고받은 자의 재교육을 목표로 한다.
(4) 사형은 금지된다.

제28조
국가나 공공기관의 공무원은 권리 침해 행위에 대해 형법, 민법, 행정법에 따라 직접 책임을 진다. 그러한 경우 민사책임은 국가와 해당 공공기관에 확대된다.

제2편 윤리적·사회적 권리와 의무

제29조
(1) 국가는 결혼에 기초한 자연적 사회로서 가족의 권리를 인정한다.
(2) 결혼은 가족의 통합을 보장하기 위해 법률에 규정된 한도 내에서 배우자의 도덕적, 법적 평등을 토대로 한다.

제30조

(1) 혼외 자녀의 경우라도 자녀를 부양, 양육, 교육하는 것은 부모의 의무이자 권리이다.
(2) 부모가 무능력자인 경우, 그들의 의무 이행에 관하여 법률로 정한다.
(3) 법률은 합법적 가족의 일원으로서의 권리에 부합하는 법적, 사회적 보호 조치를 혼외 자녀에게 보장한다.
(4) 부(父)의 결정에 관한 원칙과 제한은 법률로 정한다.

제31조
(1) 국가는 경제적 조치와 기타 혜택을 통해 대가족을 우대하여 가족의 형성과 그 의무 이행을 지원한다.
(2) 국가는 필요한 규정을 채택하여 모성, 아동, 청소년을 보호한다.

제32조
(1) 국가는 개인의 기본권과 공동체 이익으로서의 건강을 보호하고, 빈곤층에 무상의료를 보장한다.
(2) 법률에 따른 경우를 제외하고 누구도 치료받을 의무는 없다. 법률은 어떤 경우에도 인간 존중에 따른 한계를 침해할 수 없다.

제33조
(1) 국가는 예술과 과학의 자유를 보장하며 그러한 교육의 자유를 보장한다.
(2) 국가는 교육에 관한 일반 규칙을 정하고 각급 공립학교를 설립한다.
(3) 법인과 개인은 국가에 비용을 납부하지 아니하고 학교와 교육기관을 설립할 권리가 있다.
(4) 동등한 지위를 요구하는 사립학교의 권리와 의무를 법률로 정하여 이러한 학교가 완전한 자유를 누리고 공립학교 학생에게 제공되는 것과 동일한 수준의 교육과 기능을 학생에게 제공하도록 보장한다.
(5) 각급 학교의 입학 또는 졸업 및 전문자격에 관한 국가시험을 규정한다.
(6) 고등교육기관, 대학교와 학술원은 국가 법률에서 정한 제한 내에서 자체 규칙을 제정할 권리가 있다.
(7) 국가는 모든 형태의 스포츠 활동에 대한 교육적, 사회적 및 정신적 건강의 증진 가치를 인정한다.

제34조
(1) 학교는 누구에게나 개방한다.
(2) 최소 8년간 제공되는 초등교육은 의무적 무상 교육이다.
(3) 가정 형편이 어려운 학생을 포함하여 유능하고 자질 있는 학생은 최고교육까지 도달할 권리가 있다.
(4) 국가는 이 권리를 장학금, 가족수당, 기타 혜택을 통해 제공하며, 이는 경쟁시험을 통해 할당한다.

제3편 경제적 권리와 의무

제35조
(1) 국가는 모든 형태의 그리고 실무상의 노동을 보호한다.
(2) 국가는 노동자 교육과 전문성 향상을 보장한다.
(3) 국가는 노동권을 제정 및 규정하는 목표를 가진 국제협약과 단체를 촉진하고 장려한다.
(4) 국가는 공익상 법률에 의해 규정된 의무가 적용되는 이민의 자유를 인정하고, 해외에서 근무하는 이탈리아 노동자를 보호한다.

제36조
(1) 노동자는 자기 노동의 양과 질에 상응하며 어떤 경우에도 자기와 가족에게 자유롭고 품위 있는 생활이 보장될 수 있는 보수를 받을 권리가 있다.
(2) 최대 일일 근로 시간은 법률로 정한다.
(3) 노동자는 매주 휴일과 유급 연차휴가를 받을 수 있다. 이 권리는 포기할 수 없다.

제37조
(1) 근로 여성은 동일한 노동에 대하여 남성과 동등한 권리를 누리고 동일한 보수를 받는다. 근로 조건은 여성이 가족 내에서의 필수적 역할을 수행할 수 있도록 정해져야 하며 모자(母子)에게 적절한 보호를 보장해야 한다.
(2) 유급 노동의 최소 연령은 법률로 정한다.
(3) 국가는 특별규정에 의해 미성년자의 노동을 보호하고 그들에게 동일 노동에 대한 동일 임금의 권리를 보장한다.

제38조
(1) 근로 능력이 없고 필요한 생계 수단이 없는 모든 국민은 복지 지원을 받을 수 있다.
(2) 노동자는 사고, 질병, 장애, 노령, 비자발적 실업 시 그들의 요구와 필수품을 위한 수단을 보장받을 권리를 갖는다.
(3) 장애인은 교육과 직업훈련을 받을 수 있다.
(4) 이 조에 따른 책임은 국가가 설립하거나 지원하는 단체나 기관에 위탁된다.
(5) 민간 부문 지원도 자유롭게 제공할 수 있다.

제39조
(1) 노동조합은 자유롭게 설립할 수 있다.

(2) 법률 규정에 따라 지방이나 중앙관청에 등록하는 것 외에 어떤 의무도 노동조합에 부과할 수 없다.
(3) 등록 조건은 노동조합 정관으로 내부 조직을 민주적 기반에 두도록 하는 것이다.
(4) 등록된 노동조합은 법인이다. 그들은 회원 수에 비례하는 통합 대표를 통해 단체 협약을 체결할 수 있는데, 위 협약은 이에 언급된 범주에 속하는 모든 사람에게 강제적 효과를 발생시킨다.

제40조
파업권은 법률에 따라 행사한다.

제41조
(1) 민간 경제활동의 자유를 보장한다.
(2) 이는 건강, 환경, 안보, 자유 및 인간의 존엄성을 해치는 방식으로 사회적 효용에 반하여 수행될 수 없다.
(3) 공공 및 민간 경제활동이 사회적 및 환경적 측면에 맞게 방향을 잡고 조정할 수 있도록 프로그램과 적절한 통제를 법률로 정한다.

제42조
(1) 재산은 국유 또는 사유이다. 경제적 자산은 국가, 공공기관, 사인에게 속할 수 있다. 사유 재산은 법률로 인정되고 보장된다.
(2) 법률은 사유재산의 사회적 기능을 보장하고 누구나 접근할 수 있도록 취득 및 향유의 방법과 그 한계를 규정한다.
(3) 법률이 정한 경우로서 보상 규정이 있는 때에 공익을 이유로 사유재산을 수용할 수 있다.
(4) 적법한 유언 상속의 규칙과 한계, 유산 문제에 관한 국가의 권리는 법률로 정한다.

제43조
공공이익의 목적상 어떤 기업이나 그 범주를 보상 규정과 함께 선매 결정이나 의무적 매입 권한을 통해 정부, 공공기관, 노동자 또는 사용자 단체에 귀속시키는 법률을 제정할 수 있으나, 그 기업이 필수적 공공서비스나 에너지원 또는 독점 분야에서 활동하고 일반적인 공익성이 있어야 한다.

제44조
(1) 토지의 합리적 사용과 공평한 사회적 관계를 보장하기 위해 법률로 토지 사유에 의무와 제한을 부과하고, 주와 농업 구역에 따라 토지 면적의 한도를 정하며 토지 개간, 대농장 개조, 농장 단위 개편을 장려 및 부담시키고 중소 규모의 토지를 지원한다.
(2) 산악 지대에 관해서는 법률로 규정한다.

제45조
(1) 국가는 상호 부조적이고 비투기적인 협동조합의 사회적 기능을 인정한다. 법률은 적절한 수단을 통해 협동조합을 촉진 및 장려하고 적절한 조사를 통해 그 특성과 목적을 보장한다.
(2) 법률은 수공예를 보호하고 촉진한다.

제46조
노동자의 경제적, 사회적 발전을 위해 그리고 생산 요구에 맞게, 국가는 노동자가 법률에 규정된 방식과 한계 내에서 기업경영에 참가할 권리를 인정한다.

제47조
(1) 국가는 모든 형태의 저축을 장려하고 보호한다. 국가는 여신 운영을 규제, 조정, 감독한다.
(2) 국가는 민간 저축의 사용을 통해 주택 및 농장 소유와 주요 국영기업 주식의 직·간접적 소유를 촉진한다.

제4편 정치적 권리와 의무

제48조
(1) 성년에 달한 남녀 국민은 선거권이 있다.
(2) 투표는 개인, 평등, 자유, 비밀투표로 한다. 투표권 행사는 국민의 의무이다.
(3) 재외국민의 투표권 행사를 위한 요건과 양식을 법률로 정하여 이 권리의 실효성을 보장한다. 의회 선거를 위한 재외 국민의 선거구를 정하여야 한다. 그러한 선거구의 의석수는 법률이 정한 기준에 따라 헌법 조항에 명시한다.
(4) 무능력이나 취소 불가능한 형사 판결을 선고받은 경우 또는 도덕적으로 자격이 없는 것으로 법률에 규정된 경우를 제외하고 투표권을 박탈할 수 없다.

제49조
모든 국민은 민주적 절차를 통해 국가의 정책 결정에 기여하는 정당을 자유롭게 설립할 권리가 있다.

제50조
모든 국민은 입법 조치를 요청하거나 집단적 요구를 표현하기 위해 의회에 청원할 권리를 가진다.

제51조
(1) 성별에 관계없이 모든 국민은 법률에 규정된 조건에 따라 동등하게 공직과 선출직에 진출할 수 있다. 이를 위해 국가는 남녀 기회균등을 촉진하는 구체적 조치를 채택한다.
(2) 국내에 거주하지 않는 이탈리아인에게

도 공직과 선출직에 진출하는 목적을 위하여 국민과 동일한 권리를 법률로 부여할 수 있다.
(3) 공직에 선출된 자는 누구나 그 직무 수행과 기존 직업 유지에 필요한 시간을 가질 수 있다.

제52조
(1) 국방은 모든 국민의 신성한 의무이다.
(2) 병역은 법률에 규정된 한계와 방식 내에서 의무적이다. 그 의무 이행은 국민의 직업이나 정치적 권리 행사에 불이익을 주지 않아야 한다.
(3) 군대 조직은 국가의 민주적 정신을 토대로 한다.

제53조
(1) 모든 사람은 각자의 능력에 따라 공공지출에 기여한다.
(2) 조세는 누진세로 한다.

제54조
(1) 모든 국민은 국가에 충성하고 헌법과 법률을 준수할 의무가 있다.
(2) 공무를 위임받은 국민은, 법률에 규정된 경우 선서를 하고, 규율에 맞도록 명예롭게 공무를 수행할 의무가 있다.

■
제2부 국가의 조직

제1편 의회
제1절 양원

제55조
(1) 의회는 하원과 상원으로 구성된다.
(2) 의회는 본 헌법이 규정하는 경우에 양원합동회의를 소집한다.

제56조
(1) 하원은 보통 · 직접선거로 선출한다.
(2) 하원의원의 수는 400명으로 하고 그중 8명은 재외 선거구에서 선출한다.
(3) 선거일 현재 25세 이상인 모든 유권자는 하원의원으로 선출될 수 있다.
(4) 재외 선거구에 할당된 의석수를 제외하고 선거구 간의 의석 배분은 최근 총인구조사 결과에 따른 국민 수를 392로 나누고 전체 몫과 최대 나머지를 토대로 모든 선거구의 인구에 비례하여 의석을 배정한다.

제57조
(1) 상원은 재외 선거구에 할당된 의석을 제외하고 주 기반으로 선출한다.
(2) 상원의원의 수는 200명으로 하고 그중 4명은 재외 선거구에서 선출한다.
(3) 어느 주의 상원의원도 3명 미만일 수 없으나, 몰리세주는 2명, 발레다오스타주는 1명으로 한다.
(4) 재외 선거구에 할당된 의석수를 제외하고 주 또는 자치구의 의석 배분은 제56조에 따라 전체 몫과 최대 나머지를 토대로 최근 총인구조사에 따라 인구에 비례하여 배정한다.

제58조
(1) 상원의원은 직접 · 보통선거로 선출한다.
(2) 40세 이상인 유권자는 상원의원으로 선출될 수 있다.

제59조
(1) 전직 대통령은 사임하지 아니하면 당연직 종신 상원의원이 된다.

(2) 대통령은 사회, 과학, 예술 및 문학 분야에서 탁월한 업적으로 국가에 기여한 국민 5명을 종신직 상원의원으로 임명할 수 있다. 대통령이 임명하는 상원의원의 총수는 어떠한 경우에도 5명을 초과할 수 없다.

제60조
(1) 하원과 상원은 5년마다 선출한다.
(2) 각 원의 임기는 연장할 수 없으나, 전시에 한해 법률이 정하는 바에 의하여 예외를 인정한다.

제61조
(1) 새로운 의회를 위한 선거는 전 의회의 임기 만료로부터 70일 이내에 실시한다. 첫 회의는 선거 후 20일 이내에 소집된다.
(2) 새로운 의회 회기 전까지 전 의회의 권한이 연장된다.

제62조
(1) 다른 규정이 없는 한 의회는 2월과 10월의 첫 근무일에 소집된다.
(2) 각 원은 의장이나 대통령 또는 재적의원 3분의 1의 발의로 임시 회의를 소집할 수 있다.
(3) 한 원에서 임시 회의를 소집하면, 나머지 원도 당연 소집된다.

제63조
(1) 각 원은 소속 의원 중에서 의장과 사무총장을 선출한다.
(2) 양원합동회의 시 의장과 사무총장은 하원의 의장과 사무총장이 맡는다.

제64조
(1) 각 원은 의원 절대다수로 자체 규칙을 채택한다.
(2) 회의는 공개하나, 각 원과 양원합동회의는 비공개회의 소집을 결정할 수 있다.
(3) 헌법에 특별 다수결이 규정된 경우를 제외하고, 재적의원 과반수가 출석하지 않은 경우와 출석의원 과반수 찬성으로 통과되지 않은 경우 각 원 및 의회 결정은 유효하지 않다.
(4) 국무위원은 의원이 아니어도 회의에 참석할 권리가 있으며, 요청받은 경우 참석할 의무가 있다. 이들이 요청하면 발언 기회가 주어진다.

제65조
(1) 하원의원이나 상원의원의 결격 사유는 법률로 정한다.
(2) 누구도 동시에 하원의원과 상원의원이 될 수 없다.

제66조
각 원은 소속 의원의 자격과 추후 발생할 수 있는 결격 사유를 확인한다.

제67주
각 의원은 국가를 대표하며 선거구 유권자들의 요구에 기속됨이 없이 직무를 수행한다.

제68조
(1) 의원은 직무상 행한 발언이나 표결에 관하여 책임지지 않는다.
(2) 의원은 소속 원의 허가 없이는 신체나 가택의 수색을 당하지 않고, 체포, 기타 개인적 자유 박탈 또는 구금을 당하지 않으나, 최종 법원 판결이 집행되는 경우나 현행범인으로 체포된 경우는 예외이다.
(3) 의원의 대화나 통신을 감시하거나 우편물을 압수하기 위해서도 소속 원의 허가가 필요하다.

제69조
의원은 법률로 정한 수당을 받는다.

제2절 입법 절차

제70조
입법 기능은 양원이 공동으로 행사한다.

제71조
(1) 행정부, 의원, 헌법 개정 법률로 권한을 부여받은 단체나 기관은 법안을 제출할 수 있다.
(2) 국민은 조항별로 작성하여 최소 5만 명의 유권자가 서명한 법안을 제출하여 입법 발의를 할 수 있다.

제72조
(1) 각 원에 제출된 법안은 해당 원의 의사 규칙에 따라 위원회의 검토를 거쳐 본회의에서 조항별로 심의 후 최종표결에 붙여진다.
(2) 긴급한 것으로 선언된 법안을 심의하는 간이절차는 규칙으로 정한다.
(3) 법안의 심의와 승인을 원내 교섭단체의 비율이 반영되도록 구성된 상임위원회를 포함한 위원회에 언제, 그리고 어떻게 위임할 수 있는지는 규칙으로 정할 수 있다. 이 경우에 최종 승인 전에 행정부 또는 한 원 재적의원의 10분의 1이나 해당 위원회의 5분의 1이 본회의에서 토론 및 표결 또는 투표 설명 후 본회의에 상정하여 최종 승인하기를 요청하면 법안을 다시 본회의에 회부할 수 있다. 위원회의 절차를 공개하는 방식은 규칙으로 정한다.
(4) 헌법 및 선거 문제에 관한 법안, 위임 입법, 국제조약 비준, 예산 및 결산 승인의 경우 항상 의회에 의한 심의와 직접 승인에 관한 정규 절차를 따른다.

제73조
(1) 법률은 승인 후 1개월 이내에 대통령이 공포한다.
(2) 양원이 각 원 의원 절대다수로 법률이 긴급하다고 선언하면, 그에 따라 정해진 기한 내에 법률을 공포한다.
(3) 법률은 공포 후 즉시 공고하고 해당 법률에 다른 기한이 규정되어 있지 않으면 공고 15일 후에 발효된다.

제74조
(1) 대통령은 이유를 명시한 의견서를 의회에 송부하여 공포 예정된 법률의 재심의를 요구할 수 있다.
(2) 해당 법률이 다시 통과되면 그대로 공포된다.

제75조
(1) 유권자 50만 명이나 주의회 5개가 요청하면 법률 또는 법률의 효력을 가진 조치를 전부 또는 일부 폐지하기 위한 일반 국민투표를 실시할 수 있다.
(2) 세금, 예산, 일반사면 또는 특별사면에 관한 법률이나 국제조약을 비준하는 법률에 대해서는 국민투표를 실시할 수 없다.
(3) 하원 선거권이 있는 국민은 국민투표권을 가진다.
(4) 선거권자 과반수가 투표하고 유효 투표가 과반수에 도달하면 국민투표가 실시된 것으로 간주한다.

제76조
원칙과 기준을 정하고 또한 특정 목적을 위한 한시적인 경우를 제외하고는 입법 기능 행사를 행정부에 위임할 수 없다.

제77조
(1) 행정부는 양원의 수권법 없이는 법률의 효력을 가지는 명령을 제정할 수 없다.
(2) 필요하고 긴급한 상황에서 행정부가 자기 책임으로 잠정적 조치를 채택한 경우, 행정부는 해당 조치를 법률로 전환하기 위해 의회에 제출한다. 의회가 해산 중이면 그 제출 후 5일 이내에 의회를 소집한다.
(3) 이러한 잠정적 조치는 공고 후 60일 이내에 법률로 전환되지 않은 경우 소급하여 효력을 상실한다. 의회는 부결된 조치에서 발생한 법적 관계를 규정할 수 있다.

제78조
의회는 전쟁상태를 선포하고 필요한 권한을 행정부에 부여할 수 있다.

제79조
(1) 일반사면 및 특별사면은 각 항목에 대해 최종 투표로 양원 모두에서 3분의 2 이상 찬성을 얻은 법률로 허가할 수 있다.
(2) 해당 법률로 일반사면 또는 특별사면 시행 기한을 정한다.
(3) 제출된 일반사면 및 특별사면은 해당 법안 제출 후 발생한 범죄에는 적용될 수 없다.

제80조
의회는 정치적 성격을 띠고 중재나 법적 화해를 요구하며 국경 변경이나 지출 또는 새로운 입법이 수반되는 국제 조약의 비준을, 법률로 승인한다.

제81조
(1) 국가는 경제의 호황 및 불황 주기를 고려하여 그 예산에서 세입과 세출의 균형을 유지하여야 한다.
(2) 경제 주기의 효과를 고려할 목적으로 또는 예외적으로 양원 재적의원 절대다수의 승인이 있는 경우 이외에는 차입에 의존할 수 없다.
(3) 신규 세출 또는 세출 증가와 관련된 법률은 그 세출에 사용할 재원을 정하여야 한다.
(4) 양원은 매년 정부가 제출하는 예산 및 회계를 승인하는 법률을 채택하여야 한다.
(5) 임시예산의 시행은 국회 제정법에 의하여 허용되는 경우 이외에는 허용되지 않으며, 총 4개월을 초과할 수 없다.
(6) 예산법의 내용, 근본 규칙, 세입 및 세출의 균형을 위한 기준이나 일반적 정부 부채의 지속 가능성은 헌법에 규정된 원칙에 따라 양원 재적의원 절대다수가 승인한 의회 제정법으로 정한다.

제82조
(1) 각 원은 공익을 위해 조사를 수행할 수 있다.
(2) 이를 위해 기존 원내 단체에서 비례대표 방식에 따라 소속 의원으로 위원회를 구성한다. 조사위원회는 법원과 같은 권한 및 한계를 가지고 조사 및 검토를 수행할 수 있다.

제2편 대통령

제83조
(1) 대통령은 양원합동회의에서 선출한다.
(2) 소수의 대표성을 보장하기 위해 주 의회에서 선출된 각 주의 대표 3명이 선거에 참가한다. 발레다오스타(Valle d'Aosta)는 대표 1명만이 선거에 참가한다.
(3) 대통령 선거는 비밀 투표로 재적의원 3분의2 이상의 다수결에 의한다. 3차 투표 후에는 절대다수로 족하다.

제84조
(1) 50세 이상의 시민권 및 참정권을 향유하는 국민은 대통령으로 선출될 수 있다.
(2) 대통령직은 다른 어떤 직과도 겸임할 수 없다.
(3) 대통령의 보수와 권한은 법률로 정한다.

제85조
(1) 대통령의 임기는 7년이다.
(2) 임기 만료 30일 전에 하원의장은 양원 합동회의와 주 대표를 소집하여 새 대통령을 선출한다.
(3) 의회가 해산 중이거나 해산 전 3개월 내인 경우, 새로운 의회의 첫 개회 후 15일 이내에 선거를 실시한다. 그 기간 동안 현직 대통령의 권한이 연장된다.

제86조
(1) 대통령이 직무를 수행할 수 없는 경우 상원의장이 이를 대행한다.
(2) 대통령의 영구적 무능력이나 사망 또는 사임 시, 하원의장이 15일 이내에 새 대통령 선거를 위한 회의를 소집한다. 이는 의회해산 중이나 해산 전 3개월 내인 경우에 예정된 기한이 이를 초과함에 관계없이 이루어진다.

제87조
(1) 대통령은 국가원수이고 국가 통합을 상징한다.
(2) 대통령은 의회에 교서를 보낼 수 있다. 대통령의 권한은 다음과 같다.
 - 행정부가 발의한 법안의 의회 제출 허가
 - 법률 공포 및 법률의 효력을 가진 명령 그리고 규칙의 제정
 - 헌법에 규정된 경우 일반 국민투표 소집
 - 법률에 규정된 공직자 임명
 - 외교사절 신임 및 접수, 필요한 경우 의회에서 승인된 국제 조약 비준
(3) 대통령은 국군의 통수권자이고, 법률로 설치된 최고국방회의를 주재하며, 의회의 동의를 받아 선전포고를 한다.
(4) 대통령은 최고사법회의를 주재한다.
(5) 대통령은 특별사면 및 감형을 할 수 있다. 대통령은 영전을 수여한다.

제88조
(1) 대통령은 의회 의장들과 협의하여 한 원이나 양원 모두를 해산할 수 있다.
(2) 대통령은 임기의 만료 전 6개월 동안은 의회해산권을 행사할 수 없으나, 해당 기간이 의회의 임기 만료 전 6개월과 전부 또는 일부 겹치는 경우에는 가능하다.

제89조
(1) 대통령의 공문서는 제안한 장관이 서명해야 유효하며, 해당 장관이 그에 대해 책임을 진다.
(2) 법률의 효력을 가진 공문서와 법률에 따라 발행된 기타 공문서에는 국무총리가 부서한다.

제90조
(1) 대통령은 대역죄나 헌법 위반의 경우를 제외하고는 직무상 수행한 행위에 대해 책임지지 않는다.
(2) 대역죄나 헌법 위반의 경우에는, 양원 합동 회의에서 의원 절대다수로 대통령을 탄핵할 수 있다.

제91조
대통령은 취임하기 전에 양원합동회의에서 국가에 대한 충성 선서를 하고 헌법을

준수하겠다고 맹세한다.

제3편 행정부
제1절 국무회의

제92조
(1) 행정부는 국무총리와 장관으로 이루어지고 이들은 함께 국무회의를 구성한다.
(2) 대통령은 국무총리를 임명하고, 그의 제청으로 장관을 임명한다.

제93조
국무총리와 장관은 취임하기 전에 대통령에게 선서한다.

제94조
(1) 행정부는 양원의 신임을 받아야 한다.
(2) 각 원은 호명 투표로 표결되고 이유가 명시된 발의를 통해 신임을 부여하거나 철회한다.
(3) 정부는 구성 후 10일 이내에 신임을 받기 위해 의회에 출석한다.
(4) 정부안에 대한 한 원이나 양원의 반대 표결은 사임 의무를 수반하지 않는다.
(5) 불신임 동의안은 해당 원의 의원 10분의 1 이상이 서명해야 하며 제출 후 3일이 경과하기 전에는 심의될 수 없다.

제95조
(1) 국무총리는 정부의 일반 정책을 집행하고 그에 대해 책임진다. 국무총리는 장관들의 활동을 촉진 및 조정하여 정치적, 행정적 정책의 일관성을 보장한다.
(2) 장관은 국무회의의 행위에 대해 연대하여 책임지고, 각자의 부처 행위에 대해 개별적으로 책임진다.
(3) 부처(the ministries)의 수, 권한, 조직뿐만 아니라 국무회의의 조직에 대해서는 법률로 정한다.

제96조
국무총리와 장관은 사임하였다고 하더라도 직무수행 중 저지른 범죄에 대해 헌법률(Constitutional law)의 규정에 따라 상원이나 하원이 승인한 경우에 일반 재판을 받는다.

제2절 행정기관

제97조
(1) 공공행정기관은 유럽연합 법체계와의 일관성을 유지하며 예산의 균형과 공공부채의 지속 가능성을 보장한다.
(2) 행정기관은 행정의 효율성과 공정성을 보장하기 위해 법률에 따라 조직한다.
(3) 공무원의 권한, 의무, 책임에 관해서는 행정기관 규칙으로 정한다.
(4) 공무원의 임용은 법률에 규정된 경우를 제외하고는 경쟁시험을 통해 채용한다.

제98조
(1) 공무원은 공무에만 전념한다.
(2) 의회 의원은 연공서열을 통한 경우를 제외하고는 직무상 승진할 수 없다.
(3) 판사, 현역 직업군인, 법률 집행관, 해외 외교관 및 영사의 정당 가입 권리는 법률로 제한할 수 있다.

제3절 보조기관

제99조
(2) 국가경제노동회의는 법률에 의하여 수적, 질적 중요성을 고려한 비율에 따라 경

제 분야의 전문가와 대표로 구성한다.
(2) 이 기관은 법률에 규정된 문제와 기능에 대해 의회와 정부의 자문기관 역할을 한다.
(3) 이 기관은 법률이 정하는 원칙과 한계 내에서 법안을 발의하고 경제사회관계의 입법에 기여할 수 있다.

제100조
(1) 국가 회의는 법적 행정 자문기관이며 사법 행정을 감시한다.
(2) 회계감사원은 정부 조치의 합법성에 대해 예방적 통제권을 행사하고 예산운영을 감사한다. 회계감사원은 법률에 규정된 경우와 방식에 따라 국가로부터 정기적 예산 지원을 받는 단체의 재무관리에 대한 감사에 참여한다. 감사 결과는 의회에 직접 보고한다.
(3) 두 기관과 그 구성원의 정부로부터의 독립성은 법률로 보장한다.

제4편 사법부
제1절 사법부의 조직

제101조
(1) 사법권은 국민의 이름으로 행사된다.
(2) 판사는 법률에만 복종한다.

제102조
(1) 사법 절차는 사법부에 관한 규정에 의해 권한이 부여되고 통제를 받는 일반 판사가 진행한다.
(2) 특별 판사직은 설치할 수 없다. 일반 사법 기관 내에 특정 문제 전담부만을 설치할 수 있으며, 이 전담부에는 사법부 구성원이 아닌 유자격 국민이 참여할 수 있다.
(3) 사법 집행에 국민이 직접 참여하는 경우와 그 형식은 법률로 정한다.

제103조
(1) 국가 회의와 기타 사법행정기관은 법률이 정한 특정한 문제에 관하여 행정으로부터의 적법한 권리 보호와 주관적 권리의 보호를 관할한다.
(2) 회계감사원은 공공회계 문제와 법률에 규정된 기타 문제를 관할한다.
(3) 군사법원은 전시에 법률에 따른 관할권을 가진다. 평상시에는 군인의 군사 범죄만 관할한다.

제104조
(1) 사법부는 자치 조직이며 다른 모든 권력으로부터 독립되어 있다.
(2) 최고사법회의는 대통령이 주재한다.
(3) 초대 대법원장과 검찰총장은 최고사법회의의 당연직 구성원이다.
(4) 구성원의 3분의 2는 다양한 범주에 속한 모든 일반 판사 중에서 선출하고, 3분의 1은 양원합동회의가 15년 경력의 법학 교수와 변호사 중에서 선출한다.
(5) 최고사법회의는 의회가 지명한 구성원 중에서 부의장을 선출한다.
(6) 선출된 구성원의 임기는 4년이고 연임할 수 없다.
(7) 이들은 재임 중 변호사 명부에 등록되거나 의회 또는 주의회에서 일할 수 없다.

제105조
최고사법회의는 사법부 규칙에 따라 판사의 임용, 배치, 전보, 승진, 징계를 관할한다.

제106조
(1) 판사는 경쟁시험을 통해 임명된다.
(2) 사법부 규칙에 관한 법률은 단독 판사

가 수행하는 모든 직무에 대한 명예 판사의 임명과 선출을 허용한다.
(3) 최고사법회의의 제청에 따라, 15년 경력의 법학 교수와 변호사로서 상급법원에 대한 특별 전문가 명부에 등록된 자는 그의 뛰어난 공로로 대법관으로 임명될 수 있다.

제107조
(1) 사법부 조직에 관한 규정에 따른 방어권이 보장되고 이유가 명시된 또는 판사 본인의 동의를 받은 최고사법회의 결정에 의하지 않고는 판사는 파면, 해임, 정직되거나 다른 법원 또는 직무에 배치되지 않는다.
(2) 법무장관은 징계 조치를 취할 권한이 있다.
(3) 판사는 각자의 서로 다른 직무로만 구별된다.
(4) 검사는 사법부 조직에 관한 규정에 보장된 검사의 혜택을 누린다.

제108조
(1) 사법부의 조직과 판사에 관한 규정은 법률로 정한다.
(2) 특별법원의 판사, 특별법원의 검사, 그 외 의사법 집행에 참여하는 자의 독립성을 법률로 보장한다.

제109조
사법부는 사법 경찰을 직접 동원할 수 있다.

제110조
법무장관은 최고사법회의의 권한을 침해하지 않고 사법과 관련된 서비스의 조직과 기능을 책임진다.

제2절 관할 규정

제111조
(1) 관할권은 법률에 규정된 적법 절차를 통해 이행된다.
(2) 모든 법원 재판은 당사자주의로 진행되며, 당사자들은 제3자 자격의 공정한 판사 앞에서 동등한 조건을 적용받을 자격이 있다. 적절한 재판 기간은 법률로 정한다.
(3) 형사 재판에서는, 범죄 용의자에게 기소 혐의의 성격과 이유를 즉시 사적으로 통지하고 방어를 준비할 충분한 시간과 환경을 제공하도록 법률로 정한다. 피고인은 고소인을 판사 앞에서 반대신문 하거나 반대신문을 하도록 시키고 검사와 동일한 조건으로 방어를 위해 증인을 소환 및 신문할 권리와, 방어에 유리한 여타 증거를 제시할 권리를 가진다. 피고인이 재판 절차에서 사용되는 언어를 구사하거나 이해할 수 없는 경우 통역자의 도움을 받을 수 있다.
(4) 형사 절차에서 증거 구성은 당사자주의 심리 원칙을 기반으로 한다. 자신의 자유로운 선택으로 피고인이나 변호사의 반대신문을 항상 자발적으로 피한 자의 진술을 토대로 피고인의 유죄를 증명할 수는 없다.
(5) 피고인의 동의를 받거나 객관적 불가능성을 확인한 경우 또는 불법행위가 입증됨으로 인해 당사자주의에서 증거가 구성되지 않는 경우는 법률로 정한다.
(6) 모든 판결에는 이유를 명시한다.
(7) 일반법원과 특별법원이 선고한 개인의 자유에 영향을 주는 조치와 판결이 법률에 위반되는 경우 대법원에 대한 상고는 항상 허용된다. 이 규정은 전시의 군사법원 판결의 경우에만 배제될 수 있다.
(8) 국가 회의 및 회계감사원의 결정에 대해서는 관할 위반을 이유로만 대법원에 상고할 수 있다.

제112조
검찰은 형사소송 절차를 개시할 의무가 있다.

제113조
(1) 공공 행정 행위에 대하여 일반법원이나 행정법원에 권리와 합법적 이익의 사법적 보호를 청구하는 것은 항상 허용된다.
(2) 이러한 사법적 보호는 특정 종류의 항소나 특정 범주의 행위에 대한 것을 제외하거나 그것에 국한되지 않는다.
(3) 법률에 규정된 경우에 속하며 법률에 규정된 결과를 낳는 공공행정 행위를 취소할 권한을 어떤 사법기관에 부여할지는 해당 법률로 정한다.

제5편 주, 도, 시

제114조
(1) 공화국은 시, 도, 대도시, 주, 국가로 구성된다.
(2) 시, 도, 대도시, 주는 헌법에 규정된 원칙에 따라 조례와 권한 및 기능을 가진 자치단체이다.
(3) 공화국의 수도는 로마이다. 그 지위는 국법으로 정한다.

제115조 삭제

제116조
(1) 프리울리베네치아줄리아(Friuli-Venezia Giulia), 사르데(Sardinia), 시칠리아(Sicily), 트렌티노알토아디제(Trentino-Alto Adige/Südtirol), 발레다오스타(Valle d'Aosta/Vallée d'Aoste)에는 헌법률로 채택된 특별법에 따른 특별한 자치의 형태와 조건이 부여된다.

(2) 트렌티노알토아디제 주는 자치도 트렌트(Trent)와 볼차노(Bolzano)로 구성된다.
(3) 제117조 셋째 문단 그리고 둘째 문단의 제 1호(치안판사의 조직적 요건에 국한함)와 제n호 및 제s호에 명시된 분야와 관련된 추가적 특별 자치 형태와 조건이 국법에 따라 다른 주에 규정될 수 있는데, 이는 관련 주의 발의로, 제119조에 규정된 원칙에 따라, 지방 기관과 협의한 후에 진행한다. 해당 법률은 국가와 관련 주의 합의를 바탕으로, 양원 모두의 절대다수가 승인된다.

제117조
(1) 입법권은 헌법에 따라 EU 입법 및 국제적 의무에 의한 한계 내에서 국가와 주에 귀속된다.
(2) 국가는 다음 각 호에 대하여 독점적 입법권을 가진다.
  a) 국가의 외교정책과 국제관계, 국가와 유럽연합의 관계, EU에 속하지 아니한 국민의 비호권과 법적 지위
  b) 이민
  c) 국가와 종파의 관계
  d) 국방과 군대, 국가 안보, 군비, 무기와 폭발물
  e) 통화, 저축 보호 및 금융시장, 경쟁 보호, 외환제도, 국가 조세 및 회계 제도, 공공 회계의 조정, 재정 자원 평준화
  f) 국가 기관 및 관련 선거법, 국민투표, 유럽의회 선거
  g) 국가와 전국 공공기관의 법적·행정적 조직
  h) 공공질서와 안전(지방 경찰 제외)
  i) 국적, 국민의 지위 및 등록사무소
  l) 관할 및 절차법, 민법과 형법, 행정사법제도
  m) 국가 영토 전체에서 보장되는 민권 및 사회권에 관련된 혜택의 기본적

수준 결정
n) 교육에 관한 일반 규정
o) 사회보장제도
p) 시, 도, 대도시의 선거법, 행정기관, 기본적 기능
q) 관세, 국경 보호, 국제 질병예방
r) 도량형, 표준시, 국가·주·지방 행정 데이터의 통계적 조정 및 전산화, 지적재산
s) 환경, 생태계, 문화유산 보호

(3) 보충적 법률이 다음과 같은 문제에 적용된다. 즉, 주의 국제 및 EU 관계, 해외무역, 일자리 보호 및 안전, 교육(교육기관의 자치를 조건으로 하며 직업교육 및 훈련 제외), 직업, 과학기술 연구와 생산 부문의 혁신 지원, 건강 보호, 영양 공급, 스포츠, 재난 구조, 토지 사용 계획, 항만과 공항, 대규모 운송 및 항행 네트워크, 통신, 국가적 에너지 생산·수송·배급, 보완적·보충적 사회보장, 공공 재정 및 조세 제도 조정, 문화 및 환경자산 증대(문화 활동의 촉진 및 조직화 포함), 저축은행·지방은행·지역신용기관, 지역 토지 및 농업 신용기관. 보충적 법률이 다루는 문제에 대한 입법권은 주에 귀속되나, 기본 원칙은 국가 법률로 정한다.

(4) 국가 법률에 명시적으로 귀속되지 않는 문제에 대한 입법권은 주에 속한다.

(5) 주와 자치도(autonomous proVInces) 트렌트(Trent), 볼차노(Bolzano)는 자신의 책임에 속하는 분야에서 EU 입법 행위의 의사 결정 준비 과정에 참여한다. 이들은 또한 국제협약과 EU 조치를 이행할 책임이 있다. 주와 자치도가 이를 이행하지 않을 경우 국가의 보조적 권한 행사를 규정하는 국가 법률에서 정하는 절차 원칙이 적용된다.

(6) 독점적 입법 문제와 관련된 규제 권한은 국가에 귀속되나, 그 권한을 주에 위임할 수 있다. 다른 모든 문제의 규제 권한은 주에 귀속된다. 시, 도, 대도시는 이들에게 부여 된 기능의 조직과 이행에 관해 규제 권한을 가진다.

(7) 주법은 사회적, 문화적, 경제적 생활에서의 완전한 남녀평등에 대한 장애물을 제거하고 남성과 여성의 선출직에 대한 기회 균등을 촉진한다.

(8) 주의 기능 이행 개선을 목표로 하며 공동 기관 설치를 규정하는 한 주와 다른 주 간의 협정은 주법으로 비준한다.

(9) 자신의 책임에 속하는 분야에서, 주는 국법에 규정된 경우와 방식에 따라 외국 및 타국의 지방기관과 협약을 체결할 수 있다.

제118조

(1) 도, 대도시, 주 또는 국가에 속하지 않는 행정 기능은 보완, 차별, 비례 원칙에 따라 시에 부여하여 균등한 이행을 보장한다.

(2) 시, 도, 대도시는 자체 행정 기능뿐 아니라 국가나 주법이 각각의 권한에 따라 할당한 기능도 이행한다.

(3) 국가 법률은 제117조 둘째 문단의 제b호와 제h.호에 해당하는 문제에서 국가와 주 사이의 조정 행위, 그리고 문화유산 보존 분야에서의 합의와 조정 행위에 관해 규정한다.

(4) 국가, 주, 대도시, 도, 시는 보완 원칙에 따라 공익 활동과 관련하여 개인으로서와 단체의 일원으로서 국민의 자율적 발의를 촉진한다.

제119조

(1) 시·도·대도시·주는 세입세출예산의 균형을 유지할 의무를 조건으로 세입과 세출에 대한 자주적 권리를 가지며, 유럽연합 법체계에 따른 경제적 및 재정적 제약을 준

수하는 데 기여하여야 한다.
(2) 시·도·대도시·주는 독립된 재정 자원을 가진다. 시·도·대도시·주는 헌법과 공공 재정 및 조세 제도 조정 원칙에 따라 세금을 결정하여 부과하고 세입을 징수한다. 시·도·대도시·주는 자신의 영토와 관련된 국세의 일부를 배정받는다.
(3) 주민 1인당 재정 능력이 낮은 지역에 대해 배당 제한이 없는 평등 기금을 국법으로 규정한다.
(4) 위에 언급된 세입원에서 발생한 세입으로 시·도·대도시·주는 자신에 속한 공공 기능의 재원을 모두 충당한다.
(5) 국가는 경제 개발과 사회 통합 및 연대 촉진, 경제적·사회적 불균형 해소, 개인의 권리 행사 독려 그리고 시·도·대도시·주의 통상적인 기능 이행에서 추구하는 것 이외의 목표를 달성하기 위하여 특정 시·도·대도시·주를 위해 추가 자원을 할당하고 특별 조치를 채택한다.
(6) 국가는 도서 지역의 특성을 인식하고 도서성으로 인해 발생하는 불리함을 제거하기 위해 필요한 조치를 장려한다.
(7) 시·도·대도시·주는 국법에서 규정한 일반 원칙에 따라 할당되는 자체 자산을 운용한다. 시·도·대도시·주는 부수적으로 상각 계획을 채택하고 전체로서 각 주 당국의 예산 균형 확보를 조건으로 투자 경비 조달의 수단으로서 차입에 의존할 수 있다. 이 경우 차입 계약을 위한 국가의 보증은 배제된다.

제120조
(1) 주는 주 사이에 수출·입세 또는 통과세를 부과하거나 주 사이에 인력이나 상품의 자유로운 이동을 방해하는 어떠한 조치도 채택할 수 없다. 주는 국민이 국가 영토의 어느 곳에서나 일할 권리를 제한할 수 없다.
(2) 주, 대도시, 도, 시의 기관이 국제 규칙 및 조약이나 EU 법률을 지키지 않거나, 공공 안전 및 보안이 중대한 위험에 처하거나, 법적·경제적 통합을 유지하고 특히 시민권 및 사회권에 관련된 혜택의 기본적 수준을 보장하는 데 그러한 조치가 필요할 때마다 정부는 지방 당국의 지리적 경계에 관계없이 해당 기관에 대해 조치를 취할 수 있다. 보완 및 충실한 협력의 원칙에 따라 보완적 권한을 행사하도록 보장하는 절차를 법률로 정한다.

제121조
(1) 주의 기관은 주 의회, 주정부, 주지사이다.
(2) 주의회는 주에 속한 입법권뿐 아니라 헌법과 법률로 부여된 기타 기능을 행사한다. 주의회는 국가 의회에 법안을 제출할 수 있다.
(3) 주정부는 주의 행정기관이다.
(4) 주지사는 주를 대표하며, 주정부의 정책 입안을 지시하고 이를 책임지며, 법률과 주의 조례를 공포하고, 국가가 주에 위임한 행정 기능을 중앙정부의 지침에 따라 지휘한다.

제122조
(1) 주지사, 주정부의 다른 구성원, 주의원의 선거제도와 무자격 및 결격 사유는 국법에 규정된 기본 원칙에 따라 주법으로 정하고, 선출직의 임기도 주법으로 정한다.
(2) 누구도 주 의회나 주정부에 속하면서 동시에 양원, 다른 주의회 또는 유럽의회에 속할 수 없다.
(3) 주의회는 소속 의원 중에서 의장과 사무총장을 선출한다.
(4) 주의원은 직무상 발언 및 행사한 투표

에 대해 책임지지 않는다.
(5) 주지사는 조례에 다른 규정이 없으면, 보통·직접선거로 선출한다. 선출된 주지사는 주 정부의 구성원을 임명 및 해임한다.

제123조
(1) 각 주는 헌법에 따라 정부형태와 주의 조직 및 업무 수행에 관한 기본 원칙을 규정한 조례를 가진다. 조례는 법안 발의권을 규정하고 주의 법률과 행정 조치에 관한 주민투표뿐 아니라 법률과 주 규칙의 공고를 촉진한다.
(2) 조례는 법률에 따라 주의회가 절대다수로 채택 및 개정하되, 2개월 이상의 간격으로 2회 연속 심의한다. 이 법률에 대해 중앙정부 조정관의 승인은 요하지 않는다. 중앙정부는 조례의 합헌성 문제를 해당 조례 공고 후 30일 이내에 헌법재판소에 제기할 수 있다.
(3) 조례는 공고 후 3개월 내에 주민의 50분의 1이나 주의회의 5분의 1이 요청하면 주민투표에 회부된다. 주민투표에 회부된 조례는 유효 투표의 과반수가 찬성해야 공포된다.
(4) 각 주에서 주와 지방 기관의 관계에 관한 자문 기구로서의 지방기관협의회 활동을 조례로 정한다.

제124조 삭제

제125조
제1심 행정재판소를 국법 규정에 따라 주에 설치한다. 지부를 주의 수도 이외의 곳에 설치할 수 있다.

제126조
(1) 헌법에 저촉되는 행위나 중대한 법률 위반이 있는 경우 대통령이 이유를 명시한 명령으로 주의회를 해산하고 주지사를 해임할 수 있다. 국가 안보를 이유로 해산이나 해임을 결정할 수도 있다. 이러한 명령은 국가 법률에 규정된 방식에 의하며 하원의원과 상원의원으로 구성된 지방문제위원회와 협의 후 채택된다.
(2) 주의회는 재적 의원 5분의 1 이상이 서명하고 호명 투표로 절대다수가 찬성하여 채택한 주지사에 대한 불신임 동의를, 이유를 명시하여 채택할 수 있다. 그 동의안은 제출 후 3일이 경과하기 전에는 심의될 수 없다.
(3) 보통·직접선거로 선출된 주지사에 대한 불신임 동의안 채택 및 주지사의 해임, 영구적 장애, 사망 또는 자발적 사임은 주정부의 퇴진과 주의회 해산을 수반한다. 주의원 과반수의 동시 사퇴도 동일한 결과를 낳는다.

제127조
(1) 중앙정부는 주법이 주의 권한을 넘어선다고 판단이 되면 주법의 합헌성 문제를 해당 법률 공고 후 60일 이내에 헌법재판소에 제기할 수 있다.
(2) 주는 국가나 주법 또는 법률의 효력을 가진 조치가 주의 권한을 침해하는 것으로 판단하면 해당 법률이나 조치의 적법성 문제를 해당 법률 또는 조치 공고 후 60일 이내에 헌법재판소에 제기할 수 있다.

제128조 삭제

제129조 삭제

제130조 삭제

제131조
다음과 같은 주를 설치한다.

피에몬테(Piedmont), 발레다오스타(Valle d'Aosta), 롬바르디아(Lom-bardy), 트렌티노알토아디(Trentino-Alto Adige), 베네토(Veneto), 프리울리베네치아줄리아(Friuli-Venezia Giulia), 리구리아(Liguria), 에밀리아 로마냐(Emilia-Romagna), 토스카나(Tuscany), 움브리아(Umbria), 마르케(The Marches), 라티움(Latium), 아부르초(Abruzzi), 몰리세(Molise), 캄파니아(Campania), 아풀리아(Apulia), 바실리카타(Basilicata), 칼라브리아(Calabria), 시칠리아(Sicily), 사르데냐(Sardinia)

제132조
(1) 관계 주민의 3분의 1 이상을 대표하는 시의회가 요구하고 주민투표의 과반수 찬성으로 승인되면, 주의회의 의견을 청취한 후 헌법률로써 기존 주를 통합하거나 인구 1백만 명 이상의 새로운 주를 창설할 수 있다.
(2) 주에서 분리되어 다른 주로의 통합을 요청하는 도와 시는 주민투표와 국법에 따라 허용되며 관련 주민의 과반수 찬성을 얻고 주의회의 의견을 들어야 한다.

제133조
(1) 어떤 주 내에서 도의 경계선 변경 및 새로운 도의 설치는 시 당국의 발의로 주와 협의 후 국법으로 정한다.
(2) 주는 관련 주민과 협의 후, 주법을 통해 자기 지역 내에 새 시를 설치하고 그 관할 구역과 명칭을 변경할 수 있다.

제6편 헌법적 보장
제1절 헌법재판소

제134조
헌법재판소는 다음 사항에 관해 판결을 내린다.
- 국가와 주에서 공포한 법률과 법률의 효력을 지닌 법규의 합헌성 논의
- 국가 기관 사이, 국가와 주 및 주 사이의 권한 쟁송
- 헌법에 따라 대통령과 장관에 대한 탄핵 등

제135조
(1) 헌법재판소는 15명의 재판관으로 구성되며 대통령, 양원합동회의, 통상 및 행정의 최고법원에서 각각 3분의 1씩 지명한다.
(2) 헌법재판소 재판관은 퇴직 판사를 포함한 통상 및 행정 상급법원의 판사, 20년 이상의 경력을 가진 법학 교수와 변호사 중에서 선정한다.
(3) 헌법재판소 재판관의 임기는 9년으로 취임 선서한 날부터 각 임기가 시작하며 재임명 될 수 없다.
(4) 재판관은 임기가 만료되면 자리에서 물러나 직무 수행을 중단한다.
(5) 헌법재판소는 법률 규정에 따라 재판관 중에서 재판소장을 선출하며 임기는 3년이고 연임 가능하며, 모든 경우에 헌법재판관의 만료 임기는 존중된다.
(6) 헌법재판관직은 양원 의원, 주의회 의원, 변호사, 법률에 명시된 모든 직무와 겸할 수 없다.
(7) 대통령에 대한 탄핵 사건을 결정하기 위해 합석할 때 법정은 의회에 의해 일반판사의 임명과 동일한 절차로써 상원의원 선거자격이 있는 시민들 가운데서 9년마다 선출되는 시민 명단으로부터 추첨으로 뽑힌 16명의 추가 인원들로 구성된다.

제136조
(1) 헌법재판소가 법률이나 법률의 효력을 가진 법규의 위헌을 선언하면, 해당 법률은 선고 다음 날부터 무효가 된다.
(2) 헌법재판소 결정은 공고하고 의회와 관련 주의회에 통지하여 필요한 경우 헌법적 절차에 따라 행동하게 한다.

제137조
(1) 합헌성 여부에 대한 판결의 조건, 형태, 기간과 헌법재판소 재판관의 독립성 보장은 헌법률로 규정한다.
(2) 헌법재판소의 구성과 기능에 필요한 기타 사항은 일반 법률로 정한다.
(3) 헌법재판소 결정에 대해서는 항소할 수 없다.

제2절 헌법 개정, 헌법률

제138조
(1) 헌법개정법률 및 그 외의 헌법률(constitutional laws)은 3개월 이상의 간격으로 2회 연속 심의를 거쳐 양원에서 결정하며 2차 표결에서 양원의 절대다수로 가결된다.
(2) 한 원의 재적 의원 5분의 1이나 유권자 50만 명 또는 5개 주의회의 요구가 있는 경우, 해당 법률은 공고 후 3개월 이내에 국민투표에 붙인다. 국민투표에 붙인 법률은 유효투표의 과반수가 찬성하지 않으면 공포할 수 없다.
(3) 당해 법률이 2차 표결에서 양원의 3분의 2 이상의 다수 찬성으로 가결되면 국민투표를 실시하지 않는다.

제139조
국가 형태는 헌법 개정 사안이 아니다.

■ 경과 및 최종 규정

I.
헌법이 시행되면 임시 국가원수가 대통령의 권한을 행사하고 그 직함을 취한다.
II.
대통령 선거일에 주의회가 모두 설치되지 않은 경우 양원 의원만 선거에 참가한다.
III.
상원을 처음 구성할 때, 제헌의회 의원으로서 법률에 따라 상원의원이 될 모든 필수 조건을 갖춘 자와
- 국무총리나 제헌의회 의장이었던 자
- 해산된 상원의 의원이었던 자, 제헌의회를 포함하여 최소한 3선 의원이었던 자
- 1926년 11월 9일 하원 회의에서 해임된 자
- 국가 수호를 위한 특별 파시스트 재판소의 판결로 5년 이상 투옥된 자는
- 상원의원으로 임명된다.

해산된 상원의 의원이었던 자와 국민자문회의 구성원이었던 자도 대통령의 명령에 따라 상원의원으로 임명된다.
상원의원으로 임명될 권리는 임명서에 서명하기 전에 포기할 수 있다. 정치적 선거의 후보 수락은 상원의원으로 임명될 권리를 포기하는 것이다.
IV.
상원의 첫 선거에서 몰리세(Molise)는 주로 간주되고 인구에 따라 적절한 수의 상원의원을 가진다.
V.
예산 지출이나 법률 개정과 관련된 국제 조약 문제에 관한 헌법 제80조는 의회 소집일로부터 유효하다.
VI.

헌법 시행 후 5년 이내에 국가 회의, 회계감사원, 군사법원의 관할을 제외한 특별 관할 기관을 변경한다.
같은 날로부터 1년 이내에 제111조에 따라 최고군사법원 재조직에 관한 사항은 법률로 정한다.

VII.
헌법에 따라 사법부에 관한 새 법률이 공포될 때까지 현행 규정을 계속 적용한다.
헌법재판소가 구성될 때까지, 제134조에 명시된 분쟁에 관한 판결은 헌법 시행 전에 이미 존재하는 규정의 형식과 한계 내에서 진행한다.

VIII.
주의회와 주정부의 선출직 선거는 헌법 시행 후 1년 이내에 실시한다.
행정 각 부에 대해 국가 기능을 주에 이양하는 것은 국가 법률로 정한다. 지방 기관 사이에 행정 기능이 재편성되고 재분배될 때까지, 도와 시는 현재 수행하는 기능과 주가 위임한 기능을 유지한다.
중앙 행정기관 공무원을 포함한 국가 공무원을 주에 전보시키는 것은 새로이 제정된 국법으로 정한다. 주에서 주 기관을 설치할 때, 필수적인 경우를 제외하고 국가의 지방 기관 공무원 중에서 인력을 차출한다.

IX.
국가는 헌법 시행 후 3년 이내에 지방자치 요구와 주에 속한 입법 관할에 따라 법률을 조정한다.

X.
본 헌법 제II부 제5편의 일반 규정은 제116조에 따라 프리울리베네치아줄리아(Friuli-Venezia Giulia)주에 임시 적용되며, 이때 제6조에 따라 언어적 소수집단 보호를 침해하지 않는다.

XI.
헌법 시행 후 5년까지 제132조의 첫째 문단에서 정하는 절차에 따르지 않고 제131조 목록을 개정하여 다른 주를 헌법률에 따라 설치할 수 있고 이는 주민과의 협의 의무에는 영향을 미치지 않는다.

XII.
해산된 파시스트당을 어떤 형태로든 설립하는 것을 금지한다.
제48조에도 불구하고, 법률은 헌법 시행일로부터 5년 내의 기간에, 파시스트 체제에 책임이 있는 지도자의 투표권과 자격을 법률로 일시적으로 제한한다.

XIII.
사보이아 왕가의 구성원과 후손은 선거권을 가질 수 없고 공직에 취임할 수 없다.
사보이아 왕가의 전 국왕, 그 배우자와 그 남성 직계 후손은 국가 영토에 입국하고 체재하는 것이 금지된다.
국가 영토에 남아 있는 사보이아 왕가의 전 국왕, 그들의 배우자와 남자 후손의 재산은 국가에 이전된다. 1946년 6월 2일 이후에 발생한 위 재산에 관한 왕실 권리의 이전과 창설은 무효가 된다.

XIV.
귀족 작위는 인정되지 않는다.
1922년 10월 28일 이전에 존재한 귀족 작위에 포함된 지명은 이름의 일부가 된다.
성 마우리티우스 교단은 병원 법인으로 보존하고 법률에 규정된 방식으로 운영한다.
2002년 10월 23일 헌법률 제1호는, 헌법의 경과 및 최종 규정 제13호의 첫째와 둘째 문단을 해당 헌법률 시행일(2002년 11월 10일)부터 적용하지 않기로 하였다.
귀족회의의 활동 금지에 관해서는 법률로 정한다.

XV.
헌법이 시행되면 국가의 임시 조직에 관한 1944년 6월 25일 자 왕국 대리 명령 제151호는 법률이 된다.

XVI.
헌법 시행 후 1년 이내에 헌법 시행 당시 명시적, 묵시적으로 폐지되지 않은 구 헌법률의 개정과 조정을 시작한다.

XVII.
1948년 1월 31일 이전에 상원 선거법, 특별주 법규, 언론법에 관해 결정하기 위해 제헌의회를 의장이 소집한다.

새 의회 선거일까지 1946년 3월 16일 자 명령 제98호의 제2조 첫째와 둘째 문단 그리고 제3조 첫째와 둘째 문단에 따라 관할에 속한 문제에 관해 결정하는 데 필요하면 제헌의회를 소집할 수 있다.

당시 상임위원회는 그 기능을 유지한다. 입법위원회는 제출받은 법안을 자신의 의견 및 개정안과 함께 정부에 송부한다.

의원은 정부에 질의하여 서면 답변을 요청할 수 있다.

본 조항의 둘째 문단에 따라, 정부 또는 2백 명 이상의 의원이 이유를 명시하여 요청하면 의장은 제헌의회를 소집한다.

XVIII.
본 헌법은 제헌의회에서 승인 후 5일 이내에 임시 국가원수가 공포하고 1948년 1월 1일부터 시행한다.

헌법 전문을 모든 시청에 보관하고 1948년 내내 그곳에서 공개하여 모든 국민이 알 수 있게 한다.

국새를 찍은 헌법을 국가 법령의 공식 기록에 넣는다.

모든 국민과 국가기관은 국가의 기본법률인 헌법을 성실하게 준수해야 한다.

The Constitution of the Republic of Italia

Adopted on: 22 Dec 1947
Effective since: 1 Jan 1948
Last Amendment: 8 Feb 2022
ICL Document Status: 23 March 2022

Editor's Note: The ICL edition is based on the translation provided by the government. The amendments from 2019 to 2022 were taken from the Italian version and translated according to ICL guidelines by Adina Keller.

Part 0
Fundamental Principles

Article 1 Form of State
(1) Italy is a democratic republic based on labor.
(2) The sovereignty belongs to the people who exercise it in the forms and limits of the constitution.

Article 2 Human Rights
The Republic recognizes and guarantees the inviolable human rights, be it as an individual or in social groups expressing their personality, and it ensures the performance of the unalterable duty to political, economic, and social solidarity.

Article 3 Equality
(1) All citizens have equal social status and are equal before the law, without regard to their sex, race, language, religion, political opinions, and personal or social conditions.
(2) It is the duty of the Republic to remove all economic and social obstacles that, by limiting the freedom and equality of citizens, prevent full individual development and the participation of all workers in the political, economic, and social organization of the country.

Article 4 Work
(1) The Republic recognizes the right of all citizens to work and promotes conditions to fulfill this right.
(2) According to capability and choice, every citizen has the duty to undertake an activity or a function that will contribute to the material and moral progress of society.

Article 5 Local Autonomy
The Republic, one and indivisible, recognizes and promotes local autonomy; it fully applies administrative decentralization of state services and adopts principles and methods of legislation meeting the requirements of autonomy and decentralization.

Article 6 Linguistic Minorities
The Republic protects linguistic minorities by special laws.

Article 7 Relation between State and Church
(1) State and catholic church are, each within their own reign, independent and sovereign.
(2) Their relationship is regulated by the Lateran pacts. Amendments to these pacts which are accepted by both parties do not require the procedure of constitutional amendments.

Article 8 Religion
(1) Religious denominations are equally free before the law.
(2) Denominations other than Catholicism have the right to organize themselves according to their own by-laws, provided they do not conflict with the Italian legal system.
(3) Their relationship with the state is regulated by law, based on agreements with their representatives.

Article 9 Research and Culture
(1) The Republic promotes cultural development and scientific and technical research.
(2) It safeguards natural beauty and the historical and artistic heritage of the nation.
(3) It protects the environment, biodiversity and ecosystems, also in the interest of future generations. State law regulates the ways and forms of animal protection.

Article 10 International Law
(1) The legal system of Italy conforms

to the generally recognized principles of international law.

(2) Legal regulation of the status of foreigners conforms to international rules and treaties.

(3) Foreigners who are, in their own country, denied the actual exercise of the democratic freedoms guaranteed by the Italian constitution, are entitled to the right to asylum under those conditions provided by law.

(4) Foreigners may not be extradited for political offences.

Article 11 Repudiation of War
Italy repudiates war as an instrument offending the liberty of the peoples and as a means for settling international disputes; it agrees to limitations of sovereignty where they are necessary to allow for a legal system of peace and justice between nations, provided the principle of equality between states is guaranteed; it promotes and encourages international organizations furthering such ends.

Article 12 Flag
The flag of the Republic is the Italian tricolor: green, white, and red, in three vertical bands of equal dimensions.

■
Part I
Rights and Duties of Citizens
Title I Civil Rights

Article 13 Personal Liberty
(1) Personal liberty is inviolable.

(2) No one may be detained, inspected, or searched nor otherwise restricted in personal liberty except by order of the judiciary stating a reason and only in such cases and in such manner as provided by law.

(3) As an exception, under the conditions of necessity and urgency strictly defined by law, the police may take provisional measures that must be reported within 48 hours to the judiciary and, if they are not ratified within another 48 hours, are considered revoked and remain without effect.

(4) Acts of physical and moral violence against persons subjected to restrictions of personal liberty are to be punished.

(5) The law establishes the maximum duration of preventive detention.

Article 14 Personal Domicile
(1) Personal domicile is inviolable.

(2) No one's domicile may be inspected, searched, or seized save in cases and in the manner laid down by law conforming to the guarantee of personal liberty.

(3) Verifications and inspections for public health and safety, or for economic and fiscal purposes are defined by law.

Article 15 Freedom of Correspondence

(1) Liberty and secrecy of correspondence and other forms of communication are inviolable.
(2) Limitations may only be imposed by judicial decision stating the reasons and in accordance with guarantees defined by law.

Article 16 Freedom of Movement
(1) Every citizen has the right to reside and travel freely in any part of the national territory except for limitations provided by general laws protecting health or security. No restriction may be imposed for political reasons.
(2) Every citizen is free to leave the territory of the Republic and return to it except for obligations defined by law.

Article 17 Right of Assembly
(1) All citizens have the right to assemble peaceably and unarmed.
(2) For meetings, including those held in places to which the general public has access, no previous notice is required.
(3) For meetings held in public places previous notice must be given to the authorities, who may prohibit them only on the grounds of proven risks to security or public safety.

Article 18 Freedom of Association
(1) Citizens have the right freely and without authorization to form associations for those aims not forbidden by criminal law.
(2) Secret associations and associations pursuing political aims by military organization, even if only indirectly, are forbidden.

Article 19 Freedom of Religion
Everyone is entitled to freely profess religious beliefs in any form, individually or with others, to promote them, and to celebrate rites in public or in private, provided they are not offensive to public morality.

Article 20 Religious Associations
For associations or institutions, their religious character or religious or confessional aims do not justify special limitations or fiscal burdens regarding their establishment, legal capacity, or activities.

Article 21 Freedom of Communication
(1) Everyone has the right to freely express thoughts in speech, writing, and by other communication.
(2) The press may not be controlled by authorization or submitted to censorship.
(3) Seizure is permitted only by judicial order stating the reason and only for offences expressly determined by the press law or for violation of the obligation to identify the persons responsible for such offences.
(4) In cases of absolute urgency where immediate judicial intervention is impossible, periodicals may be seized by the judicial police, who must immediately and in no case

later than 24 hours report the matter to the judiciary. If the measure is not validated by the judiciary within another 24 hours, it is considered revoked and has no effect.
(5) The law may, by general provision, order the disclosure of financial sources of periodical publications.
(6) Publications, performances, and other exhibits offensive to public morality are prohibited. Measures of prevention and repression against violations are provided by law.

Article 22 Citizenship and Name
Nobody may be deprived of legal capacity, citizenship, or name for political reasons.

Article 23 Personal Services
Nobody may be forced to perform personal service or payment without legal provision.

Article 24 Right to be Heard in Court
(1) Everyone may bring cases before a court of law in order to protect their rights under civil and administrative law.
(2) Defense is an inviolable right at every stage and instance of legal proceedings.
(3) The poor are entitled by law to proper means for action or defense in all courts.
(4) The law defines the conditions and forms for reparation in the case of judicial errors.

Article 25 Defendant's Rights
(1) No case may be removed from a court, but must be heard as provided by law.
(2) No punishment is allowed except provided by a law already in force when the offence has been committed.
(3) Security measures against persons are only allowed as provided by law.

Article 26 Extradition
(1) A citizen may be extradited only as expressly provided by international conventions.
(2) In any case, extradition may not be permitted for political offences.

Article 27 Rights of the Accused
(1) Criminal responsibility is personal.
(2) The defendant may not be considered guilty until the final sentence.
(3) Punishments may not contradict humanity and must aim at re-educating the convicted.
(4) The Death penalty is prohibited.

Article 28 Responsibility of Public Officials
State officials and employees of other public bodies are directly responsible under criminal, civil, and administrative law for acts committed in violation of rights. Civil liability extends to the state and public bodies.

⟨Title II⟩
Ethical and Social Relations

Article 29 Marriage
(1) The family is recognized by the Republic as a natural association founded on marriage.
(2) Marriage entails moral and legal equality of the spouses within legally defined limits to protect the unity of the family.

Article 30 Parental Duties and Rights
(1) Parents have the duty and right to support, instruct, and educate their children, including those born out of wedlock.
(2) The law provides for the fulfillment of those duties should the parents prove incapable.
(3) Full legal and social protection for children born out of edlock is guaranteed by law, consistent with the rights of other family members.
(4) Rules and limits to determine paternity are set by law.

Article 31 Family
(1) The Republic furthers family formation and the fulfillment of related tasks by means of economic and other provisions with special regard to large families.
(2) The Republic protects maternity, infancy, and youth; it supports and encourages institutions needed for this purpose.

Article 32 Health
(1) The Republic protects individual health as a basic right and in the public interest; it provides free medical care to the poor.
(2) Nobody may be forcefully submitted to medical treatment except as regulated by law. That law may in no case violate the limits imposed by the respect for the human being.

Article 33 Freedom of Arts, Science and Teaching
(1) The arts and sciences as well as their teaching are free.
(2) The Republic adopts general norms for education and establishes public schools of all kinds and grades.
(3) Public and private bodies have the right to establish schools and educational institutes without financial obligations to the state.
(4) The law, when defining rights and obligations of those private schools requesting recognition has to guarantee full liberty to them and equal treatment with pupils of public schools.
(5) Exams are defined for admission to various types and grades of schools, as final course exams, and for professional qualification.
(6) Institutions of higher learning, universities, and academies have the autonomy to establish by-laws within the limits of state law.

⟨Title III⟩
Economic Relations

Article 35 Labor
(1) The Republic protects labor in all its forms.
(2) It provides for the training and professional enhancement of workers.
(3) It promotes and encourages international treaties and institutions aiming to assert and regulate labor rights.
(4) It recognizes the freedom to emigrate, except for legal limitations for the common good, and protects Italian labor abroad.

Article 36 Wages
(1) Workers are entitled to remuneration commensurate with the quantity and quality of their work, and in any case sufficient to ensure to them and their families a free and honorable existence.
(2) The law establishes limits to the length of the working day.
(3) Workers are entitled to a weekly day of rest and to annual paid holidays; they cannot waive this right.

Article 37 Equality of Women at Work
(1) Working women are entitled to equal rights and, for comparable jobs, equal pay as men. Working conditions must allow women to fulfill their essential family duties and ensure an adequate protection of mothers and children.
(2) The law defines a minimal age for paid labor.
(3) The Republic establishes special measures protecting juvenile labor and guarantees equal pay for comparable work.

Article 38 Welfare
(1) All citizens unable to work and lacking the resources necessary for their existence are entitled to private and social assistance.
(2) Workers are entitled to adequate insurance for their needs in case of accident, illness, disability, old age, and involuntary unemployment.
(3) Disabled and handicapped persons are entitled to education and vocational training.
(4) These responsibilities are entrusted to public bodies and institutions established or supplemented by the state.
(5) Private welfare work is free.

Article 39 Trade Unions
(1) The organization of trade unions is free.
(2) No obligation may be imposed on trade unions except the duty to register at local or central offices as provided by law.
(3) Trade unions are only registered on condition that their by-laws lead to internal organization of democratic character.
(4) Registered trade unions are legal persons. Being represented in proportion to their registered

members, they may jointly enter into collective labor contracts, which are mandatory for all who belong to the respective industry of these contracts.

Article 40 Right to Strike
The right to strike is exercised according to the law.

Article 41 Freedom of Enterprise
(1) Private economic enterprise is free.
(2) It may not be carried out against the common good or in a way that may harm public security, liberty, or human dignity.
(3) The law determines appropriate planning and controls so that public and private economic activities may be directed and coordinated towards social and environmental ends.

Article 42 Property
(1) Property is public or private. Economic goods may belong to the state, to public bodies, or to private persons.
(2) Private ownership is recognized and guaranteed by the law, which determines the manner of acquisition and enjoyment as well as its limits, in order to ensure its social function and to make it accessible to all.
(3) Private property, in cases determined by law and with compensation, may be expropriated for reasons of common interest.
(4) The law establishes the rules of legitimate and testamentary succession and its limits and the state's right to the heritage.

Article 43 Expropriation
To the end of the common good, the law may reserve establishment or transfer, by expropriation with compensation, to the state, public bodies, or workers or consumer communities, specific enterprises or categories of enterprises of primary common interest for essential public services or energy sources, or act as monopolies in the primary public interest.

Article 44 Land
(1) For the purpose of ensuring rational utilization of land and establishing equitable social relations, the law imposes obligations on and limitations to private ownership of land, defines its limits depending on the regions and the various agricultural areas, encourages and imposes land cultivation, transformation of large estates, and the reorganization of productive units; it assists small and medium sized farms.
(2) The law favors mountainous areas.

Article 45 Cooperatives and Handicrafts
(1) The Republic recognizes the social function of cooperation for mutual benefit free of private speculation. The law promotes and encourages

its implementation with suitable provisions and ensures its character and purposes through proper controls.
(2) The law protects and promotes the development of handicrafts.

Article 46 Workers' Participation
In order to achieve the economic and social enhancement of labor and in accordance with the requirements of production, the Republic recognizes the right of workers to collaborate in the management of companies, within the forms and limits defined by law.

Article 47 Savings
(1) The Republic encourages and protects savings in all its forms, regulates, coordinates and controls the provision of credit.
(2) It favors access savings for the purchase of homes, for worker-owned farms, and for direct or indirect investment in shares of the country's large productive enterprises.

⟨Title IV⟩
Political Rights

Article 48 Voting Rights
(1) All citizens, men or women, who have attained their majority are entitled to vote.
(2) Voting is personal, equal, free, and secret. Its exercise is a civic duty.
(3) The law defines the conditions under which the citizens residing abroad effectively exercise their electoral right. To this end, a constituency of Italians abroad is established for the election of the Chambers, to which a fixed number of seats is assigned by constitutional law in accordance with criteria determined by law.
(4) The right to vote may not be limited except for incapacity, as a consequence of an irrevocable criminal sentence, or in cases of moral unworthiness established by law.

Article 49 Political Parties
All citizens have the right to freely associate in political parties in order to contribute by democratic methods to determine national policy.

Article 50 Petitions
All citizens may address petitions to the Chambers demanding legislative measures or presenting general needs.

Article 51 Public Offices
(1) Citizens of one or the other sex are eligible for public office and for elective positions under equal conditions, according to the rules established by law. To this end, the Republic adopts specific measures in order to promote equal chances for men and women.
(2) The law may grant Italians who are

not resident in the Republic the same rights as citizens for the purposes of access to public offices and elected positions.
(3) Anyone elected to public office is entitled to the time necessary for the fulfillment of the respective duties while keeping his or her job.

Article 52 Military Service
(1) The defense of the fatherland is the sacred duty of every citizen.
(2) Military service is compulsory within the limits and under the terms of the law. The fulfillment of military duties may not prejudice a citizen's position as an employee, nor the exercise of his political rights.
(3) The rules about armed forces must conform to the democratic spirit of the Republic.

Article 53 Taxation
(1) Everyone has to contribute to public expenditure in proportion to their capacity.
(2) The tax system has to conform to the principle of progression.

Article 54 Loyalty to the Constitution
(1) All citizens have the duty to be loyal to the Republic and to observe its constitution and the laws.
(2) Citizens entrusted with public functions must perform them with discipline and honor, and take an oath of office where required by law.

■
Part II
Organization of the Republic
Title I
Parliament
Section I The Two Chambers

Article 55 Parliament
(1) The parliament consists of the House of Representatives and the Senate.
(2) The parliament holds joint session only in cases defined by the constitution.

Article 56 The House of Representatives
(1) The House of Representatives is elected by universal and direct suffrage.
(2) The number of representatives is four hundred, of which eight are elected by the constituency of Italians abroad.
(3) Eligible are voters who have reached the age of twenty-five on Election Day.
(4) Having set aside the seats assigned to the constituency of Italians abroad, the distribution of seats among the constituencies is calculated by dividing the population of the last general census by three hundred and ninety-two, and distributing the seats in proportion to the population of each constituency, based on the quotients and the largest remainders.

Article 57　The Senate
(1) The Senate is elected on a regional basis except for the seats assigned to the constituency of Italians abroad.
(2) Two hundred senators are elected, of which four are elected by the constituency of Italians abroad.
(3) No Region shall have fewer than three senators; Molise has two senators and the Aosta Valley one.

(4) Having set aside the seats assigned to the constituency of Italiens abroad, the distribution of seats among the regions is calculated proportionally to the population of the last general census, based on the quotients and the largest remainders.

Article 58　Elections for the Senate
(1) Senators are elected universally and directly.
(2) Voters older than forty years are eligible to the Senate.

Article 59　Senators for Life
(1) Anyone who was President of the Republic is a senator for life unless waiving this privilege.
(2) The President may appoint as senators for life five citizens who have brought honor to the nation through their exceptional accomplishments in the social, scientific, artistic, and literary fields. The total number of Senators in office appointed by the President of the Republic may in no case exceed five.

Article 60　Term
(1) The House of Representatives and the Senate are elected for five years.
(2) The term of each chamber may not be extended except by law and only in the case of war.

Article 61　Reelections
(1) The reelection of new chambers must take place within seventy days from the dissolution of the previous ones. The first session has to take place no later than twenty days after elections.
(2) The previous chambers retain their powers until the new chambers meet.

Article 62　Sessions
(1) Sessions commence on the first days of February and October that are no holidays.
(2) Each chamber may be summoned in extraordinary session on the initiative of its speaker, the President of the Republic, or of one third of its members.
(3) If a chamber is summoned for an extraordinary session, the other chamber also convenes.

Article 63　Speaker
(1) Each chamber elects a speaker and members of the speaker's office from among its members.
(2) The speaker and the speaker's office of the House of Representatives preside when the parliament convenes in joint session.

Article 64 Rules of Procedures
(1) Each Chamber adopts its rules of procedure by an absolute majority of its members.
(2) Sessions are public, but the chambers or the parliament in joint session may decide to sit in private.
(3) Decisions of the chambers and of the parliament require the presence of a majority of the members and the consent of a majority of those present, notwithstanding special majorities required by the constitution.
(4) Government members, even if not members of the chambers, have the right to attend sessions and are required to be present if summoned. They have to be heard on their request.

Article 65 Ineligibility and Incompatibility
(1) Conditions of ineligibility or incompatibility with the office of deputy or senator are defined by law.
(2) Nobody may be a member of both chambers at the same time.

Article 66 Qualifications for Admission
Each chamber decides about the electoral admissibility of its members and about instances of ineligibility and incompatibility.

Article 67 Free mandate
Members of parliament represent the nation; they are free from imperative mandate.

Article 68 Indemnity, Immunity
(1) Members of parliament may not be held accountable for opinions expressed or votes cast in the exercise of their office.
(2) Members of parliament may not be subjected to searches of their person or homes without prior authorization by their chamber, nor arrested or otherwise deprived of personal freedom, nor kept in a state of detention, except on an irrevocable conviction or caught in the act of a crime for which arrest is mandatory.
(3) The same authorization is required to subject members of parliament to any form of interception of their conversations or communications, and in order to seize their mail or correspondence.

Article 69 Allowance
Members of parliament receive an allowance defined by law.

Section II Lawmaking

Article 70 Legislative Power
Legislative power is exercised jointly by the chambers.

Article 71 Initiative
(1) The right to initiatives belongs to the government, to each member of the chambers, and to those organs

and bodies assigned by constitutional law.

(2) The people may introduce public initiatives consisting of a bill drafted in articles and supported by at least 50,000 voters.

Article 72 Legislative Proceedings

(1) Every bill introduced to one of the chambers is first examined by a committee as defined by the rules of procedures and then adopted by the chamber section by section and with a final vote.

(2) The rules of procedure establish an abbreviated procedure for bills declared urgent.

(3) They may also establish when and how the examination and approval of bills may be delegated to committees, including standing committees, composed in a way reflecting the relative size of groups in parliament. In such cases, a bill must be submitted to the full chamber if the government, one-tenth of the chamber's members, or one-fifth of the committee so demand, or it must be submitted to the committee for a final vote preceded only by statements of vote. The rules of procedure define the manner in which the committees' deliberation is made public.

(4) The ordinary procedure for the deliberation and decision-making by each chamber has to be followed for bills on constitutional or electoral matter and for those delegating legislative power or authorizing the ratification of international treaties or approving the budgets and the final balance.

Article 73 Promulgation

(1) Laws are promulgated by the President within a month after having been adopted.

(2) If each chamber declares a bill urgent with a majority of its members, it has to be promulgated within the time stipulated in the bill.

(3) Laws have to be published immediately after they were promulgated; they enter into force on the fifteenth day after their publication unless the laws establish a different time.

Article 74 Request for New Deliberation

(1) Before promulgation, the President may ask for further deliberation by message to the chambers giving the reasons for such request.

(2) The law has to be promulgated if the chambers pass the bill once more.

Article 75 Referendum

(1) When requested by 500,000 voters or by five regional councils, a popular referendum decides on total or partial repeal of a law or other acts with legal force.

(2) No such referenda are allowed for tax or budget laws, amnesties, pardons, or ratification of international treaties.

(3) Citizens entitled to vote for the House of Representatives may also participate in a referendum.
(4) The referendum succeeds if a majority of those eligible have participated and if the proposal has received a majority of the valid votes.
(5) The law establishes procedures for referenda.

Article 76 Delegation of Legislative Power
Legislative power may not be delegated to the government unless parliament specifies principles and criteria of guidance, and only for limited time and well-specified subjects.

Article 77 Law Decrees
(1) The government may not issue decrees with the force of law unless empowered by a proper delegation of the chambers.
(2) As an exception by necessity and urgency, government may issue provisional measures with the force of law and submits them on the same day to the chambers for confirmation; if the chambers are not in session, they have to be summoned for that purpose within five days.
(3) Legal decrees lose effect at the date of issue if they are not confirmed within sixty days of their publication. However, chambers may sanction rights and obligations arising out of decrees are not confirmed.

Article 78 State of War
Chambers are competent to declare war and assign the necessary powers to government.

Article 79 Amnesty and Pardon
(1) Amnesties and pardons may be granted by a law which must be adopted both article by article and in its entirety by two thirds of the members of each chamber.
(2) A law granting amnesty or pardon has to establish time limits for its enforcement.
(3) In no instance may amnesty or pardon be extended to offences committed after the bill has been introduced.

Article 80 Ratification of Treaties
Chambers ratify by law international treaties that are of political nature, provide for arbitration or judicial regulation, imply modifications of the territory, impose financial burdens, or result in modifications of the laws.

Article 81 Budgets
(1) The State ensures the balances of state revenue and expenditure in its budget whilst taking account of the adverse and favorable phases of economic cycle.
(2) No additional loans or credits may be contracted except for the purpose of taking account of the effects of the economic cycle or, subject to authorization by the two Houses approved by an absolute majority

of their Members, in exceptional circumstances.
(3) Any law implying new or increased expenditures must define the means to cover them.
(4) Each year the chambers pass a law on approving the budget and the accounts submitted by the Government.
(5) Provisional implantation of the budget is not allowed except by specific legislation and only for periods not exceeding four months in total.
(6) The content of the budget law, the fundamental rules and the criteria adopted to ensure balance between revenue and expenditure and the sustainability of general government debt must be established by a law approved by an absolute majority of the Members of each House, in accordance with the principles established by constitutional law.

Article 82 Inquiries
(1) A chamber may start inquiries into matters of public interest.
(2) It therefore appoints a committee composed of its members in proportion to the size of the groups in parliament. The committee of enquiry investigates and examines the matters carrying the same powers and limitations as the judiciary.

Title II

The President of the Republic

Article 83 Election of the President
(1) The President is elected in joint session of parliament.
(2) Three delegates from every region, elected by the regional councils in a way guaranteeing minority representation, participate in the election. The Aosta Valley is represented by one delegate.
(3) Presidential elections, conducted by secret ballot, require a two-thirds majority of the assembly. After the third ballot a majority of the members is sufficient.

Article 84 Eligibility, Incompatibility, Allowance
(1) Any citizen over fifty years enjoying civil and political rights is eligible for President.
(2) The presidency is incompatible with any other office.
(3) Remunerations and endowments of the President are defined by law.

Article 85 Presidential Term
(1) The presidential term is seven years.
(2) For the election of a new President, the speaker of the House of Representatives summons parliament in joint session with regional delegates thirty days before the end of term.
(3) If the parliament is dissolved, or there are less than three months from its dissolution, the new chambers

elect the President within fifteen days of their first meeting. Meanwhile, the former President continues to be in power.

Article 86 Substitute of the President

(1) If the President is unable to perform his duties, they are carried out by the speaker of the Senate.

(2) In the case of permanent inability, death, or resignation of the President, the speaker of the House of Representatives calls presidential elections within fifteen days unless more time is needed because the chambers are dissolved or their term is expiring within three months.

Article 87 Presidential Duties

(1) The President is head of state and represents the unity of the nation.

(2) The President may send messages to parliament.

(3) He calls parliamentary elections and sets the date of their first meeting.

(4) He authorizes the government's legislative initiatives.

(5) He promulgates laws and issues decrees with the force of law as well as government regulations.

(6) He calls a referendum when provided for by the constitution.

(7) He appoints state officials as provided by the laws.

(8) He accredits and receives diplomatic representatives, ratifies international treaties once they are authorized by parliament, provided parliamentary approval is necessary.

(9) He is the commander of the armed forces and chairman of the supreme defense council constituted by law; he declares war according to the decision of the parliament.

(10) He chairs the superior council of the judiciary.

(11) He has the power to grant pardons and commute punishments.

(12) He confers the honors of the Republic.

Article 88 Dissolution of the Chambers

(1) The President may dissolve one or both chambers after having consulted their speakers.

(2) He may not exercise this power during the last six months of his term, unless said period coincides partly or entirely with the last six months of the term of chambers.

Article 89 Countersignature

(1) Acts of the President are void unless countersigned by the ministers who are responsible for and submitting it.

(2) Acts with the force of law and other acts as defined by law also need to be countersigned by the prime minister.

Article 90 Presidential Indemnity

(1) The President may not be held responsible for exercising his duties, except for high treason and attempts to overthrow the constitution.

(2) In these cases, he must be

impeached by parliament in joint session by a majority of its members.

Article 91 Oath of Loyalty
The President, prior to taking office, has to swear before parliament in joint session an oath of allegiance to the Republic and the constitution.

Title III
The Government

Section I The Council of Ministers

Article 92 Executive Power
(1) The government of the Republic consists of the prime minister and the ministers jointly constituting the council of ministers.
(2) The President appoints the Prime Minister and, on his advice, the ministers.

Article 93 Oath
The Prime Minister and the ministers, prior to taking office, are sworn in by the President.

Article 94 Vote of Confidence
(1) Government has to enjoy the confidence of both chambers.
(2) Confidence is granted or withdrawn by each chamber on a reasoned motion by vote using a roll-call.
(3) The government has to appear before each chamber no later than ten days after its appointment to get a vote of confidence.
(4) The rejection of a government proposal by a chamber does not force government resignation.
(5) The request for a vote of no-confidence requires the signatures of at least one-tenth of the members of either chamber and is not debated earlier than three days after it has been filed.

Article 95 Responsibilities
(1) The Prime Minister conducts and is responsible for the general policy of the government. He ensures the unity of general political and administrative policies, promoting and coordinating the activities of the ministers.
(2) The ministers are jointly responsible for decisions of the council of ministers and individually for those of their ministries.
(3) Rules concerning the role of the Prime Minister and the number, responsibilities and organization of the ministries are determined by law.

Article 96 Ministerial Offences
The Prime Minister and ministers, even if no longer in office, are subject to ordinary courts for offences committed in the exercise of their duties only in those cases authorized by the Senate or the House of Representatives according to procedures defined by constitutional law.

Section II Public Administration

Article 97 Public Offices
(1) Administrative bodies, in accordance with European Union Law, ensure balanced budgets and the sustainability of public debts.
(2) Public authorities are organized according to the provisions of law, so as to ensure the efficiency and impartiality of the administration.
(3) The regulations of the offices lay down the areas of competence, the duties and the responsibilities of the officials.
(4) Public officials are chosen through competitive evaluations, except in the cases established by law.

Article 98 Independence of Officials
(1) The duty of public officials is only to service the Nation.
(2) Officials who are members of parliament may not be promoted except for seniority.
(3) The right to become a registered member of political parties may be limited by law for members of the judiciary, professional members of the armed forces on active duty, police officials and officers, and diplomatic and consular representatives abroad.

Section III刊 Auxiliary Institutions

Article 99 National Council of Economy and Labor
(1) As defined by law, the national council of economy and labor is composed of experts and representatives of several trades considering their quantitative and qualitative importance.
(2) The council offers advice to parliament and government for matters and purposes defined by law.
(3) The council has the right to initiate legislation and to contribute to economic and social laws following the principles and observing the limits defined by law.

Article 100 [Council of State]
(1) The council of state gives advice on legal-administrative matters and ensures justice in the operation of the public administration.
(2) The office of the state auditor exercises preventive control of the government and subsequent control of the state budget. It participates, in the cases and forms defined by law, in the fiscal control of those bodies to which the state normally contributes. It reports the results of its audits directly to the chambers.
(3) The law ensures the independence of these two institutions and their members from government interference.

Title IV
The Judiciary

Section I Organization of the Judiciary

Article 101 [Administration of Justice]
(1) The justice is administered in the name of the people.
(2) Judges are only subject to the law.

Article 102 [Judges]
(1) Judicial functions are exclusively exercised by ordinary courts regulated by norms about the organization of the judiciary.
(2) There may not exist extraordinary or special judges. Only specialized sections for specific matters may be established within the ordinary courts; qualified citizens who are not members
of the judiciary may take part.
(3) The law regulates the cases and forms of direct participation of the people in the
administration of justice.

Article 103 [Council of State, Court of Accounts, Military Tribunals]
(1) The council of state and other administrative courts have jurisdiction over lawful claims
under administrative law and over civil-law claims against the public administration in matters defined by law.
(2) The court of accounts has jurisdiction over public accounts and other matters specified by law.
(3) Military courts in time of war have jurisdiction according to the law. In time of peace they only have jurisdiction over military offences committed by members of the armed forces.

Article 104 [Independent Judiciary, Superior Council of the Judiciary]
(1) The judiciary constitutes an autonomous and independent branch of government not subject to any other.
(2) The superior council of the judiciary is chaired by the President.
(3) The first president and the general public prosecutor of the court of cassation are members by law.
(4) Other members are elected with two-thirds majority by all ordinary judges belonging to the different categories, and one-third by parliament in joint session, from among full professors of law and lawyers with at least fifteen years of practice.
(5) The council elects a vice-chairman from among the members designated by parliament.
(6) The elected members have a term of for four years and may not be immediately re-elected.
(7) They are not allowed, while in office, to be registered as members of the legal profession, nor become members of parliament or of a regional council.

Article 105 [Powers of the Superior Council]
The superior council of the judiciary, as defined by organizational law, has the exclusive competence to appoint,

assign, move, promote, and discipline members of the judiciary.

Article 106 [Appointment of Members of the Judiciary]
(1) Appointment to the judiciary is based on competitive examinations.
(2) The law on the organization of the judiciary may provide for honorary magistrates, possibly by election, to perform the duties of single judges.
(3) By proposal of the superior council of the judiciary, full professors of law as well as lawyers with at least fifteen years practice and registered for practice in higher courts, may be appointed as councilors to the court of cassation for exceptional merits.

Article 107 [Disciplinary Action]
(1) Members of the judiciary may not be removed from office. They may not be dismissed, suspended, or moved to other jurisdictions or functions except either by decision of the superior council of the judiciary for reasons and with opportunity of defense as defined by the organizational law, or by their own consent.
(2) The minister of justice may initiate disciplinary action.
(3) Judges may only be distinguished by function.
(4) The public prosecutor enjoys the guarantees defined by the organizational law.

Article 108 [Laws on the Organization of the Judiciary]
(1) The organization of the judiciary and every judicial authority are defined by law.
(2) The law has to protect the independence of judges, of special courts, of the public prosecutors attached to them, and of all those not belonging to the judiciary who participate in the administration of justice.

Article 109 [Judicial Police]
The judiciary directly commands the judicial police.

Article 110 [Minister of Justice]
Notwithstanding the powers of the superior council of the judiciary, organization and operation of the administration of justice are vested in the minister of justice.

Section II Rules on Jurisdiction

Article 111 [Legal Proceedings]
(1) Justice must be administered by fair trials defined by law.
(2) Trials are based on equal confrontation of the parties before an independent and impartial judge. The law has to define reasonable time limits for the proceedings.
(3) In criminal trials, the law provides for timely and confidential information of the accused
regarding the nature and reasons of

charges brought against them; they are granted the time and means for their defense; they have the right to question those who testify against them or to have them questioned; those who may testify in favor of the accused must be summoned and examined under the same conditions granted to the prosecution; any evidence in favor of the accused must be acknowledged; the accused may rely on the help of an interpreter if they do not understand or speak the language of the proceedings.
(4) In criminal trials, evidence may only be established according to the principle of confrontation between parties. No defendant may be proven guilty on the basis of testimony
given by witnesses who freely and purposely avoided cross-examination by the defense.
(5) The law defines in which cases evidence may be established without confrontation between the parties, either by consent of the defendants or as an effect of proven misdemeanor.
(6) Reasons must be stated for all judicial decisions.
(7) Against sentences and measures concerning personal freedom delivered by the ordinary or special courts, appeals to the curt of cassation are always allowed regarding violations of the law. This rule may be waived only in the case of sentences pronounced by military courts in time of war.

(8) Against decisions of the council of state and of the court of accounts, appeals to the court of cassation are only admissible for reasons of jurisdiction.

Article 112 [Criminal Proceedings]
The public prosecutor has the duty to initiate criminal proceedings.

Article 113 [Judicial Review]
(1) Against a decision taken by the public administration, legal action is always admissible
before an ordinary or administrative court to protect one's own rights under civil or administrative law.
(2) Such judicial protection may not be excluded or limited to specific forms of action or to
specific categories of claims.
(3) The law defines which jurisdictional organs may annul decisions of the public
administration, in which cases and with which effects.

Title V
Regions, Provinces, Municipalities

Article 114 [Municipalities, Provinces, Metropolitan Cities, Regions, State]
(1) The Republic consists of municipalities, provinces, metropolitan cities, regions, and the state.
(2) Municipalities, provinces,

metropolitan cities, and regions are autonomous entities with their own statutes, powers, and functions according to the principles defined in the constitution.

(3) Rome is the capital of the Republic. State law regulates its legal status.

Article 115 [Regions]
{ abolished }

Article 116 [Special Forms of Autonomy]

(1) According to their special statutes adopted by constitutional law, particular forms and conditions of autonomy are enjoyed by Friuli-Venezia Giulia, Sardinia, Sicily, Trentino – South Tyrol, and the Aosta Valley.

(2) The region Trentino – South Tyrol consists of the autonomous provinces Trento and Bolzano.

(3) Upon the initiative of the region concerned, after consultation of local administrations, state law may assign further particular forms and conditions of autonomy to other regions according to the principles laid down in Art. 119; such forms and conditions shall concern the matters specified in Art. 117 (3) as well as the matters listed in paragraph 2 of the same article under the letters l) – with regard to the organization of the offices of the justices of the peace only –, n), and s). The law, based on an agreement between the state and the region concerned, needs the approval of the chambers with a majority of their members.

Article 117 [State and Regional Legislative Power]

(1) Legislative power belongs to the state and the regions in accordance with the constitution and within the limits set by European Union law and international obligations.

(2) The state has exclusive legislative power in the following matters:

a) foreign policy and international relations of the state; relations of the state with the European Union; right of asylum and legal status of the citizens of states not belonging to the European Union;

b) immigration;

c) relations between the Republic and religious denominations;

d) defense and armed forces; state security; weapons, ammunitions and explosives;

e) money, protection of savings, financial markets; protection of competition; currency system; state taxation system and accounting; harmonization of the budgetary rules of the public sector; equalization of regional financial resources;

f) state organs and their electoral laws; state referenda; election of the european parliament;

g) organization and administration of the state and of national public bodies;

h) law, order and security, aside from the local administrative police;
i) citizenship, registry of personal status and registry of residence;
l) jurisdiction and procedural laws; civil and criminal law; administrative tribunals;
m) determination of the basic standards of welfare related to those civil and social rights that must be guaranteed in the entire national territory;
n) general rules on education;
o) social security;
p) electoral legislation, local government and fundamental functions of municipalities, provinces and metropolitan cities;
q) customs, protection of national boundaries and international prophylactic measures;
r) weights, units of measurement and time standards; coordination of the informative, statistical and information-technology aspects of the data of the state, regional and local administrations; intellectual property;
s) protection of the environment, of the ecosystem and of the cultural heritage.

(3) The following matters are subject to concurrent legislation of both the state and regions:
international and European Union relations of the regions; foreign trade; protection and safety of labor; education, without infringement of the autonomy of schools and other institutions, and with the exception of vocational training; professions; scientific and technological research and support for innovation in the productive sectors; health protection; food; sports regulations; disaster relief service; land-use regulation and planning; harbors and civil airports; major transportation and navigation networks; regulation of media and communication; production, transportation and national distribution of energy; complementary and integrative pensions systems; coordination of the public finance and the taxation system; promotion of the environmental and cultural heritage, and promotion and organization of cultural activities; savings banks, rural co-operative banks, regional banks; regional institutions for credit to agriculture and land development. In matters of concurrent legislation, the regions have legislative power except for fundamental principles, which are reserved to state law.

(4) The regions have exclusive legislative power with respect to any matters not expressly reserved to state law.

(5) Regarding the matters that lie within their field of competence, the regions and the autonomous provinces of Trento and Bolzano participate in any decisions about the formation of community law. The regions and autonomous provinces

also provide for the implementation and execution of international obligations and of the acts of the European Union in observance of procedures set by state law. State law establishes procedures for the state to act in substitution of the regions whenever those should fail to fulfill their responsibilities in this respect.

(6) The power to issue by-laws is vested in the state regarding all matters where it has exclusive legislative power, insofar as it does not devolve such power to the regions. The power to issue by-laws is vested in the regions in any other matters. Municipalities, provinces and metropolitan cities have regulatory power with respect to the organization and the fulfillment of the functions assigned to them.

(7) Regional laws have to remove all obstacles, which prevent the full equality of men and women in social, cultural, and economic life, and promote equal access of men and women to elective offices.

(8) Regional laws have to ratify agreements reached by a region with another region aimed at the better exercise of their functions, including the establishment of joint institutions.

(9) Within its field of competence the region may establish agreements with foreign states and understandings with territorial entities that belong to a foreign state, in the cases and forms provided for by state law.

Article 118 [Administrative Functions]
(1) Administrative functions belong to the municipalities except when they are conferred to
provinces, metropolitan cities, regions, or the state in order to guarantee uniform practice; the assignment is based on the principles of subsidiarity, differentiation and adequacy.

(2) Municipalities, provinces and metropolitan cities have their own administrative functions
and, in addition, those conferred to them by the law of the state or the region according to their respective fields of competence.

(3) State law provides for forms of coordination between the state and the regions in the matters referred to in letters b) and h) of Art. 117 (2); it also provides for forms of understanding and coordination in the matter of the protection of the cultural heritage.

(4) State, regions, metropolitan cities, provinces and municipalities support autonomous initiatives promoted by citizens, individually or in associations, in order to carry out activities of general interest; this is based on the principle of subsidiarity.

Article 119 [Financial Autonomy]
(1) Municipalities, provinces, metropolitan cities and regions have financial autonomy
regarding revenues and expenditures, subject to the obligation to balance their budgets, and

contribute to ensuring compliance with the economic and financial constraints imposed under European Union law.

(2) Municipalities, provinces, metropolitan cities and regions have autonomous financial
resources. They establish and levy their own taxes and revenues, in harmony with the
constitution and in accordance with the principles of coordination of the public finances and the taxation system. They receive a share of the proceeds of state taxes related to their territory.

(3) The law of the state establishes an equalization fund to the benefit of areas where the fiscal capacity per inhabitant is reduced, with no restrictions as to the allocation of its proceeds.

(4) The funds deriving from the sources mentioned in the previous paragraphs have to enable municipalities, provinces, metropolitan cities and regions to finance in full the functions attributed to them.

(5) In order to promote economic development, social cohesion, and solidarity, to remove economic and social inequalities, to foster the actual exercise of the rights of the person, to pursue ends other than those pertaining to the exercise of their ordinary functions, the state may allocate additional resources or carry out special actions to the benefit of certain municipalities, provinces, metropolitan cities and regions.

(6) Municipalities, provinces, metropolitan cities and regions have their own assets, assigned to them according to general principles established by state law. They may only contract loans to the purpose of financing investments, with the concomitant adoption of amortization plans and subject to the condition that budget balance is ensured for all authorities within each region taken as a whole. State guarantees on such loans are excluded.

Article 120 [Free Circulation and Substitution Clause]

(1) Regions may not charge import or export duties, nor duties on transit between regions, nor adopt provisions, which may hinder in any way the free movements of persons and goods between regions, nor limit the right to work in any part of the national territory.

(2) The Government may act as a substitute for regional, metropolitan city, provincial, or municipal authorities whenever those should violate international rules or treaties or community law, whenever there is a serious danger for the public safety and security, and whenever such substitution is required in order to safeguard the legal or economic unity of the nation, and particularly in order

to safeguard the basic standards of welfare related to civil and social rights, irrespective of the boundaries of the local governments. The law defines appropriate procedures in order to guarantee that substitution powers are exercised within the limits set by the principles of subsidiarity and fair cooperation.

Article 121 [Regional Organs]
(1) Regional organs are: the regional council, the regional cabinet and its president.
(2) The regional council exercises the legislative powers granted to the region and all other
functions conferred on it by the constitution and by law. It may propose bills to the chambers.
(3) The regional cabinet is the executive authority of the region.
(4) The president of the regional cabinet represents the region; he conducts and is responsible for the general policy of the regional cabinet; he promulgates regional laws and regulations; he conducts the administrative functions delegated to the region by the state in accordance with the instructions of central government.

Article 122 [Regional Form of Government]
(1) The electoral system, the cases of ineligibility and incompatibility of the president and other members of the regional cabinet and the regional council are defined by the laws of the region within the limits of the fundamental principles determined by a state law also specifying the term of elected organs.
(2) Nobody may be at the same time a member of a regional council or a regional cabinet and of either chamber of parliament or of another regional council or another regional cabinet or of the European Parliament.
(3) The regional council elects from its own members a president and a president's office.
(4) Regional councilors may not be made liable for opinions expressed or votes cast in the
exercise of their functions.
(5) The president of the regional cabinet, unless provided differently by regional statute, is elected by universal and direct suffrage. The elected president appoints and dismisses the members of the regional cabinet.

Article 123 [Regional Statutes]
(1) Every Region must have a statute determining the form of government and the fundamental principles of the organization and the functioning of the region in accordance with the constitution. The statute defines the exercise of initiative and of referendum on regional laws and regional administrative decisions and

the publication of regional laws and regulations.
(2) The statutes is adopted and amended by the regional council by a law approved twice by a majority of its members; votes being taken within an interval of no less than two months. This law must not be submitted to the government's commissioner. Within thirty days of its
publication, the central government may challenge the constitutionality of a regional statute
before the constitutional court.
(3) The statute has to be submitted to a popular referendum when, within three months of its publication, a request is made by one fiftieth of the electors of the region or by one fifth of the members of the regional council. The statute submitted to referendum may not be promulgated unless approved by a majority of valid votes.
(4) The statute of every region has to provide for a council of local governments, which function as a body for consultations between the region and local authorities.

Article 124 [Government Commissioner]
{ abolished }

Article 125 [Control over Administrative Acts]
The regions establish Administrative tribunals of the first instance, in accordance with the rules established by the law of the Republic. Sections may be established in places other than the regional capital.

Article 126 [Dissolution of the Regional Council and Dismissal of the president]
(1) By means of a decree of the president stating the reasons for it, the dissolution of the regional council and the dismissal of the president of the regional cabinet may be ordered when they have acted against the constitution or when they have committed serious violations of the law. The dissolution and the dismissal may also be ordered for reasons of national security. The decree is adopted after consulting a commission for regional affairs composed of senators and deputies and formed according to the law of the Republic.
(2) The regional council may express its non-confidence in the president of the cabinet by a
motion for which reasons must be stated; it must be signed by at least one fifth of its members, voted by roll-call, and approved by a majority of its members. The motion may be debated no earlier than three days after it has been filed.
(3) The vote of no-confidence against the president of the regional cabinet elected by universal and direct suffrage, as well as the removal, the permanent impediment, the death

or the resignation of the president entail the resignation of the cabinet and the dissolution of the council. The same consequences follow from simultaneous resignation of a majority of the members of the council.

Article 127 [Constitutionality of Law]
(1) Whenever the government regards a regional law as exceeding the powers of the region, it may raise the question of its constitutionality before the constitutional court within sixty days of the publication of the law.
(2) Whenever a region regards a state law, another act of the state having the force of law, or a law of another region as infringing on its own sphere of powers, it may raise the question of its constitutionality before the constitutional court within sixty days of the publication of said law or act.

Article 128 [Provincial and Municipal Autonomy]
{ abolished }

Article 129 [Decentralization]
{ abolished }

Article 130 [Legitimacy of Provincial and Municipal Decisions]
{ abolished }

Article 131 [List of Regions]
The following regions are instituted: Piedmont; Aosta Valley; Lombardy; Trentino - South Tyrol; Veneto; Friuli-Venezia Giulia; Liguria; Emilia-Romagna; Tuscany; Umbria; The Marches; Latium; Abruzzi; Molise; Campania; Apulia; Basilicata; Calabria; Sicily; Sardinia.

Article 132 [Regional Boundaries]
(1) By means of a constitutional act and after consulting the regional councils, existing regions may be merged or new regions created, provided the population of any new region is at least one million, when it is so requested by as many municipal councils as represent at least one third of the population involved, and when the proposal has been approved by the majority of the involved population in a referendum.
(2) With the assent of a majority of the people of the province or provinces concerned, and of the municipality or municipalities concerned, expressed by means of a referendum, after consulting the regional council, a state law may allow provinces and municipalities which request it to be detached from one region and assigned to another.

Article 133 [Provincial and Municipal Boundaries]
(1) Provincial boundaries may be changed and new provinces created within the area of a region by laws of the Republic following a request of municipalities and after consulting the region.

(2) Each Region, after consulting the population involved, may within its own territory and by its own acts establish new municipalities and modify their boundaries and names.

Title VI
Constitutional Guarantees

Section I The Constitutional Court

Article 134 [Jurisdiction]
The constitutional court decides:
- disputes concerning the constitutionality of laws and acts with the force of law adopted by state or regions; - conflicts arising over the allocation of powers between branches of government within the state, between the state and the regions, and between regions; - on accusations raised against the president in accordance with the constitution.

Article 135 [Composition]
(1) The constitutional court consists of fifteen justices; one third being appointed by the president, one third by parliament in joint session, and one third by ordinary and administrative supreme courts.
(2) Justices are chosen from among magistrates including those in retirement, from among supreme ordinary and administrative courts, from among university full professors of law, and from among lawyers with at least twenty years of practice.
(3) Justices are appointed for nine years, their term beginning the day they are sworn in and with no re-appointment.
(4) At the end of this term justices have to leave office and may no longer exercise its functions.
(5) The court elects from among its members and according to rules established by law its
president who shall remain in office for three years and may be re-elected, but not exceed the ordinary term of justices.
(6) The office of justice is incompatible with membership in parliament or in a regional council, with the exercise of the legal profession, or with any other position and office defined by law.
(7) When sitting to decide on a case of impeachment against the president, the court consists of sixteen additional members, who are drawn by lot from a list of citizens elected by parliament every nine years, from among those possessing the qualifications for election to the Senate, by the same procedures as for the appointment of the ordinary justices.

Article 136 [Unconstitutional Laws]
(1) When the court declares a law or an act with the force of law unconstitutional, the norm
ceases to have effect from the day following the publication of the

decision.
(2) The decision of the court is published and reported to parliament and to the regional councils
involved for them to take appropriate measures in constitutional forms where necessary.

Article 137 [Conditions and Terms]
(1) A constitutional law establishes the conditions, forms, and terms for challenging the
constitutionality of a law and guarantees the independence of the justices.
(2) An ordinary law defines all other rules necessary for the establishment and functioning of the court.
(3) Decisions of the constitutional court may not be appealed.

Section II Amendments to the Constitution. Constitutional Laws

Article 138 [Procedure for Constitutional Amendment]
(1) Law amending the constitution and other constitutional acts are adopted by each of the two chambers twice within no less than three months and need the approval of a majority of the members of each chamber in the second voting.
(2) Such laws are afterwards submitted to popular referendum when, within three months of
their publication, a request is made by one fifth of the members of either chamber, by 500,000 electors, or by five regional councils. The law submitted to referendum is not promulgated if it does not receive the majority of valid votes.
(3) No referendum may be held if the law has been approved by each chamber in the second vote with a majority of two thirds of its members.

Article 139 [Limit to Constitutional Amendments]
The republican form of the state may not be changed by way of constitutional amendment.

참고문헌

⟨국문문헌⟩

강명원. 「탄핵에 관한 한국와 프랑스 헌법 비교 및 고찰」, 『외법논집』 42권 제1호(2018).
강원택. 『대통령제, 내각제와 이원정부제』 (일산: 인간사랑, 2016).
권영성. 『憲法學槪論』 (서울: 법문사, 1998).
김철수. 『憲法學槪論』 (서울: 박영사, 1998).
박호성 외. 『한국의 권력구조 논쟁(II)』 (서울: 풀빛, 2000).
유진오. 『헌법해의』 (서울: 명세당, 1949).
임도빈. 『프랑스의 정치행정체제』 (서울: 법문사, 2002).
음선필. 「독일의 탄핵제도(Anklageverfahren in Deutschland)」. 『순천향 사회과학연구』 제7권 2호(2001).
전학선. 「프랑스의 고등재판소(La Haute Cour)에 관한 연구」. 『유럽헌법연구』 43권 43호(2023).
허 영. 『憲法理論과 憲法』 (서울: 박영사, 2001).
황태연. 「유럽 분권형대통령제에 관한 고찰」. 『한국정치학회보』 제39집 제2호(2005년 여름호) [45-63쪽]. 「

자료: 「2013헌다1 통합진보당 해산 결정문」 (통합진보당 해산 청구 사건).

⟨해외문헌⟩

Bahro, Horst and Veser, Ernst. 1995. "Das semipräsidentielle System." *Zeitschrift für Parlamentsfrage.* Nr. 3(1995).

Beyme, Klaus von. *Das politische System Italiens* (Stuttgart: Verlag W. Kohlhammer, 1970).

---. *Die parlamentarischen Regierungssysteme in Europa*. München: R. Piper & Co. Verlag, 1973).

---. *America as a Model: the Impact of American Democracy in the World* (New York: Palgrave Macmillan, 1987).

---. *Das politische System der Bundesrepublik Deutschland nach der Vereining* (München/Zürich: Piper, 1991).

---. *Die parlamentarische Demokratie*. (Opladen: Westdeutscher Verlag, 1999).

Blondel, Jean. "Dual Leadership in the Contemporary World." Arend Lijphart (ed.). *Parliamentary versus Presidential Government* [162-172] (New York: Oxford University Press, 1992).

Coakley, John and Michael Gallagher (ed.). *Politics in the Republic of Ireland* (London/New York: Routledge, 2002).

Council for thr Consolidation of Democracy. "Constitutional Reform in Argentina". Arend Lijphart (ed.). *Parliamentary versus Presidential Government* [158-161] (New York: Oxford University Press, 1987).

de Gaulle, Charles. "The Bayeux Manifesto." Arend Lijphart (ed.). *Parliamentary versus Presidential Government* [139-141] (New York: Oxford University Press, 1946).

Duverger, Maurice. "A New Political System Model: Semi-Presidential Government" (first published in *European Journal of Political Research* 8/2, June 1980). Arend Lijphart (ed.). *Parliamentary versus Presidential Government* [142-149] (New York: Oxford University Press, 1987).

Elgie, Robert. "Political Leadership: The President and the Taoiseach." John Coakley and Michael Gallagher (ed.). *Politics in the Republic of Ireland* [232-248] (London/New York: Routledge, 2002).

Hartmann, Jürgen and Udo Kempf. *Staatsoberhäupter in westlichen Demokratien*. (Opladen: Westdeutscher Verlag, 1989).

Hartmann, Jürgen. *Westliche Regierungssysteme* (Opladen: Leske+Budrich, 2000).

International Forum of the Israel-Diaspora Institute. "Direct Election of the Prime Minister." Arend Lijphart (ed.). *Parliamentary versus Presidential Government* [194-200] (New York: Oxford University Press, 1989).

Jefferson, Thomas. "To William Charles Jarvis" (28 September 1820). https://founders.archives.gov/documents/Jefferson/03-16-02-0234 (검색일: 2025. 3. 20.).

Jefferson, Thomas. "To Abigail Adams" (11 September 1804).

https://founders.archives.gov/documents/Jefferson/01-44-02-0341(검색일: 2025. 3. 20.).

Knapp, Andrew and Vincent Wright. *The Government and Politics of France* (London/New York: Routledge, 2001).

Koja, Friedrich. "The Legal and Political Role of the Federal President in Appointing the Federal Government."
http//:www.hofburg.@/en/index.htm. (검색일: 2002. 11. 11.).

Korinek, Karl(n.d.). "Position of the Federal President within the Austrian System of Supreme Government Organs."
http//:www.hofburg.@/en/index.htm (검색일: 2002. 11. 11.).

Lijphart, Almond. "Introduction." Arend Lijphart (ed.). *Parliamentary versus Presidential Government* [1-27] (New York: Oxford University Press, 1992).

Lincoln, Abraham. "Inaugural Address"(4 Marc 1861).
https://www.presidency.ucsb.edu/documents/inaugural-address-34 (검색일: 2025. 3. 20.)

Linz, Juan J. "The Perils of Presidentialism." Arend Lijphart (ed.). *Parliamentary versus Presidential Government* [118-127] (New York: Oxford University Press, 1992).

Linz, Juan J. and Arturo Valenzuela ed. *The Failure of Presidential Democracy: Comparative Perspectives* (Baltimore and London: The John Hopkis University Press, 1994).

Loewenstein, Karl. *Political Power and the Governmental Process* (Chicago: University of Chicago Press, 1957).

--- (獨譯本). *Verfassungslehre* (Tübingen: J. C. B. Mohr, 1975).

Mitterrand, François. 1964. *Le Coup d'Etat Permanent* (정치팜플렛). Paris.

The Office of the President of the Republic of Finland. "The Presidency of the Republic as an Institution under the new Constitution that entered into force on 1. 3. 2000."
http://tpk.fi/english/ (검색일: 2002. 12. 10.).

Sartori, Giovanni. 「대통령제도 아니고 내각제도 아니다」(1994). 후앙 린쯔 편(신명순.조정관 역).『내각제와 대통령제』(서울: 나남, 1995).

Juan J. Linz and Arturo Valenzuela (ed.). *The Failure of Presidential Democracy: Comparative Perspectives* (Baltimore and London: The John Hopkis University Press, 1994).

Sathe, Vasant. "For a Directly Elected President of India." Arend Lijphart (ed.). *Parliamentary versus Presidential Government* (New York: Oxford University Press, 1992). 후앙 린쯔 편(신명순.조정관 역).『내각제와 대통령제』

(서울: 나남, 1995).
Schlesinger, Arthur M. *The Imperial Presidency* (Boston: Houghton Mifflin Company, 1973).
Shugart, Matthew S. and John M. Carey. *Presidents und Assemblies* (Cambridge/New York: Cambridge University Press, 1992).
Singh, M. P. and S. K. Chaube. *Indian Constitution* (New Delhi: Hara-Anand Publications PVT Ltd., 1997).
Tocqueville, Alexis de. *Über die Demokratie in Amerika* (Zürich: Mannes Verlag, 1987).
Verney, Douglas V. "Responsible Government and Responsible Federalism." Singh, M. P. and S. K. Chaube. *Indian Constitution* [35-56] (New Delhi: Hara-Anand Publications PVT Ltd, 1997).
Weber, Max. "Deutschlands künftige Staatsform"[1919]. Max Weber. *Gesammelte Politische Schriften* [448-483] (Tübingen: J. C. B. Mohr, 1988).
---. "Der Reichspräsident"[1919]. Max Weber. *Gesammelte Politische Schriften* [448-483] (Tübingen: J. C. B. Mohr, 1988).
---. *Wirtschaft und Gesellschaft* (Tübingen: J. C. B. Mohr, 1985).
Wilson, A. Jeyaratnam. "The Gaulist system in Asia: The Constitution of Sri Lanka." Arend Lijphart, ed. *Parliamentary versus Presidential Government* [152-157] (New York: Oxford University Press, 1992). 후앙 린쯔 편(신명순·조정관 역). 『내각제와 대통령제』 (서울: 나남, 1995).
Wilson, Woodrow. "Cabinet Government in the United States"[1879]. Arend Lijphart (ed.). *Parliamentary versus Presidential Government* [150-151] (New York: Oxford University Press, 1992).
---. "Committee or Cabinet Government?"[1884]. Arend Lijphart (ed.). *Parliamentary versus Presidential Government* [72-74] (New York: Oxford University Press, 1992).